Thomas Küffner

# Umsatzsteuerliche Behandlung von juristischen Personen des öffentlichen Rechts im Lichte der 6. EG-Richtlinie

## insbesondere Abgrenzung des Betriebs gewerblicher Art vom Hoheitsbetrieb

2., unveränderte Auflage

Herbert Utz Verlag · München

**Münchner Juristische Beiträge**

Herausgegeben von

Prof. Dr. Thomas Küffner
küffner maunz langer zugmaier, München

Band 20

Zugl.: Diss., 2000

Bibliografische Information der Deutschen Nationalbibliothek:
Die Deutsche Nationalbibliothek verzeichnet diese Publikation in der Deutschen Nationalbibliografie; detaillierte bibliografische Daten sind im Internet über http://dnb.d-nb.de abrufbar.



frühere Ausgabe: ISBN 978-3-8316-0052-6



ISBN 978-3-8316-8195-2

Printed in EU
Herbert Utz Verlag GmbH, München
www.utzverlag.de

# Umsatzsteuerliche Behandlung von juristischen Personen des öffentlichen Rechts im Lichte der 6. Richtlinie (EWG) Nr. 77/388 zur Harmonisierung der Rechtsvorschriften der Mitgliedstaaten über die Umsatzsteuern, insbesondere Abgrenzung des Betriebs gewerblicher Art vom Hoheitsbetrieb

DISSERTATION

zur Erlangung des akademischen Grades eines

Doktors der Rechtswissenschaft (Doctor iuris),

eingereicht an der Juristischen Fakultät

der

Universität Passau

Betreuung: Prof. Dr. Hartmut Söhn

von

Thomas Küffner
Brühfeldweg 36 b
84036 Landshut

# Vorwort

Während man sich noch vor einigen Jahren darauf beschränken konnte, auf die anstehende Bedeutung *Europas* im Bereich der Umsatzsteuern hinzuweisen, muß man sich heutzutage – gewollt oder ungewollt – mit der Bedeutung der verschiedenen Richtlinien zur Harmonisierung der Rechtsvorschriften der Mitgliedstaaten über die Umsatzsteuern auseinandersetzen. Dies vor allem vor dem Hintergrund der Rechtsprechung des Europäischen Gerichtshofs, welcher verschiedene Rechtsinstitute entwickelt hat, um dem Gemeinschaftsrecht zur größtmöglichen Durchsetzung zu verhelfen.

Diese Entwicklung hat auch bei der umsatzsteuerlichen Behandlung juristischer Personen des öffentlichen Rechts seine Spuren hinterlassen. Mittlerweile hat der Europäische Gerichtshof in einer Reihe von Entscheidungen zur einschlägigen Vorschrift der Sechsten Richtlinie (EWG) Nr. 77/388 zur Harmonisierung der Rechtsvorschriften der Mitgliedstaaten über die Umsatzsteuern (Art. 4 Abs. 5 der 6. EG-RL) Stellung bezogen. Höchstrichterlich ist bislang aber nur zum Teil geklärt, inwieweit die deutsche Regelung in § 2 Abs. 3 UStG richtlinienkonform ist. Die vorliegende Arbeit versucht diese Lücke zu schließen und die noch offenen Fragen zu beantworten.

Anders als die kürzlich erschienen Dissertationen von *Weich* (Öffentliche Hand im System der Umsatzsteuer, Köln, 1996) und *Forster* (Juristische Personen des öffentlichen Rechts und Harmonisierung eines europäischen Mehrwertsteuersystems, Aachen, 1997) wird in dieser Arbeit nicht untersucht, ob sich die deutsche bzw. europäische Regelung mit dem Verbrauchsteuergedanken vereinbaren läßt. Die in diesem Zusammenhang bestehende Problematik ist seit geraumer Zeit bekannt. Schon sehr früh haben *Söhn* (Die Harmonisierung der Umsatzsteuern in der Europäischen Gemeinschaft, StuW 1976, S. 8 ff.) und später auch *Theler* (Die juristischen Personen des öffentlichen Rechts in der Umsatzsteuer – Eine steuersystematische und verfassungsrechtliche Untersuchung, DVR 1986, S. 162 ff., 178 ff.) darauf hingewiesen, daß die Regelungen betreffend die Besteuerung der öffentlichen Hand nicht systemkonform seien. Bislang hat es der deutsche Gesetzgeber versäumt, die einschlägigen Vorschriften zu überdenken. Die vorliegende Schrift befaßt sich deshalb ausschließlich mit der Regelung *de lege lata.* Es wird insbesondere untersucht, wie sich die umsatzsteuerrechtliche Behandlung juristischer Personen des öffentlichen Rechts im Lichte des Gemeinschaftsrechts darstellt.

Die Brisanz des gewählten Themas ist jedenfalls gegeben – vielleicht sogar mehr denn je. Denn insbesondere die Knappheit der öffentlichen Kassen zwingt Körperschaften des öffentlichen Rechts, neue „Finanzierungsquellen“ zu erschließen, zu denen man auch die Inanspruchnahme des Vorsteuerabzugs zählen könnte. Im Rahmen größerer Investitionen stellt sich stets die Frage, ob die

Ausübung der betreffenden Tätigkeit einen Betrieb gewerblicher Art begründet bzw. – falls dies zu verneinen ist – ob die Tätigkeit nicht einer juristischen Person des Privatrechts übertragen werden sollte, um in den Genuß des Vorsteuerabzugs zu kommen.

Aber auch aus einem anderen Grund ist das Thema von großer Bedeutung. Denn im Gegensatz zu früher drängen immer mehr private Unternehmer auf den Markt der Daseinsvorsorge. Ursache dafür sind neue Gesetze auf dem Gebiet des öffentlichen Rechts, wie z.B. das KrW-/AbfG, die ein Tätigwerden der privaten Hand in verstärkten Maße ermöglichen. Streitigkeiten sind damit vorprogrammiert. Der Bereich der Umsatzsteuer bleibt davon nicht ausgespart, wie kürzlich eine vom BFH für zulässig erklärte Konkurrentenklage eines privaten Unternehmers (BFH, Urteil vom 15.10.1998 - I R 10/92, BStBl. II 1998, S. 63 ff.) gezeigt hat. Diese und andere Umstände waren Anlaß, die deutsche Regelung betreffend die Umsatzbesteuerung der öffentlichen Hand auf ihre Richtlinienkonformität hin zu untersuchen.

Ob bzw. inwieweit das deutsche Umsatzsteuergesetz hinsichtlich der Besteuerung juristischer Personen des öffentlichen Rechts den gemeinschaftsrechtlichen Vorgaben der 6. EG-RL entspricht, kann nur durch einen Vergleich der jeweiligen Regelungen geklärt werden. Dabei wird zunächst die historische Entwicklung der beiden Vorschriften dargestellt. Denn nur vor diesem Hintergrund erschließen sich Sinn und Zweck heutiger Regelungen. Im zweiten Teil der Arbeit folgt eine Untersuchung der nationalen Vorschrift des § 2 Abs.3 UStG. Dabei wird schwerpunktmäßig versucht, eine sichere Definition zur Abgrenzung des *Hoheitsbetriebs* von den *Betrieben gewerblicher Art* zu finden. Erst im Anschluß daran wird im dritten Teil der Arbeit der Frage nachgegangen, ob das nationale Recht den Anforderungen des Gemeinschaftsrechts in Art. 4 Abs. 5 der 6. EG-RL gerecht wird. Am Ende der Arbeit werden die Ergebnisse der Arbeit zusammengefaßt.

# Gliederung

# 1 Historische Entwicklung der Besteuerung der öffentlichen Hand im Umsatzsteuerrecht

## 1.1 Überblick über die derzeit geltenden Besteuerungsgrundlagen

Die zur Zeit gültige Fassung des Umsatzsteuergesetzes 1999 vom 9. Juni 1999[1] (im folgenden UStG) lautet in § 2 Abs. 3 wie folgt:

> *„(3) Die juristischen Personen des öffentlichen Rechts sind nur im Rahmen ihrer Betriebe gewerblicher Art (§ 1 Abs. 1 Nr. 6, § 4 des Körperschaftssteuergesetzes) und ihrer land- oder forstwirtschaftlichen Betriebe gewerblich oder beruflich tätig. Auch wenn die Voraussetzungen nicht gegeben sind, gelten als gewerbliche oder berufliche Tätigkeit im Sinne dieses Gesetzes*
> *1. (weggefallen)*
> *2. die Tätigkeit der Notare im Landesdienst und der Ratschreiber im Land Baden-Württemberg, soweit Leistungen ausgeführt werden, für die nach der Bundesnotarordnung die Notare zuständig sind;*
> *3. die Abgabe von Brillen und Brillenteilen einschließlich der Reparaturarbeiten durch Selbstabgabestellen der gesetzlichen Träger der Sozialversicherung;*
> *4. die Leistungen der Vermessungs- und Katasterbehörden bei der Wahrnehmung von Aufgaben der Landesvermessung und des Liegenschaftskatasters mit Ausnahme der Amtshilfe;*
> *5. die Tätigkeit der Bundesanstalt für Landwirtschaft und Ernährung, soweit Aufgaben der Marktordnung, der Vorratshaltung und der Nahrungsmittelhilfe wahrgenommen werden."*

Die hier einschlägigen Vorschriften des Körperschaftsteuergesetzes 1999[2] vom 22. April 1999 (im folgenden KStG), haben folgende Fassung:

§ 1 Abs. 1 KStG regelt die unbeschränkte Steuerpflicht:

> *„(1) Unbeschränkt körperschaftsteuerpflichtig sind die folgenden Körperschaften, Personenvereinigungen und Vermögensmassen, die ihre Geschäftsleitung oder ihren Sitz im Inland haben:*
> *...6. Betriebe gewerblicher Art von juristischen Personen des öffentlichen Rechts."*

---

1 BGBl. I 1999, S. 1270, geändert durch das Steuerbereinigungsgesetz 1999 vom 22.12.1999 (I, S. 2601).

2 BGBl. I 1999, S. 817, geändert durch das Steuerbereinigungsgesetz 1999 vom 22.12.1999 (I, S. 2601).

In § 4 KStG ist der Betrieb gewerblicher Art näher definiert:

> *„(1) Betriebe gewerblicher Art von juristischen Personen des öffentlichen Rechts im Sinne des § 1 Abs. 1 Nr. 6 sind vorbehaltlich des Absatzes 5 alle Einrichtungen, die einer nachhaltigen wirtschaftlichen Tätigkeit zur Erzielung von Einnahmen außerhalb der Land- und Forstwirtschaft dienen und die sich innerhalb der Gesamtbetätigung der juristischen Person wirtschaftlich herausheben. Die Absicht, Gewinn zu erzielen, und die Beteiligung am allgemeinen wirtschaftlichen Verkehr sind nicht erforderlich.*
> *(2) Ein Betrieb gewerblicher Art ist auch unbeschränkt steuerpflichtig, wenn er selbst eine juristische Person des öffentlichen Rechts ist.*
> *(3) Zu den Betrieben gewerblicher Art gehören auch Betriebe, die der Versorgung der Bevölkerung mit Wasser, Gas, Elektrizität oder Wärme, dem öffentlichen Verkehr oder dem Hafenbetrieb dienen.*
> *(4) Als Betrieb gewerblicher Art gilt die Verpachtung eines solchen Betriebs.*
> *(5) Zu den Betrieben gewerblicher Art gehören nicht Betriebe, die überwiegend der Ausübung der öffentlichen Gewalt dienen (Hoheitsbetriebe). Für die Annahme eines Hoheitsbetriebs reichen Zwangs- oder Monopolrechte nicht aus.“*

Inwieweit die Sechste Richtlinie (EWG) Nr. 77/388 zur Harmonisierung der Rechtsvorschriften der Mitgliedstaaten über die Umsatzsteuern vom 17.05.1977[3], zuletzt geändert durch die Richtlinie 99/85/EG vom 22.10.1999[4] (im folgenden 6. EG-RL), für die Besteuerung in Deutschland von Bedeutung ist, wird noch zu klären sein. Die hier interessierenden Bestimmungen des Art. 4 der 6.EG-RL lauten folgendermaßen:

> *„(1) Als Steuerpflichtiger gilt, wer eine der Absatz 2 genannten wirtschaftlichen Tätigkeiten selbständig und unabhängig von ihrem Ort ausübt, gleichgültig zu welchem Zweck und mit welchen Ergebnis.*
> *(2) Die in Absatz 1 genannten wirtschaftlichen Tätigkeiten sind alle Tätigkeiten eines Erzeugers, Händlers oder Dienstleistenden einschließlich der Tätigkeiten der Urproduzenten, der Landwirte sowie der freien Berufe und der diesen gleichgestellten Berufe. Als wirtschaftliche Tätigkeit gilt auch eine Leistung, die die Nutzung von körperlichen oder nicht körperlichen Gegenständen zur nachhaltigen Erzielung von Einnahmen umfaßt.*
> ...

[3] ABl. EG Nr. L 145 S. 1, ber. Nr. L 157 S. 23, Nr. L 173 S. 27, Nr. L 242, S. 22 und Nr. L 262 S. 44.

[4] ABl. EG Nr. L 277 S. 34.

*(5) Staaten, Länder, Gemeinden und sonstige Einrichtungen des öffentlichen Rechts gelten nicht als Steuerpflichtige, soweit sie die Tätigkeiten ausüben oder Leistungen erbringen, die ihnen im Rahmen der öffentlichen Gewalt obliegen, auch wenn sie im Zusammenhang mit diesen Tätigkeiten oder Leistungen Zölle, Gebühren, Beiträge oder sonstige Abgaben erheben.*

*Falls sie jedoch Tätigkeiten ausüben oder Leistungen erbringen, gelten sie für diese Leistungen als Steuerpflichtige, sofern eine Behandlung als Nicht-Steuerpflichtige zu größeren Wettbewerbsverzerrungen führen würde.*

*Die vorstehend genannten Einrichtungen gelten in jedem Fall als Steuerpflichtige in bezug auf die in Anhang D aufgeführten Tätigkeiten, sofern der Umfang dieser Tätigkeiten nicht unbedeutend ist.*

*Die Mitgliedstaaten können die Tätigkeiten der vorstehend genannten Einrichtungen, die nach Artikel 13 oder 28 von der Steuer befreit sind, als Tätigkeiten behandeln, die ihnen im Rahmen der öffentlichen Gewalt obliegen."*

Im Anhang D sind folgende Tätigkeiten aufgezählt:

*„1. Fernmeldewesen*
*2. Lieferung von Wasser, Gas, Elektrizität und thermischer Energie*
*3. Beförderung von Gütern*
*4. Dienstleistungen von Häfen und Flughäfen*
*5. Beförderung von Personen*
*6. Lieferung von zum Verkauf bestimmten neuen Fertigwaren*
*7. Umsätze der landwirtschaftlichen Interventionsstellen aus landwirtschaftlichen Erzeugnissen, die in Anwendung der Verordnungen über eine gemeinsame Marktorganisation für diese Erzeugnisse bewirkt werden*
*8. Veranstaltung von Messen und Ausstellungen mit gewerblichen Charakter*
*9. Lagerhaltung*
*10. Tätigkeiten gewerblicher Werbebüros*
*11. Tätigkeiten von Reisebüros*
*12. Umsätze von betriebseigenen Kantinen, Verkaufsstellen und Genossenschaften und ähnlichen Einrichtungen*
*13. Nicht in Art. 13 Teil A Absatz 1 Buchstabe q) genannte Tätigkeiten der Rundfunk- und Fernsehanstalten".*

## 1.2 Historische Entwicklung des UStG

Die öffentliche Hand wurde in der Vergangenheit unterschiedlich besteuert. Historisch gesehen kann die Umsatzbesteuerung von Körperschaften des öffentlichen Rechts in vier Entwicklungsstufen eingeteilt werden.

### 1.2.1 Gesetz über einen Warenumsatzstempel vom 26. Juni 1916

Die Geschichte der Umsatzsteuer reicht zwar bis weit in die Antike, doch spielte sie in Deutschland bis zum 20. Jahrhundert eine eher untergeordnete Rolle. Grund dafür war die Tatsache, daß man der direkten Besteuerung eine höhere Steuergerechtigkeit zumaß[5]. Bis zum ersten Weltkrieg bestimmte daher die Einkommensteuer das Bild der Steuerlandschaft. Als einzige Ausnahme unter den deutschen Staaten erhob Bremen von 1863 bis 1884 neben der Einkommensteuer auch eine allgemeine Umsatzsteuer[6].

Vorläufer des Umsatzsteuergesetzes war das Gesetz über einen Warenumsatzstempel vom 26.06.1916[7], dessen Vorschriften formal einen Teil des Reichsstempelgesetzes vom 3.07.1913[8] bildeten.

Nach dem Reichsstempelgesetz waren Grundstücksverkäufer und Veräußerer von Gesellschaftsrechten verpflichtet, Stempelsteuermarken zu kaufen, aufzukleben und zu entwerten[9]. Der erste Weltkrieg erforderte aber bald einen erhöhten Bedarf an Finanzmitteln, welcher durch das Gesetz über einen Warenumsatzstempel gedeckt werden sollte[10]. Dieses Gesetz dehnte die Besteuerung auf Warenlieferungen aus und führte eine Jahresveranlagung ein. So hatte nach § 76 Abs. 1 Reichsstempelgesetz jeder, der ein stehendes Gewerbe betrieb, den Gesamtbetrag der Zahlungen für seine Lieferungen anzumelden. In § 76 Abs. 2 S. 3 Reichsstempelgesetz wurde dann erstmals auf die Behandlung der Körperschaften des öffentlichen Rechts Bezug genommen:

*„§ 76*

> *...Die Gewerbsmäßigkeit einer Unternehmung wird nicht ausgeschlossen, daß sie von einer Körperschaft des öffentlichen Rechts ... betrieben wird."*

Nach Nr. 4 des Befreiungszusatzes zur Tarifnummer 10 des Gesetzes über einen Warenumsatzstempel waren die Lieferungen von Gas, elektrischen Strom und

---

[5] *Weich, Bernhard*, Öffentliche Hand im System der Umsatzsteuer, Dissertation, Köln, 1996, S. 6 f..

[6] *Hübschmann, W.* in *Hübschmann, W. / Grabower, R.. / Beck, E. / v. Wallis H.*, Umsatzsteuergesetz, Kommentar, Einleitung, Rn 2.

[7] RGBl. I 1916, S. 639 ff..

[8] RGBl. I 1916, S. 639 ff..

[9] *Birkenfeld, Wolfram*, Umsatzsteuer in der Zeit, UR 1993, S. 321 ff. (321).

[10] *Birkenfeld, Wolfram*, Umsatzsteuer in der Zeit, UR 1993, S. 321 ff. (321).

Leitungswasser durch Reich, Staaten, Gemeinden oder Gemeindeverbände von der Abgabe befreit.

### 1.2.2 Umsatzsteuergesetze vom 26. Juli 1918 und vom 24. Dezember 1919

Die durch den Ersten Weltkrieg hervorgerufene Finanznot hat wenig später den *Deutschen Reichstag* veranlaßt, am 26.7.1918 das Reichsumsatzsteuergesetz[11] (im folgenden UStG 1918) zu beschließen. Nicht zu Unrecht kann daher die Umsatzsteuer als „Kind der Not" bezeichnet werden[12]. Sachlich erweiterte dieses Gesetz den Besteuerungstatbestand über Lieferungen hinaus auf sonstige Leistungen und den Eigenverbrauch durch Entnahme. Im Gegensatz zum Gesetz über einen Warenumsatzstempel enthielt das UStG 1918 keine grundsätzliche Aussage zur Besteuerung der Körperschaften des öffentlichen Rechts. In § 1 UStG 1918 wurde lediglich geregelt, welche Umsätze von dieser Steuer betroffen sind:

*„§ 1*

*Der Umsatzsteuer unterliegen die im Inland gegen Entgelt ausgeführten Lieferungen und sonstigen Leistungen solcher Personen, die eine selbständige gewerbliche Tätigkeit mit Einschluß der Urerzeugung und des Handels ausüben, soweit die Lieferungen und Leistungen innerhalb dieser gewerblichen Tätigkeit liegen. ..."*

In § 3 fand sich folgender Befreiungstatbestand:

*„§ 3*

*Von der Steuer sind befreit:*
*1. Reich und Bundesstaaten bezüglich des Post- und Telegraphen- und Fernsprechverkehrs..."*

In den Beratungen zum UStG 1918 wurde auch die Frage erörtert, ob Versorgungsbetriebe der öffentlichen Hand von der Steuer befreit werden sollten. Der Regierungsentwurf sah zunächst eine Übernahme der Nr. 4 des Befreiungszusatzes zur Tarifnummer 10 des Gesetzes über einen Warenumsatzstempel[13], wonach die Lieferungen von Gas, elektrischen Strom und Leitungswasser durch die öffentliche Hand befreit waren, als neuen § 3 Nr. 2 UStG 1918 vor. Dieser Befreiungstatbestand wurde dann aber nach der 1. Lesung im Reichstag vom Unterausschuß des Haushaltsausschusses gestrichen, um die „Gleichmäßigkeit

---

[11] RGBl. 1918, S. 779 ff..

[12] *Hübschmann, Walter* in *Hübschmann, W. / Grabower, R.. / Beck, E. / v. Wallis H.*, Umsatzsteuergesetz, Kommentar, 2. Auflage, Köln, 1966, Seite 3, Rn. 1.

[13] Artikel II des Gesetzes über einen Warenumsatzstempel, RGBl. 1916, S. 639 ff. (641).

im Konkurrenzkampf" herzustellen[14]. Zwar wurde in der 2. Lesung des Reichstages erneut die Befreiung der Versorgungsbetriebe aus Gründen der sozialen Gerechtigkeit gefordert[15], doch wurde das Gesetz schließlich in der 3. Lesung ohne die Befreiung angenommen. Grund dafür war unter anderem das Argument, daß Gemeinden nicht das Steueraufkommen des Reiches schmälern dürften, indem sie die Betriebe, die Gegenstand von Privatunternehmen seien, in eigener Regie führten[16].

Am 24.12.1919 wurde von der *Deutschen Nationalversammlung* ein neues Reichsumsatzsteuergesetz (im folgenden UStG 1919) beschlossen[17]. Dabei wurden die Befreiungstatbestände um eine Nr. 2 erweitert:

*„§ 3*

*Von der Steuer sind befreit:*

1. *Reich und Länder wegen des Post-, Telegraphen- und Fernsprechverkehrs sowie ...;*
2. *Reich, Länder, Gemeinden und Gemeindeverbände wegen der Schlachthöfe, Gas-, Elektrizitäts- und Wasserwerke;"*

Die neue Steuerbefreiungsvorschrift gelangte aufgrund eines Antrags in den Beratungen des Ausschusses in das UStG 1919, obwohl die damalige Regierung der Ansicht war[18], daß die Umsatzsteuer keine Gewerbesteuer sei, Art und Person des die Leistung ausführenden Unternehmens gleichgültig seien und daher die öffentlichen Körperschaften grundsätzlich nicht anders behandelt werden dürften als alle andere Rechtssubjekte. Dem Charakter der Umsatzsteuer als einer allgemeinen Verbrauchsteuer entspreche vielmehr die möglichst ausnahmslose Erfassung aller Lieferungen und Leistungen. Eine Befreiung sei daher nur bei Gemeinnützigkeit geboten.

Zusammenfassend läßt sich für die zweite Entwicklungsstufe festhalten, daß Körperschaften des öffentlichen Rechts grundsätzlich Steuerschuldner sein konnten, soweit sie Lieferungen innerhalb der gewerblichen Tätigkeit bewirkten. Zu beachten war jedoch § 3 UStG 1919, welcher für die öffentliche Hand bestimmte Steuerbefreiungen vorsah.

---

[14] Bericht des Haushaltsausschusses, RT-Drucksachen 1918 Nr. 1745.

[15] Sten.-Bericht 1918, 189. Sitzung, S. 6046 f..

[16] Sten.-Bericht 1918, 189. Sitzung, S. 6051, Fn. 11.

[17] RGBl. 1919, S. 2157 ff..

[18] Ausschußbericht, NV-Drucksachen 1919 Nr. 1753, S. 1811 ff..

### 1.2.3 Umsatzsteuergesetz vom 31. März 1926

Die dritte Entwicklungsstufe von 1926 bis 1967 ist dadurch gekennzeichnet, daß Ausübung öffentlicher Gewalt ausdrücklich von der Umsatzsteuer ausgenommen wurde. Veranlaßt durch eine gewisse Verbesserung der Wirtschaftslage wurde das Umsatzsteuergesetz aufgrund des Gesetzes über Steuermilderungen zur Erleichterung der Wirtschaftslage vom 31.03.1926[19] neu gefaßt[20] (im folgenden UStG 1926). Dabei wurden die Befreiungen in § 3 Nr. 1 und Nr. 2 fortgeführt. In § 24 UStDB 1926[21], der zu § 3 Nr. 1 und 2 UStG 1926 erging, wurde der Begriff der Ausübung der öffentlichen Gewalt erstmals im Umsatzsteuerrecht verwendet:

*„§ 24*

*Der Ausübung der öffentlichen Gewalt dienen die Hoheitsverwaltungen des Reichs und der Länder sowie die Verwaltungen der Gemeinden (Gemeindeverbände), die öffentlich-rechtliche Aufgaben erfüllen. Sie sind insoweit von der Umsatzsteuer, unbeschadet der Bestimmungen der §§ 25 bis 28, ausgenommen. Eine Erfüllung öffentlich-rechtlicher Aufgaben ist insbesondere anzunehmen, wenn die Aufgaben eines Betriebs oder einer Verwaltung auf Leistungen gerichtet ist, zu deren Annahme der Leistungsempfänger auf Grund gesetzlicher oder behördlicher Anordnung verpflichtet ist.“*

Die Befreiungen in § 3 Nr. 1 und 2 UStG 1926 wurden durch die §§ 25-27 UStDB 1926 in großem Umfang ausgedehnt. Vgl. z.B.:

*„§ 26*

*(1) Zu den Betrieben und Verwaltungen, die der Ausübung der öffentlichen Gewalt dienen, gehören auch Schlacht- und Viehhöfe, Anstalten zur Nahrungsmitteluntersuchung, Desinfektionsanstalten, Kadaververnichtungsanstalten, Anstalten zur Müllbeseitigung, zur Straßenreinigung und zur Abführung von Spülwasser und Fäkalien.*

*(2) Die Befreiung des Reichs, der Länder und Gemeinden (Gemeindeverbände) wegen der in Abs. 1 genannten Anstalten erstreckt sich nur auf diejenigen Leistungen, die regelmäßig mit diesen Betrieben verbunden sind. Umsatzsteuerpflichtig sind daher z.B. bei Schlachthöfen Vieh- und Eisverkäufe.*

---

[19] RGBl. I 1926, S. 185 ff..

[20] RGBl. I 1926, S. 218 ff..

[21] Durchführungsbestimmungen zum UStG vom 25.06.1926, RGBl. I 1926, S. 323 ff..

1934 wurde die Regelung des § 24 UStDB, wonach Ausübung der öffentlichen Gewalt von der Umsatzsteuer ausgenommen war, in das Umsatzsteuergesetz vom 16.10.1934[22] übernommen. Dieses Gesetz sprach zum ersten Mal in § 1 UStG 1934 von steuerbaren Umsätzen und in § 2 UStG 1934 wurde der Unternehmer definiert:

> *„§ 2*
>
> *Unternehmer, Unternehmen*
>
> *(1) Unternehmer ist, wer eine gewerbliche oder berufliche Tätigkeit selbständig ausübt. Das Unternehmen umfaßt die gesamte gewerbliche oder berufliche Tätigkeit des Unternehmers. Gewerblich oder beruflich ist jede nachhaltige Tätigkeit zur Erzielung von Einnahmen, auch wenn die Absicht, Gewinn zu erzielen, fehlt oder eine Personenvereinigung nur gegenüber ihren Mitgliedern tätig wird.*
>
> *(2) ...*
>
> *(3) Die Ausübung der öffentlichen Gewalt ist keine gewerbliche oder berufliche Tätigkeit."*

Ungeklärt ist, ob der Gesetzgeber durch die Aufnahme des § 2 Abs. 3 in das UStG 1934 am bisherigen Rechtszustand etwas ändern wollte. Insbesondere stellt sich die Frage, ob dieser Neuregelung nur klarstellender Charakter zukommt oder ob der Gesetzgeber damit konstitutiv bestimmen wollte, daß „Ausübung von öffentlicher Gewalt" keine gewerbliche oder berufliche Tätigkeit ist. Nach der amtlichen Begründung zu § 2 Abs. 3 muß wohl davon ausgegangen werden, daß sich mit dieser Neuregelung am bisherigen Rechtszustand nichts ändern sollte, § 2 Abs. 3 UStG 1934 vielmehr nur klarstellend ins Gesetz mitaufgenommen wurde[23]:

> *„§ 2 Abs. 3 ist neu in das Gesetz aufgenommen worden. Die Ausübung der öffentlichen Gewalt ist schon immer nicht als gewerbliche oder berufliche Tätigkeit angesehen worden. Dieser aus § 2 Abs. 1 sich ergebende Grundsatz ist mit Rücksicht auf die besondere Bedeutung der öffentlich-rechtlichen Tätigkeit im neuen Staat im Umsatzsteuergesetz selbst verankert worden. Bei den Körperschaften des öffentlichen Rechts ist wie bisher zu unterscheiden zwischen der öffentlich-rechtlichen und der privatwirtschaftlichen Tätigkeit. Die öffentlich-rechtliche Tätigkeit fällt nicht unter das Gesetz. Dagegen besteht für die öffentlich-rechtlichen Körperschaften insoweit Steuerpflicht, als sie sich wie andere Unternehmer am privatwirtschaftlichen Ge-*

[22] RGBl. I 1934, S. 942 ff..

[23] RStBl. II 1934, S. 1549 ff. (1550).

*schäftsverkehr beteiligen. Nähere Bestimmungen über die Abgrenzung der öffentlich-rechtlichen und der privatrechtlichen Tätigkeit sind in § 3 der neuen Durchführungsbestimmungen enthalten. An dem bisherigen Rechtszustand ändert sich dadurch nichts.“*

Auch die Literatur[24] ging davon aus, daß durch die Neuregelung keine Änderung der Rechtslage eingetreten ist. Vielmehr sei auch künftig zu prüfen, inwieweit öffentlich-rechtliche Körperschaften öffentlich-rechtliche Aufgaben erfüllen und inwieweit sie sich privatwirtschaftlich betätigen und am wirtschaftlichen Geschäftsverkehr beteiligen.

„Ausübung öffentlicher Gewalt“ kann somit nicht als Ausnahme „gewerblicher oder beruflicher Tätigkeit“ verstanden werden. Vielmehr schließen sich diese beiden Tätigkeitsbereiche aus.

Interessanterweise wurden die Befreiungen in § 4 aber zum Teil beibehalten:

*„§ 4*

*Von den unter § 1 fallenden Umsätzen sind steuerfrei:*

*1. ....*

*5. die Lieferungen von Wasser, Gas, Elektrizität oder Wärme*
   *(a) durch das Reich, die Länder, Gemeinden, Gemeindeverbände oder Zweckverbände;*
   *(b) durch zusammenhängende Leitungen mehrerer Unternehmer mit Ausnahme der ersten Lieferung im Inland;*

*6. ...*

*7. die Umsätze des Reichs im Post- und Fernmeldeverkehr einschließlich des Rundfunks und die auf Gesetz beruhenden Leistungen der Beförderungsunternehmer für diesen Verkehr; ...“*

Auffallend ist, daß Umsätze aus dem Betrieb eines Schlachthofs nicht mehr von der Steuer befreit wurden. Dies könnte zum einen bedeuten, daß dieser Tätigkeitsbereich seit 1934 nicht mehr als steuerfrei und daher als steuerbar zu behandeln war. Zum anderen könnte die Neufassung des § 4 UStG 1934 aber auch ein Indiz dafür sein, daß es sich beim Betrieb eines Schlachthofs um „Ausübung öffentlicher Gewalt“ handelte und die Umsätze schon aus diesem Grund nicht

---

[24] *Hartmann, Alfred / Metzenmacher, Wilhelm,* Das Umsatzsteuergesetz vom 16. Oktober 1934, Kommentar, 1935, Berlin/Leipzig, S. 166; vgl. dazu auch *Ramme, Christoph,* Betriebe gewerblicher Art von Körperschaften des öffentlichen Rechts und die Ausübung öffentlicher Gewalt im Umsatzsteuerrecht, Dissertation, Köln 1970, S. 6. und *Lange, Hans-Friedrich,* Juristische Personen des öffentlichen Rechts als Unternehmer im Umsatzsteuerrecht, UR 2000, S. 1 ff. (5 f.).

steuerbar waren. Nach den Durchführungsbestimmungen vom 17.10.1934[25] (im folgenden UStDB 1934) zu § 2 Abs. 3 UStG 1934 muß wohl von letzterem ausgegangen werden, denn nach § 3 Abs. 2 UStDB 1934 gehörten auch Schlachthöfe zu den Betrieben und Verwaltungen der Körperschaften des öffentlichen Rechts, die der Ausübung der öffentlichen Gewalt dienten. Indem der Gesetzgeber die Tätigkeiten der Schlachthöfe aus dem Tatbestand der Steuerbefreiung ausgenommen, andererseits aber die Lieferungen von Gas, Wasser, Elektrizität oder Wärme weiterhin steuerfrei behandelt hat, kann daraus gefolgert werden, daß es sich bei letztgenannten Tätigkeiten nicht um Ausübung von öffentlicher Gewalt handelt. Anderenfalls hätte es keiner Steuerbefreiungsvorschrift bedurft. Letztlich ist auch dies ist ein Indiz dafür, daß der heutigen Regelung in § 4 Abs. 3 KStG nur klarstellender Charakter zukommt[26].

In der Folgezeit wurden noch weitere Durchführungsbestimmungen (UStDB 1938[27], UStDB 1951[28]) erlassen, die aber keine wesentlichen Änderungen mit sich brachten.

### 1.2.4 Umsatzsteuergesetz vom 29. Mai 1967

Die Entwicklungsstufe ab 1968 brachte einen grundlegenden Wandel in der Umsatzbesteuerung, denn sie ist vorrangig dadurch gekennzeichnet, daß zum 1.1.1968 die Nettoallphasenumsatzsteuer mit Vorsteuerabzug eingeführt wurde. Maßgebend dafür waren zum einen, daß das bisherige Bruttoumsatzsystem von einer fehlenden Wettbewerbsneutralität gekennzeichnet war[29], zum anderen aber auch die Zweite Richtlinie „zur Harmonisierung der Rechtsvorschriften der Mitgliedstaaten über die Umsatzsteuern – Struktur und Anwendungsmodalitäten des gemeinsamen Mehrwertsteuersystems“ vom 11.04.1967 (im folgenden 2. EG-RL), welche die Mitgliedstaaten zur Einführung eines Mehrwertsteuersystems auf der Grundlage des Vorsteuerabzugs (unter Ablehnung des Vorumsatzabzugs) verpflichtete.

Hinsichtlich der Umsatzbesteuerung der öffentlichen Hand versuchte der Gesetzgeber, die Abgrenzung des steuerpflichtigen vom nichtsteuerpflichtigen Bereich über eine Anknüpfung des Umsatzsteuergesetzes an das Körperschaftsteu-

---

[25] RGBl. I 1934, S. 947 ff..

[26] Vgl. dazu im einzelnen die Ausführungen unter Punkt 2.4.2.

[27] RGBl. I 1938, S. 1935 ff..

[28] BGBl. I 1951, S. 796 ff..

[29] Vgl. dazu BVerfG, Beschluß vom 20.12.1966 – 1 BvR 320/57, 70/63, BVerfGE 21, S. 12 ff.: das Bundesverfassungsgericht hat in dieser Entscheidung die mangelnde Wettbewerbsneutralität des bis dahin geltenden Umsatzsteuersystems ausführlich dargestellt, zugleich jedoch entschieden, daß diese bis zum Abschluß der bereits eingeleiteten Reform hingenommen werden müsse.

ergesetz in den Griff zu bekommen. Der Begriff der Ausübung öffentlicher Gewalt wurde in § 2 Abs. 3 des Umsatzsteuergesetzes vom 29.05.1967[30] (im folgenden UStG 1967) nicht mehr verwendet:

> *„(3) Die Körperschaften des öffentlichen Rechts sind nur im Rahmen ihrer Betriebe gewerblicher Art (§ 1 Abs. 1 Nr. 6 des Körperschaftssteuergesetzes) und ihrer land- oder forstwirtschaftlichen Betriebe gewerblich oder beruflich tätig. Die Tätigkeit der Rundfunkanstalten gilt als gewerbliche oder berufliche Tätigkeit im Sinne dieses Gesetzes."*

Ursprünglich sah der Regierungsentwurf[31] für das neue Umsatzsteuergesetz eine Übernahme des § 19 UStDB 1951 vor, der inhaltlich weitgehend § 24 UStDB 1926 entsprach. Die zum Gesetz gewordene Fassung wurde erst im Finanzausschuß vorgeschlagen. Der Bericht des Finanzausschusses führt zur Neufassung des § 2 Abs. 3 folgendes aus[32]:

> *„Die Besteuerung der öffentlichen Hand ist neu geregelt worden. Dies geschah im Interesse einer besseren Trennung des Hoheitsbereiches vom unternehmerischen Bereich der Körperschaften des öffentlichen Rechts. Die Anknüpfung an die nach Begriffen des Körperschaftsteuerrechts abgrenzbaren Betriebe gewerbliche Art und land- oder forstwirtschaftlichen Betriebe soll vor allem die Erfassung der abzugsfähigen Vorsteuern erleichtern. Es wurde außerdem klargestellt, daß die Rundfunkanstalten eine unternehmerische Tätigkeit im Sinne des Umsatzsteuerrechts ausüben."*

Eine Vereinfachung der Abgrenzung dieser beiden Bereiche ist durch die Neufassung des § 2 Abs. 3 UStG nicht eingetreten[33]. Andererseits ist aber durch die Neuregelung das Problem der umsatzsteuerlichen Einordnung der sogenannten „beliehenen" Unternehmer weitgehend gelöst worden. Von „beliehenen" Unternehmern ist immer dann die Rede, wenn Personen des Privatrechts öffentlich-rechtliche Aufgaben wahrnehmen und dieses Handeln auf einer gesetzlichen Aufgabenzuweisung des öffentlichen Rechts beruht[34].

Vor dem UStG 1967 hatte die Rechtsprechung zum Teil Begründungsschwierigkeiten, „beliehene" Unternehmer der Umsatzsteuer zu unterwerfen. Sie er-

---

[30] BGBl. I 1967, S. 545 ff..

[31] BT- Drucksache IV/ 1590.

[32] BT-Drucksache 5/1581 (Einzelbegründung zu § 2 Abs. 3 UStG).

[33] So auch die h.M., vgl. *Reiß* in *Schwarze/Reiß/Kraeusel*, Umsatzsteuergesetz, Bonn 1994, § 2 Rn. 132; *Birkenfeld, Wolfram*, Das große USt-Handbuch, Stand: September 1996, § 39 Rn. 250.

[34] *Reiß* in *Schwarze/Reiß/Kraeusel*, Umsatzsteuergesetz, Bonn 1994, § 2 Rn. 141.

reichte dieses Ergebnis in der Regel durch eine eigenständige Auslegung des Begriffs „Ausübung öffentlicher Gewalt"[35]. Diese sei zwingend, da das Steuerrecht für die öffentliche Hand abweichend vom allgemeinen Verwaltungsrecht eine Sonderregelung getroffen habe, was sich aus § 19 Abs. 4 UStDB 1951 und aus der systematischen Eingliederung der Begriffsbestimmung in § 2 UStG 1951, der insgesamt vom Rechtssubjekt – dem Unternehmer – handelt, ergebe[36]. Für die Rechtsprechung war des weiteren von Bedeutung, daß durch die Nichtbesteuerung der „beliehenen" Unternehmer die steuerliche Wettbewerbsfähigkeit beeinträchtigt werden würde[37].

Dieser juristische „Kunstgriff" war ab dem UStG 1967 nicht mehr nötig, denn § 2 Abs. 3 UStG 1967 statuiert lediglich für Körperschaften des öffentlichen Rechts eine Ausnahme vom Grundsatz des § 2 Abs. 1 UStG 1967. Da aber ein „beliehener" Unternehmer keine Körperschaft des öffentlichen Rechts ist, bestimmt sich dessen Unternehmereigenschaft nach § 2 Abs. 1 UStG[38].

In der Folgezeit ergaben sich im UStG selbst keine wesentlichen Änderungen mehr. Im Gesetz zur Neufassung des Umsatzsteuergesetzes vom 26.11.1979[39] (im folgenden UStG 1980) wurde der Begriff der Körperschaften des öffentlichen Rechts ersetzt durch den Begriff der juristischen Personen des öffentlichen Rechts (im folgenden jPdöR). Diese Auswechslung der Begriffe zog aber keine Änderungen nach sich, da die Rechtsprechung seit jeher alle juristischen Personen des öffentlichen Rechts unter dem Begriff „Körperschaft des öffentlichen Rechts" subsumiert hatte[40]. Des weiteren wurde S. 2 von § 2 Abs. 3 UStG, der bisher die Tätigkeit der Rundfunkanstalten als unternehmerisch fingierte, durch einen neuen S. 2 ersetzt. Der bisherige S. 2 wurde 1971 vom Bundesverfas-

---

35 BFH, Urteil vom 20.02.1953 - V 57/51 U, BStBl. III 1953, S. 123 f.; BFH, Urteil vom 26.11.1959 - V 277/56 U, BStBl. III 1960, S. 39 ff. (39); BFH, Urteil vom 28.01.1971 - V R 38/66, BStBl. II 1971, S. 281 ff. (382 f.). In anderen Fällen begründete die Rechtsprechung dieses Ergebnis damit, daß diese Unternehmer wie andere Unternehmer trotz der monopolartigen Ausstattung ihren Beruf im eigenen wirtschaftlichen Interesse ausüben und am Erwerbsleben teilnehmen, vgl. RFH, Urteil vom 11.02.1932 - V A 493/31, BFHE 30, S. 209; RFH, Urteil vom 21.04.1932 - V A 399/31, RStBl. 1932, S. 809; vgl. im übrigen auch RFH, Urteil vom 04.06.1937 - V A 493/36, BFHE 41, S. 315 ff..

36 BFH, Urteil vom 28.01.1971 - V R 38/66, BStBl. II 1971, S. 281 ff. (282 f.).

37 BFH, Urteil vom 28.01.1971 - V R 38/66, BStBl. II 1971, S. 281 ff. (284).

38 BFH, Urteil vom 10.11.1977 - V R 115/74, BStBl. II 1978, S. 80 ff. (81); BFH, Urteil vom 18.01.1995 - XI R 71/93, BStBl. II 1995, S. 559 ff. (561); *Reiß* in *Schwarze/Reiß/Kraeusel*, Umsatzsteuergesetz, Bonn 1994, § 2 Rn. 145; *Stadie* in *Rau/Dürrwächter*, Kommentar zum UStG, 8. Auflage, Stand 7/ 1997, § 2 Rn. 795.

39 BGBl. I, S. 1953 ff.

40 BFH, Urteil vom 13.03.1974 - I R 7/71, BStBl. II 1974, S. 391 ff. (392).

sungsgericht (im folgendem BVerfG) für nichtig erklärt[41]. Im neuen Satz 2 wurden vor dem Hintergrund des EU-Rechts, welches den Grundsatz der Wettbewerbsneutralität gegenüber einer starren Abgrenzung in den Vordergrund stellt, verschiedene Tätigkeiten aufgezählt, die als gewerblich oder berufliche Tätigkeit gelten, auch wenn die Voraussetzungen des Satzes 1 nicht vorliegen. § 2 Abs. 3 S. 2 wurde seit dem UStG 1980 mehrfach geändert.

### 1.2.5 Zwischenergebnis

| | Gesetz | Steuerpflicht (allg.) | Steuerpflicht von jPdöR | Steuerbefreiungen |
|---|---|---|---|---|
| **Stufe I: bis 1917** | Gesetz über einen Warenumsatzstempel (1916) | Bei Betreiben eines stehenden Gewerbes | Ausdrückliche Feststellung, daß diese auch gewerbsmäßig handeln können | Für Gas, Strom, Leitungswasser, |
| **Stufe II: 1918 – 1925** | UStG 1918<br>UStG 1919 | Entscheidend, ob selbständige gewerbliche Tätigkeit | Keine gesetzliche Regelung | Für Post, Telegraphen- und Fernsprechverkehrs, Schlachthöfe, Gas-, Elektrizitäts- und Wasserwerke |
| **Stufe III: 1926 – 1967** | UStG 1926<br>UStG 1934<br>UStG 1951 | s.o. | Klarstellung, daß Ausübung von öff. Gewalt keine gewerbliche oder berufliche Tätigkeit | Wie Stufe II, außer Schlachthöfe (Ausübung öffentlicher Gewalt) |
| **Stufe IV: 1968 – heute** | UStG 1967 und ff. | s.o. | Entscheidend, ob BgA im Sinne des KStG, wobei Hoheitsbetriebe keine Betriebe gewerblicher Art sind. | Für Post- und Fernmeldeverkehr (Betriebe, die der Versorgung mit Gas, Wasser, Elektrizität, Wärme, dem öff. Verkehr oder dem Hafenbetrieb dienen, gehören zu den steuerpflichtigen BgA) |

Körperschaften des öffentlichen Rechts konnten seit jeher Steuerschuldner sein, soweit sie eine gewerbliche Tätigkeit ausübten. Die Abgrenzung der gewerblichen Tätigkeit vom Hoheitsbetrieb, der öffentliche Gewalt ausübt, wurde erst 1926 durch § 24 UStDB 1926 in das Umsatzsteuerrecht eingeführt und später im UStG 1934 festgeschrieben. Nach der amtlichen Begründung des UStG 1934 sollte sich damit am bisherigen Rechtszustand nichts ändern, da „die Ausübung

[41] BVerfG, Beschluß vom 27.07.1971, BStBl. II 1971, S. 567.

öffentlicher Gewalt schon immer nicht als gewerbliche oder berufliche Tätigkeit angesehen“ wurde[42]. Entscheidend für die Besteuerung von Körperschaften des öffentlichen Rechts war deshalb die Frage, ob es sich nach § 2 Abs. 1 UStG 1934 um eine gewerbliche oder berufliche Tätigkeit handelte[43]. Indem § 2 Abs. 3 UStG 1934 festlegte, in welchen Fällen keine gewerbliche oder berufliche Tätigkeit vorlag, war die Besteuerung der Körperschaften des öffentlichen Rechts zunächst negativ geregelt. Demgegenüber wurde der Tatbestand betreffend die Besteuerung der Körperschaften des öffentlichen Rechts im UStG 1967 erstmals positiv formuliert. Seit diesem Zeitpunkt bestimmt sich die Steuerpflicht danach, ob ein „Betrieb gewerblicher Art“ im Sinne des Körperschaftsteuerrechts vorliegt.

Fraglich ist, ob der Gesetzgeber durch diese Neuformulierung die Abgrenzung der Betriebe gewerblicher Art und der Hoheitsbetriebe neu gestalten wollte. Der Bericht des Finanzausschusses zum UStG 1967 gibt hierüber keinen Aufschluß, denn danach sollte die Anknüpfung an das KStG vor allem die Erfassung der abzugsfähigen Vorsteuern erleichtern[44]. Als möglicherweise weiterführend könnte sich die historische Entwicklung der Besteuerung von juristischen Personen des öffentlichen Rechts im Körperschaftsteuerrecht herausstellen.

## 1.3 Historische Entwicklung des KStG

Ebenso wie in der Umsatzsteuer läßt sich auch die Entwicklung der Körperschaftsteuerpflicht von juristischen Personen des öffentlichen Rechts in verschiedene Entwicklungsstufen einteilen.

### 1.3.1 Körperschaftsteuergesetz vom 30. März 1920

Die erste gesetzliche Regelung zur Besteuerung juristischer Personen des öffentlichen Rechts findet sich im Körperschaftsteuergesetz vom 30.03.1920[45] (im folgenden KStG 1920):

*„§ 1*

*Der Körperschaftsteuer unterliegen mit ihrem Einkommen:*
*1. juristische Personen des öffentlichen und des bürgerlichen Rechtes sowie Berggewerkschaften; ...*

---

[42] RStBl. II 1934, S. 1549 ff. (1550).

[43] Vgl. dazu die amtliche Begründung (RStBl. II 1934, S. 1549 ff. (1550)), die ausdrücklich auf § 2 Abs. 1 Bezug nimmt: „Die Ausübung der öffentlichen Gewalt durch die Körperschaften des öffentlichen Rechts ist schon immer nicht als gewerbliche oder berufliche Tätigkeit angesehen worden. Dieser sich aus § 2 Abs. 1 ergebende Grundsatz ...“

[44] BT-Drucksache 5/1581(zu § 2).

[45] RGBl. 1920, S. 393 ff..

*§ 2*

*Von der Körperschaftsteuer sind befreit:*

*1. das Reich, die Länder, die Gemeinden (Gemeindeverbände), die Unternehmungen, deren Erträge ausschließlich dem Reiche, den Ländern, den Gemeinden (Gemeindeverbänden) zufließen, die Reichsbank und die Staatsbanken; ...*"

Nach dieser Regelung waren somit Gebietskörperschaften von der Körperschaftsteuer befreit, während die sonstigen juristischen Personen des öffentlichen Rechts der Steuerpflicht unterlagen. Die grundsätzliche Steuerpflicht war jedoch in einem so großen Umfang ausgehöhlt (siehe auch § 2 Körperschaftssteuergesetzes vom 8.04.1922[46]), daß grundsätzlich die gesamte öffentliche Hand einschließlich der ihr gehörenden privatrechtlich organisierten Unternehmen steuerfrei gestellt war[47].

### 1.3.2 Körperschaftsteuergesetz vom 10. August 1925

Die zweite Entwicklungsstufe von 1925 bis 1933 ist dadurch gekennzeichnet, daß die öffentliche Hand in größerem Umfang zur Körperschaftsteuer herangezogen wurde. Im Körperschaftsteuergesetz vom 10.08.1925[48] (im folgenden KStG 1925) führte der Gesetzgeber eine Besteuerung ein, die der gegenwärtigen gesetzlichen Regelung vergleichbar ist:

„*§ 2*

*Mit dem gesamten Einkommen sind unbeschränkt steuerpflichtig unter der Voraussetzung, daß der Sitz oder der Ort der Leitung im Inland liegt:*

1. *Erwerbsgesellschaften (§ 4),*
2. *alle übrigen Körperschaften und Vermögensmassen (§ 5) des bürgerlichen Rechtes,*
3. *Betriebe und Verwaltungen von Körperschaften des öffentlichen Rechtes und öffentliche Betriebe und Verwaltungen mit eigener Rechtspersönlichkeit, es sei denn, daß die Betriebe und Verwaltungen nach Maßgabe des § 7 dienen:*
   *a) der Ausübung der öffentlichen Gewalt,*

---

[46] RGBl. I 1922, S. 472 ff..

[47] *Rosendorff/Hermann* , Körperschaftsteuergesetz, 7. Auflage, Berlin/Wien, 1932, Anmerkung 14 zu § 2.

[48] RGBl. I 1925, S. 208 ff..

*b) lebenswichtigen Bedürfnissen der Bevölkerung, zu deren Befriedigung die*
*Bevölkerung auf die Betriebe und Verwaltungen angewiesen ist (Versorgungsbetriebe),*
*c) gemeinnützigen oder mildtätigen Zwecken,*
*d) kirchlichen Zwecken.*

*Den Betrieben und Verwaltungen des Satz 1 stehen gleich Unternehmungen, deren Erträge ausschließlich Körperschaften des öffentlichen Rechts zufließen.*

....

*§ 7*

*(1) Als Versorgungsbetriebe im Sinne des § 2 Nr. 3 b gelten solche Betriebe oder Verwaltungen, denen die Versorgung der Bevölkerung mit Wasser, Gas oder Elektrizität obliegt oder die dem öffentlichen Verkehr oder dem Hafenbetrieb dienen; als Versorgungsbetriebe werden sie aber nur insoweit behandelt, als sie den vorbezeichneten Aufgaben dienen. Der Reichsminister der Finanzen kann mit Zustimmung des Reichsrates weitere Betriebe und Verwaltungen als Versorgungsbetriebe im Sinne des § 2 Nr. 3 b erklären.*

*(2) Im übrigen erläßt der Reichsminister der Finanzen mit Zustimmung des Reichsrats nähere Bestimmungen über die Abgrenzung der nach § 2 Nr. 3 steuerpflichtigen Betriebe und Verwaltungen."*

Nunmehr waren also die Körperschaften des öffentlichen Rechts selbst nicht mehr unbeschränkt steuerpflichtig. Nur ihre in gewissem Umfang steuerrechtlich verselbständigten Betriebe und Verwaltungen wurden nach § 2 S. 1 Nr. 3 KStG 1925 als unbeschränkt steuerpflichtig behandelt[49]. Etwas anderes galt bei Ausübung öffentlicher Gewalt.

In § 2 S. 1 Nr. 3 lit. a KStG 1925 war aber nicht geregelt, bei welchen Tätigkeiten es sich um Ausübung von öffentlicher Gewalt handelte. Dies wurde vielmehr vom Reichsminister der Finanzen mit Zustimmung des Reichsrates in der Durchführungsverordnung zum KStG vom 17.05.1926 (im folgenden KStDV 1926) festgelegt:

---

49 Vgl. auch *Rosendorff/Hermann* , Körperschaftsteuergesetz, 7. Auflage, Berlin/Wien, 1932, Anmerkung 14 zu § 2.

„ § 2

*(1) Der Ausübung der öffentlichen Gewalt dienen die Hoheitsverwaltungen des Reichs und der Länder sowie die Verwaltungen der Gemeinden (Gemeindeverbände), die öffentlich-rechtliche Aufgaben erfüllen. Eine Erfüllung öffentlich-rechtlicher Aufgaben ist insbesondere anzunehmen, wenn die Aufgaben eines Betriebs oder einer Verwaltung auf Leistungen gerichtet sind, zu deren Annahme der Leistungsempfänger auf Grund gesetzlicher oder behördlicher Anordnung verpflichtet ist.*

*(2) Zu den Betrieben und Verwaltungen, die der Ausübung der öffentlichen Gewalt dienen, gehören hierher auch Schlacht- und Viehhöfe, Anstalten zur Nahrungsmitteluntersuchung, Desinfektionsanstalten, Kadaververnichtungsanstalten, Anstalten zur Müllbeseitigung und zur Abführung von Spülwasser und Fäkalien.“*

Es läßt sich feststellen, daß die öffentliche Hand in größerem Umfang zur Körperschaftsteuer herangezogen wurde. Grund für diesen Wandel war die Situation nach dem ersten Weltkrieg, die ein verstärktes wirtschaftliches Engagement der Gemeinden, aber auch anderer öffentlicher Körperschaften zur Deckung ihres Finanzbedarfs erforderte. Im Anschluß an das Londoner Abkommen von 1924 und die darin übernommenen Reparationsverpflichtungen galt es, die Verzinsung und Tilgung eines Betrages von 5 Milliarden Goldmark sicherzustellen und auf breite Wirtschaftskreise umzulegen[50]. Dies sollte auch unter der Einbeziehung der werbenden Betriebe des Reiches, der Länder und der Gemeinden erreicht werden[51].

Daneben verfolgte der Gesetzgeber mit dem KStG 1925 das Ziel, einer ungesunden Konkurrenz der Betriebe öffentlich-rechtlicher Körperschaften gegenüber der Privatwirtschaft vorzubeugen. Diese Situation hätte sich nämlich ergeben, wenn diese Betriebe der öffentlichen Hand nicht steuerpflichtig und damit im Wettbewerb wesentlich begünstigt gewesen wären. Der Gedanke des Wettbewerbsschutzes und der der Chancengleichheit waren daher bei der Neufassung des Gesetzes bestimmend. Wörtlich wurde das KStG 1925 folgendermaßen begründet[52] :

*„Gegenüber den früher für die Nichtbesteuerung öffentlicher Unternehmungen geltend gemachten Gründen ist das Argument, daß die*

---

50 *Laule, Gerhard*, Die Körperschaftsteuerfreiheit für Hoheitsbetriebe - wann dient ein Betrieb der Ausübung öffentlicher Gewalt?, DStZ 1988, S. 183 ff. (184).

51 Vgl. dazu das Gesetz zur Aufbringung der Industriebelastung vom 30.08.1924 (Aufbringungsgesetz), BGBl. II 1924, S. 269 ff..

52 Verhandlungen des Reichstages, 3. Wahlperiode 1924/25, Band 400, Drucksache Nr. 796, A.I., S. 8 f..

*öffentlichen Verbände in steigendem Umfang, sei es direkt, sei es indirekt in Form von Aktiengesellschaften, Gesellschaften mit beschränkter Haftung usw., deren Anteile sie sämtlich oder fast sämtlich besitzen, sich am Wirtschaftsleben beteiligen und daß ihnen durch Ersparung einer so ungeheuer wichtigen Spese wie die Steuer ein bei der geltenden und künftigen Steuerbelastung nicht zu rechtfertigender Vorsprung vor den privatwirtschaftlichen Betrieben gewährt wird, so durchschlagend, daß an der Steuerbefreiung nicht weiter festgehalten werden kann...“*

Bemerkenswert ist, daß der Gesetzgeber im KStG 1925 erstmals[53] den Begriff „Ausübung öffentlicher Gewalt“ verwendete. Dieser Terminus hatte im Steuerrecht bis dahin keine Bedeutung. Er wurde vom Gesetzgeber vorher im Strafrecht und später dann im Amtshaftungsrecht herangezogen. So kann noch heute Art. 77 EGBGB, der am 1.1.1900 in Kraft trat, entnommen werden, daß die landesgesetzlichen Vorschriften über die Haftung des Staates, der Gemeinden und anderer Kommunalverbände für den von ihren Beamten in Ausübung der diesen anvertrauten öffentlichen Gewalt zugefügten Schäden, unberührt bleiben. Spätestens nach dem Erlaß des Gesetzes über die Haftung des Reiches für seine Beamten vom 22.05.1910[54] und Art. 131 der Weimarer Reichsverfassung wurde der Begriff „Ausübung öffentlicher Gewalt“ dann zum zentralen Tatbestandsmerkmal der Staatshaftung.

Als Zwischenergebnis kann festgehalten werden, daß der Bereich „Ausübung öffentlicher Gewalt“ nicht erst allmählich aus dem Bereich der steuerpflichtigen Tatbestände gelöst wurde. Vielmehr war diese Tätigkeit niemals von der Steuerpflicht betroffen. Die öffentliche Hand war anfangs (KStG 1920) im Ergebnis von der Steuer befreit. Erst später wurde sie in einigen Bereichen zur Körperschaftsteuer herangezogen, wobei der Bereich der Ausübung der öffentlichen Gewalt seit jeher ausgespart blieb[55].

### 1.3.3 Körperschaftsteuergesetz vom 16. Oktober 1934

Die Entwicklungsstufe von 1934 bis 1976 zeichnet sich dadurch aus, daß die Steuerfreiheit für Versorgungsbetriebe durch das Körperschaftsteuergesetz vom 16.10.1934[56] (im folgenden KStG 1934), ergänzt durch die Verordnung zur

---

[53] Daneben wurde dieser Begriff auch in § 1 Abs. 1 des Gesetzes über die gegenseitigen Besteuerungsrechte des Reiches, der Länder und der Gemeinden (RGBl. I 1925, S. 252 ff.), welches am selben Tag beschlossen wurde, verwendet.

[54] RGBl. 1910, S. 798 ff..

[55] So auch *Laule, Gerhard*, Die Körperschaftsteuerfreiheit für Hoheitsbetriebe - wann dient ein Betrieb der Ausübung öffentlicher Gewalt?, DStZ 1988, S. 183 ff. (184).

[56] RGBl. I 1934, S. 1031 ff..

Durchführung des Körperschaftsteuergesetzes vom 6.02.1935[57] (im folgenden KStDV 1935), abgeschafft wurde. Des weiteren wurde in § 1 Abs. 1 Nr. 6 KStG 1934 erstmals der Begriff „Betrieb gewerblicher Art" verwendet:

*§ 1*

*Unbeschränkte Steuerpflicht*

*(1) Unbeschränkt steuerpflichtig sind die folgenden Körperschaften, Personenvereinigungen und Vermögensmassen, die ihre Geschäftsleitung oder ihren Sitz im Inland haben:*

*... Nr. 6. Betriebe gewerblicher Art von Körperschaften des öffentlichen Rechts."*

In § 1 der KStDV 1935 wurde der Betrieb gewerblicher Art (im folgenden BgA) näher umschrieben und in § 4 KStDV festgelegt, bei welchen Tätigkeitsbereichen „Ausübung von öffentlicher Gewalt" anzunehmen war:

*„§ 1*

*Betriebe gewerblicher Art von Körperschaften des öffentlichen Rechts*

*(1) Zu den Betrieben gewerblicher Art von Körperschaften des öffentlichen Rechts gehören alle Einrichtungen, die einer nachhaltigen wirtschaftlichen Tätigkeit zur Erzielung von Einnahmen oder anderen wirtschaftlichen Vorteilen dienen. Die Absicht, Gewinn zu erzielen, ist nicht erforderlich.*

*(2) Die Einrichtung ist als Betrieb gewerblicher Art nur dann steuerpflichtig, wenn sie sich innerhalb der Gesamtbetätigung der Körperschaft heraushebt. Diese wirtschaftliche Selbständigkeit kann in einer besonderen Leitung, in einem geschlossenen Geschäftskreis, in der Buchführung oder in einem ähnlichen auf eine Einheit hindeutenden Merkmal bestehen. Daß die Bücher bei einer anderen Verwaltung geführt werden, ist unerheblich.*

*(3) Die Verpachtung eines Betriebs, der nach den Absätzen 1 und 2 steuerpflichtig wäre, wenn er vom Verpächter unmittelbar betrieben würde, steht einem Betrieb gewerblicher Art gleich. Daß gleiche gilt für jede andere entgeltliche Überlassung von Einrichtungen, Anlagen oder Rechten zu Betriebszwecken dieser Art.*

57 RGBl. I 1935, S. 163 ff..

*§ 2*
*Versorgungsbetriebe*

*(1) Zu den Betrieben gewerblicher Art gehören auch die Betriebe, die der Versorgung der Bevölkerung mit Wasser, Gas, Elektrizität oder Wärme, dem öffentlichen Verkehr oder dem Hafenverkehr dienen.*
*(2) ...*

*§ 4*
*Hoheitsbetriebe*

*(1) Betriebe von Körperschaften des öffentlichen Rechts, die überwiegend der Ausübung der öffentlichen Gewalt dienen (Hoheitsbetriebe), gehören nicht zu den Betrieben gewerblicher Art. Eine Ausübung öffentlicher Gewalt ist insbesondere anzunehmen, wenn es sich um Leistungen handelt, zu deren Annahme der Leistungsempfänger auf Grund gesetzlicher oder behördlicher Anordnung verpflichtet ist. Hierher gehören z.B. Forschungsanstalten, Wetterwarten, Schlachthöfe, Friedhöfe, Anstalten zur Nahrungsmitteluntersuchung, zur Desinfektion, zur Leichenverbrennung, zur Müllbeseitigung, zur Straßenreinigung und zur Abführung von Spülwasser und Abfällen.*

*(2) Die Steuerpflicht der Versorgungsbetriebe (§ 2 Absatz 1) und der öffentlich-rechtlichen Versicherungsanstalten (§§ 23 ff.) bleibt unberührt.*

*§ 5*
*Rechtsform*

*(1) Ein Betrieb gewerblicher Art ist auch dann unbeschränkt steuerpflichtig, wenn er selbst eine Körperschaft des öffentlichen Rechts ist.*

*(2) Betriebe, die in eine privatrechtliche Form gekleidet sind, werden nach den für diese Rechtsform geltenden Vorschriften besteuert."*

Nach der amtlichen Begründung zum KStG 1934 vom 16.10.1934[58] war mit der neuen Fassung „Betriebe gewerblicher Art", der die Bezeichnung „Betriebe und Verwaltungen von Körperschaften des öffentlichen Rechts und öffentliche Betriebe und Verwaltungen mit eigener Rechtspersönlichkeit" ersetzte, beabsichtigt, alle Betriebe der öffentlichen Hand der Körperschaftsteuer zu unterwerfen, die das äußere Bild eines Gewerbebetriebs bieten[59].

---

[58] RStBl. 1935, S. 81 ff..
[59] RStBl. 1935, S. 81 ff. (82).

Es fällt auf, daß sich die bisherige Ausnahmevorschrift betreffend Betriebe, die der Ausübung der öffentlichen Gewalt dienen, nur noch in der Durchführungsverordnung findet. Begründet wurde dieser Schritt damit, daß die Ausnahmevorschrift überflüssig sei, da die Ausübung der öffentlichen Gewalt nicht unter die Gruppe „Betriebe gewerblicher Art“ falle[60]. Der Gesetzgeber ging also offenbar davon aus, daß bei *Ausübung öffentlicher Gewalt* schon dem Grunde nach eine Besteuerung ausgeschlossen sei.

### 1.3.4 Körperschaftsteuergesetz vom 31. August 1976

Der neugefaßte § 4 des Körperschaftsteuergesetzes vom 31.08.1976[61] (im folgenden KStG 1977), der bis heute seine Fassung beibehalten hat[62], hat zum größten Teil die Bestimmungen der §§ 1 - 5 der KStDV 1935 übernommen. § 4 Abs. 5 KStG 1977 enthielt wieder die Abgrenzung zum Hoheitsbetrieb. Während diese im KStG 1925 noch ausdrücklich geregelt war, fehlte im KStG 1934 eine diesbezügliche Vorschrift; eine nähere Regelung fand sich lediglich in § 4 der Körperschaftsteuer-Durchführungsverordnung 1935[63]. Nach der Regierungsbegründung zum KStG 1977 war aber mit der Einführung des § 4 KStG 1977 keine Änderung der bisherigen Rechtslage beabsichtigt[64]:

> „... *Sie* (Anm. des Verfassers: die ausdrückliche Vorschrift des § 4 Abs. 5 KStG) *erschien als entbehrlich, weil sich „Betrieb gewerblicher Art“ und „Hoheitsbetrieb“ wesensmäßig gegenseitig ausschließen und in § 1 Abs. 1 Nr. 6 des Gesetzes allein die Steuerpflicht der Betriebe gewerblicher Art bestimmt ist. An dieser grundsätzlichen Auffassung wird in der Regierungsbegründung festgehalten.*
>
> *Regelungsbedürftig sind aber diejenigen Fälle von Einrichtungen der juristischen Personen des öffentlichen Rechts, die nur teilweise der Ausübung der öffentlichen Gewalt dienen und im übrigen wirtschaftlichen Tätigkeiten dienen. ...*“

Die Regelung des § 4 Abs. 5 KStG 1977 sollte also insoweit nur klarstellenden Charakter haben, als Hoheitsbetriebe nicht zu den Betrieben gewerblicher Art gehörten, aber konstitutiv wirken bei Einrichtungen von jPdöR, die nur teilweise der Ausübung der öffentlichen Gewalt dienen und im übrigen wirtschaftlich tätig sind.

---

60 RStBl. 1935, S. 81 ff. (82).

61 BStBl. I 1976, S. 445 ff..

62 Vgl. dazu die zur Zeit geltende Fassung des § 4 KStG, abgedruckt unter Punkt 1.1 (S. 2).

63 Vgl. oben § 4 KStDV 1935.

64 BT-Drucksache 7/1470, S. 335 ff. (336).

In § 4 Abs. 1 KStG 1977 wurde der BgA zum ersten Mal „vorbehaltlich des Absatzes 5“ definiert. Seit dieser Zeit besteht Streit darüber, wie dieser Zusatz zu verstehen ist[65]. Bisher wurden BgA und Hoheitsbetriebe immer separat definiert[66]. Warum der Gesetzgeber diesen Weg beschritten hat, kann anhand der Regierungsbegründung nicht nachvollzogen werden. Bekannt ist nur, daß durch die Neufassung die bisherige Rechtslage nicht verändert werden sollte[67]. Aus historischer Sicht kann diesem Zusatz nur klarstellende Bedeutung zukommen, denn BgA und Hoheitsbetriebe schließen sich seit jeher gegenseitig aus[68].

Der in § 4 Abs. 5 KStG 1977 neu aufgenommene Satz 2, wonach Zwangs- oder Monopolrechte für die Annahme eines Hoheitsbetriebs nicht ausreichen, wurde klarstellend in das Gesetz eingefügt[69]. Damit wollte man sich der Auffassung des Bundesfinanzhofs (BFH) anschließen, der zuvor in einem zum Gewerbesteuergesetz ergangenen Urteil[70] die Auffassung vertreten hatte, daß Zwangs- und Monopolrechte für sich allein nicht ausreichen, eine bestimmte Tätigkeit als hoheitlich zu qualifizieren.

Fraglich ist, ob sich durch die Aufnahme von § 4 Abs. 5 S. 2 KStG 1977 der Zweck des § 1 Abs. 1 Nr. 6 KStG, der die Steuerpflicht für Betriebe gewerblicher Art von juristischen Personen des öffentlichen Rechts anordnet, geändert hat. Bis dahin sollte durch diese Vorschrift Wettbewerbsgleichheit und Chancengleichheit zwischen öffentlichen und privaten Betrieben hergestellt werden[71]. Nach der Neufassung konnte ein BgA aber auch angenommen werden, wenn kein privater Mitbewerber existierte. *Stadie* vertritt daher die Ansicht, daß sich der Zweck der Vorschrift insgesamt geändert habe. Dieser sei nach der Neufassung darin zu sehen, jede Tätigkeit gewerblicher Art zu besteuern[72].

Dem ist nicht zu folgen. Der Gesetzgeber wollte mit der Neufassung lediglich eine Klarstellung herbeiführen[73]. Auch ist zu bedenken, daß nach der Begründung zum KStG 1934[74] von einem BgA auszugehen war, wenn die Betätigung

---

65 Vgl. nur *Stadie* in *Rau/Dürrwächter*, Kommentar zum UStG, 8. Auflage, Stand 7/ 1997, Anm. 918 zu § 2.

66 Vgl. KStDV 1935.

67 BT-Drucksache 7/1470, S. 335 ff. (335).

68 BT-Drucksache 7/1470, S. 335 ff. (336).

69 BT-Drucksache 7/1470, S. 335 ff. (337).

70 BFH, Urteil vom 18.02.1970 - I 157/67, BStBl. II 1970, S. 519 ff..

71 Vgl. dazu oben. 1.3.2.

72 *Stadie* in *Rau/Dürrwächter*, Kommentar zum UStG, 8. Auflage, Köln, Stand 7/ 1997, Rn. 790.

73 BT-Drucksache 7/1470, S. 335 ff. (337).

74 RStBl. 1935, S. 81 ff. (82).

der öffentlichen Hand „das äußere Bild eines Gewerbebetriebs" geboten hat[75]. In geeigneten Fällen konnte daher auch schon vorher ein BgA bejaht werden, wenn dieser eine Monopolstellung einnahm[76]. Der bisherige Wortlaut des § 4 S. 2 KStDV 1934 sprach auch nicht gegen eine solche Auslegung, denn danach war „Ausübung öffentlicher Gewalt" *insbesondere* dann anzunehmen, wenn es sich um Leistungen handelte, zu deren Annahme der Leistungsempfänger auf Grund gesetzlicher oder behördlicher Anordnung verpflichtet war. Der Annahmezwang konnte daher ein bedeutendes Anzeichen für einen Hoheitsbetrieb sein, die Annahme eines gewerblichen Betriebs wurde aber dadurch nicht schlechthin ausgeschlossen[77]. Die Formulierungen des Gesetzgebers, daß einerseits insbesondere bei Annahmezwang Ausübung von öffentlicher Gewalt vorliege (§ 4 Abs. 1 S. 2 KStDV 1935) und andererseits für die Annahme eines Hoheitsbetriebs Zwangs- oder Monopolrechte nicht ausreichten (§ 4 Abs. 5 S. 2 KStG 1977), schließen sich auch nicht gegenseitig aus. Beide Tatbestandsmerkmale stellen nur Indizien dar[78].

Der Zweck der Vorschrift hat sich seit dem KStG 1934 demnach nicht geändert; vielmehr lag es seit jeher im Bestreben des Gesetzgebers, die Tätigkeit gewerblicher Art von juristischen Personen nur dann zu besteuern, wenn der Gedanke der Wettbewerbsgleichheit dies verlangt.

### 1.3.5 Zwischenergebnis

Zunächst (KStG 1920) bestand für Körperschaften des öffentlichen Rechts eine unbeschränkte Steuerpflicht, die aber durch eine Vielzahl von Steuerbefreiungen derart „entleert" wurde, daß diese im Ergebnis steuerfrei waren. Später (KStG 1925) wählte der Gesetzgeber einen anderen Weg. Er ordnete nicht eine grundsätzliche Steuerpflicht an, sondern bestimmte, daß verselbständigte Betriebe und Verwaltungen unter bestimmten Voraussetzungen als unbeschränkt steuerpflichtig galten, wobei „Ausübung öffentlicher Gewalt" von der Steuerpflicht ausgespart blieb. Da dieser Ansatz nicht lange für gut befunden wurde, knüpfte der Gesetzgeber bereits einige Jahre später (KStG 1934) für die Besteuerung juristischer Personen des öffentlichen Rechts an den Begriff „Betrieb gewerblicher Art" an. „Ausübung öffentlicher Gewalt" unterlag auch weiterhin nicht der Besteuerung, was aber lediglich § 4 der Durchführungsverordnung des

---

[75] Darauf verweist auch *Stadie* in *Rau/Dürrwächter*, Kommentar zum UStG, 8. Auflage, Köln, Stand 7/ 1997, Rn. 790.

[76] So auch *Stadie* in *Rau/Dürrwächter*, Kommentar zum UStG, 8. Auflage, Köln, Stand 7/ 1997, Rn. 790.

[77] So auch BFH, Urteil vom 15.03.1972 - I R 232/71, BStBl. II 1972, S. 500 f. (501).

[78] So auch BFH, Urteil vom 18.02.1970 - I 157/67, BStBl. II 1970, S. 519 ff.(520). Indirekt auch die Verwaltung in Abschnitt 5 Abs. 14 KStR, indem beide Abgrenzungsformulierungen hintereinander verwendet werden.

KStG (1935) entnommen werden konnte. Interessanterweise nahm der Gesetzgeber dieses Abgrenzungsmerkmal 1977 wieder klarstellend in das KStG auf. Am bis dahin geltenden Rechtszustand hat sich dadurch aber nichts geändert.

Die Frage, ob der Gesetzgeber durch die Neuformulierung des § 2 Abs. 3 UStG 1967, der erstmals auf das KStG Bezug nahm, die Abgrenzung des „Betriebs gewerblicher Art“ vom „Hoheitsbetrieb“ neu gestalten wollte[79], muß in Anbetracht der historischen Entwicklung der Körperschaftsteuerpflicht von juristischen Personen des öffentlichen Rechts verneint werden. Aus Sicht der Körperschaftsteuer war niemals zweifelhaft, daß Ausübung öffentlicher Gewalt bei grundsätzlicher Steuerpflicht der Körperschaften des öffentlichen Rechts von der Steuer befreit war. Die Bereiche „Ausübung von öffentlicher Gewalt“ und „gewerbliche oder berufliche Tätigkeit“ schlossen sich gegenseitig aus. In der Umsatzsteuer war dies zu keinem Zeitpunkt anders. Aus diesem Grund kann davon ausgegangen werden, daß sich durch die Anknüpfung des § 2 Abs. 3 UStG an das KStG an der Abgrenzung dieser beiden Tätigkeitsbereiche nichts geändert hat. Vielmehr gilt auch nach Verabschiedung des UStG 1967, daß der die Unternehmereigenschaft begründende Bereich der „gewerblichen oder beruflichen Tätigkeit“ gegenüber dem Bereich der „Ausübung öffentlicher Gewalt“ im Grundsatz weder erweitert noch eingeengt wurde. Mit der Bezugnahme auf das KStG sollte allein zur Vermeidung von Abgrenzungsschwierigkeiten in der praktischen Handhabung klargestellt werden, daß das gerade reformierte Umsatzsteuerrecht und das Körperschaftsteuerrecht weiterhin deckungsgleich waren. Diese Klarstellung wurde insbesondere im Hinblick auf den neu eingeführten Vorsteuerabzug für erforderlich gehalten.

## 1.4 Historische Entwicklung der für das Umsatzsteuerrecht bedeutenden EG-Richtlinien

Anfangs beschränkte sich die Europäische Gemeinschaft[80] darauf, Wettbewerbsneutralität bei der Umsatzbesteuerung des grenzüberschreitenden Waren- und Dienstleistungsverkehrs herzustellen. Dazu erließ sie am 11.4.1967 die Erste und Zweite Richtlinie[81] „zur Harmonisierung der Rechtsvorschriften der Mitgliedstaaten über die Umsatzsteuer“, welche die Mitgliedstaaten insbesondere zur Einführung eines Mehrwertsteuersystems auf der Grundlage des Vorsteuerabzugs verpflichtete. Im übrigen wurde den Mitgliedstaaten (aber noch) genügend Freiraum zur Beibehaltung nationaler Besonderheiten belassen.

---

[79] Vgl. dazu oben unter Punkt 1.2.5.

[80] Damals wurde die Europäische Union noch Europäische Gemeinschaft bezeichnet

[81] Die Zweite Richtlinie zur Harmonisierung der Rechtsvorschriften der Mitgliedstaaten über die Umsatzsteuern“ erhielt noch den Zusatz „Struktur und Anwendungsmodalitäten des gemeinsamen Mehrwertsteuersystems“.

Dies änderte sich am 17.5.1977, als der Rat der EG die 6. Richtlinie zur Harmonisierung der Umsatzsteuern in den Europäischen Gemeinschaften verabschiedete. Politischer und rechtlicher Ausgangspunkt war der Beschluß des Rates vom 21. April 1970[82] über die Ersetzung der Finanzbeiträge der Mitgliedstaaten durch eigene Mittel der Gemeinschaften[83]. Nach diesem Beschluß wird der Haushalt der Gemeinschaften ab 1.1.1975 vollständig aus eigenen Mitteln der Gemeinschaften finanziert. Zu diesen eigenen Mitteln sollten auch Mehrwertsteuereinnahmen aus einer Belastung des letzten Verbrauchs in den jeweiligen Mitgliedstaaten von höchstens 1 v. H. der gemeinsamen steuerpflichtigen Bemessungsgrundlage gehören. Um diese Mehrwertsteuereinnahmen nach einem einheitlichen Maßstab zu erheben, war es notwendig, die Umsatzsteuergesetze der einzelnen Mitgliedstaaten zu harmonisieren. Die Verabschiedung der 6. EG-RL durch den Rat war nur aufgrund eines außerordentlichen Kompromisses möglich[84]. Sie brachte für das deutsche UStG eine Reihe von Änderungen. Die wesentliche Struktur des Gesetzes konnte aber beibehalten werden. Das war nach den Vorschlägen der Kommission nicht selbstverständlich[85].

Einrichtungen des öffentlichen Rechts werden nach der endgültigen Fassung der 6.EG-RL[86] grundsätzlich als Steuerpflichtige behandelt, wenn sie eine wirtschaftliche Tätigkeit im Sinne des Art. 4 Abs. 2 der 6.EG-RL ausüben. Führen sie dagegen Tätigkeiten aus, die ihnen im Rahmen der öffentlichen Gewalt obliegen, so gelten sie gemäß Art. 4 Abs. 5 Uabs. 1 der 6.EG-RL nicht als Steuerpflichtige. Etwas anderes gilt nur dann, falls eine Behandlung als Nicht-Steuerpflichtige zu größeren Wettbewerbsverzerrungen führen würde (Art. 4 Abs. 5 Uabs. 2 6.EG-RL). Letztgenannte Vorschrift lautete nicht immer so. In einem Vorschlag[87] zur 6.EG-RL hatte diese Regelung noch folgende Fassung:

> *„...Falls sie jedoch die in Abs. 1 genannten Leistungen erbringen, gelten sie für diese Leistungen als Steuerpflichtige. Unter diese Vorschrift fallen die Tätigkeiten der Rundfunk- und Fernsehanstalten sowie die Landwirtschaftlichen Interventionsstellen für ihre Umsätze von landwirtschaftlichen Erzeugnissen, die in Anwendung der Verordnungen über die gemeinsame Marktorganisation für diese Erzeugnisse bewirkt werden.“*

---

[82] AblEG Nr. L 94/19 vom 28.04.1070.

[83] *Wachweger, Dieter / Schlienkamp / Schütz,* Die 6. EG-Richtlinie zur Harmonisierung der Umsatzsteuer, UR 1977, S. 121 ff. (121).

[84] *Wachweger, Dieter,* Die Auswirkungen der 6. USt-Richtlinie des Rates der EG auf das deutsche Recht, DStZ 1978, S. 11 ff. (12).

[85] *Wachweger, Dieter,* 6. EG-Richtlinie zur Harmonisierung der Umsatzsteuer in den Europäischen Gemeinschaften, Bonn, 1977, S. 6.

[86] Vgl. dazu den abgedruckten Text des Art. 4 6.EG-RL auf S. 2 unter Punkt 1.1.

[87] Vorschlag einer 6. EG-RL, BT-Drucksache 7/913, S. 5.

Die Kommission[88] begründete die Steuerpflicht von Einrichtungen des öffentlichen Rechts wie folgt:

> *„Einrichtungen des öffentlichen Rechts sind insoweit als Steuerpflichtige zu betrachten, als diese wirtschaftliche Tätigkeiten ausüben, die nicht untrennbar mit dem Begriff der Ausübung von Hoheitsbefugnissen verbunden sind, d.h. Tätigkeiten, die von Personen des privaten Rechts ausgeübt werden können, ohne daß dadurch die Erfüllung der grundlegenden Aufgaben und Befugnisse der Staaten, Länder, Gemeinden und der anderen Körperschaften des öffentlichen Rechts auf dem Gebiet der allgemeinen Verwaltung, der Sicherheit oder der Landesverwaltung beeinträchtigt würden".*

Später wurde Art. 4 Abs. 5 Uabs. 2 der 6.EG-RL „zur klareren Definition der Voraussetzungen für die Steuerpflicht" ausgeweitet[89]:

> *„Falls sie jedoch die in Abs. 1 genannten Leistungen erbringen, die auf wirtschaftlichem Gebiet und unabhängig von den nationalen Rechtsvorschriften auch von Personen des privaten Rechts bewirkt werden können, gelten sie für diese Leistungen als Steuerpflichtige. Unter diese Vorschrift fallen die Tätigkeiten der Rundfunk- und Fernsehanstalten sowie die Landwirtschaftlichen Interventionsstellen für ihre Umsätze von landwirtschaftlichen Erzeugnissen, die in Anwendung der Verordnungen über die gemeinsame Marktorganisation für diese Erzeugnisse bewirkt werden."*

*Söhn* hat diese neue Formulierung passend damit umschrieben, daß steuerbare Tätigkeiten der öffentlichen Hand vorliegen sollen, falls diese zwar von „Privatunternehmern" ausgeübt werden könnten, ohne die grundlegenden Aufgaben des Staates zu beeinträchtigen, die tatsächliche Ausübung aber Privatunternehmern verwehrt ist, da die Tätigkeiten auf Grund nationaler Vorschriften dem Staat vorbehalten sind[90]. Aber auch diese Formulierung des Richtliniengebers hat sich nicht durchgesetzt. Vielmehr wurde in der endgültigen Fassung darauf abgestellt, ob eine Behandlung als Nicht-Steuerpflichtige zu *größeren Wettbewerbsverzerrungen* führen würde. Unklar ist, warum dieser Weg der Abgrenzung gewählt wurde. Aus den Materialien[91] zur 6. EG-RL ergibt dazu nichts.

---

88 Vorschlag einer 6. EG-RL, BT-Drucksache 7/913, S. 37.

89 AblEG 1974 Nr. C 121, S. 34, zitiert nach *Söhn, Hartmut*, Die Harmonisierung der Umsatzsteuern in der Europäischen Gemeinschaft, StuW 1976, S. 1 ff. (9).

90 *Söhn, Hartmut*, Die Harmonisierung der Umsatzsteuern in der Europäischen Gemeinschaft, StuW 1976, S. 1 ff. (9).

91 Eine amtliche Begründung der einzelnen Artikel der 6. EG-RL gibt es nicht; auch wurde von Rat bzw. Kommission keine Protokollerklärung zu diesem Unterabsatz des Artikels 4 Abs. 5 6.EG-RL abgegeben; selbst *Wachweger*, der an allen Beratungen zur 6. EG-RL aus deutscher Sicht teilgenommen hat, äußert sich nicht zum Anlaß der Einführung des Beg-

Der Begriff „im Rahmen der öffentlicher Gewalt“ wurde in der Richtlinie nicht definiert, da es dem Ministerrat nicht gelungen ist, angesichts der historisch gewachsenen Unterschiede in den Mitgliedstaaten gemeinschaftliche Abgrenzungskriterien zu finden.[92]

## 1.5 Historische Rechtfertigung der teilweisen Nichtbesteuerung der öffentlichen Hand

Ungeklärt ist, was den deutschen Gesetzgeber bzw. den Rat der Europäischen Gemeinschaften bewogen hat, juristische Personen bzw. Einrichtungen des öffentlichen Rechts gesondert zu behandeln.

### 1.5.1 Historische Rechtfertigung des § 2 Abs. 3 UStG

Schon bei den Beratungen des UStG 1918 wurde vom Haushaltsausschuß darauf hingewiesen, daß es die „Gleichmäßigkeit im Konkurrenzkampf“ verbiete, die öffentliche Hand (v.a. die Versorgungsbetriebe) in größerem Umfang von der Umsatzsteuer freizustellen[93]. Auch dürften die Gemeinden nicht das Steueraufkommen des Reiches schmälern, indem sie die Betriebe, die Gegenstand von Privatunternehmen seien, in eigener Regie führten[94]. In der Folgezeit wurde gleichwohl der Befreiungstatbestand ausgedehnt[95] und schließlich angeordnet, daß „Ausübung von öffentlicher Gewalt“ von der Umsatzsteuer ausgenommen sei[96]. Dabei wurde stets betont, daß es das erklärte Ziel der gesetzlichen Regelung sei, aus Gründen der steuerlichen Gerechtigkeit und der Wettbewerbsgleichheit die öffentliche Hand derselben Besteuerung zu unterwerfen wie den

---

riffs „Wettbewerbsverzerrungen“, obwohl er dazu in seinen Publikationen, in denen er sich eingehend mit der 6. EG-RL befaßte, ausreichend Möglichkeit gehabt hätte (*Wachweger, Dieter / Schlienkamp / Schütz*, Die 6. EG-Richtlinie zur Harmonisierung der Umsatzsteuer, UR 1977, S. 121 ff.; *Wachweger, Dieter*, 6. EG-Richtlinie zur Harmonisierung der Umsatzsteuer in den Europäischen Gemeinschaften, Bonn, 1977; *Wachweger, Dieter*, Die Auswirkungen der 6. USt-Richtlinie des Rates der EG auf das deutsche Recht, DStZ 1978, S. 11 ff. und 43 ff.).

92 *Schlienkamp* in *Wachweger, Dieter / Schlienkamp / Schütz*, Die 6. EG-Richtlinie zur Harmonisierung der Umsatzsteuer, UR 1977, S. 121 ff (124); *Wachweger, Dieter*, 6. EG-Richtlinie zur Harmonisierung der Umsatzsteuer in den Europäischen Gemeinschaften, Bonn, 1977, S. 29.

93 Bericht des Haushaltsausschusses, RT-Drucksachen 1918 Nr. 1745.

94 Sten.-Bericht 1918, 189. Sitzung, S. 6051, Fn. 11..

95 Vgl. UStG 1919 oben unter Punkt 1.2.2.

96 Vgl. dazu § 24 UStDB oben unter Punkt 1.2.3.

privaten Unternehmer[97]. Warum der Bereich „Ausübung öffentlicher Gewalt" von der Besteuerung ausgespart wurde, läßt sich aus den Materialien nicht ermitteln.

Auch der BFH befaßte sich kaum mit dieser Frage. Für ihn stand lediglich fest, daß Gründe der steuerlichen Gleichmäßigkeit[98] und der Wettbewerbsgleichheit[99] eine Besteuerung gebieten. Interessant ist, daß der BFH diese Argumente immer dann herangezogen hat, wenn er Fälle zu entscheiden hatte, in denen er „Ausübung öffentlicher Gewalt" im Ergebnis verneinte. In den Fällen, in denen die Rechtsprechung zu dem Ergebnis gelangte, daß es sich um „Ausübung öffentlicher Gewalt" handelte[100], beschränkte sie sich auf die Feststellung, daß die betreffende Tätigkeit der juristischen Person des öffentlichen Rechts eigentümlich und vorbehalten sei und es sich daher um „Ausübung von öffentlicher Gewalt" handele.

Nur ein einziges Mal setzte sich der BFH mit der Frage auseinander, was den Gesetzgeber dazu bewegt hatte, diesen Bereich von der Besteuerung auszusparen. In seinem Urteil vom 10.11.1977 heißt es, daß die Nichtbesteuerung der staatlichen Aufgabenerfüllung durch Körperschaften des öffentlichen Rechts einerseits und die Besteuerung einer solchen Tätigkeit bei Privatpersonen andererseits in der Natur des Umsatzsteuerrechts liege[101]. Der BFH nahm dabei auf die Entscheidung des BVerfG vom 27.07.1971[102] Bezug, in der die Bestimmung des § 2 Abs. 3 S. 2 UStG 1967, wonach die Tätigkeit der Rundfunkanstalten als gewerbliche oder berufliche Tätigkeit im Sinne des Umsatzsteuergesetzes galt, für nichtig erklärt wurde, da dem Bund die Gesetzgebungskompetenz fehle, die nichtunternehmerische Tätigkeit der Rundfunkanstalten für den Bereich des Umsatzsteuerrechts durch Fiktion in eine unternehmerische umzudeuten. Denn die Rundfunkanstalten erfüllten öffentlich-rechtliche Aufgaben und seien insoweit nicht als Unternehmer tätig. Dies ergebe sich aus ihrer Tätigkeit und Orga-

---

[97] Bericht des Finanzausschusses, BT-Drucksache 5/1581, S. 4; Begründung des Regierungsentwurfs zu § 2; BT-Drucksache 4/1590, S. 36; Begründung des Regierungsentwurfs zu Erweiterung des S. 2 von § 2 Abs. 3 (UStG 1980), BT-Drucksache 8/1779 zu § 2 Abs. 3.

[98] RFH, Gutachten vom 09.07.1937 - V D 1/37, RStBl. 1937, S. 1306 f. (1307); RFH, Gutachten vom 02.07.1938 - Großer Senat D 5/38, RStBl. 1938, S. 743 f. (744); RFH, Urteil vom 09.02.1940 - V 293/38, RStBl. 1940, S. 575 f. (575); BFH, Urteil vom 13.04.1961 - V 120/59 U, BStBl. III 1961, S. 298 ff. (299).

[99] BFH, Urteil vom 18.08.1966 - V 21/64, BStBl. III 1967, S. 100 f. (101); BFH, Urteil vom 26.05.1977 - V R 15/74, BStBl. II 1977, S. 813 ff. (815); BFH, Urteil vom 30.06.1988 - V R 79/84, BStBl. II 1988, S. 910 ff. (912).

[100] BFH, Urteil vom 06.07.1967 - V 76/64, BStBl. III 1967, S. 583 ff..

[101] BFH, Urteil vom 10.11.1977 - V R 115/74, BStBl. II 1978, S. 80 ff. (81).

[102] BVerfG, Beschluß vom 27.07.1971, BStBl. II 1971, S. 567 ff.

nisation sowie aus der bestehenden Ordnung des Rundfunkwesens. Die Rundfunkanstalten nähmen daher öffentlich-rechtliche Aufgaben wahr, die die Länder aufgrund des Gebots der Staatsfreiheit des Rundfunks nicht unmittelbar selbst wahrnehmen könnten und diese Tätigkeit daher nicht gewerblicher Art sei. Dies könne auch nicht über eine Fiktion erreicht werden. Der Gesetzgeber könne sich zwar grundsätzlich einer Fiktion bedienen. Ihm seien aber Grenzen dadurch gesetzt, daß der Verfassungsgesetzgeber, wenn er direkt oder indirekt auf Begriffe Bezug nehme, die er der allgemeinen Rechtsordnung entlehne, diese nicht mit einem beliebigen Inhalt füllen könne[103].

Das Grundgesetz hat den Bund in Art. 105 GG a.F. zur konkurrierenden Gesetzgebung auf dem Gebiet der Verbrauchs- und Verkehrssteuern ermächtigt. Der Begriff der „Verbrauchs- und Verkehrssteuern" wurde im Grundgesetz nicht näher definiert. Der Verfassungsgesetzgeber hat diesen Begriff der allgemeinen Rechtsordnung entlehnt. Aus diesem Grund – so das BVerfG – setzen die diesem Begriff immanenten objektiven Kriterien auch der Gesetzgebungskompetenz des Bundes unüberschreitbare Schranken[104]. Da im Umsatzsteuerrecht aber seit jeher der Bereich der Ausübung von öffentlicher Gewalt von der Steuerpflicht ausgenommen gewesen sei, sei die Umsatzsteuergesetzgebungskompetenz aus Art. 105 Abs. 2 GG a.F. ihrem Wesen nach dadurch begrenzt, daß nur ein privatwirtschaftlicher Leistungsaustausch besteuert werden dürfe. Der Gesetzgeber könne diese Schranke nicht durch eine Fiktion durchbrechen[105].

Fraglich ist, ob aus den Formulierungen des BVerfG der Schluß gezogen werden kann, daß die Nichtbesteuerung der staatlichen Aufgabenerfüllung durch Körperschaften des öffentlichen Rechts einerseits und die Besteuerung einer solchen Tätigkeit bei Privatpersonen andererseits in der Natur des Umsatzsteuerrechts liege[106]. Jedenfalls muß dem entschieden widersprochen werden, denn schon der Ansatz des BVerfG, daß im Umsatzsteuerrecht seit jeher der Bereich der Ausübung von öffentlicher Gewalt von der Steuerpflicht ausgenommen war, ist falsch. Dem System der Umsatzsteuer ist eine Besteuerung öffentlich-rechtlicher Körperschaften von Anbeginn nicht fremd gewesen, soweit diese entgeltliche Leistungen anbieten, die auch von privatrechtlich organisierten

---

[103] BVerfG, Beschluß vom 27.07.1971, BStBl. II 1971, S. 567 ff. (572).

[104] BVerfG, Beschluß vom 27.07.1971, BStBl. II 1971, S. 567 ff. (572).

[105] BVerfG, Beschluß vom 27.07.1971, BStBl. II 1971, S. 567 ff. (572).

[106] So ausdrücklich BFH, Urteil vom 10.11.1977 - V R 115/74, BStBl. II 1978, S. 80 ff. (81), in dem der BFH die „steuersystematischen Verwirrungen" des BVerfG übernommen hat (so wörtlich *Theler, Herrmann-Josef*, Die juristischen Personen des öffentlichen Rechts in der Umsatzsteuer - Eine steuersystematische und verfassungsrechtliche Untersuchung, DVR 1986, S. 162 ff. und 178 ff. (180)).

Rechtsträgern angeboten werden[107]. Öffentlich-rechtliche Körperschaften wurden von Anfang an in wechselnden Umfang steuerpflichtig gemacht, und umgekehrt wurden ihnen, ebenfalls in wechselnden Umfang, expressis verbis Umsatzsteuerbefreiungen gewährt[108]. Aus diesem Grund kann nicht davon ausgegangen werden, daß die teilweise Nichtbesteuerung der Körperschaften des öffentlichen Rechts in der Natur der Sache liege[109].

Die Literatur hat sich mit der Frage, warum die Ausübung von öffentlicher Gewalt von der Umsatzsteuer ausgespart wurde, nur am Rande beschäftigt. Sie beschränkt sich in der Regel auf die Feststellung, daß § 2 Abs. 3 UStG und die damit verbundene teilweise Nichtbesteuerung der öffentlichen Hand mit dem System der Umsatzsteuer als einer Verbrauchsteuer nicht zu vereinbaren seien[110]. *Brezing* geht davon aus, daß es sich bei der Sonderbehandlung der jPdöR

---

[107] So auch die abweichende Meinung der Richter *Geiger, Rinck* und *Wand* zum Beschluß des BVerfG vom 27.07.1971, BStBl. II 1971, S. 574 ff. (576); *Reiß* in *Schwarze/Reiß/Kraeusel*, Umsatzsteuergesetz, Bonn 1994, § 2 Rn. 130; vgl. im übrigen die obigen Ausführungen zu Punkt 1.2 .

[108] Abweichende Meinung der Richter *Geiger, Rinck* und *Wand* zum Beschluß des BVerfG vom 27.07.1971, BStBl. II 1971, S. 574 ff. (576).

[109] Zur Kritik des Urteils des BVerfG im übrigen, vgl.: abweichende Meinung der Richter *Geiger, Rinck* und *Wand* zum Beschluß des BVerfG vom 27.07.1971, BStBl. II 1971, S. 574 ff.; *Söhn, Hartmut*, Die Umsatzsteuer als Verkehrsteuer und/oder Verbrauchsteuer, StuW 1975, S. 1 ff. (10); *Theler, Herrmann-Josef*, Die juristischen Personen des öffentlichen Rechts in der Umsatzsteuer - Eine steuersystematische und verfassungsrechtliche Untersuchung, DVR 1986, S. 162 ff. und 178 ff. (180); *Reiß* in *Schwarze/Reiß/Kraeusel*, Umsatzsteuergesetz, Bonn 1994, § 2 Rn. 130; *Stadie* in *Rau/Dürrwächter*, Kommentar zum UStG, 8. Auflage, Stand 7/ 1997, § 2 Rn. 1006 ff..

[110] Die nachfolgend genannten Verfasser (historisch geordnet) sind im Ergebnis alle der Ansicht, daß § 2 Abs. 3 UStG dem Verbrauchsteuergedanken nur zum Teil gerecht wird, da alle Versorgungsleistungen der öffentlichen Hand erfaßt werden müßten. Die Art der Tätigkeit der öffentlichen Hand, ob hoheitlich oder gewerblich sei aus verbrauchsteuerlicher Sicht irrelevant: *Söhn, Hartmut*, Die Umsatzsteuer als Verkehrsteuer und/oder Verbrauchsteuer, StuW 1975, S. 1 ff.; *Söhn, Hartmut*, Die Harmonisierung der Umsatzsteuern in der Europäischen Gemeinschaft, StuW 1976, S. 1 ff. (10); *Theler, Herrmann-Josef*, Die juristischen Personen des öffentlichen Rechts in der Umsatzsteuer - Eine steuersystematische und verfassungsrechtliche Untersuchung, DVR 1986, S. 162 ff. und 178 ff. (180); *Wagner, Wilfried*, Umsatzsteuer und öffentliche Hand, in: Deutsche Steuerjuristische Gesellschaft, Band 13, Umsatzsteuer in nationaler und europäischer Sicht, herausgegeben von Woerner, L., Köln 1990, S. 59 ff. (61); *Tipke, Klaus*, Die Steuerrechtsordnung, Köln, 1993, S. 919; *Reiß* in *Tipke, Klaus / Lang, Joachim*, Steuerrecht, 16. Auflage, Köln 1998, § 14 Rn. 105; *Weich, Bernhard*, Öffentliche Hand im System der Umsatzsteuer, Dissertation, Köln, 1996 S. 37 ff., 189 ff, 276 ff.; *Bader, Hermann Georg*, Hoheitsbetrieb und Betrieb gewerblicher Art im Umsatz- und Körperschaftsteuerrecht, Dissertation (Köln

um deutsche Rechtstradition handele[111]. Selbst wenn dies der Fall sein sollte, eine Rechtfertigung für die Nichtbesteuerung der öffentlichen Hand ist dies nicht. Denn eine Steuer ist nicht schon dann gerechtfertigt, wenn sie vom Gesetzgeber beschlossen ist. Eine Steuer muß vielmehr auch vom Gesetzgeber gerechtfertigt werden[112]. *Tipke* stellt in diesem Zusammenhang zu Recht fest, daß auch das Steuerrecht „Recht aus der Rechtfertigung" sei und daß das, was nicht gerechtfertigt werden könne, Gesetz werden könne, aber kein Recht[113].

### 1.5.2 Historische Rechtfertigung des § 4 Abs. 5 KStG

Im Körperschaftsteuerrecht spielte der Gedanke der Chancengleichheit und der der Wettbewerbsgleichheit in den Begründungen zu den einzelnen Körperschaftsteuergesetzen dieselbe wichtige Rolle[114]. Aber auch hier war „Ausübung öffentlicher Gewalt" seit jeher von der Besteuerung ausgespart[115].

*Klein* rechtfertigt die teilweise Nichtbesteuerung der öffentlichen Hand in der Körperschaftsteuer damit, daß öffentlich-rechtliche Körperschaften dort, wo sie ihre eigentlichen Lebenszwecke, d.h. die sich aus ihrem Daseinszweck unmittelbar ergebenden Aufgaben, erfüllen, ihre Tätigkeit nicht durch gegenseitige Besteuerung erschwert werden sollte[116]. *Laule*[117] vertritt hingegen die Ansicht, daß die Steuerfreiheit von Hoheitsbetrieben eine fiskalisch notwendige Folge der Einbeziehung von öffentlich-rechtlichen Körperschaften und Anstalten in die Steuerpflicht gewesen sei. Dem Gedanken des Wettbewerbsschutzes habe nur insoweit entsprochen werden können, als ein echter Leistungswettbewerb zwischen jPdöR und Privatunternehmen stattfinde. Da bei hoheitlichen Handeln aber kein Wettbewerb stattfinde, unterlägen Hoheitsbetriebe insoweit nicht der Besteuerung.

---

1996), Frankfurt am Main, 1997, S. 131 ff.; vgl. im übrigen auch *Weich, Bernhard*, Öffentliche Hand im System der Umsatzsteuer, Dissertation, Köln, 1996 S. 244 ff., der Argumente für eine Steuerprivilegierung der öffentlichen Hand aufzeigt.

111 *Brezing, Klaus*, Wandlungen des Unternehmerbegriffs, in: Umsatzsteuerkongreß-Bericht 1982/83, S. 25 ff. (48).

112 *Tipke, Klaus,* Die Steuerrechtsordnung, Köln, 1993, Band II, S. 539.

113 *Tipke, Klaus,* Die Steuerrechtsordnung, Köln, 1993, Band II, S. 539.

114 Begründung des Regierungsentwurfs zu § 4 , BT-Drucksache 7/1470 S. 336.

115 Vgl. dazu Punkt 1.3.2 a.E..

116 *Klein, Hans,* Die Besteuerung wirtschaftlicher Unternehmungen der öffentlichen Hand, StuW 1967, S. 658 ff. (666) unter Berufung auf *Pflaumer*, Der Begriff „Ausübung öffentlicher Gewalt" im Steuerrecht, 1964, S. 131.

117 *Laule, Gerhard*, Die Körperschaftsteuerfreiheit für Hoheitsbetriebe - wann dient ein Betrieb der Ausübung öffentlicher Gewalt?, DStZ 1988, S. 183 ff. (184 f.) unter Hinweis auf *Stern*, Das Staatsrecht der Bundesrepublik Deutschland, Band II, 1980, S. 533.

### 1.5.3 Historische Rechtfertigung des Art. 4 Abs. 5 der 6.EG-Richtlinie

Bei der Abfassung der 6. EG-RL stand von Anfang an fest, daß Einrichtungen des öffentlichen Rechts bei der Ausübung von Tätigkeiten, die ihnen im Rahmen der öffentlichen Gewalt obliegen, nicht als Steuerpflichtige gelten. Unklar war anfangs nur, wie beide Bereiche voneinander abzugrenzen waren. Nachdem zunächst eine Abgrenzung danach erfolgen sollte, ob es sich um eine Tätigkeit handelt, die auch von Privaten ausgeübt werden kann, wurde später auf das Abgrenzungskriterium „größere Wettbewerbsverzerrung" zurückgegriffen[118]. Nach *Sarrazin* wäre es zu weit gegangen, alle Tätigkeiten als wirtschaftlich anzusehen, die auch von Privatunternehmen ausgeübt werden können[119]. Denn die Frage nach dem hoheitlichen Charakter einer Tätigkeit sei letztlich ein Problem des Staatsverständnisses, das historisch gewachsen und daher von Land zu Land sehr verschieden sei.

Damit bleibt aber offen, warum der Richtliniengeber die hoheitliche Tätigkeit von der Steuerpflicht ausgenommen hat[120]. Fest steht nur, daß der Richtliniengeber mit dem Gedanken der Wettbewerbsgleichheit indirekt – in Form des Richtlinientextes des Art. 4 Abs. 5 Uabs. 2 6.EG-RL selbst – die Besteuerung der öffentlichen Hand rechtfertigt[121]. Im Gegensatz zum deutschen Recht kann der Gedanke der Wettbewerbsgleichheit („größere Wettbewerbsverzerrungen") aber dazu führen, daß selbst bei der Ausübung von Tätigkeiten, die den Einrichtungen des öffentlichen Rechts im Rahmen der öffentlichen Gewalt obliegen, ausnahmsweise Steuerpflicht eintritt. Der Gedanke der Wettbewerbsgleichheit spielte bei der Schaffung der 6. EG-RL offensichtlich eine gewichtigere Rolle. Warum aber im Falle *keiner* „größeren Wettbewerbsverzerrungen" die Tätigkeiten, die den Einrichtungen des öffentlichen Rechts im Rahmen der öffentlichen Gewalt obliegen, von der Besteuerung ausgespart wurden, läßt sich aus den Materialien nicht entnehmen.

## 1.6 Zwischenergebnis

Körperschaften des öffentlichen Rechts konnten seit jeher Schuldner der Umsatzsteuer sein, soweit sie eine gewerbliche Tätigkeit ausübten. „Ausübung von

---

[118] Vgl. Punkt 1.4.

[119] *Sarrazin, Viktor,* Stand der Beratungen des Vorschlags einer 6. Umsatzsteuer-Richtlinie der EG-Kommission, UR 1974, S. 281 ff. (284).

[120] Zurecht kritisierend *Theler, Herrmann-Josef,* Die juristischen Personen des öffentlichen Rechts in der Umsatzsteuer - Eine steuersystematische und verfassungsrechtliche Untersuchung, DVR 1986, S. 162 ff. und 178 ff. (180).

[121] So auch EuGH, der die Auffassung vertritt, daß Unterabsatz 2 die Steuerneutralität, ein wichtiges Ziel der 6. EG-RL, gewährleisten soll, EuGH, Urteil vom 17.10.1989 - Rs. 231/87, 129/88, UR 1991, S. 77 ff. (79).

öffentlicher Gewalt" wurde jedoch zu keinem Zeitpunkt als gewerbliche oder berufliche Tätigkeit im Sinne des UStG verstanden.

Anfangs war der Tatbestand der Umsatzbesteuerung der öffentlichen Hand negativ geregelt. Denn zunächst beschränkte sich der Gesetzgeber des UStG 1934 lediglich darauf, zu bestimmen, daß es sich bei „Ausübung von öffentlicher Gewalt" um keine gewerbliche oder berufliche Tätigkeit handele. Dies änderte sich mit dem UStG 1967, als der Besteuerungstatbestand erstmals positiv formuliert wurde. Seit diesem Zeitpunkt bestimmt sich die Steuerpflicht juristischer Personen des öffentlichen Rechts danach, ob ein „Betrieb gewerblicher Art" vorliegt. Der Gesetzgeber hat dabei an die bereits vorhandene Regelung im Körperschaftsteuerrecht angeknüpft.

Dieser neue Ansatz wirft die Frage auf, ob der Gesetzgeber die Abgrenzung des „Betriebs gewerblicher Art" vom „Hoheitsbetrieb" neu gestalten wollte. Nach der Regierungsbegründung[122] zu § 2 Abs. 3 UStG 1967 muß dies verneint werden. Danach sollte die Anknüpfung an das KStG vor allem die „Erfassung der abzugsfähigen Vorsteuern erleichtern". Auch die historische Entwicklung der Körperschaftsteuerpflicht juristischer Personen des öffentlichen Rechts spricht gegen eine solche Absicht des Gesetzgebers. Die Geschichte des geltenden § 4 Abs. 5 KStG belegt, daß „Ausübung öffentlicher Gewalt" nicht erst allmählich aus dem Bereich der steuerbaren Tatbestände gelöst wurde, sondern – ebenso wie in der Umsatzsteuer – seit jeher von der Steuer befreit war. Daraus läßt sich schließen, daß der Gesetzgeber durch die Anknüpfung an das KStG die Abgrenzung des steuerbaren Bereichs von dem Bereich „Ausübung öffentlicher Gewalt" nicht grundlegend neu gestalten wollte. *Ausübung öffentlicher Gewalt* stellte auch weiterhin keine gewerbliche oder berufliche Tätigkeit im Sinne des UStG dar.

Auch für den Richtliniengeber der 6.EG-RL war von Anfang an klar, daß für die öffentliche Hand in umsatzsteuerrechtlicher Hinsicht ein Sonderrecht gelten sollte: Einrichtungen des öffentlichen Rechts gelten bei der Ausübung von Tätigkeiten, die ihnen im Rahmen der öffentlichen Gewalt obliegen, nicht als Steuerpflichtige. Drohen mit der Behandlung als Nicht-Steuerpflichtige jedoch „größere Wettbewerbsverzerrungen", unterliegen sie der Steuerpflicht. Im Falle „größerer Wettbewerbsverzerrungen" können daher auch diejenigen Tätigkeiten, die den jPdöR im Rahmen der öffentlichen Gewalt obliegen, steuerpflichtig werden. Rechtshistorisch kann weder für das deutsche Umsatzsteuerrecht noch für die 6. EG-RL (im Falle keiner „größeren Wettbewerbsverzerrungen") nachvollzogen werden, warum ein bestimmter Tätigkeitsbereich der jPdöR von der Besteuerung ausgespart bleibt.

---

[122] BT-Drucksache 5/1581 (zu § 2).

# 2 Umsatzbesteuerung juristischer Personen des öffentlichen Rechts nach deutschem Recht

## 2.1 Steuersubjekt „juristische Person des öffentlichen Rechts“

Für die Besteuerung der öffentlichen Hand ist von entscheidender Bedeutung, ob es sich bei der jeweiligen Einrichtung um eine juristische Person des öffentlichen Rechts handelt. Nur wenn dies zu bejahen ist, kommt die Spezialvorschrift des § 2 Abs. 3 UStG zur Anwendung.

Die juristische Person als solche ist eine Schöpfung des Gesetzgebers. Es handelt sich dabei um die Zusammenfassung von Personen oder Sachen zu einer rechtlich geregelten Organisation, der die Rechtsordnung Rechtsfähigkeit verliehen hat[123]. Entsteht die juristische Person aufgrund privatrechtlichen Gründungsakts, wird sie als juristische Person des Privatrechts bezeichnet. Juristische Personen des öffentlichen Rechts verdanken ihre Entstehung einem Hoheitsakt. Nicht die Art der übertragenen Aufgabe, sondern der Entstehungstatbestand ist für die Abgrenzung zwischen juristischen Personen des öffentlichen Rechts und des Privatrechts entscheidend.

### 2.1.1 Steuerrechtlicher Begriff

Umstritten ist, ob es sich bei dem Begriff „juristische Person des öffentlichen Rechts“ in § 2 Abs. 3 UStG um einen steuerrechtlichen Begriff handelt oder ob dieser dem im öffentlichen Recht verwendeten Begriff entspricht. *Birkenfeld* vertritt die Ansicht, daß der umsatzsteuerrechtliche Begriff über den im öffentlichen Recht verwendeten Begriffsinhalt hinausgehe[124]. Neben rechtsfähigen würden auch teil- oder nichtrechtsfähige öffentlich-rechtlich organisierte Personen von § 2 Abs. 3 UStG erfaßt. Dies ergebe sich aus der Entstehungsgeschichte der Regelung, ihrem Regelungszusammenhang und ihrem Regelungszweck. *Birkenfeld* verweist in diesem Zusammenhang insbesondere auf die Tatsache, daß in § 2 Abs. 3 UStG bis zu seiner Neufassung durch das UStG 1980 nur von „Körperschaften des öffentlichen Rechts“ die Rede war, ohne daß der Gesetzeswortlaut die nicht rechtsfähigen Körperschaften des öffentlichen Rechts[125] ausgrenzte.

---

[123] *Heinrichs* in Palandt, Bürgerliches Gesetzbuch, 58. Auflage, 1999, Einführung vor § 21 Rn. 1.

[124] *Birkenfeld* in *Hartmann/Metzenmacher,* Umsatztsteuergesetz, Kommentar, 7. Auflage, Berlin 1991, Stand 10/94, § 2 Rn. 957.

[125] Als nicht rechtsfähige Körperschaften des öffentlichen Rechts werden z.B. angesehen: Bundestag oder Bundesrat nach Art. 59 Abs. 2 GG, die technischen Ausschüsse gemäß § 24 GewO, einige technische Hochschulen für öffentliche Verwaltung, die Bezirke der Stadtstaaten Berlin und Hamburg, die Ortschaften als Teile einer Gemeinde usw..

*Stadie*[126] und *Reiß*[127] vertreten demgegenüber die Auffassung, daß nicht rechtsfähige Körperschaften des öffentlichen Rechts nicht unter § 2 Abs. 3 UStG subsumiert werden könnten, denn mit dem Begriff „juristische Person" sei untrennbar die Rechtsfähigkeit nach allgemeinen öffentlichen Recht oder Privatrecht verbunden. Die Tätigkeiten der nicht rechtsfähigen Einrichtungen müßten daher den rechtsfähigen Körperschaften zugerechnet werden, zu denen sie gehörten.

Die Finanzverwaltung neigt wohl zu der Ansicht *Birkenfelds*, indem sie einige nicht rechtsfähige Einrichtungen selbst als Unternehmer im Sinne des UStG anerkennt[128]. Dagegen ist nichts einzuwenden. Zwar impliziert der Begriff der jPdöR Rechtsfähigkeit, doch ist zu bedenken, daß der Unternehmerbegriff aufgrund seiner Definition in § 2 Abs. 1 UStG grundsätzlich eher weit zu verstehen ist. Einer eigenständigen Beurteilung des Begriffs „juristische Person des öffentlichen Rechts" steht deshalb nichts im Wege. Im übrigen sei aber darauf hingewiesen, daß dieser Streit eher von zweitrangiger Bedeutung ist, denn damit wird lediglich geklärt, wer Steuerschuldner ist.

### 2.1.2 Arten von juristischen Personen des öffentlichen Rechts

Zu juristischen Personen des öffentlichen Rechts zählen neben Körperschaften des öffentlichen Rechts auch Anstalten und Stiftungen des öffentlichen Rechts.

Körperschaften des öffentlichen Rechts sind rechtsfähige, mitgliederschaftlich organisierte Verwaltungseinheiten, die Aufgaben der öffentlichen Verwaltung erfüllen[129]. Sie entstehen entweder durch staatlichen Hoheitsakt[130] oder sie werden durch die Verfassung[131] oder durch Staatsverträge[132] gebildet.

---

[126] *Stadie* in *Rau/Dürrwächter*, Kommentar zum UStG, 8. Auflage, Stand 7/ 1997, § 2 Rn. 825 und 838.

[127] *Reiß* in *Schwarze/Reiß/Kraeusel*, Umsatzsteuergesetz, Bonn 1994, § 2 Rn. 139 ff..

[128] So hat sie früher die Deutsche Bundesbahn als Unternehmer anerkannt (BMF v. 19.3.1968, BB 1968, S. 618). Auch will der BMF Bundestag und Bundesrat als eigenständige juristische Personen behandelt wissen (BMF, Merkblatt v. 16.9.1992, UR 1992, S. 344, Tz. IV. 2).

[129] *Stadie* in *Rau/Dürrwächter*, Kommentar zum UStG, 8. Auflage, Stand 7/ 1997, § 2 Rn. 822 ff..

[130] Z.B. berufsspezifische Kammern und Innungen, Berufsgenossenschaften, Träger der Sozialversicherung (wie z.B. Krankenkassen), Hochschulen, Versicherungsanstalten, sonstige Körperschaften (wie z.B. Wasser- und Bodenverbände).

[131] Z.B. Religionsgemeinschaften gemäß Art. 140 GG i.V.m. 137 WRV, Gemeinden nach Art. 28 Abs. 2 GG, Gemeindeverbände nach Landesverfassungsrecht.

[132] Z.B. Wissenschaftsrat durch Verwaltungsabkommen zwischen Bund und Ländern, v. 5.9.1957, GMBl. 1957, S. 553.

Eine Anstalt des öffentlichen Rechts ist eine durch eine Hoheitsperson getragene, regelmäßig mit Hoheitsgewalt ausgestattete, mit eigenen Personal- und Sachmitteln versehene Organisation, durch die der Träger eigene oder ihm gesetzlich auferlegte fremde, sachlich zusammenhängende öffentliche Angelegenheiten wahrnimmt, auf die er – soweit dies nicht gesetzlich ausgeschlossen ist – dauernd maßgeblichen Einfluß nehmen kann[133].

Stiftungen des öffentlichen Rechts sind die auf einem Stiftungsakt eines Trägers hoheitlicher Gewalt oder auf einem Gesetz beruhenden oder nach öffentlichen Recht anerkannten Verwaltungseinheiten, die mit einem Kapital- oder Sachbestand für einen öffentlichen Stiftungszweck tätig werden[134].

Auf ausländische und internationale jPdöR ist § 2 Abs. 3 UStG unmittelbar nicht anwendbar. Eine direkte Heranziehung der Vorschrift scheidet aus, da § 2 Abs. 3 UStG auf § 1 Abs. 1 Nr. 6 KStG und damit nur auf unbeschränkt steuerpflichtige jPdöR mit Geschäftsführung und Sitz im Inland verweist[135]. Die Verwaltung wendet in diesen Fällen § 2 Abs. 3 UStG analog an, wobei die Frage, ob eine solche Einrichtung eine jPdöR ist, nach deutschem Recht zu beurteilen ist[136].

### 2.1.3 „Beliehener" Unternehmer und Erfüllungsgehilfe

Bedient sich eine jPdöR bei der Erfüllung ihr aufgrund öffentlichen Rechts obliegenden Pflichtaufgabe eines privaten Rechtsträgers (z.B. juristische Person des Privatrechts oder Einzelunternehmer), findet auf diesen § 2 Abs. 3 UStG keine Anwendung[137].

Für juristische Personen des öffentlichen Rechts bieten sich verschiedene Möglichkeiten an, private Unternehmer einzuschalten. So können private Rechtsträger mit der hoheitlichen Wahrnehmung bestimmter Verwaltungsaufgaben im eigenen Namen betraut werden (sogenannte „beliehene" Unternehmer[138]). So-

---

133 *Wolff/Bachof/Stober*, Verwaltungsrecht II, 5. Auflage, § 98 Rn. 6; zu derartigen Anstalten gehören z.B. Bundesanstalt für Arbeit, Rundfunkanstalten, Feuerversicherungsanstalten, bestimmte Geldinstitute (wie z.B. Deutsche Bundesanstalt, kommunale Sparkassen öffentliche Bausparkassen) usw..

134 *Stadie* in *Rau/Dürrwächter*, Kommentar zum UStG, 8. Auflage, Stand 7/ 1997, § 2 Rn. 832.

135 *Birkenfeld, Wolfram*, Das große USt-Handbuch, Stand: September 1996, § 39 Rn. 260.

136 Abschnitt 23 Abs. 1 S. 4 bis 6 UStR 2000.

137 Vgl. dazu und zur Rechtslage vor dem UStG 1967 obige Ausführungen unter Punkt 1.2.4 .

138 In der Literatur und Rechtsprechung werden die Bezeichnungen „Erfüllungsgehilfe" und „beliehener Unternehmer" unterschiedlich verwendet. Nach der Rechtsprechung des BFH und auch Teilen der Literatur werden als „beliehene Unternehmer" oft alle Privaten be-

weit ihr hoheitlicher Kompetenzbereich reicht, sind sie Verwaltungsträger. Statusmäßig sind und bleiben „beliehene" Unternehmer aber Privatrechtssubjekte. § 2 Abs. 3 UStG kommt daher nicht zur Anwendung. Die Wahrnehmung öffentlicher Aufgaben durch „beliehene" Unternehmer des privaten Rechts, die entgeltliche Leistungen erbringen, ist steuerbar und keine Ausübung öffentlicher Gewalt[139].

Die verschiedenen Leistungsbeziehungen lassen sich wie folgt darstellen:

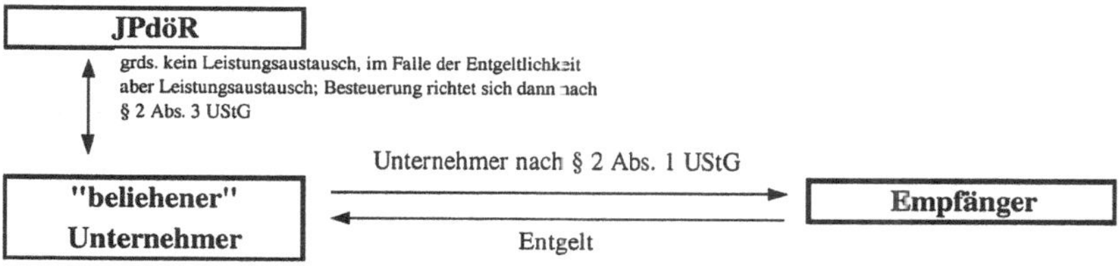


*Abbildung 1 : Darstellung der Leistungsbeziehungen bei Tätigwerden eines „beliehenen" Unternehmers*

JPdöR können private Rechtsträger aber auch als sog. „Erfüllungsgehilfen" einschalten. In diesem Fall erbringt der Privatrechtsträger seine Leistung an die jPdöR, von der er den Auftrag erhalten hat und gegen die er einen Anspruch auf Entgelt hat. Obwohl nach außen hin allein der Erfüllungsgehilfe gegenüber dem Empfänger der Leistung tätig wird, müssen für den Bereich der Umsatzsteuer zwei Leistungsbeziehungen unterschieden werden. Denn umsatzsteuerrechtlich erbringt der private Rechtsträger seine Leistung gegenüber der jPdöR, während die jPdöR ihrerseits gegenüber dem „Empfänger" tätig wird. Ob letztgenannte Leistung steuerbar im Sinne des Umsatzsteuergesetzes ist, beurteilt sich nach § 2 Abs. 3 UStG. Daran ändert sich auch nichts, wenn der Empfänger der Leistung das dafür geschuldete Entgelt – im abgekürzten Zahlungsweg – an den Erfüllungsgehilfen entrichtet[140]. Umstritten ist, ob es sich bei der Leistung der

---

zeichnet, die von der öffentlichen Hand eingeschaltet werden (vgl. nur BFH, Urteil vom 18.01.1995 - XI R 71/93, BStBl. II 1995, S. 559 ff.; *Birkenfeld, Wolfram*, Das große USt-Handbuch, Stand: September 1996, § 40 Rn. 295). Ebenso wie hier *Reiß* in *Schwarze/Reiß/Kraeusel*, Umsatzsteuergesetz, Bonn 1994, § 2 Rn. 147.

139 BFH, Urteil vom 18.01.1995 - XI R 71/93, BStBl. II 1995, S. 559 ff. (561); BFH, BStBl 4.6.1992 NV 93, 200; BFH, Urteil vom 10.11.1977 - V R 115/74, BStBl. II 1978, S. 80 ff. (81).

140 So auch *Reiß* in *Schwarze/Reiß/Kraeusel*, Umsatzsteuergesetz, Bonn 1994, § 2 Rn 147; *Birkenfeld, Wolfram*, Das große USt-Handbuch, Stand: September 1996, § 39 Rn. 295; **a.A.** BMF, der von einem Entgelt von dritter Seite ausgeht (Schreiben vom 27.12.1990, BStBl. I 1991, S. 82).

jPdöR an den Empfänger um eine hoheitliche im Sinne des § 4 Abs. 5 KStG handelt[141] oder ob nicht die Übertragbarkeit der Leistung indiziert, daß die Tätigkeit im Rahmen eines BgA im Sinne des § 4 Abs. 1 KStG durchgeführt wird[142].

Die Übersicht zeigt die verschiedenen Leistungsbeziehungen bei der Einschaltung eines Erfüllungsgehilfen durch die jPdöR auf:

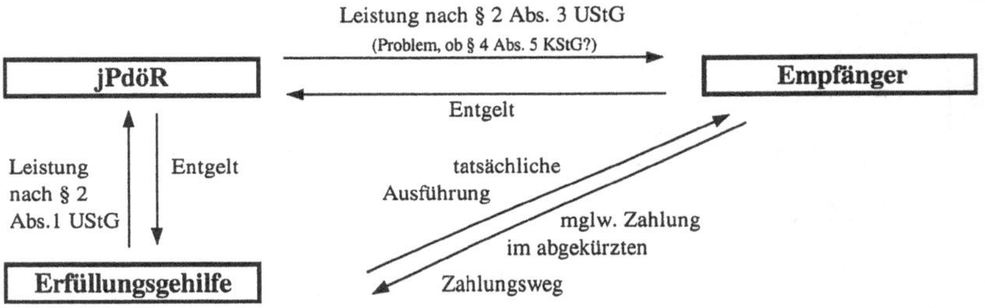


*Abbildung 2: Darstellung der Leistungsbeziehungen bei Einschaltung eines Erfüllungsgehilfen*

## 2.2 Systematik der deutschen Regelung

Juristische Personen des öffentlichen Rechts unterliegen mit ihren Umsätzen nur dann der Umsatzsteuer bzw. – und dies ist im Regelfall wohl die entscheidendere Frage – können nur dann den Vorsteuerabzug geltend machen, wenn sie als Unternehmer im Sinne des Umsatzsteuerrechts tätig werden. Gemäß § 2 Abs. 1 S. 1 UStG ist Unternehmer, wer eine gewerbliche oder berufliche Tätigkeit selbständig ausübt. Gewerblich und beruflich ist jede nachhaltige Tätigkeit zur Erzielung von Einnahmen, auch wenn die Absicht, Gewinn zu erzielen, fehlt (§ 2 Abs. 1 S. 3 UStG). Der deutsche Gesetzgeber hat es für die Besteuerung der öffentlichen Hand nicht bei dieser grundsätzlichen Definition belassen, sondern in § 2 Abs. 3 UStG eine Sonderregelung geschaffen. Danach werden jPdöR nur im Rahmen ihrer Betriebe gewerblicher Art im Sinne des KStG und

---

[141] So wohl BMF, BStBl. I 1991, S. 81 ff.; vgl. auch OFD Saarbrücken, Verfügung vom 17.09.1997, DStR 1997, S. 1769; BFH, Urteil vom 23.10.1996 - I R 1-2/94, BStBl. II 1997, S. 139 ff. (141); vgl. auch FG des Landes Brandenburg, Urteil vom 19.03.1997 - 1 K 1491/95 U, EFG 1997, S. 835 ff. (836); BFH, Urteil vom 08.01.1998 - V R 32/97, BStBl. II 1998, S. 410 ff.; offen gelassen von *Reiß* in *Schwarze/Reiß/Kraeusel*, Umsatzsteuergesetz, Bonn 1994,§ 2 Rn 147; vgl. auch unten Punkt 2.4.1.2.3 (4).

[142] So *Birkenfeld, Wolfram*, Das große USt-Handbuch, Stand: September 1996, § 39 Rn. 295; FG Schleswig-Holstein, Urteil vom 16.02.1994 - IV 984/93 - rechtskräftig, EFG 1994, S. 985 f. (985).

ihrer land- und forstwirtschaftlichen Betriebe *gewerblich oder beruflich* und damit als Unternehmer im Sinne des UStG tätig. Juristische Personen des öffentlichen Rechts können sich daher in zwei Sphären bewegen, nämlich in einer unternehmerischen und in einer nichtunternehmerischen Sphäre[143].

Da in § 2 Abs. 3 UStG festgelegt ist, daß jPdöR nur im Rahmen bestimmter Betriebe gewerblich oder beruflich tätig sind und damit in Absatz 3 der Begriff „gewerblich oder beruflich" des Absatzes 1 wieder aufgegriffen wird, sind die Voraussetzungen des Absatzes 3 erst dann zu prüfen, wenn für die juristische Person des öffentlichen Rechts die Unternehmereigenschaft nach Absatz 1 bejaht worden ist[144]. § 2 Abs. 3 UStG stellt somit eine ergänzende Regelung zu § 2 Abs.1 UStG dar[145]. Für bestimmte Tätigkeiten normiert § 2 Abs. 3 S. 2 UStG, daß diese auch dann als gewerbliche oder berufliche Tätigkeit gelten, wenn die Voraussetzungen des Abs. 3 S. 1 nicht gegeben sind.

Bei der Prüfung, ob ein BgA im Sinne des § 2 Abs. 3 UStG i.V.m. § 4 KStG vorliegt, muß auf das Merkmal der *nachhaltigen Tätigkeit zur Erzielung von Einnahmen* (§ 4 Abs. 1 S. 1 KStG) nicht näher eingegangen werden, da dies schon Teil der Prüfung des § 2 Abs. 1 UStG ist. Prüfungsrelevant ist aber, ob es sich um eine *wirtschaftliche Tätigkeit* im Sinne des § 4 Abs. 1 KStG handelt.

---

143 Dies hat der BFH in seinem Urteil vom 20.12.1984 ausdrücklich festgestellt: auch bei jPdöR sei – wie bei allen anderen Unternehmen gleich welcher Rechts- und Organisationsform – ein Nebeneinander umsatzsteuerlich relevanter und irrelevanter Bereiche möglich. Vgl. BFH, Urteil vom 20.12.1984 - V R 25/76, BStBl. II 1985, S. 176 ff. (178 f.) unter Berufung auf *Popitz* (Kommentar zum Umsatzsteuergesetz in der Fassung vom 8. Mai 1926, Berlin 1928, S. 343) und das Gutachtern des RFH vom 17.12. 1920 (Az. II D 9/20, BFHE 4, S. 92 ff.).

144 BFH, Urteil vom 28.01.1988 - V R 112/86, BStBl. II 1988, S. 473 ff. (475); *Stadie* in *Rau/Dürrwächter*, Kommentar zum UStG, 8. Auflage, Köln, Stand 7/ 1997 § 2 Rn. 780 f.; *Birkenfeld* in *Hartmann/Metzenmacher,* Umsatztsteuergesetz, Kommentar, 7. Auflage, Berlin 1991, Stand 10/94, § 2 Rn. 902; insoweit ungenau *Reiß* in *Schwarze/Reiß/Kraeusel,* Umsatzsteuergesetz, Bonn 1994, § 2 Rn. 133.

145 So wörtlich BFH, Urteil vom 28.01.1988 - V R 112/86, BStBl. II 1988, S. 473 ff. (475); vgl. auch *Lange, Hans-Friedrich,* Juristische Personen des öffentlichen Rechts als Unternehmer im Umsatzsteuerrecht, UR 2000, S. 1 ff. (3 f.); im Ergebnis zwar ebenso, in der Wortwahl aber ungenau *Birkenfeld* in *Hartmann/Metzenmacher,* Umsatztsteuergesetz, Kommentar, 7. Auflage, Berlin 1991, Stand 10/94, § 2 Rn. 902: § 2 Abs. 3 sei lex specialis zu § 2 Abs. 1. Im Falle eines lex specialis wird aber eine allgemeinere Norm verdrängt, kommt also überhaupt nicht zur Anwendung. **Anders** dagegen *Birkenfeld* in UR 1989, S. 1 ff. (7), Juristische Personen des öffentlichen Rechts als Unternehmer (§ 2 Abs. 3 UStG): § 2 Abs. 1 UStG kommt nicht zur Anwendung; ebenso *Weich, Bernhard,* Öffentliche Hand im System der Umsatzsteuer, Dissertation, Köln, 1996 S. 66.

Dazu werden unterschiedliche Auffassungen vertreten[146]. Des weiteren ist im Rahmen des § 4 Abs. 1 KStG zu klären, ob es sich um eine Einrichtung handelt, die sich innerhalb der Gesamtbetätigung der juristischen Person *wirtschaftlich heraushebt.*

Hinzuweisen ist auch auf die Regelung in § 4 Abs. 3 KStG, welche bestimmte Versorgungsbetriebe zu den Betrieben gewerblicher Art zählt. In § 4 Abs. 4 KStG ist darüber hinaus geregelt, daß die Verpachtung eines Betriebs gewerblicher Art selbst einen „Betrieb gewerblicher Art" darstellt.

Die Schwierigkeit des § 4 KStG liegt in dessen Absatz 5, wonach Betriebe, die überwiegend der Ausübung der öffentlichen Gewalt dienen (Hoheitsbetriebe), nicht zu den Betrieben gewerblicher Art gehören. Ungeklärt ist sowohl der Prüfungsort als auch die systematische Einordnung dieser Regelung. Der BFH sieht das systematische Verhältnis der einzelnen Absätze des § 4 KStG wie folgt[147]: Absatz 3 sei die speziellere Norm und gehe als solche dem Absatz 5 vor. Es müsse bei § 4 Abs. 3 KStG daher nicht im einzelnen dargelegt werden, daß die Voraussetzungen des § 4 Abs. 1 KStG erfüllt seien und daß der Tatbestand des § 4 Abs. 5 KStG nicht gegeben sei.

Damit ergibt sich folgende Prüfungsreihenfolge:

---

146 Vgl. dazu im einzelnen die Ausführungen unter Punkt 2.4.1.2.

147 BFH, Urteil vom 28.01.1988 - V R 112/86, BStBl. II 1988, S. 473 ff. (476).

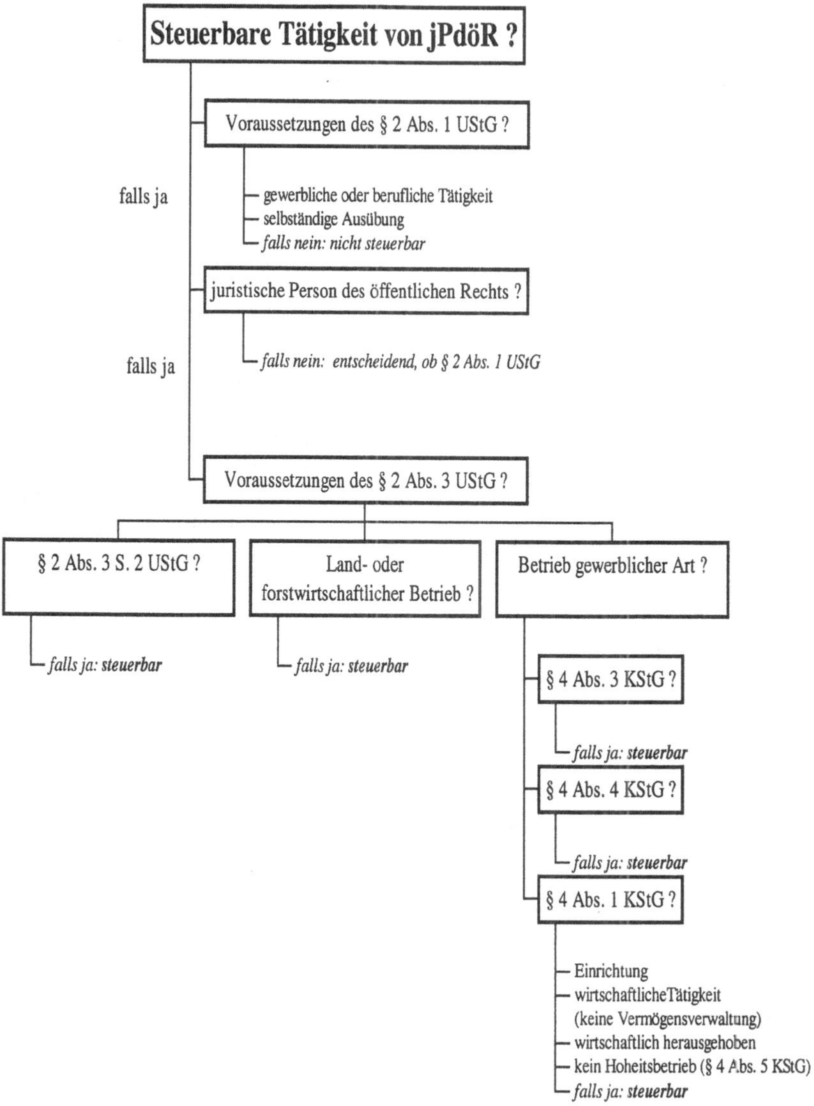


*Abbildung 3: Rechtsetzungstechnik zur Umsatzbesteuerung von jPdöR*

## 2.3 Auslegungsmaßstab bei § 2 Abs. 3 S. 1 UStG i.V.m. § 4 KStG

### 2.3.1 Anknüpfung an das KStG

Der Gesetzgeber hat mit dem Klammerzusatz in § 2 Abs. 3 S. 1 UStG (§ 1 Abs. 1 Nr. 6, § 4 des Körperschaftsteuergesetzes) auf die Definition des Betriebs gewerblicher Art im Körperschaftsteuerrecht Bezug genommen. Gemäß § 4 Abs. 1 S.1 KStG werden als *Betriebe gewerblicher Art* vorbehaltlich des Absatzes 5 alle Einrichtungen bezeichnet, die einer nachhaltigen wirtschaftlichen Tätigkeit zur Erzielung von Einnahmen außerhalb der Land- und Forstwirtschaft dienen und die sich innerhalb der Gesamtbetätigung der juristischen Person wirtschaftlich herausheben.

Nach dem Bericht des Finanzausschusses sollte die Anknüpfung an das KStG „die Erfassung der abziehbaren Vorsteuern erleichtern“[148]. Der Gesetzgeber hat sich offenbar einiges davon versprochen, die Steuerpflicht juristischer Personen des öffentlichen Rechts an den Begriff „Betrieb gewerblicher Art“ des Körperschaftsteuerrechts festzumachen. Er hat in § 2 Abs. 3 UStG nicht nur denselben Begriff „Betrieb gewerblicher Art“ verwandt, sondern durch den Klammerzusatz in § 2 Abs. 3 S. 1 UStG auch ausdrücklich an die Regelung im Körperschaftsteuerrecht angeknüpft. Es liegt daher nahe, diesen Begriff aus Sicht der Körperschaftsteuer zu interpretieren und anschließend auf die Umsatzsteuer zu übertragen[149]. Voraussetzung dafür ist aber, daß sich der zu der körperschaftssteuerrechtlichen Regelung gefundene Auslegungsmaßstab grundsätzlich mit den in der Umsatzsteuer geltenden Prinzipien vereinbaren läßt[150].

*Stadie*[151] geht in diesem Zusammenhang weiter. Er vertritt die Auffassung, daß sich aufgrund der uneingeschränkten Verweisung auf die Körperschaftsteuer eine eigenständige umsatzsteuerrechtliche Auslegung des Begriffs „Betrieb gewerblicher Art“ verbiete. Dem ist nicht zu folgen. Es ist durchaus vorstellbar,

---

148 BT-Drucksache 5/1581 (Einzelbegründung zu § 2 Abs. 3 UStG); vgl. dazu auch oben Punkt 1.2.4.

149 Ebenso *Stadie* in *Rau/Dürrwächter*, Kommentar zum UStG, 8. Auflage, Stand 7/ 1997, § 2 Rn. 857; **a.A.** *Söhn* und *Theler*, die sich dafür aussprechen, daß die Steuerpflicht der öffentlichen Hand im Umsatzsteuerrecht einerseits und im Körperschaftsteuerrecht andererseits gesondert betrachtet wird. Denn im Umsatzsteuerrecht seien Steuerschuldner und Steuerträger verschieden, während im Körperschaftsteuerrecht Steuerschuldner und Steuerträger dieselbe Person sind; vgl. *Söhn, Hartmut*, Die Umsatzsteuer als Verkehrsteuer und/oder Verbrauchsteuer, StuW 1975, S. 1 ff. (10); *Theler, Herrmann-Josef*, Die juristischen Personen des öffentlichen Rechts in der Umsatzsteuer - Eine steuersystematische und verfassungsrechtliche Untersuchung, DVR 1986, S. 162 ff. und 178 ff. (180).

150 Vgl. dazu unten Punkt 2.2.3.

151 *Stadie* in *Rau/Dürrwächter*, Kommentar zum UStG, 8. Auflage, Stand 7/ 1997, § 2 Rn. 857.

daß das gefundene Auslegungsergebnis wegen des in der Umsatzsteuer geltenden Verbrauchsteuerprinzips[152] zu modifizieren ist[153]. Dies ist aber eine andere Frage, die einer eigenständigen Untersuchung vorbehalten bleibt.

Die beschriebene Abhängigkeit der Umsatzsteuer von der Körperschaftsteuer ist entgegen *Klenk*[154] auch nicht durch den für das Umsatzsteuerrecht zuständigen V. Senat des BFH[155] dadurch gelockert worden, daß dieser entgegen der für das Körperschaftsteuerrecht vom I. Senat des BFH vertretenen Auffassung bestimmte Umsatzgrenzen nicht mehr für die Frage ausschlaggebend hält, ob eine Tätigkeit vorliege, die sich *innerhalb der Gesamtbetätigung der juristischen Person wirtschaftlich heraushebe* (§ 4 Abs. 1 S. 1 Alt. 2 KStG). Richtig ist zwar, daß der für das Umsatzsteuerrecht zuständige V. Senat des BFH die im Körperschaftsteuerrecht geltenden Umsatzgrenzen für die umsatzsteuerliche Beurteilung als nicht verbindlich angesehen hat. Zu bedenken ist aber, daß die vom BMF für das Körperschaftsteuerrecht festgelegten Umsatzgrenzen[156] auch für die körperschaftsteuerrechtliche Beurteilung nicht rechtsverbindlich sind. Von einer „Lockerung" der Abhängigkeit der Umsatzsteuer von der Körperschaftsteuer könnte folglich nur dann die Rede sein, wenn der BFH bestimmte im KStG festgelegte Umsatzgrenzen nicht für den Bereich der Umsatzsteuer angewandt hätte. Da das Körperschaftsteuergesetz aber keine derartige Regelung enthält, kann entgegen *Klenk* von keiner „Lockerung" die Rede sein. Im übrigen vertritt auch die Finanzverwaltung die Auffassung, daß die einzelnen

---

152 Zum Verbrauchsteuerprinzip vgl. *Söhn, Hartmut*, Die Umsatzsteuer als Verkehrsteuer und/oder Verbrauchsteuer, StuW 1975, S. 1 ff.; im übrigen *Tipke, Klaus*, Die Steuerrechtsordnung, Köln, 1993, S. 893 ff..

153 Die objektive Auslegungstheorie würde eine solche Auslegung zumindest nahe legen; vgl. dazu *Theler, Herrmann-Josef*, Die juristischen Personen des öffentlichen Rechts in der Umsatzsteuer - Eine steuersystematische und verfassungsrechtliche Untersuchung, DVR 1986, S. 162 ff. und 178 ff. (181); ebenso *Wagner, Wilfried*, Umsatzsteuer und öffentliche Hand, in: Deutsche Steuerjuristische Gesellschaft, Band 13, Umsatzsteuer in nationaler und europäischer Sicht, herausgegeben von Woerner, L., Köln 1990, S. 59 ff. (61).

154 *Klenk* in *Sölch/Ringleb/List*, Umsatzsteuer, 5. Auflage, Stand 8/1995, § 2 Rn. 101; *Klenk, Friedrich*, Anmerkung zum Urteil des BFH vom 16.10.1996, UVR 1997, S. 53; der Vollständigkeit halber sei aber auf das Urteil des BFH vom 31.01.1975 - VI R 171/74, BStBl. II 1975, S. 563 ff. (565) hingewiesen. Dort hat der nicht für das Körperschaftsteuerrecht bzw. Umsatzsteuerrecht zuständige 6. Senat in einem nicht das Urteil tragenden Nebensatz die Ansicht vertreten, daß keine unbedingte Bindung des Umsatzsteuerrechts an das Körperschaftsteuerrecht bestehe. Dieses Urteil stellt aber einen absoluten Einzelfall in der Rechtsprechung des BFH dar. Selbst *Klenk* argumentiert nicht mit diesem Urteil.

155 BFH, Urteil vom 11.01.1979 - V R 26/74, BStBl. II 1979, S. 746 ff. (749).

156 Damals Erlaß des Bundesministers der Finanzen vom 3.1.1968, BStBl. I 1968, S. 182 und Schreiben des Bundesministers der Finanzen vom 5.8.1975, BStBl. I 1975, S. 934 und vom 13.4.1976, BStBl. I 1976, S. 292; heute Abschnitt 5 KStR.

Voraussetzungen für das Vorliegen eines BgA für die Umsatzsteuer und Körperschaftsteuer einheitlich zu beurteilen seien[157].

### 2.3.2 Prinzip der Wettbewerbsgleichheit

Tragender Auslegungsmaßstab im Rahmen des § 4 KStG könnte der Grundsatz der Wettbewerbsgleichheit sein. Obwohl dieses Prinzip in der steuerrechtlichen Rechtsprechung[158] und Literatur[159] häufig herangezogen wird, ist ungeklärt, auf welchem rechtlichen Fundament es beruht. Insbesondere stellt sich die Frage, ob die Verwirklichung des Prinzips der Wettbewerbsgleichheit verfassungsrechtlich vorgeben ist oder ob es sich lediglich um eine Forderung des einfachen Gesetzgebers handelt.

#### 2.3.2.1 Verfassungsrechtliche Vorgaben

##### 2.3.2.1.1 Grundsatz der Wettbewerbsneutralität als Gebot der Systemgerechtigkeit

*Selmer/Schulze-Osterloh*[160] vertreten die Ansicht, daß dem Prinzip der Wettbewerbsneutralität der Besteuerung – jedenfalls für das Verhältnis öffentlicher

---

[157] Vgl. Abschnitt 24 Abs. 4 UStR; dies hat aber nicht zur Folge, daß einer einmal für den Bereich der Umsatzsteuer getroffenen Beurteilung Präjudizwirkung für die Körperschaftsteuer zukommt, vgl. *Birkenfeld, Wolfram*, Das große USt-Handbuch, Stand: September 1996, § 2 Rn. 261; *Lange, Hans-Friedrich*, Juristische Personen des öffentlichen Rechts als Unternehmer im Umsatzsteuerrecht, UR 2000, S. 1 ff. (8); **a.A.** wohl *Boetius, Jan*, Der Begriff „Ausübung öffentlicher Gewalt (Hoheitsbetrieb)“ im Steuerrecht, DB 1996, Beilage 17/96 zu Heft Nr. 48, S. 1 ff. (11); *Flockermann, Paul Gerhard*, Besteuerung der öffentlichen Hand, Ausfuhr, Steuerbefreiung mit Option und Ausnahmeregelung des § 19, DStZ (A), S. 184 ff. (185).

[158] Zur Rechtsprechung des BVerfG vgl. insbesondere Nachweise bei *Selmer, Peter*; Finanzordnung und Grundgesetz, die Rechtsprechung des Bundesverfassungsgerichtes in Finanz- und Steuersachen, in: Archiv des öffentlichen Rechts, Band 101, 1976, S. 442.

[159] Zum Teil trennen die im folgenden genannten Verfasser nicht zwischen dem Prinzip der Wettbewerbsgleichheit in der Körperschaftsteuer und der Umsatzsteuer. Vgl. im einzelnen *Klein, Hans*, Die Besteuerung wirtschaftlicher Unternehmungen der öffentlichen Hand, StuW 1967, S. 657 ff.; *Selmer, Peter / Schulze-Osterloh, Lerke*, Besteuerung öffentlicher Unternehmen und Wettbewerbsneutralität, DÖV 1978, S. 381 ff. (388); *Seer, Roman*, Inhalt und Funktion des Begriffes „Betrieb gewerblicher Art“ für die Besteuerung der öffentlichen Hand, DStR 1992, S. 1751 ff. (1755); *Lang, Joachim / Seer, Roman*, Die Besteuerung der Drittmittelforschung, BB 1993, S. 262 ff. (265); *Bader, Hermann Georg*, Hoheitsbetrieb und Betrieb gewerblicher Art im Umsatz- und Körperschaftsteuerrecht, Dissertation (Köln 1996), Frankfurt am Main, 1997, S. 39 f.. Allgemein zum Grundsatz der Wettbewerbsneutralität im deutschem Steuerrecht, vgl. *Tipke, Klaus*, Die Steuerrechtsordnung, Köln, 1993, Band II, S. 1032 m.w.N..

[160] *Selmer, Peter / Schulze-Osterloh, Lerke*, Besteuerung öffentlicher Unternehmen und Wettbewerbsneutralität, DÖV 1978, S. 381 ff. (385, 388).

und privater Unternehmen – als Konkretisierung des allgemeinen Gleichheitssatzes verfassungsrechtlicher Rang zukomme. Indem der einfache Gesetzgeber in der Absicht[161], steuerliche Wettbewerbsneutralität zu verwirklichen, die Steuersubjektivität der öffentlichen Unternehmen konsequent an den Tatbestand des Betriebs gewerblicher Art binde[162], habe er sich damit für ein klares Vergleichskriterium im Verhältnis von öffentlichen zu privaten Unternehmen entschieden: werde der Staat „realwirtschaftlich“ tätig, sei er gleich privaten Wirtschaftsunternehmen zu behandeln. Angesichts dieser vom einfachen Gesetzgeber getroffenen Grundentscheidung werde die steuerliche Wettbewerbsneutralität im Verhältnis von öffentlichen zu privaten Unternehmen mit Rücksicht auf Art. 3 Abs. 1 GG zu einem verfassungsrechtlich relevanten Gebot der Systemgerechtigkeit.

Dieser Auffassung kann nicht gefolgt werden. Richtig ist zwar, daß der Gesetzgeber aufgrund des Gleichheitsgrundsatzes grundsätzlich dem Gebot der Systemgerechtigkeit unterworfen ist[163]. Voraussetzung für einen Gleichheitsverstoß ist aber, daß für den konkreten Sachbereich unzweifelhaft eine umfassende Systemvorstellung des Gesetzgebers ersichtlich ist[164]. Daran mangelt es. Allein aus der Tatsache, daß der Gesetzgeber bei der Besteuerung der öffentlichen Hand an den Begriff „Betrieb gewerblicher Art“ anknüpft, kann noch keine Grundwertung bzw. Systemvorstellung abgeleitet werden. Dazu hätte es einer eindeutigeren Regelung durch den Gesetzgeber bedurft. *Friauf*[165] weist in diesem Zusammenhang zurecht darauf hin, daß bereits Wortlaut und Systematik der in Frage stehenden Vorschriften zu erkennen geben, daß aus dem Kreise der öffentlichen Unternehmen nur die Betriebe gewerblicher Art, nicht aber die per Legaldefinition aus diesem Bereich ausgegrenzten Hoheitsbetriebe der Steuerpflicht unterworfen sein sollten. Im übrigen ist in diesem Zusammenhang auch zu bedenken, daß die vorschnelle Annahme von „Systemwidrigkeiten“ die Ge-

---

[161] Vgl. dazu die Nachweise unter Punkt 1.3.

[162] Vgl. § 1 Abs. 1 Nr. 6 KStG, § 2 Abs. 3 UStG, § 2 GewStG i.V.m. § 2 GewStDV.

[163] Vgl. dazu die Nachweise bei *Tipke, Klaus,* Die Steuerrechtsordnung, Köln, 1993, Band I, S. 325.

[164] *Friauf, Karl Heinrich,* Zur Rechtfertigung der Steuerprivilegien öffentlicher Unternehmen, in *Friedrich, Peter/ Kupsch, Peter* (Herausgeber), Die Besteuerung öffentlicher Unternehmen, Baden-Baden, 1981, S. 57 ff. (76).

[165] *Friauf, Karl Heinrich,* Zur Rechtfertigung der Steuerprivilegien öffentlicher Unternehmen, in *Friedrich, Peter/ Kupsch, Peter* (Herausgeber), Die Besteuerung öffentlicher Unternehmen, Baden-Baden, 1981, S. 57 ff. (76 ff.).

fahr birgt, „rechtspolitisch Wünschenswertes als verfassungsrechtlich Gebotenes ... auszugeben“[166].

### 2.3.2.1.2 Grundsatz der Wettbewerbsneutralität als Ausfluß von Art. 3 Abs. 1 GG

Kann das Prinzip der Wettbewerbsneutralität somit nicht zwingend als ein Gebot der Systemgerechtigkeit verstanden werden, so stellt sich die Frage, ob sich dieser Grundsatz nicht unmittelbar aus der Verfassung ergibt.

Art. 3 Abs. 1 GG enthält den allgemeinen Gleichheitssatz. Danach ist Gleiches gleich, Ungleiches aber seiner Eigenart entsprechend verschieden zu behandeln[167]. Das BVerfG sieht diesen Grundsatz als verletzt an, wenn sich ein aus der Natur der Sache ergebender oder sonstwie sachlich einleuchtender Grund für die gesetzliche Differenzierung oder Gleichbehandlung nicht finden läßt, kurzum wenn die Bestimmung willkürlich ist[168]. Weder dürfe wesentlich Gleiches willkürlich ungleich, noch dürfe wesentliches Ungleiches willkürlich gleich behandelt werden[169]. Seit einigen Jahren bezieht der erste Senat des BVerfG das Willkürverbot auf die Gleichbehandlung von Gruppen[170] (sog. „neue Formel“): Danach ist der Gleichheitssatz verletzt, wenn eine Gruppe von Normadressaten anders behandelt wird, obwohl zwischen beiden Gruppen keine Unterschiede von solcher Art und solchem Gewicht bestehen, daß sie die ungleiche Behandlung rechtfertigen könnten[171].

Auch im Steuerrecht ist der Gleichheitsgrundsatz anerkannt. Nach Rechtsprechung[172] und Literatur[173] ist Ausfluß dieses Gleichheitsgrundsatzes das Prinzip

---

[166] So wörtlich *Battis, Ulrich*, Systemgerechtigkeit, in: *Stödter, Rolf / Thieme, Werner* (Hrsg.), Hamburg Deutschland Europas, Festschrift für *Hans, Peter Ipsen* zum 70. Geburtstag, Tübingen, 1977, S. 26.

[167] BVerfG, Urteil vom 17.12.1953 – 1 BvR 147, BVerfGE 3, S. 58 ff. (135); BVerfG, Beschluß vom 26.03.1980 – 1 BvR 121,122/76, BVerfGE 54, S. 11 ff. (26).

[168] BVerfG, Urteil vom 23.10.1951 – 2 BvG 1/51, BVerfGE 1, S. 17 (52); BVerfG, Beschluß vom 20.10.1981 – 1 BvR 640/80, BVerfGE 58, S. 257 ff. (271).

[169] BVerfG, Beschluß vom 26.04.1988 –1 BvL 84/86, BVerfGE 78, S. 104 ff. (121).

[170] *Tipke, Klaus / Lang, Joachim*, Steuerrecht, 16. Auflage, Köln 1998, § 4 Rn. 73.

[171] BVerfG, Beschluß v0om 07.10.1980 – 1 BvL 50, 89/79, 1 BvR 240/79, BVerfGE 55, S. 72 ff. (88),BVerfG, Beschluß vom 14.01.1987 – 1 BvR 1052/79, BVerfGE 74, S. 129 ff. (149).

[172] BVerfG, Beschluß vom 28.01.1970 – 1 BvL 4/67, BVerfGE 27, S. 375 ff. (389); BVerfG, Urteil vom 20.12.1966 – 1 BvR 320/57, 70/63, BVerfGE 21, S. 12 ff. (27 f.); BVerfG, Urteil vom 05.03.1974 – 1 BvR 712/68, BVerfGE 36, S. 321 ff. (334 f.); BVerfG, Beschluß vom 19.03.1974 – 1 BvR 416, 767, 779/68, BVerfGE 37, S. 38 ff. (52 ff.); zur Rechtsprechung des BVerfG vgl. insgesamt die Analyse von *Selmer, Peter*, Finanzordnung und

der Wettbewerbsneutralität. Danach darf der Gesetzgeber konkurrierende Unternehmen in steuerlicher Hinsicht nicht willkürlich ungleich behandeln. Für den Bereich der Besteuerung öffentlicher Unternehmen bedeutet dies das Gebot steuerlicher Gleichbehandlung öffentlicher und privater Unternehmen. Dies jedenfalls dann, wenn öffentliche und private Unternehmen in einem Wettbewerbsverhältnis zueinander stehen[174]. Etwas anderes ließe sich nur dann vertreten, wenn ein sachlicher Grund für eine Ungleichbehandlung bestehen würde bzw. sich die Gruppe der öffentlichen Unternehmen von der der privaten Unternehmen in solcher Art und Weise unterscheiden würde, daß eine ungleiche Behandlung der beiden Gruppen gerechtfertigt wäre.

Ob Gemeinsamkeiten oder Unterschiede zwischen den zu vergleichenden Gruppen – hier die Gruppe der öffentlichen Unternehmen und die der Privatunternehmen – relevant sind, hängt in erster Linie vom Vergleichsmaßstab („tertium comparationis“) ab[175]. Dieser ist abhängig vom jeweiligen Sachgebiet und seinen Prinzipien. In erster Linie gibt der Gesetzgeber selbst den konkreten Vergleichsmaßstab vor[176]. Er hat in gewissem Maße einen Beurteilungsspielraum, solange seine Wertung von der Sache her vertretbar ist.

Als wesentlicher Unterschied, der eine ungleiche Behandlung der Gruppe der öffentlichen Unternehmen zu der der privaten Unternehmen rechtfertigen würde, könnte ein möglicherweise bestehendes allgemeines Verfassungsverbot gegenseitiger Besteuerung von Hoheitsfunktionen im Verhältnis Bund/Länder geltend gemacht werden. Da ein solches aber nach allgemeiner Meinung[177]

---

Grundgesetz, die Rechtsprechung des Bundesverfassungsgerichts in Finanz- und Steuersachen, in: Archiv des öffentlichen Rechts, Band 101, 1976, S. 399 ff. (452).

[173] *Tipke, Klaus,* Die Steuerrechtsordnung, Köln, 1993, Band I, S. 351; *Klein, Hans,* Die Besteuerung wirtschaftlicher Unternehmungen der öffentlichen Hand, StuW 1967, S. 657 ff. (657); *Selmer, Peter,* Finanzordnung und Grundgesetz, die Rechtsprechung des Bundesverfassungsgerichts in Finanz- und Steuersachen, in: Archiv des öffentlichen Rechts, Band 101, 1976, S. 399 ff. (452); zum Teil **a.A.** *Friauf,* der dieses Prinzip aus Art. 3 Abs. 1 GG i.V.m. Art. 2 Abs. 1 GG herleitet, vgl. *Friauf, Karl Heinrich,* Zur Rechtfertigung der Steuerprivilegien öffentlicher Unternehmen, in *Friedrich, Peter/ Kupsch, Peter* (Herausgeber), Die Besteuerung öffentlicher Unternehmen, Baden-Baden, 1981, S. 57 ff. (82). Zum Verhältnis der „Wettbewerbsneutralität“ zum ‚Leistungsfähigkeitsprinzip“ vgl. *Kirchhof, Paul,* Steuergleichheit, StuW 1984, S. 297 ff. (305 f. ).

[174] *Friauf, Karl Heinrich,* Zur Rechtfertigung der Steuerprivilegien öffentlicher Unternehmen, in *Friedrich, Peter/ Kupsch, Peter* (Herausgeber), Die Besteuerung öffentlicher Unternehmen, Baden-Baden, 1981, S. 57 ff. (86).

[175] *Tipke, Klaus / Lang, Joachim,* Steuerrecht, 16. Auflage, Köln, 1998, § 4 Rn. 76.

[176] *Tipke, Klaus,* Die Steuerrechtsordnung, Köln, 1993, Band I, S. 348 ff..

[177] *Selmer, Peter / Schulze-Osterloh, Lerke,* Besteuerung öffentlicher Unternehmen und Wettbewerbsneutralität, DÖV 1978, S. 381 ff. (387 f.); *Friauf, Karl Heinrich,* Zur Rechtferti-

nicht existiert, bestehen grundsätzlich keine Bedenken, öffentliche Unternehmen und private Unternehmen miteinander zu vergleichen.

Als Vergleichsmaßstab könnte das Merkmal der Wettbewerbsteilnahme dienen[178]. Dies insbesondere vor dem Hintergrund, daß es dem Gesetzgeber bei der Besteuerung der öffentlichen Hand entscheidend darauf ankam, Wettbewerbsneutralität zwischen privaten und öffentlichen Unternehmen herzustellen[179]. Überall dort, wo öffentliche Unternehmen zu privaten Unternehmen in Konkurrenz treten, sollte eine Besteuerung der öffentlichen Hand gewährleistet sein.

Entgegen der wohl herrschenden Literatur will *Bader* diesen Vergleichsmaßstab nicht akzeptieren. Seiner Ansicht nach kann der Schutzbereich der Wettbewerbsgleichheit nicht mit dem bloßen Bestehen eines Wettbewerbsverhältnisses gleichgesetzt werden, denn eine gleiche steuerliche Behandlung sei nicht schon dann geboten, wenn öffentliche und private Unternehmer auf demselben Markt auftreten[180]. Insbesondere verlange Wettbewerbsgleichheit nicht Steuergleichheit: eine Ungleichbehandlung der öffentlichen Hand gegenüber privaten Wettbewerbern wirke sich nämlich im Wettbewerb nicht aus, soweit feststehe, daß der Steuervorteil unmittelbar im Vermögen der öffentlichen Hand realisiert werde. Stehe dagegen fest, daß der Steuervorteil unmittelbar über niedrige Preise oder mittelbar über die Reinvestition des höheren Gewinns zur Verbesserung der Wettbewerbsposition am Markt weitergegeben werde und damit wettbewerbsrelevant wäre, so müsse eine Besteuerung der jeweiligen Tätigkeit der öffentlichen Hand erfolgen. Als Vergleichsmaßstab komme daher nur das Merkmal der Wettbewerbsrelevanz in Betracht[181]. Entscheidend sei, ob ein eventueller Steuervorteil wettbewerbsverzerrend wirke. Entsprechend dieser Ausgangsposition kommt *Bader* zu dem Ergebnis, daß nur kostenwirksame Steuervorteile (– welche z.B. im Falle einer Umsatzsteuerbefreiung eintreten würden), die am Markt weitergegeben würden, wettbewerbsrelevant wirken könnten. Anders

gung der Steuerprivilegien öffentlicher Unternehmen, in *Friedrich, Peter/ Kupsch, Peter* (Herausgeber), Die Besteuerung öffentlicher Unternehmen, Baden-Baden, 1981, S. 57 ff. (68 f.).

[178] So insbesondere *Friauf, Karl Heinrich*, Zur Rechtfertigung der Steuerprivilegien öffentlicher Unternehmen, in *Friedrich, Peter/ Kupsch, Peter* (Herausgeber), Die Besteuerung öffentlicher Unternehmen, Baden-Baden, 1981, S. 57 ff. (86 f.); ebenso *Klein, Hans,* Die Besteuerung wirtschaftlicher Unternehmungen der öffentlichen Hand, StuW 1967, S. 657 ff. (657).

[179] Vgl. dazu die Nachweise unter Punkt 1.3.

[180] *Bader, Hermann Georg*, Hoheitsbetrieb und Betrieb gewerblicher Art im Umsatz- und Körperschaftsteuerrecht, Dissertation (Köln 1996), Frankfurt am Main, 1997, S. 49 f..

[181] *Bader, Hermann Georg*, Hoheitsbetrieb und Betrieb gewerblicher Art im Umsatz- und Körperschaftsteuerrecht, Dissertation (Köln 1996), Frankfurt am Main, 1997, S. 50 ff..

verhalte es sich dagegen bei Gewinnsteuervorteilen, die sich im Falle einer Körperschaftsteuerbefreiung ergeben würden. Denn bei „ökonomisch vernünftigen Verhalten" könne davon ausgegangen werden, daß diese Steuervorteile aufgrund ihrer Gewinnabhängigkeit außerhalb des Unternehmens realisiert würden, weil sie zu Lasten des Gewinns von privaten Konkurrenten kompensiert werden könnten[182].

Gegen den Ansatz *Baders* spricht bereits der Gedanke der Rechtssicherheit. Fiktionen in Form „ökonomisch vernünftiger Verhaltensweisen" sind dem Verfassungsrecht fremd. Denn wie wäre die Rechtslage zu beurteilen, wenn Gewinnsteuervorteile entgegen „ökonomisch vernünftiger Verhaltensweisen" doch am Markt weitergegeben werden? Da ein Grundrechtsschutz in diesen Fällen wohl nicht versagt werden kann, ist eine Unterscheidung zwischen den verschiedenen Steuerarten wenig hilfreich. Darüber hinaus ist zu bedenken, daß der Gesetzgeber offensichtlich selbst davon ausgegangen ist, daß Gewinnsteuervorteile den Wettbewerb beeinflussen können[183].

Des weiteren wird vertreten, daß das Merkmal der „privatwirtschaftlichen"[184] bzw. das der „realwirtschaftlichen"[185] Betätigung als Vergleichsmaßstab herangezogen werden könne. Folgt man diesem Ansatz, so hätte dies zur Folge, daß auch im Falle einer aufgrund öffentlichen Rechts (Gesetz, Rechtsverordnung, Satzung) gegebenen Monopolstellung der öffentlichen Hand eine Besteuerung geboten wäre. Denn die Ausübung einer „privat-" bzw. „realwirtschaftlichen" Tätigkeit ist jedenfalls auch außerhalb eines Verhältnisses konkurrierender Wirtschaftstätigkeit denkbar. Fraglich ist daher, ob Art. 3 GG auch in diesen Fällen eine Besteuerung gebietet. Dies müßte bejaht werden, wenn mit der Nichtbesteuerung der öffentlichen Hand eine Benachteiligung privater Unternehmer einhergehen würde. Da aber private Dritte in diesen Fällen aufgrund öffentlichen Rechts von der Teilnahme am Markt ausgeschlossen sind, resultiert eine etwaige Benachteiligung nicht aus der Nichtbesteuerung des öffentlichen Unternehmens, sondern aus der öffentlich-rechtlichen Norm selbst, welche ein Tätigwerden Privater verhindert. Die Merkmale „privat-" bzw. „realwirtschaftliche" Tätigkeit scheiden daher als Vergleichsmaßstäbe aus.

---

[182] *Bader, Hermann Georg*, Hoheitsbetrieb und Betrieb gewerblicher Art im Umsatz- und Körperschaftsteuerrecht, Dissertation (Köln 1996), Frankfurt am Main, 1997, S. 56 ff..

[183] Vgl. dazu die Nachweise unter Punkt 1.3.2.

[184] *Bethge, Herbert,* Zur verfassungsrechtlichen Zulässigkeit der Mehrwertbesteuerung des Gebührenaufkommens der öffentlich-rechtlichen Rundfunkanstalten, JR 1971, S. 492 ff. (495).

[185] *Selmer, Peter / Schulze-Osterloh, Lerke*, Besteuerung öffentlicher Unternehmen und Wettbewerbsneutralität, DÖV 1978, S. 381 ff. (388).

Zusammenfassend kann festgestellt werden, daß das Prinzip der Wettbewerbsneutralität Ausfluß des allgemeinen Gleichheitssatzes des Art. 3 Abs. 1 GG ist. Für den Bereich der Besteuerung öffentlicher Unternehmen bedeutet dies das Gebot steuerlicher Gleichbehandlung öffentlicher und privater Unternehmen, sofern diese in einem Wettbewerbsverhältnis zueinander stehen. Da sich die Gruppe der öffentlichen Unternehmen von der der privaten Unternehmen nicht grundlegend unterscheidet, wäre eine ungleiche Behandlung beider Gruppen in diesen Fällen nicht zu rechtfertigen. Vergleichsmaßstab ist das Merkmal der Wettbewerbsteilnahme. Ist seitens privater Unternehmer eine Teilnahme am Wettbewerb nicht möglich, so ist eine Besteuerung jedenfalls aus Gründen der Gleichbehandlung auch nicht zwingend geboten. Denn im Falle der monopolartigen Ausübung einer bestimmten Tätigkeit durch die öffentliche Hand resultiert der Wettbewerbsnachteil privater Unternehmen nicht aus dem Steuerrecht, sondern aus dem jeweiligen öffentlichen Recht, welches den freien Wettbewerb nicht zuläßt[186].

### 2.3.2.2. Einfach-gesetzliche Vorgaben

Das Prinzip der Wettbewerbsgleichheit läßt sich nicht nur aus der Verfassung, sondern auch aus der einfach-gesetzlichen Regelung in § 4 KStG ableiten. Bereits aus der amtlichen Begründung zum KStG 1925[187] ergibt sich, daß der Gesetzgeber mit der teilweisen Besteuerung der öffentlichen Hand Wettbewerbsnachteile für die Privatwirtschaft vermeiden wollte. Neben der Entstehungsgeschichte des § 4 KStG sprechen auch logisch-systematische Argumente für einen solchen Telos. Zu bedenken ist nämlich, daß im Falle der Besteuerung der öffentlichen Hand das Geld in den öffentlichen Kassen keineswegs vermehrt, sondern lediglich – vermindert um die Erhebungskosten – verschoben wird[188]. Soll die Besteuerung also einen Sinn machen, so kann dieser nur darin liegen, mit der Besteuerung Wettbewerbsnachteile für die Privatwirtschaft zu vermei-

---

[186] Vgl. dazu auch *Leisner, Walter*, Die Unzulässigkeit steuerlicher Fiskalprivilegien, BB 1970, S. 405 ff. (411).

[187] Begründung zum KStG 1925, Verhandlungen des Reichstages, 3. Wahlperiode 1924/25, Band 400, Drucksache Nr. 796, A.I., S. 8 f.; vgl. auch Begründung zum Regierungsentwurf zu § 4, BT- Drucksache, VII/ 1470, S. 336 .

[188] *Laule, Gerhard*, Die Körperschaftsteuerfreiheit für Hoheitsbetriebe - wann dient ein Betrieb der Ausübung öffentlicher Gewalt?, DStZ 1988, S. 183 ff. (184). Ob die Besteuerung aus finanzpolitischer Sicht sinnvoll ist, wird teilweise angezweifelt, vgl. dazu *Evers, Robert*, Kommentar zum KStG 1925, 2. Auflage, Berlin, 1927, § 2 Anm. 3 ff.; *Püttner*, Die öffentlichen Unternehmen, 2. Auflage, 1985, S. 273; *Leisner, Walter*, Die Unzulässigkeit steuerlicher Fiskalprivilegien, BB 1970, S. 405 ff. (405).

den. Rechtsprechung[189] und Literatur[190] stellen daher auch einstimmig fest, daß der Sinn und Zweck der Regelung des § 4 KStG in der Herstellung von Wettbewerbsgleichheit zu sehen ist.

Ungeklärt ist jedoch, inwieweit sich dieser Auslegungsmaßstab mit § 4 Abs. 5 S. 2 KStG vereinbaren läßt. Insbesondere stellt sich die Frage, ob der Gesetzgeber mit der Einführung dieser Regelung die Besteuerung der öffentlichen Hand unter einem anderen Blickwinkel vornehmen und damit den Sinn und Zweck der Regelung nachträglich ändern wollte[191].

Ausweislich der Regierungsbegründung[192] muß dies wohl verneint werden, denn danach ist § 4 Abs. 5 S. 2 KStG nur klarstellend in das Gesetz eingefügt worden. Es sollte damit auf eine Entscheidung des BFH aus dem Jahre 1970[193] reagiert werden[194]. In dem betreffenden Urteil hatte der BFH ausgeführt, daß eine mit Zwangs- oder Monopolrechten ausgestattete öffentlich-rechtliche Versicherungsanstalt je nach Lage des Einzelfalls Gewerbebetrieb oder Hoheitsbetrieb sein könnte. Allein auf das Vorliegen von Zwangs- oder Monopolrechten könne dabei nicht abgestellt werden. Entscheidend seien vielmehr die allgemeinen Abgrenzungsmerkmale. Der BFH ist zu diesem Ergebnis aufgrund einer Auslegung der einschlägigen Vorschriften zur Gewerbesteuer[195] gekommen. So war in § 2 Abs. 1 S. 2 GewStDV sinngemäß geregelt, daß öffentlich-rechtliche Versicherungsanstalten auch dann als steuerpflichtiges stehendes Gewerbe angesehen werden konnten, wenn sie mit Zwangs- oder Monopolrechten ausgestattet waren. Der BFH hat daraus gefolgert, daß Monopolrechte jedenfalls für

---

[189] Vgl. RFH, Urteil vom 06.05.1930 - I A 24/30 S, RStBl. II 1930, S. 637 f. (638); BFH, Urteil vom 20.03.1956 - I 317/55 U, S. 166 ff. (167); BFH, Urteil vom 10.07.1962 - I 164/59 S, BStBl. III 1962, S. 448 ff..

[190] *Rosendorff/Hermann* , Körperschaftsteuergesetz, 7. Auflage, Berlin/Wien, 1932, § 2 Anm.15; *Klein, Hans,* Die Besteuerung wirtschaftlicher Unternehmungen der öffentlichen Hand, StuW 1967, S. 658 ff. (666); *Ramme, Christoph,* Betriebe gewerblicher Art von Körperschaften des öffentlichen Rechts und die Ausübung öffentlicher Gewalt im Umsatzsteuerrecht, Dissertation, Köln, 1970, S. 7; *Selmer, Peter / Schulze-Osterloh, Lerke,* Besteuerung öffentlicher Unternehmen und Wettbewerbsneutralität, DÖV 1978, S. 381 ff. (386); *Laule, Gerhard,* Die Körperschaftsteuerfreiheit für Hoheitsbetriebe - wann dient ein Betrieb der Ausübung öffentlicher Gewalt?, DStZ 1988, S. 183 ff. (184); *Lang, Joachim / Seer, Roman,* Die Besteuerung der Drittmittelforschung, BB 1993, S. 262 ff. (263); vgl. auch *Tipke, Klaus,* Die Steuerrechtsordnung, Köln, 1993, S. 1267.

[191] So *Stadie* in *Rau/Dürrwächter*, Kommentar zum UStG, 8. Auflage, Stand 7/ 1997, § 2 Rn. 913.

[192] BT-Drucksache 7/1470, S. 336 f. .

[193] BFH, Urteil vom 18.02.1970 - I 157/67, BStBl. II 1970, S. 519 ff. (520 f.).

[194] BT-Drucksache 7/1470, S. 336 f. .

[195] Diese Vorschriften deckten sich weitgehend mit denen der KStDV 1969.

sich allein nicht ausreichen, einen Gewerbebetrieb zu verneinen. Zwar stand in dem entschiedenen Fall der Versicherungsanstalt zum Teil ein Monopol zu, doch hat der BFH im Ergebnis einen Gewerbebetrieb aufgrund des Inhalts der Tätigkeit bzw. des Inhalts der Rechte und Pflichten der Beteiligten verneint. Da der BFH bei dieser Auslegung allein den Wortlaut der betreffenden Vorschrift aufgegriffen hat und die Unbeachtlichkeit von Monopolrechten nicht aus dem Sinn und Zweck der Gewerbesteuer geschlossen hat, kann nicht davon ausgegangen werden, daß der Gesetzgeber besondere Absichten mit der Einführung des Satzes 2 in § 4 Abs. 5 KStG verfolgt hat.

Problematisch ist aber der Wortlaut des § 4 Abs. 5 S.2 KStG. Denn danach ist eine Besteuerung der öffentlichen Hand auch im Falle einer Monopolstellung denkbar, also auch in den Fällen, in denen Wettbewerbsnachteile für die Privatwirtschaft in steuerlicher Hinsicht nicht zu befürchten sind[196]. Es spricht daher einiges für die Vermutung *Stadies*, der Gesetzgeber sei mit der Einführung des § 4 Abs. 5 S. 2 KStG über das ursprüngliche Ziel, jPdöR zur Wahrung der Wettbewerbsneutralität zu besteuern, hinausgegangen und habe damit der Vorschrift insgesamt einen anderen Sinn und Zweck gegeben[197]. Aus § 4 Abs. 5 S. 2 Alt. 2 KStG folge, daß auch dann, wenn der einzelnen jPdöR aufgrund Gesetz das alleinige Recht zustehe, bestimmte Leistungen zu erbringen, ein BgA vorliegen könne[198].

Eine solche Auslegung des § 4 Abs. 5 S. 2 KStG ist nicht zwingend. Zu bedenken ist nämlich, daß im Falle der Besteuerung einer mit solchen Monopolrechten ausgestatteten jPdöR eine unnötige Selbstbesteuerung der öffentlichen Hand droht, die es – soweit dies unter Aufrechterhaltung der Wettbewerbsneutralität möglich ist – zu vermeiden gilt. Die Vermeidung einer unnötigen Selbstbesteuerung war und ist das Grundanliegen des Gesetzgebers. Anderenfalls gäbe es für die öffentliche Hand keine besonderen Besteuerungsregeln.

Fraglich ist daher, ob § 4 Abs. 5 S. 2 Alt. 2 KStG eine Auslegung zuläßt, bei der sich beide Zielvorstellungen, nämlich zum einen die Vermeidung einer unnötigen Selbstbesteuerung der öffentlichen Hand, zum anderen aber die Vermeidung der Entstehung von Wettbewerbsnachteilen im Falle einer Nichtbesteuerung der öffentlichen Hand, in ausreichendem Maße verwirklichen lassen. Ließe sich dies bejahen, so wäre die Schlußfolgerung *Stadies* nicht zwingend, daß sich

---

[196] Vgl. oben Punkt 2.3.2.1.

[197] *Stadie* in *Rau/Dürrwächter*, Kommentar zum UStG, 8. Auflage, Stand 7/ 1997, § 2 Rn. 913.

[198] *Stadie* in *Rau/Dürrwächter*, Kommentar zum UStG, 8. Auflage, Stand 7/ 1997, § 2 Rn. 913.

der Sinn und Zweck der Vorschrift mit der Einführung des § 4 Abs. 5 S. 2 KStG insgesamt geändert haben.

Zunächst stellt sich die Frage, welche Wettbewerbsnachteile mit der teilweisen Besteuerung vermieden werden sollten. Da es sich bei § 4 KStG um eine Vorschrift des Steuerrechts handelt, können nur steuerliche Wettbewerbsnachteile vom Schutzbereich der Regelung erfaßt sein. Anderenfalls würde § 4 KStG quasi zu einer Verfassungsnorm erhoben, die einen umfassenden Wettbewerbsschutz privater Unternehmer gegenüber der öffentlichen Hand gewährleistet. Bei § 4 KStG handelt es sich aber um einfach-gesetzliches Recht. Mit dieser Vorschrift kann daher nur erreicht werden, daß für private Unternehmer keine Wettbewerbsnachteile entstehen, soweit die Tätigkeit der öffentlichen Hand unversteuert bleibt. Anders formuliert heißt dies, daß eine Besteuerung der jeweiligen Tätigkeit der jPdöR jedenfalls dann angezeigt ist, wenn ein privater Unternehmer dieselbe Leistung anbieten kann, diese Leistung aber im Gegensatz zu derjenigen der öffentlichen Hand besteuert werden würde. Kann ein privater Unternehmer dagegen nicht zur öffentlichen Hand in Konkurrenz treten, so ist eine Besteuerung nicht zwingend erforderlich – zumindest nicht aus Gründen der Wettbewerbsgleichheit. Die Vorschrift des § 4 Abs. 5 S. 2 Alt. 2 KStG hat aus diesem Grund nur für solche Monopolrechte der öffentlichen Hand Bedeutung, die keine generelle Marktzutrittschranke für private Unternehmer beinhalten und daher eine Benachteiligung der Privatwirtschaft in steuerlicher Hinsicht nicht in Frage kommt.

Darunter fallen zunächst alle „tatsächlichen" Monopolstellungen der öffentlichen Hand, wenn also private Unternehmer rechtlich nicht gehindert sind, die betreffende Tätigkeit ebenfalls anzubieten, sie sozusagen jederzeit zur öffentlichen Hand in Wettbewerb treten könnten, dies aber aus irgendwelchen, nicht steuerspezifischen Gründen nicht beabsichtigen. § 4 Abs. 5 S. 2 KStG stellt für diese Fälle klar, daß trotz der Monopolstellung der öffentlichen Hand ein steuerbarer BgA angenommen werden kann.

Des weiteren kann es sein, daß ein potentieller Nachfrager zwar nicht dieselbe Leistung in Anspruch nehmen, er aber eine Leistung eines Privatunternehmers wählen kann, die mit der betreffenden Leistung der jPdöR vergleichbar ist (sog. „austauschbares Leistungsangebot"). Ein Privatunternehmer hätte einen klaren Wettbewerbsnachteil, müßte sein besteuertes Leistungsangebot mit einem unbesteuerten Angebot der öffentlichen Hand konkurrieren[199]. Ein Wettbewerbsnachteil in steuerlicher Hinsicht wäre gegeben, bliebe die Leistung der jPdöR unversteuert. Der Gedanke der Vermeidung einer Selbstbesteuerung der öffent-

---

[199] *Bader, Hermann Georg*, Hoheitsbetrieb und Betrieb gewerblicher Art im Umsatz- und Körperschaftsteuerrecht, Dissertation (Köln 1996), Frankfurt am Main, 1997, S. 99

lichen Hand muß bei dieser Monopolstellung in den Hintergrund treten. § 4 Abs. 5 S. 2 Alt. 2 KStG stellt auch für diese Art von Monopolrechten klar, daß diese nicht für die Annahme eines Hoheitsbetriebs ausreichen bzw. ein BgA trotz dieser Monopolstellung angenommen werden kann.

Zusammenfassend kann daher festgestellt werden, daß nicht jede Monopolstellung der öffentlichen Hand eine Besteuerung verlangt. § 4 Abs. 5 S. 2 KStG besagt nicht mehr und nicht weniger, daß für Annahme eines Hoheitsbetriebes „Monopolrechte" grundsätzlich nicht ausreichen. Dies hat aber nicht zur Folge, daß bei bestehenden Monopolrechten die Annahme eines Hoheitsbetriebs generell ausgeschlossen ist. Verschiedene Gesichtspunkte haben gezeigt, daß § 4 Abs. 5 S. 2 KStG nur für „tatsächliche" Monopolstellungen öffentlicher Unternehmen von Bedeutung ist. Für diese Fälle hat der Gesetzgeber klargestellt, daß „Monopolrechte" für die Annahme eines Hoheitsbetriebes nicht ausreichen. Dasselbe gilt für solche Monopolrechte, bei denen private Unternehmer zwar nicht dieselbe, aber eine „austauschbare" Leistung anbieten können. Keine Bedeutung hat § 4 Abs. 5 S. 2 KStG dagegen für Monopolstellungen, bei denen private Unternehmer aufgrund öffentlichen Rechts (Gesetz, Rechtsverordnung oder Satzung) vom Wettbewerb ausgeschlossen sind. Eine Besteuerung der öffentlichen Hand würde in diesen Fällen keinen Sinn machen, da private Unternehmer durch die Nichtbesteuerung – zumindest in steuerlicher Hinsicht – nicht benachteiligt werden würden.

### 2.3.3 Vereinbarkeit des Prinzips der Wettbewerbsgleichheit mit der Umsatzsteuer

Das Prinzip der Wettbewerbsgleichheit stellt den tragenden Auslegungsmaßstab im Rahmen des § 4 KStG dar[200]. Wegen der ausdrücklichen Anknüpfung des Gesetzgebers an die körperschaftsteuerrechtliche Regelung hat die Auslegung des Begriffs „Betrieb gewerblicher Art" in § 2 Abs. 3 S. 1 UStG grundsätzlich unter diesem Gesichtspunkt zu erfolgen.

Etwas anderes würde gelten, wenn sich dieses Prinzip nicht mit der Umsatzsteuer vereinbaren ließe[201]. Aber auch im Bereich der Umsatzsteuer besitzt der Grundsatz der Wettbewerbsgleichheit seine Gültigkeit. Bereits das Bundesverfassungsgericht hat in seinem Urteil zum alten Umsatzsteuersystem die mangelnde Wettbewerbsneutralität dieses Systems herausgestellt[202]. Auch in der Literatur ist allgemein anerkannt, daß das Prinzip der Wettbewerbsgleichheit eine verfassungsrechtliche Vorgabe für die Ausgestaltung der Umsatzbesteue-

---

[200] Vgl. dazu Punkt 2.3.2.

[201] Vgl. dazu Punkt 2.3.1.

[202] BVerfG, Beschluß vom 20.12.1966 – 1 BvR 320/57, 70/63, BVerfGE 21, S. 12 ff..

rung darstellt[203]. Zwar ist eine Wettbewerbssituation im Umsatzsteuerrecht keine zwingende Voraussetzung für die Steuerpflicht, doch spricht eine Konkurrenzsituation grundsätzlich für eine Besteuerung der betreffenden Tätigkeit[204]. Seit der 6. EG-RL können „größere Wettbewerbsverzerrungen" sogar explizit zu einer Umsatzsteuerpflicht führen – vgl. Art. 4 Abs. 4 Uabs. 2 der 6. EG-RL[205].

Da auch speziell im Bereich der Umsatzbesteuerung der öffentlichen Hand das Prinzip der Wettbewerbsgleichheit zu keinem Zeitpunkt in Zweifel gezogen wurde[206], spricht nichts dagegen, den Begriff „Betrieb gewerblicher Art" aus Sicht der Körperschaftsteuer auszulegen und dieses Ergebnis anschließend auf § 2 Abs. 3 S. 1 UStG zu übertragen[207]. Dies gilt um so mehr, als der Sinn und Zweck des § 2 Abs. 3 UStG ebenfalls in der Herstellung der steuerrechtlichen Wettbewerbsgleichheit gesehen werden[208].

---

[203] Vgl. nur *Stadie* in *Rau/Dürrwächter*, Kommentar zum Umsatztsteuergesetz, 8. Auflage, Köln, Stand 8/1996, Einführung Rn. 195 ff..

[204] *Söhn, Hartmut*, Umsatzbesteuerung der Rundfunkanstalten – BVerfGE 31, 314, JuS 1976, S. 161 ff. (164 insbesondere Fn. 43)

[205] Vgl. dazu im einzelnen unten Punkt 3.6.2.

[206] Vgl. RFH, Gutachten vom 09.07.1937 - V D 1/37, RStBl. 1937, S. 1306 f.; RFH, Gutachten vom 02.07.1938 - Großer Senat D 5/38, RStBl. 1938, S. 743 f.; BFH, Urteil vom 13.04.1961 - V 120/59 U, BStBl. III 1961, S. 298 ff. (299); BFH, Urteil vom 26.05.1977 - V R 15/74, BStBl. II 1977, S. 813 ff. (815); vgl. im übrigen auch *Birkenfeld, Wolfram*, Juristische Personen des öffentlichen Rechts als Unternehmer (§ 2 Abs. 3 UStG), UR 1989, S. 1 ff. (6); *Czempiel, Benedict*, Abwasserbeseitigung als Hoheitsbetrieb, UR 1992, S. 285 ff. (290); *Forster, Eduard*, Einfluß des europäischen Gemeinschaftsrechts auf die deutsche Umsatzbesteuerung der Tätigkeiten von juristischen Personen des öffentlichen Rechts, UR 1996, S. 73 ff. (75).

[207] Wie unter Punkt 2.3.1 ausgeführt, ist es aber durchaus vorstellbar, daß das gefundene Auslegungsergebnis wegen des in der Umsatzsteuer geltenden Verbrauchsteuerprinzips zu modifizieren ist.

[208] *Lange, Hans-Friedrich*, Juristische Personen des öffentlichen Rechts als Unternehmer im Umsatzsteuerrecht, UR 2000, S. 1 ff. (6).

## 2.4 Unternehmerische Tätigkeit juristischer Personen des öffentlichen Rechts nach deutschem Recht

### 2.4.1 Betrieb gewerblicher Art im Sinne von § 2 Abs. 3 UStG i.V.m. § 4 Abs. 1 KStG

Der Begriff „Betrieb gewerblicher Art" wurde zum ersten Mal im KStG 1934 verwendet[209]. Die heutige Definition des „Betriebs gewerblicher Art" in § 4 Abs. 1 KStG als eine Einrichtung, die einer nachhaltigen wirtschaftlichen Tätigkeit zur Erzielung von Einnahmen außerhalb der Landwirtschaft dient und die sich innerhalb der Gesamtbetätigung der juristischen Person wirtschaftlich heraushebt, wurde ursprünglich aus der Rechtsprechung des RFH übernommen. Der RFH hatte den Betrieb gewerblicher Art definiert als einen Inbegriff fortdauernder wirtschaftlicher Verrichtungen, die unter einem einheitlichen Willen auf ein bestimmtes sachliches Ziel gerichtet sind, dadurch in sich zusammenhängen und eine funktionelle Einheit bilden, sich aber innerhalb der Gesamtbetätigung der Körperschaft des öffentlichen Rechts als etwas Besonderes herausheben[210].

#### 2.4.1.1 Einrichtung

Die rechtliche Tragweite des Begriffs „Einrichtung" ist äußert umstritten. Einerseits wird die Ansicht vertreten, daß dieser Begriff überflüssig sei[211], andererseits aber auch, daß Merkmale vorzuliegen hätten, die die wirtschaftliche Selbständigkeit verdeutlichen[212]. Das KStG selbst enthält keine nähere Umschreibung. Auch in anderen Rechtsgebieten, in denen der Begriff „Einrichtung" verwendet wird, findet sich keine gesetzliche Definition[213].

Die Finanzverwaltung hatte früher die Existenz einer Einrichtung über die Höhe ihres Jahresumsatzes oder ihres Gewinns bestimmt[214], um ein gewisses Maß an Rechtssicherheit und Verwaltungspraktikabilität zu erreichen. Heute wertet sie die Höhe des Umsatzes (DM 250 000) nur noch als wichtiges Indiz[215], nachdem

---

[209] Siehe dazu auch die Ausführungen unter Punkt 1.3.3.

[210] RFH, Urteil vom 22.10.1929 - I Aa 644/29, RStBl. 1929, S. 666; das Urteil ist zu dem Begriff „ Betriebe und Verwaltungen von Körperschaften des öffentlichen Rechts und Betriebe und Verwaltungen mit eigener öffentlich-rechtlicher Rechtspersönlichkeit" ergangen; dieser Begriff kann aber mit dem Begriff des BgA gleichgesetzt werden (vgl. Begründung zum KStG 1934, RStBl. 1935, S. 81 ff. (82)).

[211] So *Stadie* in *Rau/Dürrwächter*, Kommentar zum UStG, 8. Auflage, Stand 7/ 1997, § 2 Rn. 849.

[212] So die Finanzverwaltung in Abschnitt 5 Abs. 5 Abs. 4 S. 3 KStR 1995.

[213] Vgl. z.B. im bayerischen Kommunalrecht Art. 21 bay. GO.

[214] Vgl. Erlaß des BMF vom 30.1.1968, BStBl. I 1968, S. 182 ff. (182 f.).

[215] Vgl. Abschnitt 5 Abs. 4 S. 6 bis 8 KStR 1995.

der BFH feste Umsatzgrenzen als Unterscheidungsmerkmal abgelehnt hatte[216]. Die Literatur erklärt den Begriff der Einrichtung zum Teil aus dem Gesamtzusammenhang des § 4 KStG. Da jPdöR nur bei Ausübung bestimmter Tätigkeiten der Körperschaftsteuerpflicht unterlägen, könne als „Einrichtung" jede nachhaltige Tätigkeit von jPdöR zur Erzielung von Einnahmen gesehen werden, die mit der öffentlichen Aufgabe der jPdöR nichts zu tun habe[217]. Aber auch über eine Orientierung an der *ratio legis* wird versucht, den Begriff „Einrichtung" näher zu konkretisieren. So vertritt *Seer*[218] die Ansicht, daß der Gesetzeszweck – Sicherung der Wettbewerbsneutralität[219] – als Abgrenzungsmerkmal herangezogen werden könne[220]. Jede von der eigentlichen öffentlichen Aufgabe abtrennbare Tätigkeit bilde eine Einrichtung, wenn sie einen wettbewerbsrelevanten, privatwirtschaftlichen Charakter besitze. Die Umsatzgröße könne allenfalls insoweit von Bedeutung sein, als bei sehr geringen Umsätzen im Einzelfall die Wettbewerbsrelevanz der Tätigkeit fehle[221].

Die Auslegungsversuche der Literatur werden dem Wortlaut bzw. dem Satzaufbau des § 4 Abs. 1 S. 1 KStG nicht gerecht. Denn würde man allein in der privatwirtschaftlichen Betätigung eine „Einrichtung" erkennen, so würde das Tatbestandsmerkmal „nachhaltige wirtschaftliche Tätigkeit zur Erzielung von Einnahmen" entleert. Auch hat der Gesetzgeber durch den Relativsatz „alle Einrichtungen, *die ..dienen und ... herausheben*" zu verstehen gegeben, daß es auch noch andere Einrichtungen gibt, die zu keiner wirtschaftlichen Tätigkeit zu dienen bestimmt sind. Daß die Tätigkeit im Rahmen einer im Verhältnis zur sonstigen Betätigung verselbständigten Abteilung ausgeübt werde, kann ebenfalls nicht verlangt werden. Dazu hätte es einer genaueren Abgrenzung durch den

---

216 BFH, Urteil vom 11.01.1979 - V R 26/74, BStBl. II 1979, S. 746 ff. (749); BFH, Urteil vom 14.03.1990 - I R 156/87, BStBl. II 1990, S. 866 ff. (870).

217 So *Stadie* in *Rau/Dürrwächter*, Kommentar zum UStG, 8. Auflage, Stand 7/ 1997, § 2 Rn. 849; *Klenk, Friedrich* in *Sölch/Ringleb/List*, Umsatzsteuer, 5. Auflage, Stand 8/1995, § 2 Rn 110; auch *Bunjes, J. / Geist, R.*, Umsatzsteuergesetz, Kommentar, 4. Auflage, München 1993, § 2 Anm. 43 unter Berufung auf die Rechtsprechung des BFH (Urteil vom 13.03.1974 - I R 7/71, BStBl. II 1974, S. 391 ff. und Urteil vom 26.05.1977 - V R 15/74, BStBl. II 1977, S. 813 ff.). Zu beachten ist aber, daß der BFH in diesen Urteilen die gewerbliche Tätigkeit als eines von mehreren Merkmalen aufgeführt hat, die die jeweilige Tätigkeit als *wirtschaftlich herausgehoben* erscheinen lassen.

218 *Seer, Roman*, Inhalt und Funktion des Begriffes „Betrieb gewerblicher Art" für die Besteuerung der öffentlichen Hand, DStR 1992, S. 1751 ff. (1754).

219 Vgl. auch oben Punkt 1.3.2 und die Begründung zum KStG 1925 (Verhandlungen des Reichstages, 3. Wahlperiode 1924/25, Band 400, Drucksache Nr. 796, A.I., S. 8 f.).

220 Zum Bereich der Hochschultätigkeit vgl. *Lang, Joachim / Seer, Roman*, Die Besteuerung der Drittmittelforschung, BB 1993, S. 262 ff. (266 f.).

221 *Seer, Roman*, Inhalt und Funktion des Begriffes „Betrieb gewerblicher Art" für die Besteuerung der öffentlichen Hand, DStR 1992, S. 1751 ff. (1754).

Gesetzgeber bedurft. Dieser hat sich aber auf den allgemeinen Begriff „Einrichtung“ beschränkt. Der Begriff ist daher eher weit zu fassen. Ausreichend ist, wenn die betreffende Tätigkeit innerhalb des allgemeinen Betriebs einer jPdöR miterledigt wird[222]. Nicht erforderlich ist hingegen, daß die personellen und sachlichen Mittel vom Hoheitsbereich der jPdöR getrennt sind[223]. Eine Einrichtung erfordert insbesondere keine verselbständigte organisatorische Einheit. Die Tätigkeit kann vielmehr auch innerhalb der für andere Aufgaben der Körperschaft eingerichteten Organisation miterledigt werden[224].

Die Rechtsprechung hat dazu die Formel der „funktionellen Einheit“ entwickelt. Danach könne von einer *Einrichtung* ausgegangen werden, wenn die wirtschaftliche Tätigkeit gegenüber der hoheitlichen Tätigkeit eine „funktionelle Einheit[225]“ bilde[226]. Eine solche Einheit entstehe immer dann, wenn zur Erreichung wirtschaftlicher Ziele dafür benötigte personelle und sachliche Mittel zusammengefaßt würden und sich die Tätigkeit organisatorisch und funktionell vom Hoheitsbetrieb abhebe[227].

Das Mindestmaß an Abgrenzungsmöglichkeiten hat der BFH zutreffend in dem Fall[228] herausgearbeitet, in welchem sich eine Ärztekammer (jPdöR) gegenüber einer Versicherungsgesellschaft verpflichtete, gegen Provision alle Anschriften der in ihrem Bereich tätigen Ärzte und alle Veränderungen in diesem Personen-

---

[222] Abschnitt 5 Abs. 2 S. 4 KStR 1995; BFH, Urteil vom 13.03.1974 - I R 7/71, BStBl. II 1974, S. 391 ff. (394); BFH, Urteil vom 27.06.1990 - I R 166/85, BFH NV 1991, S. 628 ff. (629).

[223] BFH, Urteil vom 27.06.1990 - I R 166/85, BFH NV 1991, S. 628 ff. (629); anders noch BFH, Urteil vom 30.11.1989 - I R 19/87, BStBl. II 1990, S. 246 ff. (247), der für die Bejahung einer Einrichtung darauf abgestellt hatte, daß sie „durch den Standort, durch die Art der Tätigkeit und die Organisation von den sonstigen Tätigkeiten ... getrennt“ sei. Der BFH benutzte diese Merkmale nur, um das offensichtliche Vorliegen einer „Einrichtung“ herauszustellen (**a.A.** *Stadie* in *Rau/Dürrwächter*, Kommentar zum UStG, 8. Auflage, Stand 7/1997, § 2 Rn. 850, Fn.2).

[224] BFH, Urteil vom 27.06.1990 - I R 166/85, BFH NV 1991, S. 628 ff. (629).

[225] Der Begriff „Einheit“ wurde unkorrekter Weise § 1 Abs. 2 S. 2 KStDV 1935 entlehnt, denn dort sollte er nur klarstellen, wann eine Tätigkeit *wirtschaftlich herausgehoben* ist.

[226] RFH, Urteil vom 22.10.1929 - I Aa 644/29, RStBl. 1929, S. 666; BFH, Urteil vom 13.03.1974 - I R 7/71, BStBl. II 1974, S. 391 ff. (394); BFH, Urteil vom 26.05.1977 - V R 15/74, BStBl. II 1977, S. 813 ff. (815); insbesondere BFH, Urteil vom 27.06.1990 - I R 166/85, BFH NV 1991, S. 628 ff. (629).

[227] So treffend *Birkenfeld, Wolfram*, Das große USt-Handbuch, Stand: September 1996, § 2 Rn. 263.

[228] BFH, Urteil vom 27.06.1990 - I R 166/85, BFH NV 1991, S. 628 ff..

kreis laufend der Versicherungsgesellschaft mitzuteilen[229]. Der BFH hielt es für die Annahme einer *Einrichtung* für ausreichend, daß die Anschriften aufgrund organisatorischer Maßnahmen speziell für die Zwecke des Versicherers erfaßt und übermittelt wurden. Dagegen könne von keiner wirtschaftlich herausgehobenen Einrichtung ausgegangen werden, wenn die Ärztekammer für ihre eigenen Zwecke zu den gleichen Terminen die erforderlichen Angaben in Listen zusammengestellt hätte.

Aus dieser Unterscheidung wird deutlich, daß von einer „Einrichtung" i.S.v. § 4 Abs. 1 KStG erst ausgegangen werden kann, wenn sich die betreffende Tätigkeit organisatorisch aufgrund besonderer Merkmale von der sonstigen (hoheitlichen) Tätigkeit der jPdöR abhebt[230]. Der Ansicht in der Literatur, wonach jede nachhaltige wirtschaftliche Tätigkeit zur Erzielung von Einnahmen eine „Einrichtung" darstellt, kann nicht gefolgt werden. Das Merkmal „wirtschaftliche" Tätigkeit ist erst in einem zweiten Schritt zu prüfen. Diese Auslegung ist zwar spitzfindig, doch wird auf diese Weise sichergestellt, daß die einzelnen Tatbestandsmerkmale des § 4 Abs. 1 KStG nicht entleert werden und der vom Gesetzgeber verwendete Relativsatz in gebührenden Maß beachtet wird. Die von der Finanzverwaltung in Abschnitt 5 der KStR 1995 aufgeführten Merkmale können daher nur als wesentliche Anhaltspunkte herangezogen werden.

#### 2.4.1.2 Nachhaltige wirtschaftliche Tätigkeit zur Erzielung von Einnahmen

Nach § 4 Abs.1 KStG muß die Einrichtung einer nachhaltigen wirtschaftlichen Tätigkeit zur Erzielung von Einnahmen außerhalb der Land- und Forstwirtschaft dienen. Während die Tatbestandsmerkmale *„nachhaltige Tätigkeit"* und *„zur Erzielung von Einnahmen"* bereits Teil der Prüfung im Rahmen des § 2 Abs. 1 UStG sind[231], stellt sich die Frage, ob dem Merkmal „wirtschaftliche Tätigkeit" eine eigenständige Bedeutung bei der Abgrenzung des steuerpflichtigen vom nichtsteuerpflichtigen Bereich zukommt.

---

[229] A.A. *Seer, Roman*, Inhalt und Funktion des Begriffes „Betrieb gewerblicher Art" für die Besteuerung der öffentlichen Hand, DStR 1992, S. 1751 ff. (1753).

[230] Im Ergebnis so auch *Birkenfeld, Wolfram*, Das große USt-Handbuch, Stand: September 1996, § 2 Rn. 263.

[231] Zu den Begriffen „nachhaltige" Tätigkeit und „zur Erzielung von Einnahmen" vgl. die einschlägigen Kommentierungen, ausführlich *Reiß* in *Schwarze/Reiß/Kraeusel*, Umsatzsteuergesetz, Bonn 1994, § 2 Rn. 37 - 57; *Stadie* in *Rau, G. / Dürrwächter, E.*, Kommentar zum Umsatztsteuergesetz, 8. Auflage, Köln, Stand 7/ 1997, § 2 Rn. 250.

### 2.4.1.2.1 Abgrenzungsmerkmal zum Bereich der „reinen“[232] Vermögensverwaltung?

Im Hinblick auf die Abgrenzung zur „reinen“ Vermögensverwaltung ist dies zu bejahen[233]. Denn während die „reine“ Vermögensverwaltung einerseits sehr wohl die Unternehmereigenschaft im Sinne des § 2 Abs. 1 UStG begründen kann[234], stellt sie andererseits keinen *Betrieb gewerblicher Art* im Sinne des § 4 KStG dar[235]. Letzteres folgert die h.M. aus der Tatsache, daß sich § 4 Abs.1 KStG weitgehend mit § 14 AO 1977[236] deckt und § 14 AO 1977 wiederum ausdrücklich den Bereich der Vermögensverwaltung ausnimmt[237].

---

232 Von „bloßer“ bzw. „reiner“ Vermögensverwaltung ist insbesondere dann die Rede, wenn sich die Nutzung des Vermögens auf die Fruchtziehung beschränkt, also keine besonderen Umstände hinzutreten, die die Vermögensverwaltung in eine gewerbliche Tätigkeit umschlagen lassen.

233 Vgl. dazu insbesondere Punkt 2.5.1.

234 *Seer, Roman*, Inhalt und Funktion des Begriffes „Betrieb gewerblicher Art“ für die Besteuerung der öffentlichen Hand, DStR 1992, S. 1751 ff. (Teil I), S. 1790 ff. (Teil II), S. 1792; *Stadie* in *Rau/Dürrwächter*, Kommentar zum UStG, 8. Auflage, Stand 7/ 1997, § 2 Rn. 860 und 336 ff.; BFH, Urteil vom 07.11.1991 - V R 116/86, BStBl. 1992, S. 269 ff. (270 f.); vgl. dazu im übrigen *Schmidt-Liebig, Axel*, Die „neuere Rechtsprechung“ des Bundesfinanzhofs zum umsatzsteuerlichen Unternehmer, BB 1994, Beilage Nr. 20 zu Heft Nr. 29, S. 1 ff. (16 ff.); vgl. auch BFH, Urteil vom 7.11.1991 - V R 116/86, BStBl. II 1991, S. 269 (270).

235 So die h.M. (vgl. dazu im übrigen die Ausführungen bei 2.5.1): BFH, Urteil vom 13.03.1974 - I R 7/71, BStBl. II 1974, S. 391 ff. (394); BFH, Beschluß vom 21.03.1995 - XI R 33/94, UR 1995, S. 397 ff. (398); BFH, Urteil vom 11.06.1997 - XI R 33/94, DStR 1997, S. 1400 ff. (1401); *Birkenfeld, Wolfram*, Das große USt-Handbuch, Stand: September 1996,§ 40 Rn. 310; *Stadie* in *Rau/Dürrwächter*, Kommentar zum UStG, 8. Auflage, Stand 7/ 1997, § 2 Rn. 861; *Bunjes, J. / Geist, R.*, Umsatzsteuergesetz, Kommentar, 4. Auflage, München 1993, § 2 Anm. 47; Abschnitt 5 Abs. 6 KStR 1995.

236 Die zur Zeit gültige Fassung der Abgabenordnung vom 16.03.1976, BGBl. 1976 I S. 613, berichtigt BGBl. 1977 I S. 269, zuletzt geändert durch das Gesetz vom 19.12.1998, BGBl. 1998 I S. 3816 und 3836 (im folgenden AO 1977) lautet in § 14 AO 1977 wie folgt: „ *Ein wirtschaftlicher Geschäftsbetrieb ist eine nachhaltige Tätigkeit, durch die Einnahmen oder andere wirtschaftliche Vorteile erzielt werden und die über den Rahmen einer Vermögensverwaltung hinausgeht. Die Absicht, Gewinn zu erzielen, ist nicht erforderlich. Eine Vermögensverwaltung liegt in der Regel vor, wenn Vermögen genutzt, zum Beispiel Kapitalvermögen verzinslich angelegt oder unbewegliches Vermögen vermietet oder verpachtet wird*“.

237 *Hermann* in *Hermann/Heuer/Raupach*, Einkommens- und Körperschaftsteuergesetz, 20. Auflage, Köln, § 4 Rn. 20 (Stand 4/1982); *Stadie* in *Rau/Dürrwächter*, UStG, 8. Auflage, Stand 7/ 1997, § 2 Rn. 861.

Da § 14 AO 1977 und § 4 Abs. 1 KStG das gleiche Adjektiv „wirtschaftlich" verwenden, ist es naheliegend, die „reine" Vermögensverwaltung am Merkmal „wirtschaftlich" auszuscheiden. Die Begriffe „gewerbliche oder berufliche Tätigkeit" (§ 2 Abs. 1 UStG) und „wirtschaftliche Tätigkeit" (§ 4 Abs. 1 KStG) können nicht gleichgesetzt werden. Vielmehr ist der Bereich der *wirtschaftlichen* Tätigkeiten enger zu fassen, da die „reine" Vermögensverwaltung nicht darunter fällt[238].

#### 2.4.1.2.2 Abgrenzungsmerkmal zum Bereich „Ausübung öffentlicher Gewalt"?

In Literatur und Rechtsprechung völlig ungeklärt ist die Frage, ob das Merkmal „wirtschaftliche Tätigkeit" auch für die Abgrenzung des nichtsteuerpflichtigen Bereichs „Ausübung öffentlicher Gewalt" herangezogen werden kann. Zum Teil wird die Ansicht vertreten, daß der Begriff „wirtschaftliche Tätigkeit" im Prinzip ein Begriff ohne Aussagekraft sei und wohl nie abschließend geklärt werden könne[239]. Der überwiegende Teil der Literatur teilt diese Auffassung und verzichtet deshalb gänzlich auf eine nähere Auslegung[240] oder begnügt sich damit, diesem Begriff nur im Hinblick auf den Bereich der Vermögensverwaltung Bedeutung zuzumessen[241]. Andere wiederum sehen in einer wirtschaftlichen Tätigkeit eine Tätigkeit, durch die wirtschaftliche Vorteile erzielt werden[242].

Die bei der Begriffsbestimmung auftretenden Unsicherheiten ergeben sich aus dem (scheinbar) „komplizierten" Aufbau des § 4 KStG. § 4 KStG enthält auf den ersten Blick eine doppelte Abgrenzung: Steuerpflicht bei Betrieben gewerblicher Art i.S.d. Abs. 1 und Steuerfreiheit bei Hoheitsbetrieben i.S.d. Abs.

---

[238] Im Ergebnis ebenso: *Seer, Roman*, Inhalt und Funktion des Begriffes „Betrieb gewerblicher Art" für die Besteuerung der öffentlichen Hand, DStR 1992, S. 1751 ff. (Teil I), S. 1790 ff. (Teil II), S. 1792; *Weich, Bernhard*, Öffentliche Hand im System der Umsatzsteuer, Dissertation, Köln, 1996 S. 78; *Löblein*, Die Mehrwertsteuer der Gemeinden und ihrer Betriebe, Stand: Mai 1997, Erläuterungen II Rn. 21.

[239] So wörtlich *Weich, Bernhard*, Öffentliche Hand im System der Umsatzsteuer, Dissertation, Köln, 1996, S.74.

[240] *Bunjes, J. / Geist, R.*, Umsatzsteuergesetz, Kommentar, 4. Auflage, München 1993, § 2 Anm. 40 ff.; *Louis, Hans Walter*, Die Besteuerung der öffentlichen Unternehmen und Einrichtungen der Daseinsvorsorge, Diss., Göttingen, 1981, S. 80; *Hermann* in *Hermann/Heuer/Raupach*, Einkommens- und Körperschaftsteuergesetz, 20. Auflage, Köln, § 4 Rn. 20 (Stand 4/1982); *Reiß* in *Schwarze/Reiß/Kraeusel*, Umsatzsteuergesetz, Bonn 1994, § 2; *Streck*, Kommentar zum Körperschaftsteuergesetz 1993, § 2 Anm. 6 ff.;

[241] So der überwiegende Teil der Literatur: *Birkenfeld, Wolfram*, Das große USt-Handbuch, Stand: September 1996, § 39 Rn. 268; *Birkenfeld* in *Hartmann/Metzenmacher*, Umsatztsteuergesetz, Kommentar, 7. Auflage, Berlin 1991, Stand 10/94, § 2 Rn. 1080 ff..

[242] *Boetius, Jan*, Der Begriff „Ausübung öffentlicher Gewalt (Hoheitsbetrieb)" im Steuerrecht, DB 1996, Beilage 17/96 zu Heft Nr. 48, S. 1 ff (9).

5. Die überwiegende Rechtsprechung und fast die gesamte Literatur erstrecken daher die Prüfung primär auf das Vorliegen eines Hoheitsbetriebes[243]. *Ausübung von öffentlicher Gewalt* wird immer dann bejaht, wenn die jeweilige Tätigkeit der jPdöR „eigentümlich und vorbehalten" ist. Die Abgrenzung der beiden Bereiche wird folglich über den Hoheitsbetrieb vorgenommen[244].

Die neuere Rechtsprechung des BFH[245] könnte Anlaß geben, von einer „Trendwende" bei der Abgrenzung der beiden Bereiche zu sprechen. Weder die gesetzliche Zuweisung von Pflichtaufgaben[246] noch das Fehlen aktuellen Wettbewerbs durch private Unternehmer sind danach ausschlaggebend für die Einstufung als Hoheitsbetrieb. Entscheidend sei vielmehr die Art der Tätigkeit. Eine unternehmerische Tätigkeit könne deshalb angenommen werden, wenn sich die Körperschaft des öffentlichen Rechts in Bereichen der privatunternehmerischen Berufs- und Gewerbeausübung bewege[247]. Eine vorsichtige Annäherung des BFH an eine positive Abgrenzung bzw. Umschreibung des BgA ist somit er-

---

[243] BFH, Urteil vom 23.10.1996 - I R 1-2/94, BStBl. II 1997, S. 139 ff.; BFH, Urteil vom 27.06.1990 - I R 166/85, BFH NV 1991, S. 628 ff.; BFH, Urteil vom 14.03.1990 - I R 156/87, BStBl. II 1990, S. 866 ff.; BFH, Urteil vom 30.06.1988 - V R 79/84, BStBl. II 1988, S. 910 ff.; BFH, Urteil vom 22.09.1976 - I R 102/74, BStBl. II 1976, S. 793 ff.; BFH, Urteil vom 25.04.1968 V 120/64, BStBl. II 1969, S. 94 ff; BFH, Urteil vom 21.11.1967 - I 274/64, BStBl. II 1967, S. 218 ff.- für den Bereich der Gewerbesteuer; BFH, Urteil vom 06.07.1967 - V 76/64, BStBl. III 1967, S. 583 ff.; BFH, Urteil vom 18.08.1966 - V 21/64, BStBl. III 1967, S. 100 f. ; BFH, Urteil vom 13.04.1961 - V 120/59 U, BStBl. III 1961, S. 298 ff.; BFH, Urteil vom 09.02.1953 - V 84/52 U, BStBl. III 1953, S.86 ff. - für den Bereich der Umsatzsteuer; BFH, Urteil vom 12.12.1951 - I 95/51 S, BStBl. III 1952, S. 41 ff. - für den Bereich der Körperschaftsteuer; RFH, Gutachten vom 09.07.1937 - V D 1/37, RStBl. 1937, S. 1306 f.; RFH, Gutachten vom 02.07.1938 - Großer Senat D 5/38, RStBl. 1938, S. 743 f.; *Birkenfeld, Wolfram*, Das große USt-Handbuch, Stand: September 1996, § 40 Rn. 296 ff.; *Bunjes, J. / Geist, R.*, Umsatzsteuergesetz, Kommentar, 4. Auflage, München 1993, Anm.48; *Laule, Gerhard*, Die Körperschaftsteuerfreiheit für Hoheitsbetriebe - wann dient ein Betrieb der Ausübung öffentlicher Gewalt?, DStZ 1988, S. 183 ff. (185); *Reiß* in *Schwarze/Reiß/Kraeusel*, Umsatzsteuergesetz, Bonn 1994, § 2 Rn. 158 f.;

[244] Vgl. dazu im einzelnen unten Punkt 2.5.2.2.

[245] BFH, Urteil vom 30.06.1988 - V R 79/84, BStBl. II 1988, S. 910 ff. (911); BFH, Urteil vom 21.09.1989 - V R 89/85, BStBl. II 1990, S. 95 ff. (97); BFH, Urteil vom 14.03.1990 - I R 156/87, BStBl. II 1990, S. 866 ff. (867); BFH, Urteil vom 10.12.1992 - V R 3/88, BStBl. II 1993, S. 380 ff. (381).

[246] Vgl. neuerdings aber BFH, Urteil vom 23.10.1996 - I R 1-2/94, BStBl. II 1997, S. 139 ff. (142) und BFH, Urteil vom 08.01.1998 - V R 32/97, BStBl. II 1998, S. 410 ff. (412).

[247] So wörtlich BFH, Urteil vom 30.06.1988 - V R 79/84, BStBl. II 1988, S. 910 ff. (911).

kennbar[248]. „Vorsichtig" deswegen, da noch immer mit der althergebrachten Formel „eigentümlich und vorbehalten" gearbeitet wird.

Der neueren Rechtsprechung ist im Ansatz zuzustimmen, doch sollte dem Merkmal „*wirtschaftliche* Tätigkeit" die zentrale Bedeutung im Bereich der Abgrenzung von BgA zu Hoheitsbetrieben beigemessen werden[249]. Von Hoheitsbetrieben kann nur ausgegangen werden, wenn die Merkmale eines *Betriebs gewerblicher Art* im Sinne des § 4 Abs. 1 KStG nicht vorliegen. Eine Abgrenzung der beiden Bereiche über den Hoheitsbetrieb verbietet sich[250]. § 4 Abs. 5 S. 1 KStG hat insoweit nur klarstellenden Charakter[251].

---

[248] Auf dies hinweisend schon *Wagner, Wilfried,* Umsatzsteuer und öffentliche Hand, in: Deutsche Steuerjuristische Gesellschaft, Band 13, Umsatzsteuer in nationaler und europäischer Sicht, herausgegeben von Woerner, L., Köln 1990, S. 59 ff. (75); *Selmer, Peter / Schulze-Osterloh, Lerke,* Besteuerung öffentlicher Unternehmen und Wettbewerbsneutralität, DÖV 1978, S. 381 ff. (383) gehen davon aus, daß die Argumentationen des BFH mit dem Gebot der Wettbewerbsgleichheit „eher den Charakter einzelner unsystematischer Rückgriffe auf allgemeine topoi (tragen), deren Verbindlichkeit für die entscheidenden Fragestellungen und Entscheidungskriterien ungeklärt bleibt."

[249] So auch *Bader, Hermann Georg,* Hoheitsbetrieb und Betrieb gewerblicher Art im Umsatz- und Körperschaftsteuerrecht, Dissertation (Köln 1996), Frankfurt am Main, 1997, S. 86 ff.; *Selmer, Peter / Schulze-Osterloh, Lerke,* Besteuerung öffentlicher Unternehmen und Wettbewerbsneutralität, DÖV 1978, S. 381 ff. (385 ff.); *Stadie* in *Rau/Dürrwächter,* Kommentar zum UStG, 8. Auflage, Stand 7/ 1997; im Ansatz auch *Seer, Roman,* Inhalt und Funktion des Begriffes „Betrieb gewerblicher Art" für die Besteuerung der öffentlichen Hand, DStR 1992, S. 1751 ff. (Teil I), S. 1790 ff. (Teil II); vgl. auch *Krause-Ablass,* Anmerkung zum Urteil des BFH vom 28.01.1971 - V R 36/66, UStR 1971, S. 376 f.; **a.A.** *Altehoefer, Klaus,* Betriebe gewerblicher Art von juristischen Personen des öffentlichen Rechts - Zur Abgrenzung der wirtschaftlichen von der hoheitlichen Tätigkeit, in: Ertragsbesteuerung, Festschrift Ludwig Schmidt, herausgegeben von Raupach, A. / Uelner, A., München 1993, S. 677 ff. (689): „Ausübung öffentlicher Gewalt" (§ 4 Abs. 5 S. 1 KStG) zentrales Abgrenzungskriterium zum BgA.

[250] So auch *Selmer, Peter / Schulze-Osterloh, Lerke,* Besteuerung öffentlicher Unternehmen und Wettbewerbsneutralität, DÖV 1978, S. 381 ff.(385); *Bader, Hermann Georg,* Hoheitsbetrieb und Betrieb gewerblicher Art im Umsatz- und Körperschaftsteuerrecht, Dissertation (Köln 1996), Frankfurt am Main, 1997, S. 86 f., 96 f.; **a.A.** *Altehoefer, Klaus,* Betriebe gewerblicher Art von juristischen Personen des öffentlichen Rechts - Zur Abgrenzung der wirtschaftlichen von der hoheitlichen Tätigkeit, in: Ertragsbesteuerung, Festschrift Ludwig Schmidt, herausgegeben von Raupach, A. / Uelner, A., München 1993, S. 677 ff. (689): Gesetzessystematik und -technik sprächen dafür, § 4 Abs. 5 S. 1 KStG („Ausübung öffentlicher Gewalt") als zentrales Abgrenzungskriterium zu verstehen.

[251] So auch der BFH zur entsprechenden früheren Regelung in § 4 S. 1 KStDV, vgl. Urteil vom 04.02.1976- I R 200/73, BStBl. II 1976, S. 355 ff. (356); zur Bedeutung des § 4 Abs. 5 S. 1 KStG im einzelnen, vgl. unten Punkt 2.4.1.4.3 Unterpunkt (2).

Zugegebenermaßen scheint der Wortlaut des § 4 KStG zunächst für eine doppelte Abgrenzung zu sprechen, denn Absatz 1 definiert den BgA ausdrücklich *vorbehaltlich* des Absatzes 5. Andererseits ist aber zu bedenken, daß Absatz 5 den Begriff „überwiegend“ enthält, was nahelegt, daß damit solche Fallgestaltungen geregelt werden sollten, bei denen jPdöR sowohl hoheitliche als auch wirtschaftliche Tätigkeiten ausüben[252]. Auch ist zu berücksichtigen, daß in § 1 Nr. 6 KStG die unbeschränkte Steuerpflicht von Körperschaften des öffentlichen Rechts abschließend geregelt ist. Danach ist eine jPdöR unbeschränkt körperschaftsteuerpflichtig, wenn sie im Rahmen eines *Betriebs gewerblicher Art* tätig wird.

Daß die Steuerpflicht jPdöR ausschließlich über den BgA zu bestimmen ist, läßt sich auch aus historischer Sicht belegen. Aus der Begründung des Regierungsentwurfs zu § 4 Abs. 5 KStG 1977 ergibt sich, daß Absatz 5 lediglich auf diejenigen Einrichtungen juristischer Personen des öffentlichen Rechts abzielt, die nur teilweise der Ausübung öffentlicher Gewalt und im übrigen wirtschaftlichen Tätigkeiten dienen[253]. Weiter wurde in der Begründung dargelegt, daß eine ausdrückliche Vorschrift, die Hoheitsbetriebe von der Steuerpflicht ausnehme, entbehrlich sei, da sich „Betrieb gewerblicher Art“ und „Hoheitsbetrieb“ wesensmäßig gegenseitig ausschließen und in § 1 Nr. 1 KStG allein die Steuerpflicht der Betriebe gewerblicher Art geregelt sei.

Neben Wortlaut und historischen Gesichtspunkten sprechen auch Sinn und Zweck des § 4 KStG für eine positive Bestimmung der Steuerpflicht juristischer Personen des öffentlichen Rechts. Diese liegen ausschließlich in der Herstellung von Wettbewerbsgleichheit zwischen privaten und öffentlichen Unternehmen[254]. Wenn nun aber der Gesetzgeber die öffentliche Hand in dem Maße be-

---

[252] Vgl. zu Absatz 5 im einzelnen unten Punkt 2.5.2.

[253] Vgl. den unter Punkt 1.3.4 wiedergegebenen Auszug der Begründung.

[254] Vgl. Begründung zum KStG 1925, Verhandlungen des Reichstages, 3. Wahlperiode 1924/25, Band 400, Drucksache Nr. 796, A.I., S. 8 f.; Begründung zum Regierungsentwurf zu § 4, BT- Drucksache, VII/ 1470, S. 336. Für die Körperschaftsteuer bereits von Anfang an herausgestellt, vgl. RFH, Urteil vom 06.05.1930 - I A 24/30 S, RStBl. II 1930, S. 637 f. (638); BFH, Urteil vom 20.03.1956 - I 317/55 U, S. 166 ff. (167); BFH, Urteil vom 10.07.1962 - I 164/59 S, BStBl. III 1962, S. 448 ff. (449). Zur Umsatzsteuer vgl. RFH, Gutachten vom 09.07.1937 - V D 1/37, RStBl. 1937, S. 1306 f.; RFH, Gutachten vom 02.07.1938 - Großer Senat D 5/38, RStBl. 1938, S. 743 f.; BFH, Urteil vom 13.04.1961 - V 120/59 U, BStBl. III 1961, S. 298 ff. (299); BFH, Urteil vom 26.05.1977 - V R 15/74, BStBl. II 1977, S. 813 ff. (815). Vgl. im übrigen *Rosendorff/Hermann* , Körperschaftsteuergesetz, 7. Auflage, Berlin/Wien, 1932, § 2 Anm.15; *Klein, Hans,* Die Besteuerung wirtschaftlicher Unternehmungen der öffentlichen Hand, StuW 1967, S. 658 ff. (666); *Ramme, Christoph,* Betriebe gewerblicher Art von Körperschaften des öffentlichen Rechts und die

steuern wollte, in welchem Gründe des Wettbewerbsschutzes dies erfordern, wäre es inkonsequent, die Steuerpflicht jPdöR negativ über die Ausgrenzung spezifischer hoheitlicher Tätigkeit zu bestimmen. Dort, wo keine Wettbewerbsvorteile für die öffentliche Hand zu erwarten sind, greift nach der Idee des Gesetzgebers von Haus aus keine Steuerpflicht ein[255]. Dies ist immer dann der Fall, wenn die öffentliche Hand hoheitlich tätig wird, denn hoheitliches Tätigwerden duldet keinen Wettbewerber. Der Staat beansprucht insoweit ein Monopol für sich[256]. Zusammenfassend kann somit festgehalten werden, daß der steuerpflichtige Bereich juristischer Personen des öffentlichen Rechts ausschließlich über das Merkmal „wirtschaftliche Tätigkeit" zu bestimmen ist[257].

#### 2.4.1.2.3 Definition des Begriffs „wirtschaftliche Tätigkeit"

Nach dem Sinn und Zweck des § 4 KStG hat die Besteuerung der öffentlichen Hand zu erfolgen, soweit Gründe der Wettbewerbsneutralität dies erfordern[258]. Die bisherigen Untersuchungen haben darüber hinaus ergeben, daß der steuerpflichtige Bereich juristischer Personen des öffentlichen Rechts über das Tatbestandsmerkmal „wirtschaftliche Tätigkeit" zu bestimmen ist[259]. Führt man diese beiden Feststellungen zusammen, könnten als *wirtschaftliche* Tätigkeiten i.S.d. § 4 Abs. 1 KStG sämtliche Tätigkeiten bezeichnet werden, die wettbewerbsrelevant sind bzw. mit denen die öffentliche Hand in Wettbewerb zu privatrechtlichen Unternehmen tritt[260].

---

Ausübung öffentlicher Gewalt im Umsatzsteuerrecht, Dissertation, Köln, 1970, S. 7; *Selmer, Peter / Schulze-Osterloh, Lerke*, Besteuerung öffentlicher Unternehmen und Wettbewerbsneutralität, DÖV 1978, S. 381 ff.(386); *Laule, Gerhard*, Die Körperschaftsteuerfreiheit für Hoheitsbetriebe - wann dient ein Betrieb der Ausübung öffentlicher Gewalt?, DStZ 1988, S. 183 ff. (184); *Lang, Joachim / Seer, Roman*, Die Besteuerung der Drittmittelforschung, BB 1993, S. 262 ff. (263); vgl. im übrigen auch oben Punkt 2.3.2.2.

255 *Laule, Gerhard*, Die Körperschaftsteuerfreiheit für Hoheitsbetriebe - wann dient ein Betrieb der Ausübung öffentlicher Gewalt?, DStZ 1988, S. 183 ff. (185); *Selmer, Peter / Schulze-Osterloh, Lerke*, Besteuerung öffentlicher Unternehmen und Wettbewerbsneutralität, DÖV 1978, S. 381 ff.(386).

256 *Stern*, Das Staatsrecht der Bundesrepublik Deutschland, Band II, 1980, S. 533.

257 *Wagner* geht sogar soweit, daß er in Bezug auf die Abgrenzung der beiden Bereiche den hoheitlichen Bereich als das „Abfallprodukt" bezeichnet, vgl. *Wagner, Wilfried*, Umsatzsteuer und öffentliche Hand, in: Deutsche Steuerjuristische Gesellschaft, Band 13, Umsatzsteuer in nationaler und europäischer Sicht, herausgegeben von Woerner, L., Köln 1990, S. 59 ff. (74).

258 Vgl. dazu Punkt 2.3.2.1.

259 Vgl. dazu Punkt 2.4.1.2.2.

260 Auch in Teilen der Literatur wird dem Wettbewerbsgedanken eine tragende Rolle zugeordnet, vgl. insbesondere: *Birkenfeld, Wolfram*, Juristische Personen des öffentlichen Rechts als Unternehmer (§ 2 Abs. 3 UStG), UR 1989, S. 1 ff. (6); *Czempiel, Benedict*, Abwasserbeseitigung als Hoheitsbetrieb, UR 1992, S. 285 ff. (290); *Seer, Roman*, Inhalt und Funkti-

Fraglich ist daher, welche Tätigkeiten als wettbewerbsrelevant bezeichnet werden können bzw. in welchen Fällen die öffentliche Hand zu privatrechtlichen Unternehmen in Wettbewerb tritt.

*(1) Der Wettbewerbsgedanke in der Rechtsprechung*

Der für das Umsatzsteuerrecht zuständige V. Senat des BFH hat es in der Regel[261] bei der pauschalen Aussage belassen, daß eine Tätigkeit der öffentlichen Hand nicht mehr „eigentümlich und vorbehalten" – und damit hoheitlich[262] – sei, wenn die öffentliche Hand in größerem Umfang Aufgaben übernehme, wie sie auch Privatpersonen ausübten, und dadurch – auch nur ungewollt – in Wettbewerb zur privaten Wirtschaft trete[263]. Im Ergebnis wird vom V. Senat des BFH also die Art bzw. der Inhalt der betreffenden Tätigkeit für die Besteuerung näher ins Auge gefaßt.

Auch der zweite[264] und der zehnte[265] Senat des BFH haben sich im Zusammenhang mit dem Vorliegen der Voraussetzungen eines Zweckbetriebes im Sinne des § 65 AO 1977 mit dem Wettbewerbsgedanken näher auseinandergesetzt. Sie vertreten übereinstimmend die Ansicht, daß ein (steuerbegünstigter) Zweckbetrieb selbst dann verneint werden könne, wenn die betreffende Körperschaft tatsächlich nicht in Konkurrenz zu steuerpflichtigen Betrieben derselben oder ähnlichen Art trete. Insoweit sei der potentielle Wettbewerb geschützt.

---

on des Begriffes „Betrieb gewerblicher Art" für die Besteuerung der öffentlichen Hand, DStR 1992, S. 1751 ff. (1755); *Lang, Joachim / Seer, Roman*, Die Besteuerung der Drittmittelforschung, BB 1993, S. 262 ff. (265); *Forster, Eduard*, Einfluß des europäischen Gemeinschaftsrechts auf die deutsche Umsatzbesteuerung der Tätigkeiten von juristischen Personen des öffentlichen Rechts, UR 1996, S. 73 ff. (75); vgl. neuerdings auch *Bader, Hermann Georg*, Hoheitsbetrieb und Betrieb gewerblicher Art im Umsatz- und Körperschaftsteuerrecht, Dissertation (Köln 1996), Frankfurt am Main, 1997, S. 98 ff.; *Forster, Eduard*, Umsatzsteuerliche *Behandlung* der Abfallgebühren - „Alle wollen das gleiche, aber alle zusammen trauen sich nicht"-, UR 1997, S. 211 ff. (212 f.).

261 Nur ausnahmsweise finden sich detaillierte Ausführungen zum Wettbewerbsbegriff wie z.B. im Urteil des BFH vom 30.06.1988 - V R 79/84, BStBl. II 1988, S. 910 ff. (911);

262 Vgl. dazu im einzelnen unten Punkt 2.5.2.

263 BFH, Urteil vom 13.04.1961 - V 120/59 U, BStBl. III 1961, S. 298 ff. (299); BFH, Urteil vom 18.08.1966 - V 21/64, BStBl. III 1967, S. 100 f. (101); BFH, Urteil vom 25.10.1989 - V R 111/85, BStBl. II 1990, S. 868 ff. (867); BFH, Urteil vom 10.12.1992 - V R 3/88, BStBl. II 1993, S. 380 ff. (381); BFH, Urteil vom 24.02.1994 - V R 25/92, UR 1995, S. 391 f. (392); BFH, Urteil vom 31.05.1994 - V B 136/93, UR 1995, S. 393 ff. (395).

264 BFH, Urteil vom 13.08.1986 - II R 246/81, BStBl. 1986, S. 831 (832).

265 BFH, Urteil vom 15.12.1993 - X R 115/91, BStBl. II 1994, S. 314 ff. (316).

In ähnlicher Weise hat sich der I. Senat des BFH im Rahmen der Gewerbesteuer bei der Prüfung eines Zweckbetriebes geäußert[266]. Auch er hat einen umfänglichen Wettbewerbsschutz für notwendig erachtet und daher einen potentiellen Wettbewerb für ausreichend gehalten. Denn durch steuerliche Regelungen sollten weder Marktzutrittsschranken errichtet oder Wettbewerber vom Markt verdrängt, noch solle in sonstiger Weise der Wettbewerb beeinträchtigt werden.

Im Rahmen der Körperschaftsteuer hält der I. Senat des BFH den Wettbewerbsgedanken ebenso für entscheidungserheblich[267]. So hat er in einer Entscheidung ausdrücklich festgestellt, daß die Bewertung einer bestimmten Tätigkeit als hoheitlich bei Vorhandensein privater Mitbewerber anders ausfallen könnte[268]. Ein tatsächlicher oder auch potentieller Wettbewerb wird vom I. Senat des BFH aber ausdrücklich verneint, wenn die betreffende Aufgabe der öffentlichen Hand gesetzlich vorbehalten ist[269]. Dies gelte selbst dann, wenn ein Wettbewerb zwischen Gebietskörperschaften und privatwirtschaftlichen Entsorgungsunternehmen hinsichtlich des Zugangs zum Markt bejaht werden würde. Auch dann könne die betreffende Tätigkeit nicht als Nicht-Hoheitsbetrieb beurteilt werden[270].

In der neueren finanzgerichtlichen Rechtsprechung sind vor allem zwei zum Umsatzsteuerrecht ergangene Entscheidungen erwähnenswert. Obwohl beiden Urteilen ähnliche Sachverhalte zugrunde lagen – in beiden Fällen konnte die jPdöR frei entscheiden, ob sie einen privaten Unternehmer mit der Ausübung der jeweiligen Tätigkeit als Erfüllungsgehilfen betraute – , kamen die Gerichte zu sehr unterschiedlichen Ergebnissen. Während sich das Finanzgericht des Landes Brandenburg[271] auch für den Bereich der Umsatzsteuer der Ansicht des I. Senats des BFH anschloß und einen möglichen Wettbewerb hinsichtlich des Zugangs zum Markt nicht für relevant hielt, vertrat das Schleswig-Holsteinische Finanzgericht[272] die völlig gegensätzliche Auffassung. Es war der Ansicht, daß unter Wettbewerbsgesichtspunkten allein entscheidend sei, ob die jPdöR Tätig-

---

[266] BFH, Urteil vom 27.10.1993 - I R 60/91, BStBl. II 1994, S. 573 ff. (575); BFH, Urteil vom 23.11.1988 - I R 11/88, BStBl. 1989, S. 391 ff. (393).

[267] BFH, Urteil vom 22.09.1976 - I R 102/74, BStBl. II 1976, S. 793 ff. (794); BFH, Urteil vom 27.06.1990 - I R 166/85, BFH NV 1991, S. 628 ff. (629); BFH, Urteil vom 23.10.1996 - I R 1-2/94, BStBl. II 1997, S. 139 ff. (141).

[268] BFH, Urteil vom 12.12.1968 - V 213/65, BStBl. II 1969, S. 280 ff. (281).

[269] BFH, Urteil vom 23.10.1996 - I R 1-2/94, BStBl. II 1997, S. 139 ff. (142).

[270] BFH, Urteil vom 23.10.1996 - I R 1-2/94, BStBl. II 1997, S. 139 ff. (142).

[271] FG des Landes Brandenburg, Urteil vom 19.03.1997 - 1 K 1491/95 U, EFG 1997, S. 835 ff. (836).

[272] FG Schleswig-Holstein, Urteil vom 16.02.1994 - IV 984/93 - rechtskräftig, EFG 1994, S. 985 f. (986).

keiten ausführte, wie sie auch von einem Privatunternehmer ausgeführt werden könnten.

Der für das Umsatzsteuerrecht zuständige V. Senat des BFH hat mittlerweile das Urteil des Finanzgerichts des Landes Brandenburg bestätigt[273]. Er ist damit auf die Linie des I. Senat des BFH eingeschwenkt[274].

*(2) Der Wettbewerbsgedanke in der Literatur*

Die Literatur hat sich in der Regel darauf beschränkt, den Wettbewerbsgedanken grundsätzlich als besonders relevant herauszustellen[275]. Nur vereinzelt finden sich Äußerungen zum Wettbewerbsbegriff selbst. In erster Linie ist *Friauf*[276] zu nennen, der sich eingehend mit dem aus Art. 3 GG abgeleiteten Prinzip der Wettbewerbsneutralität auseinandergesetzt hat[277]. *Lang* und *Seer*[278] vertreten die Auffassung, daß einer bestimmten Tätigkeit ein hoheitlicher Charakter im Sinne des § 4 Abs. 5 KStG nicht zugesprochen werden könne, wenn die Tätigkeit potentiell auch von privaten Unternehmen erbracht werden könne. Das Steuerrecht befinde sich insoweit im Einklang mit dem Wettbewerbsrecht, in dem eine Wettbewerbsbeziehung der öffentlichen Hand zu Privaten angenommen werde, wenn beide auf demselben Markt Leistungen anböten, zwischen denen Nachfrager frei wählen könnten. Dabei knüpfe das Wettbewerbsrecht ebenso wie das Steuerrecht schon an die potentielle Wettbewerbslage, d.h. an die Möglichkeit an, daß die von einer jPdöR am Markt angebotenen Leistungen ebenfalls von privatwirtschaftlichen Anbietern bezogen werden könnten[279]. *Bir-*

---

[273] BFH, Urteil vom 08.01.1998 - V R 32/97, BStBl. II 1998, S. 410 ff.; vgl. dazu *Küffner Thomas*, Abwasserentsorgung als Hoheitsbetrieb – back to the roots?, DB 1999, S. 406 ff.

[274] Vgl. dazu auch die Ausführungen unter (3).

[275] *Birkenfeld, Wolfram*, Juristische Personen des öffentlichen Rechts als Unternehmer (§ 2 Abs. 3 UStG), UR 1989, S. 1 ff. (6); *Czempiel, Benedict*, Abwasserbeseitigung als Hoheitsbetrieb, UR 1992, S. 285 ff. (290); *Seer, Roman*, Inhalt und Funktion des Begriffes „Betrieb gewerblicher Art" für die Besteuerung der öffentlichen Hand, DStR 1992, S. 1751 ff. (1755); *Forster, Eduard*, Einfluß des europäischen Gemeinschaftsrechts auf die deutsche Umsatzbesteuerung der Tätigkeiten von juristischen Personen des öffentlichen Rechts, UR 1996, S. 73 ff. (75).

[276] *Friauf, Karl Heinrich*, Zur Rechtfertigung der Steuerprivilegien öffentlicher Unternehmen, in *Friedrich, Peter/ Kupsch, Peter* (Herausgeber), Die Besteuerung öffentlicher Unternehmen, Baden-Baden, 1981, S. 57 ff. (86).

[277] Vgl. dazu oben Punkt 2.3.2.1.2 und Punkt 2.5.2.3.

[278] *Lang, Joachim / Seer, Roman*, Die Besteuerung der Drittmittelforschung, BB 1993, S. 262 ff. (265).

[279] *Lang/Seer* verweisen dabei auf die Ausführungen von *Baumbach/Hefermehl*, Wettbewerbsrecht, 5. Auflage, 1988, 7. Kapitel, Rn. 166 und auf *Emmerich*, Das Recht des unlauteren Wettbewerbs, 2. Auflage, 1987, S. 30.

*kenfeld*[280] stellt ebenfalls auf eine potentielle Wettbewerbslage ab. Schon die generelle Übertragbarkeit einer Tätigkeit indiziere, daß die Pflichtaufgabe der jPdöR nicht im Sinne von § 2 Abs. 3 UStG i.V.m. § 4 Abs. 5 KStG „eigentümlich und vorbehalten“ sei. *Bader*[281] will das Wettbewerbsverhältnis ebenso weit verstanden wissen. Ein Wettbewerbsverhältnis zwischen öffentlicher Hand und privaten Wettbewerbern sei dann anzunehmen, wenn sich beide mit gleichartigen Leistungen an denselben Abnehmerkreis wendeten. Aber auch bei ungleichartigen Leistungen, die sich im Wirtschaftsverkehr gegenseitig ersetzen, spreche nichts gegen die Annahme eines Wettbewerbsverhältnisses. *Bader* begründet dieses weite Verständnis mit einem Rückgriff auf das private Wettbewerbsrecht, in welchem in einer Reihe von Vorschriften, wie z. B. in § 1 UWG, auf eine Wettbewerbshandlung abgestellt werde, die wiederum ein Wettbewerbsverhältnis voraussetze. Knüpfe damit auch das private Wettbewerbsrecht an ein Wettbewerbsverhältnis an und dienten sowohl die Regeln des Wettbewerbsrechts als auch die Steuerpflicht der Betriebe gewerblicher Art dem Schutz von Mitbewerbern, so liege es nahe, auf die zu § 1 UWG entwickelten Grundsätze zurückzugreifen, um die Anforderungen an das Wettbewerbsverhältnis im einzelnen zu bestimmen. Da diese Grenzen im zivilrechtlichen Wettbewerbsrecht sehr weit gezogen würden, seien sie auch im Steuerrecht weit zu ziehen. Die bloße Möglichkeit eines Wettbewerbs reiche aus, was sich aus dem Aspekt des Grundrechtsschutzes der Wettbewerbsfreiheit ergebe. *Bader* weist in diesem Zusammenhang aber darauf hin, daß eine Wettbewerbssituation wenigstens möglich sein müsse, was nicht angenommen werden könne, wenn der öffentlichen Hand rechtlich oder tatsächlich ein Monopol für einen bestimmten Tätigkeitsbereich zugewachsen sei. Auch *Stadie*[282] bemüht verfassungsrechtliche Gesichtspunkte. Der Gleichheitssatz des Art. 3 Abs. 1 GG verbiete, daß durch die Nichtbesteuerung der öffentlichen Hand Wettbewerbsnachteile für konkurrierende Private einträten oder eintreten könnten. § 2 Abs. 3 UStG i.V.m. § 4 KStG sei daher dahingehend verfassungskonform auszulegen, daß *Ausübung öffentlicher Gewalt* nicht angenommen werden könne, wenn private Unternehmer auf demselben Gebiet tätig seien oder tätig sein könnten. Auch wenn tatsächlich keine Wettbewerber vorhanden seien, verlange Art. 3 Abs. 1 GG eine Besteuerung, damit nicht durch die Nichtbesteuerung das Entstehen von privater Konkurrenz erschwert und Marktzutrittschranken errichtet werden. Insoweit sei daher auch der potentielle Wettbewerber zu schützen. Etwas anderes gelte nur dann, wenn ein Wettbewerb rechtlich nicht möglich sei, weil durch

---

280 *Birkenfeld, Wolfram*, Das große USt-Handbuch, Stand: September 1996, § 40 Rn. 295.

281 *Bader, Hermann Georg*, Hoheitsbetrieb und Betrieb gewerblicher Art im Umsatz- und Körperschaftsteuerrecht, Dissertation (Köln 1996), Frankfurt am Main, 1997, S. 98 ff. .

282 *Stadie* in *Rau/Dürrwächter*, Kommentar zum UStG, 8. Auflage, Stand 7/ 1997, § 2 Rn. 893.

Gesetz eine Aufgabe ausschließlich den juristischen Personen des öffentlichen Rechts zugewiesen sei und diese somit ein Monopol hätten.

Dem Ansatz *Stadies* ist grundsätzlich zuzustimmen. Drei Sachverhaltsvarianten sind in diesem Zusammenhang zu unterscheiden:

- Zunächst gibt es die Konstellation, daß aufgrund öffentlichen Rechts (Gesetz, Rechtsverordnung, Satzung) ausschließlich juristische Personen des öffentlichen Rechts befugt sind, bestimmte Tätigkeiten auszuüben (vgl. dazu im folgenden *(3)*).
- In einer zweiten Variante ist es zwar auch aufgrund öffentlichen Rechts ausschließlich juristischen Personen des öffentlichen Rechts gestattet, bestimmte Tätigkeiten auszuüben. Im Gegensatz zur ersten Fallkonstellation können diese aber aufgrund öffentlich-rechtlicher Regelung entscheiden, ob sie die jeweilige Tätigkeit selbst ausführen oder damit ganz oder teilweise einen privaten Unternehmer betrauen (vgl. dazu im folgenden *(4)*).
- In der dritten Fallvariante üben juristische Personen des öffentlichen Rechts zwar gesetzlich zugewiesene Tätigkeiten aus, diese Tätigkeiten können aber auch von privaten Unternehmern auf gleicher Ebene, d.h. nicht nur als (unselbständige) Erfüllungsgehilfen bzw. „beliehene" Unternehmer der öffentlichen Hand, ausgeführt werden (vgl. dazu im folgenden *(7)*).

*(3) Ausschließliche Befugnisse für juristische Personen des öffentlichen Rechts*
Nach dem Sinn und Zweck des § 4 KStG hat eine Besteuerung juristischer Personen des öffentlichen Rechts insoweit zu erfolgen, als Gründe des Wettbewerbsschutzes dies erfordern[283]. Eine Besteuerung ist folglich immer dann angezeigt, wenn private Unternehmer durch eine etwaige Nichtbesteuerung der öffentlichen Hand benachteiligt werden würden. Da eine Benachteiligung Privater aber nur in Betracht kommen kann, wenn letztere zur öffentlichen Hand im Wettbewerb stehen, kommt es entscheidend auf das Vorliegen eines Wettbewerbsverhältnisses an.

„Wettbewerb" setzt seinem Begriff nach typischerweise voraus, daß ein Unternehmer in Konkurrenz zu einem anderen Unternehmer Leistungen auf dem Markt anbietet, zwischen denen Nachfrager frei wählen können. Sind aufgrund öffentlichen Rechts (Gesetz, Rechtsverordnung, Satzung) ausschließlich juristische Personen des öffentlichen Rechts befugt, bestimmte Tätigkeiten auszuüben, ist ein Wettbewerbsverhältnis nicht gegeben. Die öffentliche Hand wird in diesen Fällen als Monopolist tätig. Gründe für die Annahme eines weitergehenden Wettbewerbsverständnisses sind nicht ersichtlich. Insbesondere würde eine Besteuerung der öffentlichen Hand nichts an dem Wettbewerbsnachteil

[283] Vgl. oben Punkt 2.3.2.2.

Privater ändern. Denn dieser Nachteil resultiert nicht aus steuerrechtlichen Vorschriften, sondern aus den öffentlich-rechtlichen Regelungen, die ein Tätigwerden Privater verhindern. Eine Besteuerung der öffentlichen Hand ist demnach nicht angezeigt.

Selbst im privaten Wettbewerbsrecht (GWB, UWG) werden private Unternehmer gegenüber einem Tätigwerden durch die öffentlichen Hand nicht in einem weiteren Umfang geschützt. Der Anwendungsbereich des GWB ist in Bezug auf öffentliche Unternehmen erst dann eröffnet, wenn Nachfrager frei zwischen Leistungen öffentlicher Unternehmen und privater Unternehmer wählen können. Ist dies nicht der Fall, besteht zwischen beiden Unternehmen keine Wettbewerbsbeziehung im Sinne des § 98 Abs. 1 GWB[284].

Ob und inwieweit sich die jeweiligen öffentlich-rechtlichen Regelungen, die die Teilnahme privater Unternehmer am Wettbewerb ausschließen, mit dem GWB bzw. dem Grundgesetz vereinbaren lassen, ist eine andere Frage[285].

*(4) Möglichkeit der Einschaltung privatrechtlicher Unternehmer*
Fraglich ist, ob in den Fällen, in denen juristische Personen des öffentlichen Rechts frei entscheiden können, ob sie eine bestimmte Tätigkeit selbst ausführen oder damit ganz oder teilweise einen privaten Unternehmer einschalten, von einem steuerrechtlich relevanten Wettbewerb hinsichtlich des Zugangs zum Markt ausgegangen werden muß, der es gebietet, einen steuerpflichtigen *Betrieb gewerblicher Art* anzunehmen. Bei der Prüfung des Vorliegens eines Zweckbetriebes im Sinne des § 65 AO 1977 hatte dies der I. Senat des BFH bejaht[286]. Dem Urteil lag der Sachverhalt zugrunde, daß eine GmbH, deren Anteile sich zu über 99 vom Hundert im Eigentum verschiedener Landkreise befanden und deren Geschäftsgegenstand die Abfallbeseitigung war, vom betreffenden Finanzamt als wirtschaftlicher Geschäftsbetrieb (§ 14 AO 1977) behandelt und daher zur Gewerbesteuer veranlagt wurde. Die GmbH wollte vor dem Hintergrund der Steuerbefreiung nach § 3 Nr. 6 GewStG dagegen als Zweckbetrieb im Sinne von § 65 AO 1977 anerkannt werden. Der I. Senat des BFH verneinte das Vorliegen eines Zweckbetriebs u.a. wegen § 65 Nr. 3 AO 1977. Nach dieser Vorschrift ist Voraussetzung für die Annahme eines Zweckbetriebs, daß der wirtschaftliche Geschäftsbetrieb zu nicht begünstigten Betrieben derselben oder ähnlichen Art nicht in größerem Umfang in Wettbewerb tritt, als es bei Erfüllung der steuerbegünstigten Zwecke unvermeidbar ist. In dem zu entscheiden-

[284] *Emmerich, Volker* in *Immenga/Mestmäcker*, GWB, 2. Auflage, München 1992, § 98 Abs. 1 Rn. 35.

[285] Vgl. dazu *Emmerich, Volker* in *Immenga/Mestmäcker*, GWB, 2. Auflage, München 1992, § 98 Abs.1 Rn. 1.

[286] BFH, Urteil vom 27.10.1993 - I R 60/91, BStBl. II 1994, S. 573 ff. (575).

den Fall stellte sich daher die Frage, ob die GmbH in Wettbewerb zu anderen trat. Der BFH war der Ansicht, daß das Vorliegen eines Zweckbetriebs nicht damit begründet werden könne, daß die jeweilige Körperschaft des öffentlichen Rechts die Beauftragung Dritter ablehnen könne. Ein Wettbewerb sei nicht schon dadurch ausgeschlossen, daß die Pflicht zur Abfallentsorgung ausschließlich Körperschaften des öffentlichen Rechts auferlegt sei. Vielmehr sei – so der I. Senat des BFH – auch der potentielle Wettbewerb geschützt, denn durch steuerliche Regelungen dürften weder Marktzutrittsschranken errichtet oder Wettbewerber vom Markt verdrängt werden, noch solle in sonstiger Weise der Wettbewerb beeinträchtigt werden[287]. Im Ergebnis wurde daher ein hinsichtlich des Zugangs zum Markt bestehender Wettbewerb als steuerrechtlich relevant angesehen[288].

Anderer Auffassung ist der I. Senat des BFH für den Bereich der Körperschaftsteuer. Ein möglicher Wettbewerb hinsichtlich des Zugangs zum Markt sei in steuerrechtlicher Hinsicht gerade nicht relevant[289]. In dem zu entscheidenden Fall entsorgte ein Landkreis in der Rechtsform eines kommunalen Eigenbetriebs u.a. den Hausmüll der privaten Haushalte. Nach der gesetzlichen Regelung im damals noch geltenden AbfG[290] war die Hausmüllbeseitigung den öffentlich-rechtlichen Entsorgungsträgern als öffentliche Pflichtaufgabe übertragen. Nur sie waren befugt, den Hausmüll zu entsorgen. Die Besitzer des Mülls waren kraft öffentlichen Rechts verpflichtet, ihn der entsorgungspflichtigen jPdöR zur Entsorgung zu überlassen. Diese wiederum war öffentlich-rechtlich verpflichtet, den Hausmüll abzunehmen und ordnungsgemäß zu entsorgen. Im einschlägigen Gesetz war zwar geregelt, daß sich die entsorgungspflichtige Körperschaft des öffentlichen Rechts zur Erfüllung ihrer Pflichten Dritter bedienen durfte, im konkreten Fall machte die jPdöR davon aber keinen Gebrauch. Der I. Senat des BFH vertrat die Ansicht, daß in den Fällen einer

---

287 Ähnlich schon BFH, Urteil vom 23.11.1988 - I R 11/88, BStBl. 1989, S. 391 ff. (393).

288 Ähnlich wenig später der zehnte Senat des BFH, Urteil vom 15.12.1993 - X R 115/91, BStBl. II 1994, S. 314 ff. (316); vgl. auch das Urteil des zweiten Senat des BFH vom 13.08.1986 - II R 246/81, BStBl. 1986, S. 831 (832).

289 BFH, Urteil vom 23.10.1996 - I R 1-2/94, BStBl. II 1997, S. 139 ff. (142). Früher stellte der erste Senat des BFH für den Bereich der Körperschaftsteuer teilweise auf eine tatsächliche Wettbewerbslage ab, vgl. Urteil vom 26.11.1957 - I 344/56 (amtlich nicht veröffentlicht, teilweise aber darauf Bezug genommen im Urteil des BFH vom 13.04.1961 - V 120/59 U, BStBl. III 1961, S. 298 ff. (299)). Begründet wurde diese damit, daß Körperschaften des öffentlichen Rechts, soweit sie zu privaten Gewerbebetrieben in Wettbewerb träten, nicht durch Ausnahmen von der allgemeinen Besteuerung in eine wirtschaftlich günstigere Ausgangsposition gebracht werden dürften als private Unternehmer.

290 Interessanterweise traf der Senat seine Feststellungen auch für das neue KrW-/AbfG vom 27.09.1994; vgl. dazu auch *Küffner Thomas*, Abwasserentsorgung als Hoheitsbetrieb – back to the roots?, DB 1999, S. 406 ff..

Entschließungsmöglichkeit für juristische Person des öffentlichen Rechts ein (möglicher) Wettbewerb zwischen öffentlichen und privaten Anbietern nicht relevant sei, solange die Aufgabe den kommunalen Entsorgungsträgern „vorbehalten" sei[291]. Dies gelte selbst dann, wenn ein Wettbewerb hinsichtlich des Zugangs zum Markt bejaht werde[292]. Die Einschaltung privatwirtschaftlicher Unternehmen lasse nicht den Schluß zu, daß die Entsorgung den jPdöR nicht mehr „eigentümlich" sei. Entscheidend sei vielmehr, ob die Endverantwortung bei der jPdöR liege. Da letzteres im Ergebnis bejaht werden konnte, stufte der I. Senat des BFH die Hausmüllbeseitigung als hoheitliche Tätigkeit ein.

Der für das Umsatzsteuerrecht zuständige V. Senat des BFH hat sich anfänglich nur sehr allgemein mit dem Wettbewerbsgedanken auseinandergesetzt. Zunächst beschränkte er sich auf die Feststellung, daß es bei der steuerlichen Beurteilung des Vorliegens eines BgA unerheblich sei, ob privatunternehmerische Wettbewerber hinsichtlich der jeweiligen Tätigkeit vorhanden seien[293]. Ein potentieller Wettbewerb könne – so der V. Senat des BFH – für die Annahme eines BgA ausreichen[294]. Entscheidend sei allein, ob die Leistung der jPdöR ihrer Art nach unternehmerisch sei. Im Jahre 1995 hatte sich derselbe Senat dann erstmals mit einem Fall zu beschäftigen, in welchem es der Körperschaft des öffentlichen Rechts nach dem Gesetz offenstand, eine bestimmte Tätigkeit[295] selbst auszuüben oder aber ein privatwirtschaftliches Unternehmen mit der Durchführung zu betrauen, dieses quasi als (unselbständigen) Erfüllungsgehilfen[296] einzuschalten. Der V. Senat des BFH war daher angehalten, sich mit der Frage auseinanderzusetzen, ob ein Wettbewerb hinsichtlich des Zugangs zum Markt von steuerrechtlicher Relevanz ist. Das dem Verfahren beigetretene BMF[297] vertrat die Auffassung, daß eine etwaige unterschiedliche steuerliche Beurteilung zu Wettbewerbsverzerrungen hinsichtlich des Zugangs zum Entsorgungsmarkt führen könnte. Denn bei der Entscheidung, ob die Kommune selbst entsorge oder diese Tätigkeit einem privaten Entsorger übertrage, bringe

---

291 BFH, Urteil vom 23.10.1996 - I R 1-2/94, BStBl. II 1997, S. 139 ff. (142).

292 Dieses Argument vertrat das BMF, nachdem es dem Verfahren beigetreten war.

293 BFH, Urteil vom 30.06.1988 - V R 79/84, BStBl. II 1988, S. 910 ff.; bestätigt durch Urteil vom 21.09.1989 - V R 89/85, BStBl. II 1990, S. 95 ff. (97).

294 Zuvor gab es nur vereinzelt Hinweise darauf, daß möglicherweise ein potentieller Wettbewerb ausreichend sei, vgl. dazu BFH, Urteil vom 22.09.1976 - I R 102/74, BStBl. II 1976, S. 793 ff. (794) und BFH, Urteil vom 18.08.1966 - V 21/64, BStBl. III 1967, S. 100 f. (101).

295 Im konkreten Fall ging es sich um den Bereich der Abfallentsorgung.

296 Hinsichtlich der bestehenden umsatzsteuerlichen Leistungsbeziehungen der Beteiligten im Falle der Einschaltung eines Erfüllungsgehilfen durch eine jPdöR , vgl. oben Punkt 2.1.3.

297 Vgl. die Stellungnahme des BMF gegenüber dem BFH vom 21.08.1995 - IV B 7 - S 2706 - 131/95, VKU Nachrichtendienst Nr. 567 3/1996, 3.

die unterschiedliche Belastung in der Regel einen Nachteil für den privaten Bewerber mit sich. Der V. Senat des BFH schloß sich zunächst in einem Vorbescheid[298] dieser Auffassung an. Unerheblich sei, daß die zur Abfallentsorgung verpflichtete Körperschaft des öffentlichen Rechts zu keinem privaten Unternehmer in Wettbewerb trete. Ausschlaggebend sei vielmehr, daß sie die nach dem Gesetz[299] offenstehende Entschließung, ob sie sich zur Erfüllung ihrer Aufgaben eines Dritten bediene, nicht mehr frei von umsatzsteuerlichen Erwägungen treffen könne, wenn die Abfallbeseitigung durch den Dritten umsatzsteuerpflichtig wäre, die Abfallbeseitigung durch den kommunalen Entsorgungsträger aber von der Umsatzsteuer ausgenommen sein würde[300]. Von einer der jPdöR „vorbehaltenen und eigentümlichen" und damit hoheitlichen Tätigkeit könne daher nicht ausgegangen werden. Der V. Senat bejahte damit im Ergebnis einen steuerbaren BgA. Diese in einem Vorbescheid getroffene Entscheidung wurde letztendlich aber nicht existent, da das Finanzamt einen Antrag auf mündliche Verhandlung stellte[301].

Später hat der V. Senat des BFH seine Argumentation geändert. Ausgangspunkt war eine Entscheidung des Finanzgerichts des Landes Brandenburg[302], in der sich die Frage stellte, wie die Abgrenzung eines Hoheitsbetriebs vom BgA zu erfolgen hat, wenn es einer Körperschaft des öffentlichen Rechts nach dem Gesetz offensteht, einen privaten Dritten als (unselbständigen) Erfüllungsgehilfen einzuschalten. Dieses Mal ging es um den Bereich der Abwasserbeseitigung. Nach dem damals geltenden Recht[303] war die Abwasserbeseitigung als ausschließliche Aufgabe von Körperschaften des öffentlichen Rechts ausgestaltet.

---

298 BFH, Vorbescheid vom 16.11.1995 - V R 122/93, VKU Nachrichtendienst Nr. 572 6/1996, 5.

299 Im betreffenden Fall war es § 3 Abs. 2 S. 2 Abfallbeseitigungsgesetz.

300 Im Ergebnis ebenso für den Bereich der Müllentsorgung bereits FG Schleswig-Holstein, Urteil vom 16.02.1994 - IV 984/93 - rechtskräftig, EFG 1994, S. 985 f. (985).

301 In der Pressemitteilung des BFH vom 23.05.1996 (UR 1996, S. 185) weist das Gericht darauf hin, daß das Verfahren V R 122/93 wegen Klagerücknahme durch die Gebietskörperschaft eingestellt wurde. Laut *Widmann* war dieser nämlich im Laufe des Verfahrens klar geworden, daß der Vorsteuerabzug für das Müllheizkraftwerk bei weitem geringer war als die nachträgliche Versteuerung aller Müllabfuhrgebühren, die sich als notwendig erwiesen hätte, wenn man einen BgA bejahte, vgl. *Widmann, Werner*, Umsatzsteuer auf öffentliche Entsorgungsgebühren: Jetzt ist der Gesetzgeber gefordert!, UR 1997, S. 54 ff. (54).

302 FG des Landes Brandenburg, Urteil vom 19.03.1997 - 1 K 1491/95 U, EFG 1997, S. 835 ff. (836).

303 Das Finanzgericht hatte sich interessanter Weise auch mit der zur Zeit geltenden Rechtslage im Wasserrecht befaßt, obwohl für die entscheidungserheblichen Veranlagungszeiträume eine teilweise andere Rechtslage bestand, vgl. dazu *Küffner Thomas*, Abwasserentsorgung als Hoheitsbetrieb – back to the roots?, DB 1999, S. 406 ff.

Den einzelnen Gemeinden war es nach dem einschlägigen Gesetz[304] aber unbenommen, sich zur Erfüllung ihrer Aufgaben Dritter zu bedienen. Eine Übertragung der Aufgabe selbst war jedoch ausgeschlossen. Die klagende Gemeinde machte von der bestehenden Möglichkeit der Einschaltung eines Erfüllungsgehilfen keinen Gebrauch. Sie regelte die Abwasserbeseitigung eigenständig im Rahmen eines Abwasserzweckverbandes.

Das Finanzgericht des Landes Brandenburg bejahte einen Hoheitsbetrieb[305]. Nicht einmal aus Wettbewerbsgründen lasse sich etwas anderes vertreten, da Dritte wegen der gesetzlichen Regelung nur als Erfüllungsgehilfen (sog. Verwaltungshelfer) tätig werden könnten. Auf der Ebene der Erfüllung der gesetzlich zugewiesenen Aufgabe der Abwasserbeseitigung sei ein Wettbewerb zu privaten Anbietern somit ausgeschlossen. Daß privatwirtschaftliche Unternehmen auf dem Gebiet der Abwasserbeseitigung anderswo tätig sind bzw. tätig werden könnten, sei unerheblich, denn zu diesen Unternehmen stehe die betreffende Gemeinde nicht in Konkurrenz. Der Grundsatz der Wettbewerbsneutralität greife hier somit nicht ein. Im Ergebnis verneinte das Finanzgericht des Landes Brandenburg daher einen Betrieb gewerblicher Art und schloß sich damit der Argumentation des I. Senats des BFH in seinem „Hausmüll-Urteil"[306] an.

Das Urteil des Finanzgerichts des Landes Brandenburg entsprach zwar in seinem Ergebnis der damaligen Rechtsprechung des BFH[307] und der Ansicht der Finanzverwaltung[308]. Dennoch wurde allgemein mit einem anderen Ausgang des Verfahrens vor dem V. Senat des BFH gerechnet[309]. Dies insbesondere vor dem Hintergrund des „Hausmüll-Urteils" des BFH, in dem sich der I. Senat des BFH – um Vorhaltungen der Umsatzsteuerfachleute schon im Vorfeld entge-

---

304 Vgl. § 18a Abs. 2 S. 3 WHG.

305 FG des Landes Brandenburg, Urteil vom 19.03.1997 - 1 K 1491/95 U, EFG 1997, S. 835 ff. (836).

306 BFH, Urteil vom 23.10.1996 - I R 1-2/94, BStBl. II 1997, S. 139 ff. (142) – vgl. dazu auch oben.

307 BFH, Urteil vom 12.12.1968 - V 213/65, BStBl. II 1969, S. 280 ff.; BFH, Urteil vom 10.07.1962 - I 164/59 S, BStBl. III 1962, S. 448 f.; BFH, Urteil vom 10.05.1955 - I 131/53 U, BStBl. III 1955, S. 210.

308 Abschnitt 5 Abs. 14 KStR 1995 i.V.m. Abschnitt 23 Abs. 4 S. 2 UStR 2000.

309 Vgl. dazu *Wellmann, Susanne*, Abfallentsorgung als Hoheitsbetrieb gemäß § 4 Abs. 5 KStG?, DB 1997, S. 501 ff. (503); *Widmann* und *Forster* haben für den Bereich der Abwasserbeseitigung sogar eine Neuregelung des Gesetzgeber gefordert, vgl. *Widmann, Werner*, Umsatzsteuer auf öffentliche Entsorgungsgebühren: Jetzt ist der Gesetzgeber gefordert!, UR 1997, S. 54 ff. (56 f.); *Forster, Eduard*, Umsatzsteuerliche *Behandlung* der Abfallgebühren - „Alle wollen das gleiche, aber alle zusammen trauen sich nicht"-, UR 1997, S. 211 ff. (216).

genzuwirken – durch die „salvatorische Klausel“[310] abgesichert hatte, die Entscheidung beschränke sich auf den Bereich der Körperschaftsteuer.

Zu einer Aufgabe der einheitlichen Auslegung des § 4 KStG durch die verschiedenen Senate des BFH kam es aber nicht. Der für das Umsatzsteuerrecht zuständige V. Senat des BFH bestätigte vielmehr das Urteil des Finanzgerichts des Landes Brandenburg[311]. Die im Vorbescheid vom 16.11.1995[312] vertretene Auffassung kann wohl damit als hinfällig angesehen werden, denn die Sachverhaltsproblematik beider Verfahren ist ähnlich. Ausschlaggebend war für den BFH diesmal, daß die Tätigkeit der Abwasserbeseitigung der entsorgungspflichtigen Körperschaft des öffentlichen Rechts *eigentümlich und vorbehalten* war. Daß es sich bei der Abwasserbeseitigung um eine der öffentlichen Hand *vorbehaltene* Tätigkeit handelte, bejahte der BFH wegen der vom Tatsachengericht vorgenommenen Auslegung der im Streitjahr 1993 geltenden Vorschrift des § 18a Abs. 2 WHG unter Berücksichtigung des Wassergesetzes der Deutschen Demokratischen Republik vom 2. Juli 1982. Aus dieser Regelung ergebe sich nämlich, daß die Abwasserbeseitigung in Brandenburg zu diesem Zeitpunkt ausschließlich den Körperschaften des öffentlichen Rechts oblegen habe[313]. Der BFH sah sich an diese Auslegung des erstinstanzlichen Gerichts gebunden. Unerheblich sei, daß sich die Körperschaften des öffentlichen Rechts nach § 18a Abs. 2 S. 3 WHG jederzeit zur Erfüllung ihrer Abwasserbeseitigungspflicht Dritter bedienen könnten. Da eine Übertragung dieser Entsorgungsaufgabe auf private Dritte mit befreiender Wirkung dadurch aber nicht möglich sei[314], verbleibe die Verantwortlichkeit bei dem öffentlich-rechtlichen Entsorgungsträger. Der BFH nahm dies zum Anlaß, insoweit von einer der öffentlichen Hand *eigentümlichen* Tätigkeit auszugehen.

Mit der Bejahung dieser beiden Voraussetzungen stand für den V. Senat zugleich das Vorliegen eines nichtsteuerbaren Hoheitsbetriebs fest. Diese Schlußfolgerung wäre an sich nichts Neues, wenn sich nicht folgender Zusatz in den Entscheidungsgründen[315] finden würde:

---

[310] Vgl. *Weiss*, vgl. *Weiss, Eberhard*, Anmerkung zum Urteil des BFH vom 23.10.1996, UR 1997, S. 344 f. (344).

[311] Vgl. BFH, Urteil vom 08.01.1998 - V R 32/97, BStBl. II 1998, S. 410 ff.

[312] BFH, Vorbescheid vom 16.11.1995 - V R 122/93, VKU Nachrichtendienst Nr. 572 6/1996, 5, vgl. dazu auch oben.

[313] FG des Landes Brandenburg, Urteil vom 19.03.1997 - 1 K 1491/95 U, EFG 1997, S. 835 ff. (835 f.).

[314] *Czychowski*, Manfred, Wasserhaushaltsgesetz, Kommentar, 7. Auflage, 1998, § 18a Rn. 12; anders aber im Falle des § 18a Abs. 2a, vgl. Rn. 23 a.

[315] Vgl. Entscheidungsgründe unter Punkt II. 2. d).

*„Da die Abwasserbeseitigung dem Kläger eigentümlich und vorbehalten war, ist sie auch nicht aus Gründen der gebotenen Wettbewerbsneutralität des Steuerrechts als Betrieb gewerblicher Art i.S. des § 1 Abs. 1 Nr. 6, § 4 KStG 1991, § 2 Abs. 3 UStG 1993 zu beurteilen."*

Aufgrund dieser Feststellung muß in Zukunft davon ausgegangen werden, daß nicht einmal Wettbewerbsgesichtspunkte dazu führen können, daß eine Tätigkeit der juristischen Person des öffentlichen Rechts nicht „eigentümlich und vorbehalten" ist. Dies war vorher anders. Nach der früheren Rechtsprechung wurde der Wettbewerbsgedanke stets als „Korrektiv" in dem Sinn verstanden, daß eine Tätigkeit dann nicht mehr „eigentümlich und vorbehalten" war, wenn diese auch von privaten Unternehmern ausgeführt werden konnte[316].

Der neuen bzw. „alten" Linie des BFH ist im Ergebnis zuzustimmen[317]. Ein möglicher Wettbewerb zwischen Gebietskörperschaften und privatwirtschaftlichen Entsorgungsunternehmen hinsichtlich des Zugangs zum Markt kann für die steuerliche Beurteilung der Tätigkeit der jPdöR nicht relevant sein. Entscheidend ist allein, ob die öffentliche Hand zu mindestens einem privaten Rechtsträger auf derselben Ebene, d.h. gegenüber dem Verbraucher, in Wettbewerb tritt.

Die Unbeachtlichkeit einer etwaigen Wettbewerbssituation hinsichtlich des Zugangs zum Markt ergibt sich auch aus dem Sinn und Zweck des § 4 KStG. Eine

[316] Vgl. BFH, Urteil vom 18.08.1966 - V 21/64, BStBl. III 1967, S. 100 f.; BFH, Urteil vom 25.04.1968 - V 120/64, BStBl. II 1969, S. 94 ff. (98); BFH, Urteil vom 30.06.1988 - V R 79/84, BStBl. II 1988, S. 910 ff. (912); BFH, Urteil vom 21.09.1989 - V R 89/85, BStBl. II 1990, S. 95 ff. (97); BFH, Urteil vom 14.03.1990 - I R 156/87, BStBl. II 1990, S. 866 ff. (868); BFH, Urteil vom 27.06.1990 - I R 166/85, BFH NV 1991, S. 628 ff. (629); BFH, Urteil vom 24.02.1994 - V R 25/92, UR 1995, S. 391 f. (392).

[317] So auch: *Weiss, Eberhard*, Anmerkung zum Urteil des BFH vom 23.10.1996, UR 1997, S. 344 f. (345); teilweise zustimmend *Stadie* in *Rau/Dürrwächter*, Kommentar zum UStG, 8. Auflage, Stand 7/ 1997, § 2 Rn. 927; **a.A.** *Wellmann, Susanne*, Abfallentsorgung als Hoheitsbetrieb gemäß § 4 Abs. 5 KStG?, DB 1997, S. 501 ff.; *Widmann, Werner*, Umsatzsteuer auf öffentliche Entsorgungsgebühren: Jetzt ist der Gesetzgeber gefordert!, UR 1997, S. 54 ff. (56) und *Forster, Eduard*, Umsatzsteuerliche *Behandlung* der Abfallgebühren - „Alle wollen das gleiche, aber alle zusammen trauen sich nicht"-, UR 1997, S. 211 ff. (216) lehnen die Entscheidung des ersten Senats des BFH ab und fordern wegen der rechtlichen Unsicherheiten, insbesondere hinsichtlich der 6.EG-RL eine neue Regelung des Gesetzgebers. Auch *Birkenfeld, Wolfram*, Das große USt-Handbuch, Stand: September 1996, Rn. 815 und *Klenk, Friedrich*, Anmerkung zum Urteil des BFH vom 23.10.1996, UVR 1997, S. 53. halten die Entscheidung im Hinblick auf die 6.EG-RL für problematisch. Vgl. auch *Noch, Rainer,* Anmerkung zum Urteil des BGH vom 23.10.1996 I R 1-2/94, DStZ 1997, S. 197, i.E. jedoch unergiebig.

Besteuerung der öffentlichen Hand hat danach nur insoweit zu erfolgen, als Gründe des Wettbewerbsschutzes dies erfordern[318]. In den Fällen, in denen ausschließlich die öffentliche Hand am Markt eine Leistung anbietet, also quasi als „Monopolist" auftritt, ist eine Benachteiligung der Privatwirtschaft – jedenfalls in steuerlicher Hinsicht – ausgeschlossen[319]. Letzteres ist auch der Fall, wenn es juristischen Personen des öffentlichen Rechts aufgrund öffentlichen Rechts zwar offensteht, private Rechtsträger mit der Ausübung einer bestimmten Tätigkeit zu betrauen, sie letztendlich aber die Tätigkeit selbst ausführen. Auch in diesen Fällen ist eine Benachteiligung privater Unternehmer in steuerlicher Hinsicht ausgeschlossen. Zwischen ihnen besteht kein Wettbewerbsverhältnis. Ein solches kann nur dann bejaht werden, wenn potentielle Nachfrager frei zwischen den Leistungen öffentlicher und privater Unternehmen wählen können[320]. Können private Unternehmer aufgrund gesetzlicher Regelung aber nur als (unselbständige) Erfüllungsgehilfen bzw. als „beliehene" Unternehmer der öffentlichen Hand auftreten, würden sie auf einer anderen Ebene tätig werden. Eine Besteuerung ist demnach nicht angezeigt.

Daran ändert auch nichts die Tatsache, daß öffentliche Aufgabenträger für die Erfüllung ihrer zugewiesenen Pflichtaufgaben z.B. Eigengesellschaften bilden können und diese qua Rechtsnorm der Steuerpflicht unterliegen. *Schärich*[321] weist in diesem Zusammenhang zu Recht darauf hin, daß es sich bei diesen Gesellschaften um eigene Rechtspersönlichkeiten handele und diese insoweit anderen privaten Dritten gleichgestellt seien. Im Vergleich untereinander würden aber alle privaten Gesellschaften der Steuerpflicht unterliegen. Ein Wettbewerb zwischen der öffentlichen Hand und privaten Unternehmern könne daher in solchen Fällen überhaupt nicht vorliegen.

Das verfassungsrechtliche Gebot der Wettbewerbsneutralität kommt hier ebenfalls nicht zum Tragen, denn dafür wäre erforderlich, daß die von der Vergleichsgruppe ausgeübte Tätigkeit nach ihrer Art und ihrem Umfang tatsächlich vergleichbar ist[322]. Dies muß hier aber gerade verneint werden[323]. Schaltet die

---

[318] Vgl. oben Punkt 2.3.2.2.

[319] Vgl. dazu auch die Ausführungen von *Schärich, Herbert*, Wettbewerbsverzerrung durch Steuerfreiheit der Hoheitsbetriebe?, KStZ 1995, S. 9.

[320] Vgl. dazu auch oben Punkt 2.4.1.2.3 unter *(3)*.

[321] *Schärich, Herbert*, Wettbewerbsverzerrung durch Steuerfreiheit der Hoheitsbetriebe?, KStZ 1995, S. 97.

[322] Vgl. oben Punkt 2.3.2.1.2. So auch das FG des Landes Brandenburg, Urteil vom 19.03.1997 - 1 K 1491/95 U, EFG 1997, S. 835 ff. (836).

[323] So im Ergebnis auch BFH, Urteil vom 18.01.1995 - XI R 71/93, BStBl. II 1995, S. 559 ff. (561); Schreiben des BMF vom 27.12.1990, BStBl. I 1991, S. 81 ff. (81); OFD Frankfurt

juristische Person des öffentlichen Rechts einen privaten Unternehmer zur Aufgabenerfüllung ein, wird dieser auf einer anderen Ebene tätig[324]. Von einer vergleichbaren Tätigkeit könnte nur dann ausgegangen werden, wenn die juristische Person des öffentlichen Rechts und der private Unternehmer gegenüber dem Verbraucher zueinander in Wettbewerb träten.

Die Tatsache, daß private Unternehmer wegen des öffentlich-rechtlichen Marktzutrittsverbotes im Ergebnis dennoch benachteiligt sind, ändert an der vorgenommenen Beurteilung ebenfalls nichts. Dieser Eingriff resultiert nicht aus dem Steuerrecht, sondern aus der öffentlich-rechtlichen Rechtsvorschrift, welche es der öffentlichen Hand erlaubt, eine bestimmte Tätigkeit selbst auszuüben und damit als Monopolist aufzutreten. So sieht es auch das Finanzgericht des Landes Brandenburg, wenn es ausführt, daß es sich um eine von der Gemeinde unabhängig (von der Steuer[325]) zu treffende Entscheidung der Gestaltung handele, ob sie ein privatwirtschaftliches Unternehmen einschalten wolle oder nicht[326].

Eine Benachteiligung in steuerlicher Hinsicht könnte aber sehr wohl angenommen werden, wenn die jPdöR teilweise einen privaten Rechtsträger eingeschaltet hat, daneben dieselbe Tätigkeit aber auch selbst ausführt. In diesem Fall hat sich die jPdöR auf die Ebene eines Privatunternehmers begeben. Die ausgeübten Tätigkeiten wären vergleichbar, was zur Folge hätte, daß der Grundsatz der Wettbewerbsgleichheit eine Besteuerung der jPdöR gebieten würde.

Der Ansicht des V. Senats des BFH in seinem Urteil zur Abwasserbeseitigung ist somit grundsätzlich zuzustimmen. Ob die vom BFH weiterhin verwendete Formel „eigentümlich und vorbehalten" der Weisheit letzter Schluß ist, sei dahingestellt. Begrüßenswert ist jedenfalls, daß sich der V. Senat – anders als der I. Senat in seinem Urteil zum Hausmüll – auf einen zweistufigen Prüfungsaufbau beschränkt hat und nicht in einem dritten Schritt der Frage nachgegangen ist, ob die Tätigkeit *überwiegend* der Ausübung öffentlicher Gewalt diene. Dies würde auf eine Bewertung der Tätigkeit hinauslaufen, welche es schon aus Gründen der Rechtssicherheit zu vermeiden gilt. Der von *Stadie*[327] aufgrund des

---

am Main, Verfügung vom 2.6.1997 - S 7300 - 127 - St IV 21, DB 1997, S. 1756; **a.A.** *Czempiel, Benedict*, Abwasserbeseitigung als Hoheitsbetrieb, UR 1992, S. 285 ff. (290).

[324] So im Ergebnis auch *Schärich, Herbert*, Wettbewerbsverzerrung durch Steuerfreiheit der Hoheitsbetriebe?, KStZ 1995, S. 9 ; vgl. auch Punkt 2.3.2.1.2.

[325] Klarstellende Anmerkung des Verfassers.

[326] FG des Landes Brandenburg, Urteil vom 19.03.1997 - 1 K 1491/95 U, EFG 1997, S. 835 ff. (836).

[327] *Stadie* in *Rau/Dürrwächter*, Kommentar zum UStG, 8. Auflage, Stand 7/ 1997, § 2 Rn. 927.

Urteils des I. Senats des BFH entwickelte Ansatz, daß in Zukunft allein maßgebend sei, ob sich die Tätigkeit, mittels derer Einnahmen erzielt werden, im Kern als Leistungserbringung oder als Hoheitsakt darstelle, ist daher abzulehnen.

Auch kommt es in diesem Zusammenhang nicht auf die Frage an, ob im Falle der Übertragung der Tätigkeit die Endverantwortung beim Staat liegt oder aber mit der Beauftragung eines Dritten auf diesen übergegangen ist[328]. Solange die jPdöR von der Einschaltung eines Dritten absieht und die betreffende Tätigkeit selbst ausübt, sind Wettbewerbsnachteile für private Unternehmer, jedenfalls in steuerlicher Hinsicht, ausgeschlossen. Die Frage nach der Endverantwortung stellt sich erst, wenn die öffentliche Hand einen privaten Unternehmer tätig werden läßt. Liegt die Endverantwortung dann trotz Einschaltung Dritter beim Staat, muß in umsatzsteuerlicher Hinsicht von zwei Leistungsbeziehungen ausgegangen werden[329], nämlich von einer Leistung des Erfüllungsgehilfen an die jPdöR und von einer weiteren Leistung der jPdöR an den Bürger[330]. Die Leistung der jPdöR an den Bürger erfolgt nicht im Rahmen eines BgA, da die jPdöR auf einer anderen Ebene tätig ist und daher mit ihrer Leistung nicht in Wettbewerb zu privaten Unternehmern tritt. Es kann folglich von keiner *wirtschaftli-*

---

[328] **A.A.** BFH, Urteil vom 23.10.1996 - I R 1-2/94, BStBl. II 1997, S. 139 ff. (142); FG Mecklenburg-Vorpommern, Urteil vom 10.12.1996 - 1 K 108/95, EFG 1997, S. 438 ff. (440); *Weiss, Eberhard*, Anmerkung zum Urteil des BFH vom 23.10.1996, UR 1997, S. 344 f. (344); *Wellmann, Susanne*, Abfallentsorgung als Hoheitsbetrieb gemäß § 4 Abs. 5 KStG?, DB 1997, S. 501 ff. (505).

[329] So im Ergebnis auch BFH, Urteil vom 18.01.1995 - XI R 71/93, BStBl. II 1995, S. 559 ff. (561); BFH, Urteil vom 04.06.1992 - V R 31/88, BFH/NV 1993, S. 276 ff (276); auch schon RFH, Urteil vom 04.11.1932 - V A 81/32, RStBl. 1933, S. 292 ff. (293), OFD Frankfurt am Main, Verfügung vom 2.6.1997 - S 7300 - 127 - St IV 21, DB 1997, S. 1756; *Birkenfeld, Wolfram*, Das große USt-Handbuch, Stand: September 1996, § 40 Rn. 295; *Reiß* in *Schwarze/Reiß/Kraeusel*, Umsatzsteuergesetz, Bonn 1994, § 2 Rn. 147; *Forchhammer, Josef*, Umsatzsteuerliche Probleme bei Einschaltung einer privatrechtlichen Gesellschaft in die Erfüllung hoheitlicher Aufgaben, UR 1991, S. 157 (157); **a.A.** BMF für den Bereich der Abwasserbeseitigung im Beitrittsgebiet bis zum 31.12.1991, vgl. Schreiben des BMF vom 26.11.1991, UR 1991, S. 26 und auch *Czempiel, Benedict*, Abwasserbeseitigung als Hoheitsbetrieb, UR 1992, S. 285 ff. (287 ff.): seiner Ansicht nach führe ein privater Abwasserentsorger eine umsatzsteuerpflichtige Leistung nicht an die jPdöR, sondern an den Bürger aus. Infolgedessen müsse die Abwasserentsorgung auch aus Gründen der Wettbewerbsgleichheit als BgA beurteilt werden. M.E. stellt sich die Frage nach der steuerlichen Beurteilung der Tätigkeit bei der jPdöR nur, wenn die jPdöR in den Leistungsaustausch einbezogen ist. Im übrigen tritt die öffentliche Hand nicht in Wettbewerb zu privaten Unternehmern, falls diese nur durch Einschaltung der öffentlichen Hand tätig werden können (vgl. dazu obige Ausführungen).

[330] Vgl. dazu das Schaubild oben unter Punkt 2.1.3.

*chen* Tätigkeit i.S.v. § 4 Abs. 1 KStG ausgegangen werden[331]. Geht die Endverantwortung dagegen auf den Dritten über, so wird der Dritte als sogenannter „beliehener" Unternehmer[332] tätig. Dieser leistet direkt an den Bürger[333]. Bei wem die Endverantwortung liegt, ist daher allein für die Frage entscheidend, wer zu wem umsatzsteuerrechtlich in Leistung tritt[334].

Als Zwischenergebnis kann festgehalten werden, daß in steuerlicher Hinsicht ein Wettbewerbsverhätnis zwischen jPdöR und privatrechtlichen Dritten nicht gegeben ist, soweit für letztere kein unmittelbarer Marktzugang besteht[335]. Die Übertragbarkeit einer Leistung indiziert jedenfalls nicht, daß die Pflichtaufgabe der jPdöR nicht hoheitlich wäre und daher von einem BgA ausgegangen werden müsse[336]. Entscheidend ist allein die jeweilige Ausgestaltung der öffentlich-rechtlichen Rechtsvorschriften selbst[337]. Solange ein Privatunternehmer danach nur aufgrund Einschaltung durch die jPdöR, sei es als Erfüllungsgehilfe oder „beliehener" Unternehmer der jPdöR, tätig werden kann, kann von keinem für die Besteuerung relevanten Wettbewerb ausgegangen werden.

---

331 So im Ergebnis auch BFH, Urteil vom 18.01.1995 - XI R 71/93, BStBl. II 1995, S. 559 ff. (561); Schreiben des BMF vom 27.12.1990, BStBl. I 1991, S. 81 ff. (81); OFD Frankfurt am Main, Verfügung vom 2.6.1997 - S 7300 - 127 - St IV 21, DB 1997, S. 1756; **a.A.** *Czempiel, Benedict,* Abwasserbeseitigung als Hoheitsbetrieb, UR 1992, S. 285 ff. (290).

332 In der Literatur und Rechtsprechung werden die Bezeichnungen „Erfüllungsgehilfe" und „beliehener Unternehmer" unterschiedlich verwendet. In der Rechtsprechung und Teilen der Literatur wird als „beliehener Unternehmer" jeder Private bezeichnet, der von der öffentliche Hand eingeschaltet wird (vgl. BFH, Urteil vom 18.01.1995 - XI R 71/93, BStBl. II 1995, S. 559 ff.; *Birkenfeld, Wolfram,* Das große USt-Handbuch, Stand: September 1996, § 40 Rn.295). In dieser Arbeit werden als „beliehene Unternehmer" nur diejenigen, von der öffentlichen Hand eingeschalteten privaten Unternehmer bezeichnet, die unmittelbar selbst aufgrund öffentlichen Rechts gegenüber dem Leistungsempfänger tätig werden (ebenso *Reiß* in *Schwarze/Reiß/Kraeusel,* Umsatzsteuergesetz, Bonn 1994, § 2 Rn. 147; *Weich, Bernhard,* Öffentliche Hand im System der Umsatzsteuer, Dissertation, Köln, 1996 S. 123).

333 Vgl. dazu das Schaubild oben unter Punkt 2.1.3.

334 So im Ergebnis auch OFD Frankfurt am Main, Verfügung vom 2.6.1997 - S 7300 - 127 - St IV 21, DB 1997, S. 1756.

335 So im Ergebnis auch der erste Senat des BFH, Urteil vom 23.10.1996 - I R 1-2/94, BStBl. II 1997, S. 139 ff. (142).

336 So aber *Birkenfeld, Wolfram,* Das große USt-Handbuch, Stand: September 1996, § 40 Rn. 295.

337 Vgl. dazu auch BFH, Urteil vom 11.06.1997 - XI R 65/95, BFHE 183, S. 283 ff. (288).

*(5) Bedeutung von § 4 Abs.5 S. 2 Alt.2 KStG bei Einschaltungsmöglichkeit von Dritten*

Gemäß § 4 Abs. 5 S. 2 Alt. 2 KStG reichen Monopolrechte für die Annahme eines Hoheitsbetriebs nicht aus. Nach dem Wortlaut des § 4 Abs. 5 S. 2 Alt. 2 KStG könnte ein *Betrieb gewerblicher Art* folglich auch dann bejaht werden, wenn die jeweilige jPdöR mit Monopolrechten ausgestattet ist. Unklar ist, wie sich diese Feststellung mit den bisher angestellten Überlegungen vereinbaren läßt. Denn in den unter Punkt *(4)*[338] angesprochenen Fällen, in denen Private nur aufgrund Einschaltung durch die öffentliche Hand tätig werden können, wurde gerade wegen der Monopolstellung der jPdöR ein Hoheitsbetrieb bejaht. Soll dieses Ergebnis im Lichte des § 4 Abs. 5 S. 2 KStG Bestand haben, so darf eine aufgrund öffentlichen Rechts bestehende Entschließungsmöglichkeit für die öffentliche Hand, sich zur Erfüllung der bestehenden Aufgaben eines Dritten zu bedienen, nicht als „Monopolrecht" i.S.v. § 4 Abs. 5 S. 2 Alt. 2 KStG verstanden werden.

Der BFH hat sich mit dieser Frage noch nicht auseinandergesetzt. Im Hinblick auf § 4 Abs. 5 S. 2 Alt. 2 KStG hat er sich nur ein einziges Mal geäußert. Unter Bezugnahme auf diese Regelung vertrat er die Ansicht, daß die Art bzw. der Inhalt der betreffenden Tätigkeit für die steuerliche Beurteilung entscheidend sei und dies unabhängig davon gelte, ob ein tatsächlicher Wettbewerb vorhanden sei[339]. Entscheidend sei allein die Frage, ob die Körperschaft des öffentlichen Rechts Tätigkeiten ausführe, die auch von privaten Unternehmen ausgeführt werden könnten. Bezogen auf die unter Punkt *(4)*[340] angesprochenen Fälle könnte daraus der Schluß gezogen werden, daß jPdöR im Rahmen eines steuerbaren BgA tätig werden, falls sie von der Einschaltung eines Dritten absehen. Denn die betreffende Tätigkeit könnte ja grundsätzlich – nämlich im Falle der Einschaltung eines Dritten – auch von privaten Unternehmern ausgeübt werden. Daß aufgrund der Nichteinschaltung Dritter tatsächlich kein privatrechtlicher

---

[338] Vgl. 2.4.1.2.3 unter *(4)*.

[339] BFH, Urteil vom 30.06.1988 - V R 79/84, BStBl. II 1988, S. 910 ff.; soweit aus den Entscheidungsgründen ersichtlich, konnten in dieser Entscheidung private Unternehmer auf der selben Ebene, also nicht nur als Erfüllungsgehilfe bzw. „beliehene" Unternehmer der jPdöR, tätig werden. Später diese Ansicht bestätigt durch Urteil vom 21.09.1989 - V R 89/85, BStBl. II 1990, S. 95 ff. (97); zuvor gab es nur vereinzelt Hinweise darauf, daß möglicherweise ein potentieller Wettbewerb ausreichend ist, vgl. dazu BFH, Urteil vom 22.09.1976 - I R 102/74, BStBl. II 1976, S. 793 ff. (794); BFH, Urteil vom 18.08.1966 - V 21/64, BStBl. III 1967, S. 100 f. (101). Der erste Senat des BFH stellt in der Regel auf eine tatsächliche Wettbewerbslage ab, vgl. BFH, Urteil vom 26.11.1957 - I 344/56, amtlich nicht veröffentlicht, teilweise aber darauf Bezug genommen im Urteil des BFH vom 13.04.1961 - V 120/59 U, BStBl. III 1961, S. 298 ff. (299).

[340] Vgl. oben Punkt 2.4.1.2.3 unter *(4)*.

Dritter am Markt tätig ist, müßte als unbeachtlich dahingestellt bleiben, da ein potentieller Wettbewerb nach dem Urteil des V. Senat des BFH grundsätzlich ausreichend ist. Zuletzt hat sich derselbe Senat des BFH nicht mehr mit § 4 Abs. 5 S. 2 Alt. 2 KStG auseinandergesetzt, obwohl er dazu in seiner Entscheidung zum Bereich der Abwasserbeseitigung[341] Gelegenheit gehabt hätte. Es stellt sich daher die Frage, inwieweit die Regelung in § 4 Abs. 5 S. 2 Alt. 2 KStG in diesen Fällen herangezogen werden kann. In der Literatur differieren die Ansichten über die Bedeutung des § 4 Abs. 5 S. 2 Alt. 2 KStG erheblich.

*Stadie*[342] vertritt die Auffassung, daß sich die Sichtweise der Rechtsprechung, wonach ein tatsächlich vorhandener Wettbewerb wegen § 4 Abs. 5 S. 2 Alt. 2 KStG nicht ausschlaggebend sei und es daher auf einen potentiellen Wettbewerb ankomme, nicht mit der sonst von der Rechtsprechung verwendeten Formel „eigentümlich und vorbehalten" vereinbaren lasse. Dies insbesondere deshalb, da ein potentieller Wettbewerb nicht möglich sei, wenn der jPdöR kraft gesetzlicher Zuweisung ein Monopol zustehe. Aus § 4 Abs. 5 S. 2 Alt. 2 KStG müsse daher gefolgert werden, daß es auf einen möglichen Wettbewerb überhaupt nicht ankomme bzw. daß auch dann, wenn der jPdöR durch Gesetz das alleinige Recht zustehe, bestimmte Leistungen zu erbringen, und damit private Wettbewerber ausgeschaltet sind, ein BgA vorliegen könne. *Bader*[343] fordert demgegenüber, daß § 4 Abs. 5 S. 2 Alt.2 KStG ersatzlos gestrichen werden sollte. Die Regelung sei sinnwidrig, da sie eine unnötige Selbstbesteuerung der öffentlichen Hand außerhalb jeden Wettbewerbs nahelege. Ein Wettbewerb könne die Steuerpflicht jPdöR nur dann erzwingen, wenn eine Wettbewerbssituation wenigstens möglich sei. Dies sei aber nicht der Fall, wenn der öffentlichen Hand rechtlich oder tatsächlich ein Monopol für einen bestimmten Tätigkeitsbereich zugewachsen sei.

Der Ansicht *Baders* ist im Ergebnis zuzustimmen. Die Vorschrift des § 4 Abs. 5 S. 2 KStG gilt nicht ausnahmslos für alle Monopolrechte[344]. Der Gesetzgeber wollte mit dieser Vorschrift lediglich klarstellen, daß im Falle einer „tatsächli-

---

[341] BFH, Urteil vom 08.01.1998 - V R 32/97, BStBl. II 1998, S. 410 ff..

[342] *Stadie* in *Rau/Dürrwächter*, Kommentar zum UStG, 8. Auflage, Stand 7/ 1997, § 2 Rn. 910 und 913.

[343] *Bader, Hermann Georg*, Hoheitsbetrieb und Betrieb gewerblicher Art im Umsatz- und Körperschaftsteuerrecht, Dissertation (Köln 1996), Frankfurt am Main, 1997, S. 101 f. .

[344] Ähnlich *Reiß* in *Schwarze/Reiß/Kraeusel*, Umsatzsteuergesetz, Bonn 1994, § 2 Rn. 159, der die Ansicht vertritt, daß mit dieser Vorschrift vor allem solche Zwangs- und Monopolrechte gemeint seien, die im Interesse der Leistungsempfänger eingeräumt seien, damit diese einen Anspruch auf Leistungen der jPdöR hätten, vgl. dazu auch die Kritik von *Stadie* in *Rau/Dürrwächter*, Kommentar zum UStG, 8. Auflage, Stand 7/ 1997, § 2 Rn. 910, Fn. 3.; vgl. auch die Ausführungen unter Punkt 2.3.2.2.

chen" Monopolstellung[345] der öffentlichen Hand trotz fehlender Wettbewerbsnachteile für Private ein steuerbarer BgA angenommen werden kann. Denn geschützt ist auch der potentielle Wettbewerb. Steuerlich dürfen keine Marktzutrittsschranken errichtet werden. Des weiteren hat § 4 Abs. 5 S. 2 KStG auch für all jene Fälle Bedeutung, in denen potentielle Nachfrager zwar nicht dieselbe Leistung, aber Leistungen eines Privatunternehmers in Anspruch nehmen können, die mit der betreffenden Leistung der jPdöR vergleichbar sind, es sich also insoweit um ein für den Nachfrager „austauschbares" Leistungsangebot handelt. Auch für eine solche Monopolstellung stellt § 4 Abs. 5 S. 2 Alt. 2 KStG klar, daß diese nicht für die Annahme eines Hoheitsbetriebs ausreicht.

Die Vorschrift des § 4 Abs. 5 S. 2 Alt. 2 KStG entfaltet dagegen keine Wirkung, wenn jPdöR auf einer anderen Ebene tätig werden, was immer dann anzunehmen ist, wenn sie aufgrund öffentlichen Rechts entscheiden können, eine bestimmte Tätigkeit selbst auszuüben oder aber damit einen Erfüllungsgehilfen oder „beliehenen" Unternehmer zu betrauen. Eine Besteuerung dieser Fälle widerspräche dem Sinn und Zweck des § 4 KStG. Dieser kann ausschließlich darin gesehen werden, Wettbewerbsnachteile für Privatunternehmer, die sich im Falle einer Nichtbesteuerung der öffentlichen Hand ergeben würden, zu vermeiden[346]. Wird die öffentliche Hand auf einer anderen Ebene tätig, sind Wettbewerbsnachteile in steuerlicher Hinsicht aber ausgeschlossen.

*(6) Örtliche Grenzen hinsichtlich der Beurteilung des Wettbewerbs*

Ungeklärt ist, welche örtliche Grenzen für die Beurteilung der Wettbewerbssituation ausschlaggebend sind. Rechtsprechung und Literatur haben sich mit dieser Problematik bislang nur im Hinblick auf die gemeinschaftsrechtliche Regelung in Art. 4 Abs. 5 Uabs. 2 der 6. EG-RL beschäftigt[347]. So hat der BFH festgestellt, daß bei der Beurteilung des Vorliegens „größerer Wettbewerbsverzerrungen" entscheidend sei, „ob im Tätigkeitsbereich der Klägerin private Wirtschaftsteilnehmer in gleicher Weise wie die Klägerin Gebäude ohne Inventar zum Betrieb von Gaststätten verpachten und ob eine unterschiedliche (umsatz-) steuerliche Belastung intensive und nachhaltige negative Auswirkungen in dieser Branche zur Folge haben könnte". Der BFH stellt offensichtlich auf den Bereich ab, innerhalb dessen die jPdöR ihre Aufgaben erfüllt[348]. Das Finanzgericht

345 Von einer „tatsächlichen" Monopolstellung ist die rede, wenn private Unternehmer rechtlich nicht gehindert sind, die betreffende Tätigkeit ebenfalls anzubieten, sie sozusagen jederzeit zur öffentlichen Hand in Wettbewerb treten könnten, dies aber aus irgendwelchen, nicht steuerspezifischen Gründen nicht beabsichtigen.

346 Oben wurde bereits ausgeführt, daß sich der Sinn und Zweck des § 4 KStG durch die Einführung des § 4 Abs. 5 S.2 KStG nicht geändert hat, vgl. oben Punkt 2.3.2.2.

347 Vgl. dazu im einzelnen Punkt 3.6.2.

348 BFH, Urteil vom 11.06.1997 - XI R 33/94, UR 1997, S. 346 ff.

München, an welches der BFH die Entscheidung zurückgewiesen hat, hält es demgegenüber auch für vertretbar, daß bei der Beurteilung der Wettbewerbssituation nicht die politischen Grenzen, sondern der von diesen Grenzen unabhängige Wirtschaftsraum ausschlaggebend sei[349]. Damit könnten auch diejenigen Tätigkeiten der Gemeinden berücksichtigt werden, die die Gemeinde außerhalb ihres Gemeindegebiets ausübt.

Gegen diesen Ansatz des Finanzgerichts München ist grundsätzlich nichts einzuwenden. Zunächst stellt sich aber die Frage, um welche Art von Tätigkeit es sich handelt. Denn kann die juristische Person des öffentlichen Rechts die jeweilige Tätigkeit nach dem Gesetz nur in ihrem Hoheitsgebiet ausüben, so kann sich die Beurteilung der Wettbewerbssituation nur auf dieses Hoheitsgebiet beziehen. Handelt es sich hingegen um eine Tätigkeit, die die jPdöR auch außerhalb ihres Hoheitsgebietes erbringen kann[350], so kann mit dem Finanzgericht München davon ausgegangen werden, daß der jeweilige Wirtschaftsraum entscheidend ist[351]. Andernfalls wäre es für juristische Personen des öffentlichen Rechts ein Leichtes, sich der Steuerpflicht durch ein Tätigwerden außerhalb ihres Hoheitsgebiets zu entziehen und damit in ungerechtfertigter Weise einen Wettbewerbsvorteil zu erlangen.

*(7) Wettbewerbssituation bei Wahrnehmung von gesetzlich zugewiesenen Aufgaben, wie sie auch von Privatpersonen ausgeübt werden können*

Neben den bisher aufgezeigten Fallgruppen gibt es auch Fälle, in denen die öffentliche Hand zwar gesetzlich zugewiesene Aufgaben erfüllt, daneben aber auch private Unternehmer dieselbe Tätigkeit auf gleicher Ebene – also nicht nur als Erfüllungsgehilfe oder „beliehener" Unternehmer der jPdöR – ausüben können.

Dies ist einmal dann der Fall, wenn private Unternehmer auf der gleichen Ebene dieselben Leistungen anbieten und dem Bürger dabei offensteht, für welche Leistung er sich entscheidet[352]. Da es sich in diesen Fällen um wettbewerbsrele-

---

349 FG München, Urteil vom 16.7.1998 - 14 K 3310/97, UVR 1998, S. 358 ff.

350 Dies ist grundsätzlich möglich. Vgl. z.B. Art. 89 Abs. 4 bayGO.

351 *Lange, Hans-Friedrich,* Neutralitätsprinzip bei der Umsatzbesteuerung der öffentlichen Hand, UR 1999, S. 385 ff. (388).

352 Auf dieser Linie liegen auch folgende Urteile des BFH: Urteil vom 21.09.1989 - V R 89/85, BStBl. II 1990, S. 95 ff. (97): Gegen Entgelt ausgeführte Blutalkoholuntersuchungen durch jPdöR sind BgA, da die Tätigkeit auch von Privaten ausgeübt werden kann. Im konkreten Fall konnten Private auf der selben Ebene, also nicht nur als Erfüllungsgehilfe der jPdöR tätig werden. Vgl. auch Urteil vom 26.05.1977 - V R 15/74, BStBl. II 1977, S. 813 ff. (815): Pflege privater Grabstätten und Umrahmung privater Trauerfeiern durch jPdöR sind BgA, da diese Tätigkeiten auch von Privaten ausgeführt werden. Urteil vom

vante Tätigkeiten handelt, ist eine Besteuerung zwingend angezeigt. Unerheblich ist dabei, ob die jeweilige Tätigkeit der jPdöR als Pflichtaufgabe oder als sonstige Aufgabe aufgegeben ist. Auch kann dahinstehen, ob private Dritte diese Tätigkeit tatsächlich am Markt anbieten. Ausreichend ist es, wenn private Unternehmer nach öffentlichem Recht nicht gehindert sind, die jeweilige Tätigkeit jederzeit selbständig aufzunehmen und damit zur öffentlichen Hand in Wettbewerb zu treten. Geschützt ist der potentielle Wettbewerb. Dies ergibt sich letztendlich auch aus dem Sinn und Zweck des § 4 KStG[353]. Der Schutz privater Unternehmer wäre unzureichend, würde dieser erst zu einem Zeitpunkt einsetzen, in welchem private Unternehmer tatsächlich am Markt tätig werden.

Daneben gibt es Fallgestaltungen, in denen Privatunternehmer zwar nicht dieselbe Leistung, aber eine sogenannte „austauschbare" Leistung anbieten. Wie bereits in Zusammenhang mit § 4 Abs.5 S. 2 Alt. 2 KStG ausgeführt, werden unter „austauschbaren" Leistungen solche Leistungen verstanden, denen sich der potentielle Abnehmerkreis jederzeit bedienen kann und die er als vergleichbar ansieht[354]. Auch in diesen Fällen ist eine Besteuerung angezeigt, denn es würde eine Benachteiligung privater Unternehmer in steuerlicher Hinsicht bedeuten, bliebe die Leistung der öffentlichen Hand unbesteuert. So sieht es auch *Bader*[355], der in diesem Zusammenhang von gleichartigen und ungleichartigen Leistungen spricht. Ein Wettbewerbsverhätnis könne zwar grundsätzlich nur dann angenommen werden, falls eine gleichartige Leistung am Markt angeboten werde, doch könnten gleichartige Leistungen ungleichartigen Leistungen gleichgesetzt werden, wenn sie im Wirtschaftsverkehr als vergleichbar angesehen würden. Dies ergebe sich aus einem Rückgriff auf das Wettbewerbsrecht, insbesondere aus § 1 UWG. Auch dort sei es nicht notwendig, daß die angebotenen Leistungen gleichartig seien, vielmehr ausreichend, wenn sich die Leistungen gegenseitig austauschen ließen[356]. Der Ansicht *Baders* ist im Ergebnis zuzustimmen, auch wenn sich ein Rückgriff auf das Wettbewerbsrecht erübrigt.

---

22.09.1976 - I R 102/74, BStBl. II 1976, S. 793 ff. (794): ein von der Gemeinde unterhaltener, gebührenpflichtiger Parkplatz ist BgA, selbst wenn der Betrieb des Parklatzes als Pflichtaufgabe qualifiziert wird, da ein Privatunternehmer auch einen solchen Parkplatz betreiben könnte. Im Ergebnis wohl (aus dem abgedruckten Urteil ist nicht ersichtlich, ob Private auf der selben Ebene oder nur als Erfüllungsgehilfen tätig werden konnten) ebenso BFH, Urteil vom 30.06.1988 - V R 79/84, BStBl. II 1988, S. 910 ff. (912): Betreuung privater Waldbesitzer durch jPdöR ist BgA, selbst wenn dabei um Erfüllung gesetzlicher zugewiesener Aufgabe handelt.

[353] Vgl. oben Punkt 2.3.2.2.

[354] Vgl. oben Punkt 2.3.2.2.

[355] *Bader, Hermann Georg*, Hoheitsbetrieb und Betrieb gewerblicher Art im Umsatz- und Körperschaftsteuerrecht, Dissertation (Köln 1996), Frankfurt am Main, 1997, S. 98 ff. (98 f.).

[356] BGH, Urteil vom 24.05.1963 - IB ZR 62/62, BGHZ 39, 352 ff. (356).

Bereits Sinn und Zweck des § 4 KStG verlangen ein derart weites Wettbewerbsverständnis: Eine Benachteiligung privater Anbieter droht bereits dann, wenn diese zwar nicht dieselbe Leistung, aber eine Leistung anbieten können, die der potentielle Nachfrager gegenüber der Leistung der jPdöR als vergleichbar ansieht. Der öffentliche Anbieter hätte einen Wettbewerbsvorteil, könnte er die Leistung steuerfrei anbieten.

*(8) Tätigwerden in den Formen des Zivilrechts als „wirtschaftliche" Tätigkeit?*
Rechtsprechung und Teile der Literatur vertreten die Auffassung, daß ein Tätigwerden juristischer Personen des öffentlichen Rechts in den Formen des Privatrechts stets im Rahmen eines steuerbaren BgA erfolge. Fraglich ist, ob diesem Ansatz zuzustimmen ist.

Der für das Umsatzsteuerrecht zuständige V. Senat des BFH hatte zivilrechtliche Verträge zunächst nur als Indiz für eine „Tätigkeit außerhalb der öffentlichen Gewalt" gewertet[357]. Mittlerweile vertritt derselbe Senat die Auffassung, daß derartige Leistungen „nach der neueren Rechtsprechung des Senats" grundsätzlich der Umsatzsteuer unterlägen[358]. Da in diesem Zusammenhang auf die Rechtsprechung des EuGH Bezug genommen wird, muß wohl davon ausgegangen werden, daß diese Schlußfolgerung das Ergebnis einer richtlinienkonformen Auslegung des deutschen Rechts ist.

Die herrschende Literatur wertet ein Tätigwerden in den Formen des Privatrechts ebenfalls als entscheidendes Abgrenzungsmerkmal. „Ausübung öffentlicher Gewalt" könne im Falle eines zivilrechtlichen Austauschverhältnisses nicht angenommen werden[359]. Denn in diesen Fällen habe sich die öffentliche Hand auf die Ebene der Gleichordnung begeben, was die Annahme von „Ausübung öffentlicher Gewalt" ausschließe[360]. Unklar bleibt, ob dies das Ergebnis einer richtlinienkonformen Auslegung ist. Zum Teil wird auf die Rechtsprechung des

---

[357] BFH, Urteil vom 27.06.1990 - I R 166/85, BFH NV 1991, S. 628 ff. (629); BFH, Beschluß vom 16.12.1992 - V B 74/92, BFH NV 1993, S. 696.

[358] BFH, Beschluß vom 26.01.1995 - V R 122/93, BFH NV 1996, S. 86 f. (86); ob im Gegensatz dazu ein Tätigwerden in den Handlungsformen des öffentlichen Rechts für die Annahme eines Hoheitsbetriebs spricht, hat der V. Senat bislang aber offengelassen, vgl. BFH, Urteil vom 10.12.1992 - V R 3/88, BStBl. II 1993, S. 380 ff. (381).

[359] *Stadie* in *Rau/Dürrwächter*, Kommentar zum UStG, 8. Auflage, Stand 7/ 1997, § 2 Rn. 900; *Reiß* in *Schwarze/Reiß/Kraeusel*, Umsatzsteuergesetz, Bonn 1994, § 2 Rn. 158; *Birkenfeld, Wolfram*, Das große USt-Handbuch, Stand: September 1996, § 40 Rn. 298; **a.A.** *Laule, Gerhard*, Die Körperschaftsteuerfreiheit für Hoheitsbetriebe - wann dient ein Betrieb der Ausübung öffentlicher Gewalt?, DStZ 1988, S. 183 ff. (189).

[360] So insbesondere *Stadie* in *Rau/Dürrwächter*, Kommentar zum UStG, 8. Auflage, Stand 7/ 1997, § 2 Rn. 900.

EuGH hingewiesen[361], was eine Auslegung im Sinne der 6.EG-RL nahelegt. Zum Teil wird diese Rechtsfolge bereits aus der deutschen Regelung abgeleitet.

Gegen diese in der Literatur vorherrschende Meinung wendet sich *Laule*[362]. Verwaltungsprivatrechtliches Handeln könne nicht die Versagung der Steuerbefreiung gemäß § 4 Abs. 5 KStG begründen. Zu bedenken sei insbesondere, daß Körperschaften des öffentlichen Rechts beim Handeln in privatrechtlichen Formen an Bestimmungen des öffentlichen Rechts weiter gebunden blieben. Das Privatrecht sei somit nicht Grundlage, sondern nur Mittel der Verwaltungstätigkeit. Etwas anderes könne nur dann gelten, wenn Träger der öffentlichen Verwaltung auf dem Boden des Privatrechts unmittelbar als Produzent, Verteiler oder Konsument von Bedarfsgütern aufträten und damit erwerbswirtschaftlich und konkurrierend am Wirtschaftsablauf teilnehmen würden. Nur in diesem Fall stelle sich die Frage, ob aus Gründen der Wettbewerbsneutralität die Tätigkeit der öffentlichen Hand der Steuer zu unterliegen habe.

Der für das Körperschaftsteuerrecht zuständige I. Senat des BFH geht offensichtlich ebenfalls davon aus, daß ein Tätigwerden in den Formen des Privatrecht nicht zwingend die Annahme eines BgA erfordere. Wörtlich vertritt er in seinem Urteil vom 23.10.1996 folgende Ansicht[363]:

> *„Daß sich der Kläger beim Vertrieb der Säcke der Formen des Zivilrechts bediente, macht aus den Verkäufen noch keinen Betrieb gewerblicher Art“.*

Diese Feststellung wurde zwar erst getroffen, nachdem zuvor der Verkauf der (Müll-) Säcke als Hilfsgeschäft eines Hoheitsbetriebs qualifiziert worden war[364], dennoch spricht einiges dafür, daß der I. Senat des BFH einen steuerpflichtigen BgA nicht bereits bei einem Tätigwerden in den Formen des Privatrechts bejaht.

Die Art und Weise der Ausübung der Tätigkeit hat keinen Einfluß auf deren Steuerpflichtigkeit[365]. § 4 Abs. 1 KStG (i.V.m. § 2 Abs. 3 S. 1 UStG) besagt lediglich, daß von einem steuerbaren BgA immer dann auszugehen ist, wenn es sich um eine Einrichtung handelt, die einer nachhaltigen wirtschaftlichen Tätig-

---

[361] So z.B. *Stadie* in *Rau/Dürrwächter*, Kommentar zum UStG, 8. Auflage, Stand 7/ 1997, § 2 Rn. 900.

[362] *Laule, Gerhard*, Die Körperschaftsteuerfreiheit für Hoheitsbetriebe - wann dient ein Betrieb der Ausübung öffentlicher Gewalt?, DStZ 1988, S. 183 ff. (189 f.).

[363] BFH, Urteil vom 23.10.1996 - I R 1-2/94, BStBl. II 1997, S. 139 ff. (142).

[364] Vgl. dazu im einzelnen die Ausführungen oben unter Punkt 2.4.1.2.3 *(4)*.

[365] Ebenso FG Mecklenburg-Vorpommern, Urteil vom 10.12.1996 - 1 K 108/95, EFG 1997, S. 438 ff. (440).

keit dient. Ob diese wirtschaftliche Tätigkeit mit den Mitteln des Privatrechts oder mit den Mitteln des öffentlichen Rechts erbracht wird, ist – zumindest nach dem Wortlaut der Vorschriften – unerheblich. Allein entscheidend ist der Wettbewerbsgedanke[366]. Die Art und Weise des Tätigwerdens der öffentlichen Hand spielt dabei keine Rolle.

*(9) Zwischenergebnis*

Als *wirtschaftliche* Tätigkeiten im Sinne des § 4 Abs. 1 KStG werden diejenigen Tätigkeiten juristischer Personen des öffentlichen Rechts bezeichnet, die wettbewerbsrelevant sind. Ob letzteres zutrifft, ist aus Sicht eines privaten Unternehmers zu beurteilen. Ist dieser nicht gehindert, dieselbe Tätigkeit jederzeit selbständig, d.h. nicht nur als Erfüllungsgehilfe oder „beliehener" Unternehmer der jPdöR, aufzunehmen und damit zur öffentlichen Hand in Wettbewerb zu treten, so handelt es sich um eine wirtschaftliche Tätigkeit i.S.v. § 4 Abs. 1 KStG. Drei Sachverhaltsvarianten sind zu unterscheiden:

- Aufgrund öffentlichen Rechts (Gesetz, Rechtsverordnung, Satzung) ist ausschließlich die jPdöR befugt, eine bestimmte Tätigkeit auszuüben.
- Die jPdöR kann aufgrund einer öffentlich-rechtlichen Regelung entscheiden, ob sie die Tätigkeit selbst ausführt oder damit ganz oder teilweise einen privatrechtlichen Unternehmer als unselbständigen Erfüllungsgehilfen oder „beliehenen" Unternehmer betraut.
- Von der jPdöR werden gesetzlich zugewiesene Aufgaben ausgeführt, die auch von einem privaten Unternehmer ausgeführt werden oder ausgeführt werden könnten.

Nach dem Sinn und Zweck des § 4 KStG hat eine Besteuerung der öffentlichen Hand nur insoweit zu erfolgen, als Gründe des Wettbewerbsschutzes dies erfordern.

Für die erste Fallvariante ist demnach eine Besteuerung der öffentlichen Hand nicht angezeigt. Zwischen privaten Unternehmen und der öffentlichen Hand besteht insoweit keine Wettbewerbsbeziehung. Eine solche kann entsprechend dem privaten Wettbewerbsrecht (GWB) nur angenommen werden, wenn Nachfrager frei zwischen den Leistungen beider wählen können. Dies ist aber nicht der Fall, wenn aufgrund öffentlichen Rechts (Gesetz, Satzung, Rechtsverordnung) ausschließlich jPdöR befugt sind, bestimmte Tätigkeiten auszuüben. Der Wettbewerbsnachteil für private Unternehmen resultiert nicht aus steuerrechtlichen Vorschriften, sondern ausschließlich aus den öffentlich-rechtlichen Vorschriften, die ein Tätigwerden von privater Seite verbieten.

---

[366] Vgl. dazu die Ausführungen oben unter Punkt 2.3.2.

Auch bei der zweiten Fallvariante scheidet eine Besteuerung der öffentlichen Hand aus. Ein möglicherweise bestehender Wettbewerb zwischen jPdöR und privatrechtlichen Dritten hinsichtlich des Zugangs zum Markt ist für die steuerliche Beurteilung der Tätigkeit nicht relevant. Die Übertragbarkeit einer Tätigkeit auf Dritte indiziert jedenfalls nicht, daß es sich um eine „wirtschaftliche" Tätigkeit handelt. Solange ein Privatunternehmer nach öffentlichem Recht nur als Erfüllungsgehilfe oder „beliehener" Unternehmer der jPdöR tätig werden kann, kann von keinem für die Besteuerung relevanten Wettbewerb ausgegangen werden, falls die öffentliche Hand die betreffende Tätigkeit selbst ausführt. Unerheblich ist in diesem Zusammenhang, ob im Falle der Übertragung der Tätigkeit auf einen Dritten die Endverantwortung beim Staat liegt oder aber mit der Beauftragung des Dritten auf diesen übergegangen ist. Letzteres hat nur Bedeutung für die Frage, ob die jPdöR in den umsatzsteuerrechtlichen Leistungsaustausch miteinbezogen ist bzw. der Privatunternehmer umsatzsteuerrechtlich direkt an den Abnehmer leistet.

Können private Unternehmer dagegen auf derselben Ebene zur jPdöR in Wettbewerb treten (Fallvariante 3), so handelt es sich um eine wettbewerbsrelevante Tätigkeit der öffentlichen Hand, die es zu besteuern gilt. Nach dem Sinn und Zweck des § 4 KStG ist eine Besteuerung der öffentlichen Hand auch dann angezeigt, wenn potentielle Verbraucher zwar nicht dieselbe Leistung, aber eine Leistung eines Privatunternehmers in Anspruch nehmen können, die mit der jeweiligen Leistung der jPdöR vergleichbar ist, es sich insoweit um ein für den Verbraucher „austauschbares" Leistungsangebot handelt. Eines Rückgriffs auf § 4 Abs. 5 S. 2 Alt. 2 KStG bedarf es insoweit nicht.

Die Art und Weise der Ausübung der Tätigkeit sagt nichts über deren Steuerpflicht aus. Entgegen Rechtsprechung und Teilen der Literatur indiziert ein Tätigwerden jPdöR in den Formen des Privatrechts nicht, daß es sich um eine Tätigkeit handelt, die im Rahmen eines steuerbaren BgA erfolgt.

Zusammenfassend kann daher festgestellt werden, daß die jeweilige öffentlichrechtliche Regelung, aufgrund derer jPdöR tätig werden, über die Besteuerung entscheidet. Können private Unternehmer die Tätigkeit jederzeit selbständig – also nicht nur als Erfüllungsgehilfe oder „beliehener" Unternehmer der öffentlichen Hand – aufnehmen und damit in Wettbewerb zur öffentlichen Hand treten, handelt es sich um eine *wirtschaftliche* Tätigkeit i.S.d. § 4 Abs. 1 KStG.

#### 2.4.1.2.4 Nichtkostendeckende Tätigkeiten als *wirtschaftliche* Tätigkeiten im Sinne von § 4 Abs. 1 KStG?

Einrichtungen der öffentlichen Hand werden oft verlustbringend betrieben. Es stellt sich die Frage, ob auch nichtkostendeckende Tätigkeiten als *wirtschaftliche* Tätigkeiten im Sinne von § 4 Abs. 1 S. 1 KStG bezeichnet werden können.

Nach dem Wortlaut des Gesetzestextes erscheint diese Frage auf den ersten Blick unproblematisch. Denn in § 4 Abs. 1 S. 2 KStG verzichtet der Gesetzgeber ausdrücklich auf das Tatbestandsmerkmal der Gewinnerzielungsabsicht. Nicht anders ist die Rechtslage in der Umsatzsteuer. Auch dort ist in § 2 Abs. 1 S. 3 UStG festgeschrieben, daß eine gewerbliche oder berufliche Tätigkeit selbst dann bejaht werden kann, wenn die Absicht, Gewinn zu erzielen, fehlt. Es spricht daher grundsätzlich nichts dagegen, nichtkostendeckende Tätigkeiten juristischer Personen des öffentlichen Rechts der Umsatzsteuer zu unterwerfen. Dies wird zum Teil bestritten. So vertritt *Stadie* die Ansicht, daß Betriebe, die auf Dauer keinen Überschuß abwerfen, grundsätzlich keine *Betriebe gewerblicher Art* seien[367]. Ähnlich hat auch das FG des Saarlandes argumentiert[368].

Es empfiehlt sich, zwei Ebenen zu unterscheiden[369]: Aufgrund des systematischen Aufbaus des § 2 UStG[370] muß zunächst untersucht werden, ob der Unternehmerbegriff des § 2 Abs. 1 UStG ein kostendeckendes Tätigwerden voraussetzt. Erst im Anschluß daran kann der Frage nachgegangen werden, ob die Tätigkeit einen BgA im Sinne des § 2 Abs. 3 UStG i.V.m. § 4 Abs. 1 KStG begründen kann.

*Stadie* ist der Ansicht, daß trotz § 2 Abs. 1 S. 3 UStG eine Unternehmertätigkeit grundsätzlich nur angenommen werden könne, wenn die Tätigkeit geeignet sei,

---

[367] *Stadie* in *Rau/Dürrwächter*, Kommentar zum UStG, 8. Auflage, Stand 7/ 1997, § 2 Rn. 869 f.; er kommt aber aufgrund einer verfassungskonformen Auslegung des § 2 Abs. 3 UStG ebenfalls zu einer Steuerpflicht dieser Betriebe, da anderenfalls ein Verstoß gegen den Gleichheitssatz drohen würde.

[368] Vgl. FG des Saarlandes, Urteil vom 30.07.1986 - I 246/84, UR 1987, S. 240 ff. (241): *„Kein Unternehmer kann den Zweck seines Unternehmens darin sehen, seinen Kunden unter den eigenen Kosten die Vertragsleistung anzubieten, so daß bei Unter-Kosten-Leistung ein Transfer in die nichtunternehmerische Sphäre und damit Eigenverbrauch anzunehmen ist“.* Insbesondere *Widmann* („Teilweise unentgeltliche“ Umsätze als Eigenverbrauch ?, UR 1987, S. 221 ff. (222)) und *Bunjes, J. / Geist, R.*. (Umsatzsteuergesetz, Kommentar, 4. Auflage, München 1993, § 2 Anm. 44 a.E.) wollen in dieser Aussage erkennen, daß nach dem FG des Saarlandes eine Gemeinde im Rahmen ihres BgA nicht Unternehmer ist, wenn sie sich wie „kein Unternehmer“ verhält. M.E. handelt es sich nur um eine „unglückliche“ Formulierung des Gerichts, welche nicht überbewertet werden sollte. Das Urteil des FG des Saarlandes wurde vom BFH später aufgehoben – vgl. Urteil vom 28.11.1991 - V R 95/86, BStBl. 1992, S. 569 ff..

[369] Ebenso *Stadie* in *Rau/Dürrwächter*, Kommentar zum UStG, 8. Auflage, Stand 7/ 1997, § 2 Rn. 867.

[370] Vgl. dazu die Ausführungen unter Punkt 2.2.

einen Überschuß zu erzielen[371]. Denn aus dem Begriffspaar „gewerbliche und berufliche Tätigkeit“ müsse abgeleitet werden, daß die Wirtschaftlichkeit der Tätigkeit ein typisches Merkmal sei. Die Tätigkeit müsse im allgemeinen so angelegt sein, daß sie objektiv geeignet ist, auf Dauer gesehen Überschüsse abzuwerfen. Sei dies nicht der Fall, so könne nicht von einem Unternehmer im Sinne des § 2 Abs. 1 UStG die Rede sein. Im Ergebnis geht aber auch *Stadie* bei nichtkostendeckenden Tätigkeiten von einer unternehmerischen Betätigung aus. Er verweist auf Art. 3 Abs.1 GG, der es gebietet, Wettbewerbsvorteile gegenüber privatrechtlich organisierten Unternehmen zu vermeiden[372]. Der Verzicht des Gesetzes auf die Gewinnerzielungsabsicht in § 2 Abs. 1 S. 3 UStG bedeute daher lediglich, daß die Tätigkeit nicht von dem Motiv getragen sein müsse, Gewinne zu erzielen[373]. Den Ausführungen *Stadies* kann nicht zugestimmt werden[374]. Jede nachhaltige Tätigkeit, die mit Einnahmeerzielungsabsicht betrieben wird, reicht aus, die Unternehmereigenschaft zu begründen. Dies gilt selbst dann, wenn die Tätigkeit nur auf Kostendeckung angelegt ist. Eine andere Auslegung läßt der Wortlaut des § 2 Abs. 1 UStG nicht zu. Auch der Gedanke der Umsatzsteuer als einer allgemeinen Verbrauchsteuer verbietet es, die Besteuerung etwa von der Erfüllung subjektiver Merkmale des Verbraucherversorgers abhängig zu machen[375]. Nichts anderes ergibt sich aus europarechtlicher Sicht. Art. 4 Abs. 1 der 6. EG-RL schreibt ausdrücklich vor, daß es gleichgültig ist, zu welchem Zweck und mit welchen Ergebnis die wirtschaftliche Tätigkeit betrieben wird.

Eine andere Frage ist es, ob die Ausübung nichtkostendeckender Tätigkeiten einen *Betrieb gewerblicher Art* i.S.v. § 4 Abs.1 KStG begründen kann. Auch in diesem Zusammenhang vertritt *Stadie* die Ansicht, daß eine verlustbringende Tätigkeit keine „wirtschaftliche“ darstelle[376]. Des weiteren spreche auch § 8 KStG dagegen, solche Tätigkeiten der Körperschaftsteuer zu unterwerfen, da diese Vorschrift hinsichtlich der Ermittlung des körperschaftsteuerpflichtigen Einkommens ausschließlich auf das Einkommensteuergesetz verweise. Da sich

---

[371] *Stadie* in *Rau/Dürrwächter*, Kommentar zum UStG, 8. Auflage, Stand 7/ 1997, § 2 Rn. 374 ff..

[372] *Stadie* in *Rau/Dürrwächter*, Kommentar zum UStG, 8. Auflage, Stand 7/ 1997, § 2 Rn. 868.

[373] *Stadie* in *Rau/Dürrwächter*, Kommentar zum UStG, 8. Auflage, Stand 7/ 1997, § 2 Rn. 377.

[374] Ebenso BFH, Urteil vom 20.04.1972 - V R 110/72, BStBl. II 1972, S. 656 ff.; BFH, Urteil vom 29.11.1955/ 04.07.1956 - V 56/55 U, BStBl. III 1956, S. 275 ff.

[375] Vgl. in diesem Zusammenhang auch § 14 AO, nach dessen Satz 2 auch die Gewinnerzielungsabsicht fehlen kann.

[376] *Stadie* in *Rau/Dürrwächter*, Kommentar zum UStG, 8. Auflage, Stand 7/ 1997, § 2 Rn. 869.

das steuerpflichtige Einkommen gemäß § 2 EStG aus den verschiedenen Einkünften zusammensetze und nach § 15 Abs. 2 EStG Gewinneinkünfte nur angenommen werden könnten, wenn ihnen eine Einkünfteerzielungsabsicht zugrunde liege, könne daraus gefolgert werden, daß eine Tätigkeit nur dann im Rahmen eines BgA betrieben werde, wenn sie dergestalt angelegt sei, daß grundsätzlich Gewinne erwirtschaftet werden könnten. Ein Betätigung, die keine Überschüsse abwerfe, könne daher auch nicht unter das EStG und über § 8 Abs. 1 KStG auch nicht unter das KStG fallen[377].

Ähnlich sieht es *Seer*, der davon ausgeht, daß § 8 Abs. 1 KStG den auf der ersten Stufe bei der Feststellung der subjektiven Steuerpflicht im Rahmen des § 1 Abs.1 Nr. 6 i.V.m. § 4 KStG weit gefaßten Tatbestand auf der zweiten Stufe bei der Feststellung des Steuerobjekts wieder einenge[378]. Neben dem gesetzessystematischen Aufbau sieht sich *Seer* auch durch den Sinn und Zweck der Besteuerung der BgA bestätigt. Dieser bestehe in der Herstellung der Wettbewerbsgleichheit zwischen Unternehmen der öffentlichen Hand und solchen des privaten Rechts[379]. Da bei privaten Kapitalgesellschaften Einkünfte, die nicht mit Gewinnerzielungsabsicht erwirtschaftet wurden, aber als irrelevant angesehen würden[380], verlange der Gedanke der Wettbewerbsgleichheit, daß diese Einkünfte auch bei *Betrieben gewerblicher Art* unversteuert blieben[381]. Die von *Seer* angesprochene zweite Stufe (Feststellung des Steuerobjekts) ist in umsatzsteuerlicher Hinsicht[382] irrelevant[383]. Denn § 2 Abs. 3 UStG verweist nur hin-

[377] *Stadie* in *Rau/Dürrwächter*, Kommentar zum UStG, 8. Auflage, Stand 7/ 1997, § 2 Rn. 869; über eine verfassungskonforme Auslegung des § 2 Abs. 3 UStG gelangt aber auch *Stadie* letztlich zur Umsatzsteuerpflicht nichtkostendeckender Tätigkeiten. Seiner Meinung nach ist § 2 Abs. 3 UStG dergestalt zu lesen, daß auch solche Einrichtungen erfaßt werden, die BgA im Sinne des § 4 KStG wären, wären sie auf Erzielung eines Überschusses angelegt.

[378] *Seer, Roman*, Inhalt und Funktion des Begriffes „Betrieb gewerblicher Art" für die Besteuerung der öffentlichen Hand, DStR 1992, Teil II, S. 1790 ff. (1791). Siehe auch *Lang, Joachim / Seer, Roman*, Die Besteuerung der Drittmittelforschung, BB 1993, S. 262 ff. (263).

[379] Vgl. dazu auch die Ausführungen unter Punkt 2.3.2.2.

[380] Stadie (a.a.O.) verweist in diesem Zusammenhang auf die Urteile des BFH, Urteil vom 02.11.1965 - I 221/62 S, BStBl. III 1966, S. 255 ff. und vom 04.03.1970 - I R 123/68, BStBl. II 1970, S. 470 ff.. Diese Rechtsprechung hat der BFH aber neuerdings in Urteil vom 04.12.1996 - I R 54/95, DStR 1997, S. 492 ff. (Leitsatz bzw. 493) ausdrücklich aufgegeben; danach gilt die Tätigkeit einer Gesellschaft gemäß § 8 Abs. 2 KStG auch insoweit als Gewerbebetrieb, als sie nicht unter eine der sieben Einkunftsarten fällt.

[381] *Seer, Roman*, Inhalt und Funktion des Begriffes „Betrieb gewerblicher Art" für die Besteuerung der öffentlichen Hand, DStR 1992, Teil II, S. 1790 ff. (1791).

[382] Für die körperschaftsteuerliche Beurteilung wird auf die einschlägige Literatur zum KStG verwiesen. Bei dieser Steuerart wird das Problem der fehlenden Gewinnerzielungsabsicht vor allem dann relevant, wenn Verluste erwirtschaftet werden; vgl. dazu insbesondere *Ba-*

sichtlich der Feststellung des Steuersubjekts auf das KStG. Der Umfang der Steuerbarkeit (Steuerobjekt) läßt sich allein aus dem UStG erschließen. Die Vorschrift des § 8 KStG hat daher in diesem Zusammenhang keine Bedeutung. Nichtkostendeckende Tätigkeiten können daher grundsätzlich als „wirtschaftliche" Tätigkeiten qualifiziert werden[384].

### 2.4.1.3 Wirtschaftlich herausgehobene Betätigung innerhalb der Gesamtbetätigung der jPdöR

Gemäß § 4 Abs. 1 KStG ist für die Annahme eines *Betriebs gewerblicher Art* des weiteren erforderlich, daß sich die Einrichtung innerhalb der Gesamtbetätigung der juristischen Person wirtschaftlich heraushebt. Wann dies der Fall ist, ist im Gesetz nicht geregelt[385]. Es verwundert daher nicht, daß Literatur, Finanzverwaltung und Rechtsprechung unterschiedlicher Auffassung sind. So wird einerseits die Ansicht vertreten, daß dieses Tatbestandsmerkmal das ent-

---

*der, Hermann Georg*, Hoheitsbetrieb und Betrieb gewerblicher Art im Umsatz- und Körperschaftsteuerrecht, Dissertation (Köln 1996), Frankfurt am Main, 1997, S. 119 ff.; auch stellt sich gegebenenfalls das Problem der verdeckten Gewinnausschüttung, vgl. dazu im einzelnen *Gröpl, Christoph*, Verdeckte Gewinnausschüttungen bei der Erfüllung öffentlicher Aufgaben?, StuW 1997, S. 131 ff. (137 ff.).

383 *Seer* hat diese Feststellungen nur für die Körperschaftsteuer getroffen; für den Bereich der Umsatzsteuer hat er diese Problematik offengelassen; vgl. *Seer, Roman*, Inhalt und Funktion des Begriffes „Betrieb gewerblicher Art" für die Besteuerung der öffentlichen Hand, DStR 1992, Teil II, S. 1790 ff. (1792); ebenso offengelassen bei *Lang, Joachim / Seer, Roman*, Die Besteuerung der Drittmittelforschung, BB 1993, S. 262 ff. (263).

384 So auch FG Münster, Urteil vom 10.02.1988 - V 303/85 U, EFG 1988, S. 442 (nur Leitsatz).; *Birkenfeld, Wolfram*, Das große USt-Handbuch, Stand: September 1996, § 39 Rn. 272; *Freericks, Wolfgang* in *Blümich*, § 4 KStG Rn. 23; *Weich, Bernhard*, Öffentliche Hand im System der Umsatzsteuer, Dissertation, Köln, 1996 S. 80. Schwieriger ist die Frage, ob es sich bei nichtkostendeckenden Tätigkeiten um unentgeltliche Wertabgaben (vgl. dazu *Widmann, Werner*, „Teilweise unentgeltliche" Umsätze als Eigenverbrauch ?, UR 1987, S. 221 ff. und *Wagner, Wilfried*, Der leise Abschied des „Betriebs gewerblicher Art" aus dem Umsatzsteuerrecht, UR 1993, S. 301 ff. (304)) handelt, ob der Vorsteuerabzug anteilig aufzuteilen ist (*Klenk, Friedrich* in *Sölch/Ringleb/List*, Umsatzsteuer, 5. Auflage, Stand 8/1995, § 2 Rn. 113) oder aber die Mindestbemessungsgrundlage zur Anwendung kommt (vgl. dazu *Birkenfeld, Wolfram*, Das große USt-Handbuch, Stand: September 1996, § 39 Rn. 272; *Birkenfeld* in *Hartmann/Metzenmacher*, Umsatztsteuergesetz, Kommentar, 7. Auflage, Berlin 1991, Stand 10/94, § 2 Rn. 1107; *Stadie* in *Rau/Dürrwächter*, Kommentar zum UStG, 8. Auflage, Stand 7/ 1997, § 2 Rn. 872; *Reiß* in *Schwarze/Reiß/Kraeusel*, Umsatzsteuergesetz, Bonn 1994, § 2 Rn. 186.). M.E. sind alle drei Fragen zu verneinen.

385 Anders noch § 1 Abs. 2 KStG KStDV 1968, der dafür wirtschaftliche Selbständigkeit verlangt hat.

scheidende zusätzliche Abgrenzungsmerkmal der Betriebe gewerblicher Art gegenüber dem allgemeinen Unternehmensbegriff nach § 2 Abs. 1 S. 3 UStG sei[386], andererseits aber auch, daß es sich insoweit nur um eine Leerformel handele[387].

Die Unsicherheit bei der rechtlichen Einordnung dieses Tatbestandsmerkmals wurde wohl durch die Finanzverwaltung verursacht, denn diese hatte in der Vergangenheit bestimmte Umsatz- und Gewinngrenzen für die Beurteilung herangezogen. So sollte eine „wirtschaftliche Herausgehobenheit“ vorliegen, wenn der durchschnittliche Jahresumsatz des BgA 12.000 DM überstieg bzw. ein durchschnittlicher Jahresgewinn von 2000 DM vorlag[388]. Seit 1976 stellte das BMF nur noch auf den Jahresumsatz ab[389]. Danach kann eine Tätigkeit als „von einigem Gewicht“ im Sinne des § 4 Abs. 1 KStG bezeichnet werden, wenn der Jahresumsatz die Grenze von 60.000 DM nachhaltig übersteigt. Diese Umsatzgrenze wurde auch für den Bereich der Umsatzsteuern für verbindlich erklärt[390]. Aufgrund der Rechtsprechung des BFH gab die Finanzverwaltung ihre starre Haltung nach und nach auf. Seit 1980 wird die Umsatzgrenze nur noch als wichtiger Anhaltspunkt gesehen[391]:

> *„Wird ein nachhaltiger Jahresumsatz von über 60.000 DM im Einzelfall nicht erreicht, ist ein Betrieb gewerblicher Art nur anzunehmen, wenn hierfür besondere Gründe vorgetragen werden. Davon ist insbesondere dann auszugehen, wenn die jPdöR mit ihrer Tätigkeit zu Unternehmen der Privatwirtschaft unmittelbar in Wettbewerb tritt“.*

---

386 *Bunjes, J. / Geist, R.*, Umsatzsteuergesetz, Kommentar, 4. Auflage, München 1993, § 2 Anm. 44.

387 *Stadie* in *Rau/Dürrwächter*, Kommentar zum UStG, 8. Auflage, Stand 7/ 1997,§ 2 Rn. 887 f..

388 Vgl. BdF-Erlaß vom 03.01.1968, BStBl. I 1968, S. 182 ff. (182); vgl. dazu auch das Urteil des BFH vom 24.10.1961 - I 105/60, BStBl. III 1961, S. 552 ff..

389 Schreiben des BMF vom 05.08.1975, BStBl. I 1975, S. 934 ff. und Abschnitt 5 Abs. 5 KStR 1995.

390 Schreiben des BMF vom 13.04.1976, UStR 1976, S. 121 und Abschnitt 23 Abs. 4 UStR 2000.

391 Schreiben des BMF vom 20.11.1979, UStR 1980, S. 55 und Abschnitt 5 Abs. 5 S. 4 bis 7 KStR 1995.

Da die Existenz einer *Einrichtung* in der Regel ab einen Jahresumsatz in Höhe von 250.000 DM bejaht wird[392], ergibt sich für Finanzverwaltung folgendes Prüfungsschema:

| Höhe des Jahresumsatzes | Vorliegen einer Einrichtung | Wirtschaftlich Herausgehobene Einrichtung (BgA) |
|---|---|---|
| **DM 0 – 60.000** | Einrichtung, wenn „funktionelle Einheit" als organisatorische Verselbständigung vorliegt | grds. nein, außer wenn jPdöR in Wettbewerb zu Privatunternehmern tritt |
| **DM 60.000 – 250.000** | s.o. | wichtiger Anhaltspunkt, daß wirtschaftlich herausgehobene Einrichtung |
| **DM 250.000 und mehr** | „funktionelle Einheit" muß nicht besonders begründet werden | s.o. |

*Abbildung 4: Bedeutung verschiedener Umsatzgrößen für die Finanzverwaltung bei der Beurteilung eines BgA*

Der Bundesfinanzhof hat sich zu keinem Zeitpunkt an feste Umsatz- oder Gewinngrenzen gehalten, vielmehr deren Relevanz im Jahre 1979 ausdrücklich für den Bereich der Umsatzsteuer verneint[393]. Ausschlaggebend sei vielmehr das Verhältnis der Einnahmen zu dem jeweiligen Bereich der Verwaltung der jPdöR[394]. Auch werden die Höhe des Umsatzes, die organisatorischen Vorkehrungen und die satzungsmäßige Behandlung als eigene Einrichtung als ent-

---

392 Vgl. Abschnitt 5 Abs. 4 S. 8 KStR 1995; vgl. auch oben Punkt 4.1.1.2 .

393 BFH, Urteil vom 11.01.1979 - V R 26/74, BStBl. II 1979, S. 746 ff. (748 f.). Für den Bereich der Körperschaftsteuer hat der BFH die ausdrückliche Unbeachtlichkeit der Umsatzhöhe erstmals in seinem Urteil vom 02.04.1986 - I R 38/80, BFH NV 1987, S. 810 (811) erklärt; zuvor bereits angedeutet in Urteil vom 02.03.1983 - I R 100/79, BStBl. II 1983, S. 386 ff. (389).

394 Konkrete Prozentzahlen wurden dabei aber nicht, vgl. dazu auch BFH, Urteil vom 11.01.1979 - V R 26/74, BStBl. II 1979, S. 746 ff. (748 f.) – vgl. dazu auch die Stellungnahme von *Heilmaier, E.*, Keine Umsatzgrenze bei Betrieben gewerblicher Art von Gemeinden, Stellungnahme zu dem BFH- Urteil vom 11.1.1979 - V R 26/74, UStR 1979, S. 120 ff.; vgl. auch die Anmerkung von *Weiss, Eberhard*, UR 1979, S. 85 f.; BFH, Urteil vom 14.04.1983 - V R 3/79, BStBl. II 1983, S. 491 ff. (494); BFH, Urteil vom 02.04.1986 - I R 38/80, BFH NV 1987, S. 810 (811). Zuvor hat der erste Senat in einer Entscheidung erklärt, daß die „auf einen wirtschaftliche Erfolg gerichtete Betätigung, die mit den hoheitlichen Aufgaben nichts zu tun hat", sich von den sonstigen Tätigkeiten „abhebt", vgl. BFH, Urteil vom 13.03.1974 - I R 7/71, BStBl. II 1974, S. 391 ff. (394).; vgl. aber auch BFH vom 24.10.1961 - I 105/60, BStBl. III 1961, S. 552 ff..

scheidende Merkmale gesehen[395]. Zuletzt hat der V. Senat des BFH eine „wirtschaftliche Herausgehobenheit" bereits dann für gegeben angesehen, wenn die jPdöR mit ihrer Tätigkeit zu anderen Unternehmen unmittelbar in Wettbewerb trete[396]. Diese Linie hat der Senat neuerdings bestätigt, wenn auch relativiert[397]. Denn es könne – so der V. Senat des BFH – nicht darauf ankommen, ob die jPdöR mit der betreffenden Tätigkeit tatsächlich zu einem privaten Unternehmer in Wettbewerb trete, entscheidend sei vielmehr, daß eine Tätigkeit ausgeführt werde, wie sie auch von einem privaten Unternehmer ausgeführt werden könnte.

Diesem Ansatz kann grundsätzlich zugestimmt werden. Feste Umsatz- oder Gewinngrößen können bei der Beurteilung, ob sich eine Einrichtung *innerhalb der Gesamtbetätigung wirtschaftlich heraushebt*, keine Rolle spielen. Diese Größen lassen sich weder mit dem Gesetzeswortlaut noch mit dem Gesetzesziel vereinbaren[398]. Der Rechtssicherheit dienen feste Umsatzgrößen ebenso nicht, da die jPdöR schon zu Beginn ihrer Tätigkeit wissen muß, ob sie mit der betreffenden Tätigkeit der Umsatzsteuer unterliegt[399]. Auch verletzt der Maßstab einer festen Umsatzgröße den Grundsatz der Wettbewerbsgleichheit: Eine bestimmte wirtschaftliche Tätigkeit einer kleinen Gemeinde kann den örtlichen Wettbewerb empfindlicher stören als dieselbe Tätigkeit der Gemeinde im Gebiet einer Großstadt.

Wettbewerbsgesichtspunkte können für die Beurteilung der „wirtschaftlichen Herausgehobenheit" aber ebenso nicht ausschlaggebend sein[400]. Dieser Gesichtspunkt wurde bereits bei der Auslegung des Merkmals „wirtschaftliche Tätigkeit" berücksichtigt. Darüber hinaus kann zu Recht die Frage aufgeworfen werden, was der Umstand der Wettbewerbsteilnahme mit der Frage zu tun hat, ob sich eine Tätigkeit innerhalb der Gesamtbetätigung der jPdöR heraushebt[401].

---

395 BFH, Urteil vom 11.05.1988 - V R 76/83; BStBl. II 1988, S. 908 ff. (908 f.).

396 BFH, Urteil vom 25.10.1989 - V R 111/85, BStBl. II 1990, S. 868 ff. (871); von der Finanzverwaltung wurde dieses Merkmal schon vor dieser Entscheidung anerkannt, vgl. Schreiben des BMF vom 20.11.1979, UStR 1980, S. 55 bzw. Abschnitt 5 Abs. 5 S. 6 ff. KStR 1981.

397 BFH, Urteil vom 24.02.1994 - V R 25/92, UR 1995, S. 391 f. (392).

398 So auch *Stadie* in *Rau/Dürrwächter*, Kommentar zum UStG, 8. Auflage, Stand 7/ 1997, § 2 Rn. 883; *Heilmaier, E.*, Keine Umsatzgrenze bei Betrieben gewerblicher Art von Gemeinden, Stellungnahme zu dem BFH- Urteil vom 11.1.1979 - V R 26/74, UStR 1979, S. 120 ff. (123).

399 Vgl. auch BFH, Urteil vom 11.01.1979 - V R 26/74, BStBl. II 1979, S. 746 ff. (749).

400 BFH, Urteil vom 25.10.1989 - V R 111/85, BStBl. II 1990, S. 868 ff. (871); BFH, Urteil vom 24.02.1994 - V R 25/92, UR 1995, S. 391 f. (392).

401 *Stadie* in *Rau/Dürrwächter*, Kommentar zum UStG, 8. Auflage, Stand 7/ 1997, § 2 Rn. 887 f. .

Im Ergebnis kann daher *Stadie* zugestimmt werden, der das Merkmal der wirtschaftlichen Herausgehobenheit für völlig überflüssig hält[402]. Eine nachhaltige wettbewerbsrelevante Tätigkeit hebe sich per se innerhalb der Gesamtbetätigung der jPdöR heraus. Eine solche Tätigkeit bilde stets das äußere Bild eines Gewerbebetriebs und müsse daher als steuerbarer BgA qualifiziert werden, wie dies auch vom Gesetzgeber ursprünglich gewollt war[403]. Weiterer Merkmale bedürfe es dafür nicht.

#### 2.4.1.4 Nichterforderlichkeit der Beteiligung am allgemeinen wirtschaftlichen Verkehr

Gemäß § 4 Abs. 1 S.2 Alt. 2 KStG ist eine Beteiligung am allgemeinen wirtschaftlichen Verkehr nicht erforderlich. Der Gesetzgeber hat diese Regelung erstmals in das KStG 1977 aufgenommen, um Zweifel über die Steuerpflicht von sogenannten *Selbstversorgungsbetrieben* zu beseitigen, die ausschließlich oder fast ausschließlich ihre Lieferungen und Leistungen gegenüber der Trägerkörperschaft erbringen (z.B. eigene Druckereien oder eigene Tankstellen)[404]. Die Regelung erging im Anschluß an die Rechtsprechung des BFH, die seit jeher davon ausging, daß diese Betriebe aus Gründen der Wettbewerbsneutralität der Körperschaftsteuerpflicht unterlägen[405].

Trotz der ausdrücklichen Regelung in § 4 Abs. 1 KStG wird die Steuerpflicht von *Selbstversorgungsbetrieben* in der Umsatzsteuer zum Teil bezweifelt[406]. Problematisch sei insbesondere die Tatsache, daß es sich bei der Tätigkeit der Selbstversorungsbetriebe eigentlich um Innenumsätze handele, die wegen der umsatzsteuerliche Einheit des Unternehmens grundsätzlich nicht der Besteuerung unterlägen. Unternehmer sei daher nicht der einzelnen BgA (– selbst wenn dieser organisatorisch eigenständig ist), sondern die jPdöR. Sämtliche *Betriebe gewerblicher Art* zusammen bildeten das *eine* Unternehmen der jPdöR. *Stadie*[407] kommt daher zu dem Ergebnis, daß mangels Unternehmereigenschaft des

---

402 *Stadie* in *Rau/Dürrwächter*, Kommentar zum UStG, 8. Auflage, Stand 7/ 1997, § 2 Rn. 888.

403 Vgl. amtliche Begründung zum Körperschaftsteuergesetz vom 16.10.1934 zu § 1 KStG, RStBl. 1935, S. 81 ff. (82).

404 BT-Drucksache 7/1470 Regierungsbegründung zum Entwurf des KStG 1977, Begründung zu § 4 Abs. 1 KStG, (S. 336).

405 RFH, Urteil vom 06.05.1930 - I A 24/30 S, RStBl. II 1930, S. 637 f. (638); RFH, Urteil vom 30.04.1940 - I 185/ 39, RStBl. 1940, S. 625 f.(626); RFH, Urteil vom 30.08.1941 - VI a 41/41, RStBl. 1941, S. 744.

406 *Stadie* in *Rau/Dürrwächter*, Kommentar zum UStG, 8. Auflage, Stand 7/ 1997, § 2 Rn. 878.

407 *Stadie* in *Rau/Dürrwächter*, Kommentar zum UStG, 8. Auflage, Stand 7/ 1997, § 2 Rn. 878. Auch *Felder* geht ohne nähere Begründung davon aus, daß nicht steuerbare Umsätze

BgA keine steuerbaren Umsätze an die Trägerkörperschaft ausgeführt werden könnten. Die Frage nach dem Vorliegen eines BgA stelle sich daher erst gar nicht, da schon keine steuerbaren Umsätze vorlägen, denn ein Selbstversorgungsbetrieb sei ein unselbständiger Teil der jPdöR und daher keine andere Person i.S.v. § 1 Abs. 1 Nr.1 UStG.

Unklar ist die Auffassung der Finanzverwaltung. Abschnitt 23 Abs. 17 UStR 2000 wirkt insoweit mißverständlich, denn danach sollen Selbstversorgungsbetriebe nur dann BgA darstellen, wenn sich die Umsätze an Dritte wirtschaftlich herausheben. Letzteres beurteile sich nach Abschnitt 5 Abs. 5 KStR 1995[408]. Offensichtlich wird also vorausgesetzt, daß Umsätze an Dritte ausgeführt werden und diese Umsätze von einigem Gewicht sind. Nur dann unterlägen alle Umsätze, also auch diejenigen gegenüber der Trägerkörperschaft, der Umsatzsteuer[409]. Diese Sichtweise wird durch ein Schreiben des BMF[410] aus dem Jahr 1974 bestätigt, wonach Leistungen an die eigene Körperschaft als Eigenverbrauch zu besteuern seien, falls sich die Umsätze an Dritte wirtschaftlich herausheben[411].

Beide Auffassungen überzeugen nicht. Sie werden dem Wortlaut des § 4 Abs. 1 S. 2 Alt. 2 KStG, nach welchem gerade keine Beteiligung am allgemeine wirtschaftlichen Verkehr erforderlich ist, nicht gerecht. *Birkenfeld* weist zurecht darauf hin, daß es dem Gedanken der Wettbewerbsneutralität widerspräche, Selbstversorgungsbetriebe nicht der Umsatzsteuer zu unterwerfen[412]. Diese konkurrieren indirekt mit Wettbewerbern aus der Privatwirtschaft. Es kann keinen Unterschied machen, ob Einrichtungen der öffentlichen Hand direkt zu anderen privaten Unternehmern in Wettbewerb treten oder dies mittelbar dadurch

---

vorliegen, vgl. *Felder, Bernd* in *Dötsch/ Eversberg/Jost/Witt*, Kommentar zum KStG, 29. Ergänzungslieferung (Februar 1997), § 4 Rn. 32.

[408] Vgl. dazu Abbildung 7 (Bedeutung verschiedener Umsatzgrößen für die Finanzverwaltung bei der Beurteilung eines BgA) unter Punkt 2.4.1.3; der Ansicht der Finanzverwaltung zustimmend *Klenk, Friedrich* in *Sölch/Ringleb/List*, Umsatzsteuer, 5. Auflage, Stand 8/1995, § 2 Rn. 114 (Stichwort: Selbstversorgungsbetriebe).

[409] A.A. *Weich*, der die Richtlinie dahingehend deutet, daß von der Finanzverwaltung ein BgA nur hinsichtlich der Umsätze gegenüber Dritten angenommen wird, vgl. *Weich, Bernhard*, Öffentliche Hand im System der Umsatzsteuer, Dissertation, Köln, 1996 S. 76. Schon aufgrund des mißverständlichen Wortlauts sollte diese Verwaltungsanweisung aufgegeben werden.

[410] Schreiben des BMF vom 02.01.1974 - IV A 2 - S 7106 - 29/73, BStBl. I 1974, S. 911 f. (S. 912 Punkt 4).

[411] *Streck* bezeichnet dieses Schreiben als überholt, vgl. *Streck*, Kommentar zum Körperschaftsteuergesetz 1993, § 4 Anm. 10.

[412] So auch *Birkenfeld* in *Hartmann/Metzenmacher*, Umsatztsteuergesetz, Kommentar, 7. Auflage, Berlin 1991, Stand 10/94, § 2 Rn. 1102.

geschieht, daß durch Absatz an die eigene Trägerschaft diesen erspart wird, ihren Bedarf auf dem freien Wirtschaftsmarkt einzudecken. Umsätze an den hoheitlichen Bereich der Trägerkörperschaft sind daher generell zu besteuern.

### 2.4.2 Versorgungsbetriebe als Betriebe gewerblicher Art im Sinne von § 2 Abs. 3 S. 1 UStG i.V.m. § 4 Abs. 3 KStG

Gemäß § 4 Abs. 3 KStG gehören zu den BgA auch Betriebe, die der Versorgung der Bevölkerung mit Wasser, Gas, Elektrizität oder Wärme, dem öffentlichen Verkehr oder dem Hafenbetrieb dienen. Nach der Regierungsbegründung zum Entwurf des KStG 1977 wurde die Vorschrift klarstellend in das Gesetz aufgenommen[413]. Auch die Rechtsprechung geht zum Teil davon aus, daß es sich bei § 4 Abs. 3 KStG um eine deklaratorische Vorschrift handele[414]. Dieser Ansicht haben sich Teile der Literatur angeschlossen[415].

Historische, aber auch teleologische Gründe sprechen gegen eine solche Sichtweise. Es darf nicht unberücksichtigt bleiben, daß ursprünglich Versorgungsbetriebe ausdrücklich nicht der Körperschaftsteuer unterlagen[416]. Waren aber Versorgungsbetriebe früher von der Besteuerung ausgeschlossen und werden sie heute ausdrücklich von ihr erfaßt, so kann § 4 Abs. 3 KStG nicht nur klarstellend wirken[417]. Dieses Ergebnis entspricht auch der in dieser Arbeit vertretenen Auffassung, wonach als *wirtschaftliche* Tätigkeit i.S.v. § 4 Abs. 1 KStG jede wettbewerbsrelevante Tätigkeit verstanden wird[418]. Von einem klarstellenden Charakter dieser Vorschrift könnte daher nur dann die Rede sein, falls für jede einzelne der in § 4 Abs. 3 KStG aufgezählten Tätigkeiten feststünde, daß

---

[413] BT-Drucksache 7/1470 Regierungsbegründung zum Entwurf des KStG 1977, Begründung zu § 4 Abs. 2 und 3 KStG, (S. 336).

[414] BFH, Urteil vom 15.03.1972 - I R 232/71, BStBl. II 1972, S. 500 f. (501); BFH, Urteil vom 08.11.1989 - I R 197/85, BStBl. II 1990, S. 242 ff. (244); vgl. aber auch BFH, Urteil vom 28.01.1988 - V R 112/86, BStBl. II 1988, S. 473 ff.: § 4 Abs. 3 KStG geht als lex specialis der allgemeinen Vorschrift des § 4 Abs. 5 KStG vor.

[415] *Streck*, Kommentar zum Körperschaftsteuergesetz 1993, § 4 Anm. 18 („Bedeutsamer Anwendungsfall von Abs. 1"). *Stadie* in *Rau/Dürrwächter*, Kommentar zum UStG, 8. Auflage, Stand 7/ 1997, § 2 Rn. 930 („Klarstellung, daß keine Ausübung öffentlicher Gewalt vorliegt"); **a.A.** offensichtlich *Birkenfeld* in *Hartmann/Metzenmacher*, Umsatztsteuergesetz, Kommentar, 7. Auflage, Berlin 1991, Stand 10/94, § 2 Rn. 1145; *Birkenfeld, Wolfram*, Das große USt-Handbuch, Stand: September 1996, § 39 Rn. 278; *Reiß* in *Schwarze/Reiß/Kraeusel*, Umsatzsteuergesetz, Bonn 1994, § 2 Rn. 154.

[416] Vgl. dazu oben Punkt 1.3.2 und § 2 Nr. 3 KStG 1925, wonach Versorgungsbetriebe neben den Betrieben, die der Ausübung öffentlicher Gewalt dienen, nicht der Besteuerung unterlagen.

[417] **A.A.** wohl BFH, Urteil vom 15.03.1972 - I R 232/71, BStBl. II 1972, S. 500 f. (500 f. unter Punkt 2 b).

[418] Vgl. dazu im einzelnen oben Punkt 2.4.1.2.3.

sie von Privatunternehmern jederzeit ausgeübt werden könnte. Dies ist aber nicht der Fall.

### 2.4.3 Verpachtung als Betrieb gewerblicher Art gemäß § 2 Abs. 3 S.1 UStG i.V.m. § 4 Abs. 4 KStG

Die Verpachtung eines BgA ist nach § 4 Abs. 4 KStG selbst ein *Betrieb gewerblicher Art*. § 4 Abs. 4 KStG stellt insoweit einen eigenständigen Tatbestand innerhalb des § 4 KStG dar[419]. Der Zweck der Vorschrift kann darin gesehen werden, daß sich eine juristische Person des öffentlichen Rechts nicht durch Verpachtung eines Betriebs der Besteuerung entziehen können soll, der, wenn sie ihn selbst betrieben hätte, ein steuerbarer BgA wäre. Dies läßt sich einerseits aus der früheren Regelung des § 1 Abs. 3 KStDV 1935[420], andererseits aber auch aus der Regierungsbegründung des Gesetzgebers des heutigen § 4 Abs. 4 KStG entnehmen[421].

Nach dem Wortlaut der Vorschrift muß es sich um die Verpachtung eines „solchen Betriebs" handeln. Absatz 4 nimmt hier auf die vorausgehenden Absätze Bezug. Voraussetzung ist also, daß der verpachtete Betrieb als von der jPdöR selbst betriebene Einrichtung einen BgA darstellen würde[422]. Der BFH bejaht letzteres immer dann, wenn das Pachtverhältnis Umstände aufweist, „die die Teilhabe des Verpächters am gewerblichen Leben und damit seine Mitwirkung bei der Betriebsgestaltung des Pächters erkennen lassen"[423]. Aus diesem Grund bedürfe es für die Annahme eines BgA z.B. auch der Verpachtung von Inven-

[419] Ebenso *Stadie* in *Rau/Dürrwächter*, Kommentar zum UStG, 8. Auflage, Stand 7/ 1997, § 2 Rn. 1038; **a.A.** wohl Rechtsprechung und der Großteil der Literatur, die bei Prüfung des Merkmals der wirtschaftlichen Herausgehobenheit auf den Umfang der Tätigkeit des Verpächters abstellen und damit indirekt § 4 Abs. 4 KStG als Unterfall des § 4 Abs. 1 KStG bewerten, vgl. dazu die folgenden Ausführungen.

[420] Der Wortlaut dieser Regelung ist oben unter Punkt 1.3.3 abgedruckt.

[421] Vgl. BT-Drucksache 6/3418, Regierungsbegründung zum Entwurf des VSt-ReformG, Begründung zu § 1 Abs. 1 Nr. 2 Buchst. g. Vgl. auch *Birkenfeld* in *Hartmann/Metzenmacher,* Umsatztsteuergesetz, Kommentar, 7. Auflage, Berlin 1991, Stand 10/94, § 2 Rn. 1185; *Stadie* in *Rau/Dürrwächter*, Kommentar zum UStG, 8. Auflage, Stand 7/ 1997, § 2 Rn. 1039.

[422] BFH, Urteil vom 13.03.1974 - I R 7/71, BStBl. II 1974, S. 391 ff. (394); BFH, Urteil vom 14.03.1990 - I R 156/87, BStBl. II 1990, S. 866 ff. (870); zur früheren Rechtslage (KStDV) bereits RFH, Urteil vom 24.01.1939 - I 390/38, RStBl. 1939, S. 560 f. (560).

[423] RFH, Urteil vom 28.10.1939 - I 414/38, RStBl. 1940, S. 60 f. (60 f.); RFH, Urteil vom 25.01.1944 - I 191/43, RStBl. 1945, S. 42 f. (42 f.); BFH, Urteil vom 22.07.1964 - I 136/62 U, BStBl. III 1964, S. 559 ff. (561); BFH, Urteil vom 20.11.1969 - I R 204/67, BStBl. II 1970, S. 151 f. (151 f.); BFH, Urteil vom 06.10.1976 - I, R 115/75, BStBl. II 1977, S. 94 ff. (96); BFH, Urteil vom 02.03.1983 - I R 100/79, BStBl. II 1983, S. 386 ff. (387); zuletzt BFH, Beschluß vom 21.03.1995 - XI R 33/94, UR 1995, S. 397 ff. (398).

tarstücken, wenn zur Betriebsführung des verpachteten Betriebs größeres Inventar erforderlich ist[424]. Dieser Ansatz der Rechtsprechung überzeugt nicht. Er ist nur bedingt geeignet, den Tatbestand des § 4 Abs. 4 KStG richtig zu umschreiben[425]. Der Zweck der Vorschrift kann – wie bereits ausgeführt – ausschließlich darin gesehen werden, zu gewährleisten, daß sich juristische Personen des öffentlichen Rechts nicht durch Verpachtung von Betrieben gewerblicher Art der Besteuerung entziehen. Unerheblich ist daher, inwieweit die Verpachtung selbst eine Beteiligung am gewerblichen Leben darstellt. Ausschlaggebend ist vielmehr, ob der verpachtete Betrieb in der Hand der verpachtenden jPdöR einen BgA darstellen bzw. ob der Gegenstand des Pachtvertrages die Führung eines *Betriebes gewerblicher Art* i.S.v. § 4 Abs. 1 KStG gestatten würde[426]. Die Einrichtung, wäre sie von der jPdöR betrieben, müßte selbst einen BgA darstellen[427]. Die Verpachtung eines Hoheitsbetriebs kann deshalb keinen BgA begründen[428].

Umstritten ist, bei wem das Merkmal der *wirtschaftlichen Herausgehobenheit* gegeben sein muß. Die Rechtsprechung[429] und überwiegende Literatur[430] vertreten die Auffassung, daß auf den Umfang der Tätigkeit der jPdöR und nicht auf den Umfang der Tätigkeit des Pächters abzustellen sei. Dem kann nicht gefolgt werden. Entscheidend ist nicht, ob sich die Verpachtungsleistung innerhalb der Gesamtbetätigung der jPdöR heraushebt, sondern, ob sich die Tätigkeit des Pächters, würde sie die jPdöR selbst ausüben, herausheben würde[431]. Dies

---

[424] BFH, Beschluß vom 21.03.1995 - XI R 33/94, UR 1995, S. 397 ff. (398).

[425] So auch *Stadie* in *Rau/Dürrwächter*, Kommentar zum UStG, 8. Auflage, Stand 7/ 1997, § 2 Rn. 1041.

[426] BFH, Urteil vom 13.03.1974 - I R 7/71, BStBl. II 1974, S. 391 ff. (394); BFH, Urteil vom 14.03.1990 - I R 156/87, BStBl. II 1990, S. 866 ff. (870); ebenso auch Abschnitt 5 Abs. 6 KStR 1995.

[427] So früher schon § 1 Abs. 3 KStDV; vgl. auch RFH, Urteil vom 24.01.1939 - I 390/38, RStBl. 1939, S. 560 f..

[428] Vgl. RFH, Urteil vom 11.02.1941 – I 366/40, RStBl. 1941, S. 682 ff.

[429] BFH, Urteil vom 25.10.1989 - V R 111/85, BStBl. II 1990, S. 868 ff. (870); BFH, Urteil vom 02.03.1983 - I R 100/79, BStBl. II 1983, S. 386 ff. (389); BFH, Urteil vom 12.07. 1967 - I 267/63, BStBl. III 1967, S. 679 ff. (680 f.); BFH, Urteil vom 24.10.1961 - I 105/60, BStBl. III 1961, S. 552.

[430] *Birkenfeld, Wolfram*, Das große USt-Handbuch, Stand: September 1996,§ 39 Rn. 284; *Birkenfeld* in *Hartmann/Metzenmacher*, Umsatztsteuergesetz, Kommentar, 7. Auflage, Berlin 1991, Stand 10/94, § 2 Rn. 1182; *Bunjes, J. / Geist, R.*, Umsatzsteuergesetz, Kommentar, 4. Auflage, München 1993, § 2 Anm. 46; *Reiß* in *Schwarze/Reiß/Kraeusel*, Umsatzsteuergesetz, Bonn 1994, § 2 Rn. 167.

[431] So auch RFH, Urteil vom 24.01.1939 - I 390/38, RStBl. 1939, S. 560 f. (560); ebenso die Finanzverwaltung in Abschnitt 5 Abs. 5 S. 9 KStR 1995. *Stadie* geht davon aus, daß das Merkmal per se vorliegt, vgl. *Stadie* in *Rau/Dürrwächter*, Kommentar zum UStG, 8. Auf-

schon deshalb, da § 4 Abs. 4 KStG einen eigenständigen Tatbestand innerhalb des § 4 KStG bildet. Mit der Fiktion hat der Gesetzgeber die Verpachtung eines Betriebs zum Betrieb gewerblicher Art im Sinne von § 1 Abs. 1 Nr. 6 KStG erklärt. Etwas anderes ließe sich nur vertreten, wenn § 4 Abs. 4 KStG selbst das Merkmal der wirtschaftlichen Herausgehobenheit beinhalten würde[432].

### 2.4.4 Land- und forstwirtschaftliche Betriebe juristischer Personen des öffentlichen Rechts im Sinne von § 2 Abs. 3 S. 1 UStG

Zum Unternehmensbereich einer jPdöR gehören gemäß § 2 Abs. 3 UStG neben den BgA i.S.v. § 4 Abs. 1 KStG auch ihre land- und forstwirtschaftliche Betriebe. Dies stellt an sich eine Selbstverständlichkeit dar, da Tätigkeiten in der Land- und Forstwirtschaft gewerbliche Tätigkeiten i.S.v. § 2 Abs. 1 UStG sind. Die besondere Erwähnung dieser Betriebe in § 2 Abs. 3 UStG war aber notwendig, da § 2 Abs. 3 UStG eine abschließende Sonderregelung für die umsatzsteuerliche Behandlung von jPdöR trifft und die Vorschrift des § 4 KStG, auf die in § 2 Abs. 3 UStG verwiesen wird, ausdrücklich land- und forstwirtschaftliche Betriebe nicht als BgA qualifiziert. In § 2 Abs. 3 UStG selbst findet sich zwar keine Definition des land- und forstwirtschaftlichen Betriebs, doch kann auf die Merkmale, die in § 24 Abs. 2 UStG für die Durchschnittsbesteuerung maßgebend sind, zurückgegriffen werden[433]. Eine „wirtschaftliche Herausgehobenheit", wie sie § 4 Abs. 1 KStG für BgA fordert, ist für die Annahme eines land- und forstwirtschaftlichen Betriebs ohne Bedeutung[434], da diese Voraussetzung nicht in § 2 Abs. 3 UStG enthalten ist.

Die Abgrenzung zum Hoheitsbetrieb wird unterschiedlich beurteilt. Während eine Meinung davon ausgeht, daß die Abgrenzung nach denselben Grundsätzen zu erfolgen habe, wie sie im Verhältnis „BgA" und „Hoheitsbetrieb" gelten[435],

---

lage, Stand 7/ 1997, § 2 Rn. 1044; *Felder, Bernd* in *Dötsch/ Eversberg/ Jost/ Witt*, Kommentar zum KStG, 29. Ergänzungslieferung (Februar 1997), § 4 Rn. 45; *Weich, Bernhard*, Öffentliche Hand im System der Umsatzsteuer, Dissertation, Köln, 1996 S. 98.

432 Im übrigen kann eine Entscheidung dieses Streits dahingestellt bleiben, da dem Merkmal der *wirtschaftliche Herausgehobenheit* (§ 4 Abs. 1 KStG) nach der hier vertreten Auffassung keine Bedeutung zukommt; vgl. dazu oben Punkt 2.4.1.3.

433 So auch Abschnitt 23 Abs. 5 UStR 2000. Im übrigen wird auf die einschlägige Kommentarliteratur verwiesen, vgl. anstatt vieler *Birkenfeld* in *Hartmann/Metzenmacher*, Umsatztsteuergesetz, Kommentar, 7. Auflage, Berlin 1991, Stand 10/94, § 2 Rn. 1221 ff..

434 Vgl. Abschnitt 23 Abs. 5 UStR.

435 Erlaß des BMF vom 03.01.1968, BStBl. I 1968, S. 182 ff.; OFD Nürnberg, Verfügung vom 19.10.1978, UStR 1978, S. 233 f.; FG Nürnberg, Urteil vom 02.04.1974 - II 153/7, EFG 1974, S. 499 f. (Betrieb einer Landwirtschaft im Rahmen einer Justizvollzugsanstalt); *Birkenfeld, Wolfram*, Das große USt-Handbuch, Stand: September 1996,§ 39 Rn. 290; *Birkenfeld* in *Hartmann/Metzenmacher*, Umsatztsteuergesetz, Kommentar, 7. Auflage, Berlin

vertreten andere die Auffassung, daß dem Umsatzsteuergesetz eine derartige Einschränkung nicht zu entnehmen sei[436]. Wieder eine andere Ansicht will in der Abgrenzung der land- und forstwirtschaftlichen Betriebe gegenüber Hoheitsbetrieben überhaupt kein Problem erkennen[437]. Letzterer Auffassung ist zuzustimmen, denn bei der Tätigkeit eines land- und forstwirtschaftlichen Betriebs handelt es sich stets um eine wettbewerbsrelevante Tätigkeit. Es gibt nämlich keine öffentlich-rechtliche Vorschrift, die Privatpersonen daran hindert, land- und forstwirtschaftlich tätig zu werden und damit zur öffentlichen Hand in Wettbewerb zu treten[438].

### 2.4.5 Unternehmerische Tätigkeiten der öffentlichen Hand im Sinne von § 2 Abs. 3 S. 2 UStG

Gemäß § 2 Abs. 3 S. 2 UStG gelten bestimmte Tätigkeiten als gewerbliche oder berufliche Tätigkeiten von jPdöR, auch wenn die Voraussetzungen des Satzes 1 nicht gegeben sind. Damit wird nach dem Wortlaut des Gesetzes neben den BgA und den land- und forstwirtschaftlichen Betrieben ein dritter Bereich eröffnet, in welchem juristische Personen des öffentlichen Rechts unternehmerisch tätig werden.

Seit dem UStG 1967 wurde der Umfang des § 2 Abs. 3 S. 2 UStG mehrfach geändert und erweitert[439]. Der Zweck der vom Gesetzgeber verfolgten gesetzlichen Gleichstellungen wird durchgehend in der Herstellung von Wettbewerbsneutralität gegenüber privaten Anbietern gesehen[440].

So gilt gemäß § 2 Abs. 3 S. 2 Nr. 2 UStG die Tätigkeit der *Notare im Landesdienst und der Ratschreiber im Land Baden-Württemberg* als unternehmerisch, soweit Leistungen ausgeführt werden, für die nach der Bundesnotarordnung die Notare zuständig sind. Der Gesetzgeber wollte damit im Land Baden-

---

1991, Stand 10/94, § 2 Rn. 1240; *Reiß* in *Schwarze/Reiß/Kraeusel*, Umsatzsteuergesetz, Bonn 1994, § 2 Rn. 170.

436 *Bunjes, J. / Geist, R.*, Umsatzsteuergesetz, Kommentar, 4. Auflage, München 1993, § 2 Anm. 50; *Weich, Bernhard*, Öffentliche Hand im System der Umsatzsteuer, Dissertation, Köln, 1996 S. 91.

437 *Stadie* in *Rau/Dürrwächter*, Kommentar zum UStG, 8. Auflage, Stand 7/ 1997, § 2 Rn. 1052.

438 Vgl. dazu oben die Ausführungen unter Punkt 2.4.1.2.3.

439 Vgl. dazu im einzelnen: *Stadie* in *Rau/Dürrwächter*, Kommentar zum UStG, 8. Auflage, Stand 7/ 1997, § 2 Rn. 1059 ff.; *Reiß* in *Schwarze/Reiß/Kraeusel*, Umsatzsteuergesetz, Bonn 1994, § 2 Rn. 171 ff..

440 *Reiß* in *Schwarze/Reiß/Kraeusel*, Umsatzsteuergesetz, Bonn 1994, § 2 Rn. 171; *Birkenfeld, Wolfram*, Juristische Personen des öffentlichen Rechts als Unternehmer (§ 2 Abs. 3 UStG), UR 1989, S. 1 ff. (5).

Württemberg, in dem Notartätigkeiten auch von den bezeichneten Landesbediensteten ausgeübt werden können, gleiche Wettbewerbsverhältnisse gegenüber freiberuflichen[441] Notaren schaffen[442]. Diese Regelung ist überflüssig[443], da es sich bei der betreffenden Tätigkeit um eine *wirtschaftliche* Tätigkeiten i.S.v. § 4 Abs. 1 KStG handelt[444].

Die *Abgabe von Brillen und Brillenteilen einschließlich der Reparaturarbeiten durch Selbstabgabestellen der gesetzlichen Träger der Sozialversicherung* wird nach § 2 Abs. 3 S. 2 Nr. 3 UStG ebenfalls zum unternehmerischen Bereich der Sozialversicherungsträger (jPdöR) erklärt. Unerheblich ist, ob die Tätigkeit gegenüber Mitgliedern oder Nichtmitgliedern ausgeübt wird[445]. Grund für diese Regelung war die Vermeidung von Wettbewerbsverzerrungen, insbesondere gegenüber den Leistungen von Optikern[446]. Auch dieser gesetzlichen Gleichstellung durch den Gesetzgeber hätte es im Grunde nicht bedurft. Da private Optiker hinsichtlich der Abgabe von Brillen und Brillenteilen einschließlich der Reparaturarbeiten in unmittelbaren Wettbewerb zu den gesetzlichen Trägern der Sozialversicherung stehen, müssen die betreffenden Tätigkeiten als BgA im Sinne des § 4 Abs. 1 KStG qualifiziert werden. Die Steuerbarkeit dieser Leistungen ergibt sich bereits aus § 2 Abs. 3 S. 1 i.V.m. § 4 Abs. 1 S. 1 KStG.

Des weiteren stellt der Gesetzgeber ausdrücklich für die Leistungen der *Vermessungs- und Katasterbehörden* fest, daß diese bei Wahrnehmung von Aufgaben der Landesvermessung und des Liegenschaftskatasters mit Ausnahme der Amtshilfe als unternehmerische Leistungen gelten (§ 2 Abs. 3 S. 2 Nr. 4 UStG). Bei dieser Regelung hatte der Gesetzgeber ebenfalls die Wettbewerbssituation zu den öffentlich bestellten Vermessungsingenieuren im Auge[447]. Auch diese Regelung ist überflüssig, da die Vermessungs- und Katasterbehörden als BgA i.S.v. § 2 Abs. 3 S. 1 UStG i.V.m. § 4 Abs. 1 KStG einzustufen sind, soweit die

---

441 Diese sind Unternehmer im Sinne des § 2 Abs. 1 UStG, vgl. BFH, Urteil vom 10.11.1977 - V R 115/74, BStBl. II 1978, S. 80 ff.; BFH, Urteil vom 28.01.1971 - V R 38/66, BStBl. II 1971, S. 281 ff..

442 BT-Drucksache 8/2827, S. 72, Einzelbegründung des Finanzausschusses zu § 2 Abs. 3 Nr. 2 UStG.

443 Ebenso *Stadie*, der zu diesem Ergebnis aber über eine verfassungskonforme Auslegung gelangt, vgl. *Stadie* in *Rau/Dürrwächter*, Kommentar zum UStG, 8. Auflage, Stand 7/ 1997, § 2 Rn. 1061 i.V.m. 893.

444 Vgl. dazu die Ausführungen unter Punkt 2.4.1.2.3.

445 Abschnitt 23 Abs. 6 S. 5 UStR 2000.

446 BT-Drucksache 8/2827, S. 72, Einzelbegründung des Finanzausschusses zu § 2 Abs. 3 Nr. 3 UStG.

447 BT-Drucksache 8/2827, S. 72, Einzelbegründung des Finanzausschusses zu § 2 Abs. 3 Nr. 4 UStG.

jeweilige Tätigkeit auch von öffentlich bestellten Vermessungsingenieuren angeboten werden kann.

In § 2 Abs. 3 S. 2 Nr. 5 UStG wird die Tätigkeit der *Bundesanstalt für Landwirtschaft und Ernährung,* soweit Aufgaben der Marktordnung, der Vorratshaltung und der Nahrungsmittelhilfe wahrgenommen werden, als unternehmerische Tätigkeit eingestuft. Der Gesetzgeber ist mit dieser Vorschrift der Verpflichtung aus Art. 4 Abs. 5 Uabs. 4 i.V.m. Anlage D Nr. 7 der 6. EG-RL nachgekommen. Die Vorschrift wirkt konstitutiv, da nicht jede Tätigkeit der Bundesanstalt für Landwirtschaft und Ernährung auch von privaten Rechtsträgern ausgeübt werden kann.

## 2.5 Nichtunternehmerische Tätigkeit juristischer Personen des öffentlichen Rechts nach deutschem Recht

Die bisherigen Untersuchungen haben gezeigt, daß der steuerpflichtige Bereich jPdöR ausschließlich über das Merkmal „wirtschaftliche" Tätigkeit zu bestimmen ist[448]. Der nichtunternehmerische (hoheitliche) Bereich kann nicht unmittelbar erfaßt werden. Die Rechtsprechung und überwiegende Literatur gehen einen anderen Weg. Sie wollen den nichtunternehmerischen Bereich der öffentlichen Hand über den Terminus „eigentümlich und vorbehaltene" Tätigkeit definieren. Dem ist nicht zu folgen.

Im folgenden wird die Vorgehensweise von Rechtsprechung und Literatur näher beleuchtet und der nichtunternehmerische Bereich der öffentlichen Hand abschließend dargestellt. Neben der hoheitlichen Tätigkeit werden juristische Personen des öffentlichen Rechts auch im Falle der „reinen" Vermögensverwaltung nichtunternehmerisch tätig.

### 2.5.1 Vermögensverwaltung

#### 2.5.1.1 „Reine" Vermögensverwaltung kein Betrieb gewerblicher Art i.S.v. § 4 Abs. 1 KStG

Gegenstand der Vermögensverwaltung können verschiedene Objekte sein. Die Vermietung und Verpachtung von Sachinbegriffen (BgA) wurde bereits angesprochen[449]. Vermögensverwaltung i.S. von § 14 S. 3 AO liegt vor, wenn unbewegliches Vermögen vermietet oder verpachtet wird. Von „bloßer" bzw. „reiner" Vermögensverwaltung ist die Rede, wenn sich die Nutzung des Vermögens auf die Fruchtziehung beschränkt, also keine besonderen Umstände hinzutreten, die die Vermögensverwaltung in eine gewerbliche Tätigkeit umschlagen lassen[450]. Nach h.M. erfolgt die „reine" Vermögensverwaltung nicht im Rahmen eines *Betriebs gewerblicher Art* i.S.v. § 4 Abs. 1 KStG[451].

---

[448] Vgl. Punkt 2.4.1.2.2.

[449] Vgl. Punkt 2.4.3.

[450] *Birkenfeld* in *Hartmann A. / Metzenmacher, W.*, Umsatztsteuergesetz, Kommentar, 7. Auflage, Berlin 1991, Stand 10/94, § 2 Rn. 1160 ff.; vgl. dazu auch unten Punkt 2.5.1.

[451] RFH, Urteil vom 23.08.1939 – I 143/36, RStBl. 1939, S. 1039 ff. (1041); RFH, Urteil vom 28.10.1939 - I 414/38, RStBl. 1940, S. 60 f. (60); RFH, Urteil vom 14.10.1941 - I 21/41, RStBl. 1942, S. 609 ff. (610); RFH, Urteil vom 20.01.1942 - I 77/41, RStBl. 1942, S. 405; BFH, Urteil vom 13.03.1974 - I R 7/71, BStBl. II 1974, S. 391 ff. (394); BFH, Beschluß vom 21.03.1995 - XI R 33/94, UR 1995, S. 397 ff. (398); BFH, Urteil vom 11.06.1997 - XI R 33/94, DStR 1997, S. 1400 ff. (1401); *Birkenfeld, Wolfram*, Das große USt-Handbuch, Stand: September 1996,§ 40 Rn. 310; *Stadie* in *Rau/Dürrwächter*, Kommentar zum UStG, 8. Auflage, Stand 7/ 1997, § 2 Rn. 861; *Bunjes, J. / Geist, R.*, Umsatzsteuergesetz, Kommentar, 4. Auflage, München 1993, § 2 Anm. 47; Abschnitt 5 Abs. 6 KStR 1995; ebenso auch *Bader, Hermann Georg*, Hoheitsbetrieb und Betrieb gewerblicher Art im Umsatz-

Ungeklärt ist, warum die „reine“ Vermögensverwaltung keinen steuerbaren BgA begründet. Denn an und für sich stellt die Vermögensverwaltung *eine nachhaltige Tätigkeit zur Erzielung von Einnahmen* und damit eine unternehmerische Tätigkeit im Sinne des § 2 Abs. 1 S. 1 UStG dar. Dies ließe an sich den Schluß zu, § 4 Abs. 1 KStG entsprechend zu interpretieren. Die h.M. stellt diese Überlegung nicht an. Sie tut vielmehr so, als ob in § 4 Abs. 1 KStG die Vermögensverwaltung – ähnlich wie die Land- und Forstwirtschaft – ausdrücklich vom Tatbestand ausgeschlossen sei[452]. Grund dafür könnte die Tatsache sein, daß § 2 Abs. 1 UStG von *„jeder nachhaltigen“* Tätigkeit spricht, während in § 4 Abs. 1 KStG nur von *„nachhaltigen wirtschaftlichen“* Tätigkeiten die Rede ist[453]. In diesem Fall hätte der Begriff „wirtschaftlich“ einen einschränkenden Charakter dahingehend, daß die „reine“ Vermögensverwaltung nicht als *wirtschaftliche* Tätigkeit qualifiziert werden könnte[454].

Der wohl überwiegende Teil der Literatur geht davon aus, daß sich die Nichtsteuerpflicht der „reinen“ Vermögensverwaltung aus § 14 S.1 AO 1977[455] ergebe, da dort der Bereich der Vermögensverwaltung ausdrücklich nicht als „wirtschaftlicher Geschäftsbetrieb“ definiert werde[456]. Auf § 14 S. 1 AO 1977

---

und Körperschaftsteuerrecht, Dissertation (Köln 1996), Frankfurt am Main, 1997, S. 106 ff..

452 Vgl. nur die folgenden Autoren, die ohne nähere Begründung den Bereich der Vermögensverwaltung nicht von § 4 Abs. 1 KStG erfaßt sehen: *Streck*, Kommentar zum Körperschaftsteuergesetz 1993, § 4 Anm. 12; *Felder, Bernd* in *Dötsch/ Eversberg/ Jost/ Witt*, Kommentar zum KStG, 29. Ergänzungslieferung (Februar 1997), § 4 Rn. 34; *Birkenfeld, Wolfram*, Das große USt-Handbuch, Stand: September 1996, § 39 Rn. 310 ff..

453 **A.A.** *Reiß* in *Schwarze/Reiß/Kraeusel*, Umsatzsteuergesetz, Bonn 1994, § 2 Rn. 188; er geht ohne nähe Begründung davon aus, daß eine andere Beurteilung für das Körperschaftsteuerrecht „völlig kontrapoduktiv“ wäre.

454 Vgl. dazu auch oben Punkt 2.4.1.2.1.

455 Die zur Zeit gültige Fassung der Abgabenordnung vom 16.03.1976 (im folgenden AO 1977), BGBl. I S. 613, lautet in § 14 AO 1977 wie folgt: *„Ein wirtschaftlicher Geschäftsbetrieb ist eine nachhaltige Tätigkeit, durch die Einnahmen oder andere wirtschaftliche Vorteile erzielt werden und die über den Rahmen einer Vermögensverwaltung hinausgeht. Die Absicht, Gewinn zu erzielen, ist nicht erforderlich. Eine Vermögensverwaltung liegt in der Regel vor, wenn Vermögen genutzt, zum Beispiel Kapitalvermögen verzinslich angelegt oder unbewegliches Vermögen vermietet oder verpachtet wird“.*

456 *Seer, Roman*, Inhalt und Funktion des Begriffes „Betrieb gewerblicher Art“ für die Besteuerung der öffentlichen Hand, DStR 1992, S. 1751 ff. (1753); *Weich, Bernhard*, Öffentliche Hand im System der Umsatzsteuer, Dissertation, Köln, 1996 S. 77; *Birkenfeld* in *Hartmann/Metzenmacher*, Umsatztsteuergesetz, Kommentar, 7. Auflage, Berlin 1991, Stand 10/94, § 2 Rn. 1160; *Stadie* in *Rau/Dürrwächter*, Kommentar zum UStG, 8. Auflage, Stand 7/ 1997, § 2 Rn. 861.

könne in diesem Zusammenhang zurückgegriffen werden, da diese Regelung der Formulierung in § 4 Abs. 1 KStG weitgehend entspreche[457].

Eine neuere Ansicht[458] will die Vermögensverwaltung aus dem steuerpflichtigen Bereich der öffentlichen Hand ausklammern, da es sich bei dieser Tätigkeit um eine nicht wettbewerbsrelevante Tätigkeit handele und daher von keiner „wirtschaftlichen" Tätigkeit im Sinne des § 4 Abs.1 KStG ausgegangen werden könne[459]. Grundsätzlich seien nämlich zwei Marktformen zu unterscheiden: einerseits der von gewerblichen (ergänzt von freiberuflichen und land- u. forstwirtschaftlichen) Anbietern geprägte Markt und andererseits der von Kapitalanlegern geprägte Markt der privaten Vermögensverwaltung. Da bei letzterem die Marktmacht des einzelnen wegen der immensen Aufnahmefähigkeit der Kapitalmärkte und der unabsehbaren Vielzahl der Marktteilnehmer sehr begrenzt sei, könne davon ausgegangen werden, daß der Wettbewerbsgedanke im Bereich der Vermögensverwaltung keine Rolle spiele. Der im Körperschaftsteuerrecht geltende Grundsatz der Wettbewerbsneutralität werde nämlich nur dann verletzt, wenn Steuervorteile am Markt zum Ausbau der eigenen Marktposition weitergegeben werden. Dies sei aber bei der Vermögensverwaltung ausgeschlossen, da dem Ausbau des eigenen Marktanteils der feststehende nutzbare Vermögensstamm entgegenstehe. Die Vermögensverwaltung könne daher nicht als *wirtschaftliche* Tätigkeit i.S.v. § 4 Abs. 1 KStG verstanden werden.

Diese Argumentation weist einige Schwächen auf. So stellt sich zum einen die Frage, weshalb Steuervorteile bei Kapitalmärkten nicht weitergegeben werden. Vor dem Hintergrund der zur Zeit schwierigen Situation am Vermietungsmarkt erscheint dieser Ansatz mehr als bedenklich. Zum anderen bleibt bei dieser Auffassung auch unberücksichtigt, daß Körperschaften des privaten Rechts gemäß § 8 Abs. 2 KStG Einkünfte im Rahmen der Vermögensverwaltung stets als gewerbliche Einkünfte beziehen und dies unabhängig davon gilt, ob Wettbewerbsrelevanz gegeben ist oder nicht. Für den Gesetzgeber waren offensichtlich andere Gründe ausschlaggebend, die „reine" Vermögensverwaltung nicht als *wirtschaftliche* Tätigkeit im Sinne von § 4 Abs. 1 KStG zu qualifizieren. Denn wäre ihm daran gelegen, die „reine" Vermögensverwaltung allein nach Wettbewerbsgesichtspunkten zu regeln, so hätte er diesen Bereich entweder auch bei juristischen Personen des Privatrechts von der Besteuerung ausgenommen oder aber bei jPdöR keine Ausnahme gemacht. Am überzeugendsten erscheint daher die Auffassung, daß die „reine" Vermögensverwaltung schon aufgrund des Um-

---

[457] *Stadie* in *Rau/Dürrwächter*, Kommentar zum UStG, 8. Auflage, Stand 7/ 1997, § 2 Rn. 861.

[458] *Bader, Hermann Georg*, Hoheitsbetrieb und Betrieb gewerblicher Art im Umsatz- und Körperschaftsteuerrecht, Dissertation (Köln 1996), Frankfurt am Main, 1997, S. 106 ff..

[459] Vgl. dazu auch die Ausführungen unter Punkt 2.4.1.2.3.

kehrschlusses zu § 4 Abs. 4 KStG nicht als BgA eingestuft werden könne. Der Regelung in § 4 Abs. 4 KStG hätte es nicht bedurft, würde jedwede Vermögensverwaltung einen BgA i.S.v. § 4 Abs. 1 KStG darstellen[460].

#### 2.5.1.2 Art und Weise der Abgrenzung vom BgA

In zwei anderen Steuerarten wird die „reine" Vermögensverwaltung ebenfalls gesondert behandelt: bei der Einkommensteuer im Rahmen der Abgrenzung gewerblicher und vermögensverwaltender Tätigkeiten[461] und bei der Gewerbesteuer im Rahmen der Prüfung eines wirtschaftlichen Geschäftsbetriebs i.S.v. § 14 AO 1977. Es stellt sich daher die Frage, inwieweit die zu diesen Gesetzen entwickelten Abgrenzungskriterien auf § 4 Abs. 1 KStG übertragen werden können. Dabei ist zu bedenken, daß die gesonderte Behandlung der Vermögensverwaltung in diesen Gesetzen jeweils auf unterschiedlichen Wertungen beruht. Während bei der Gewerbesteuer die fehlende Wettbewerbsrelevanz das entscheidende Merkmal für die Ausgrenzung der Vermögensverwaltung zum wirtschaftlichen Geschäftsbetrieb darstellt[462], kommt dem Gedanken der Wettbewerbsneutralität für die Einkünfteabgrenzung im Einkommensteuerrecht keine Bedeutung zu. Nach der amtlichen Begründung zum EStG 1925 beruht die Zweiteilung der Einkunftsarten und die damit verbundene Nichtsteuerbarkeit des „privaten Vermögensstamms" vielmehr auf dem Gedanken, daß sich eine nur den Vermögensertrag oder den Arbeitserfolg erfassende Einkommenerzielung von einer das Vermögen bewirtschaftenden und verändernden Erwerbs- und Berufstätigkeit grundlegend unterscheide[463]. Nach ständiger Rechtsprechung des BFH wird die Grenze der *privaten Vermögensverwaltung* zum *Gewerbebetrieb* (§ 15 EStG) überschritten, wenn nach dem Gesamtbild der Betätigung und unter Berücksichtigung der Verkehrsauffassung die Ausnutzung sub-

---

[460] *Stadie* in *Rau/Dürrwächter*, Kommentar zum UStG, 8. Auflage, Stand 7/ 1997, § 2 Rn. 861.

[461] Denn ungeschriebenes Tatbestandsmerkmal der Gewinneinkunftsarten ist, daß die Einkünfte nicht aus „privater" Vermögensverwaltung stammen, h.M., vgl. anstatt vieler *Schmidt, Ludwig* in *Schmidt*, EStG, 16. Auflage, München 1997, § 15 Rn. 50 m.w.N..

[462] *Hüttemann, Rainer,* Wirtschaftliche Betätigung und steuerliche Gemeinnützigkeit, Köln, 1991, S. 148 ff..

[463] So die amtliche Begründung zum Entwurf eines Reicheinkommensteuergesetzes vom 23.04.1925, RT-Drucksache III/795, S. 41; ob sich der „Dualismus der Einkunftsarten" mit dem Gleichheitsgrundsatz vereinbaren läßt, wird zunehmend bezweifelt, vgl. *Tipke, Klaus,* Die dualistische Einkünfteermittlung nach dem Einkommensteuergesetz - Entstehung, Motivation und Berechtigung, Festschrift für *Paulick*, 1973, S. 391 ff.; *Lang, Joachim,* Die Bemessungsgrundlage der Einkommensteuer, Köln 1988, S. 219 ff.; *Tipke, Klaus,* Die Steuerrechtsordnung, Köln, 1993, Band II, S. 658 f.; *Kirchhof, Paul* in *Kirchhof/Söhn,* EStG, Stand 9/1997, § 2 Rn. C 8 f.

stantieller Vermögenswerte durch Umschichtung gegenüber der Fruchtziehung aus zu erhaltenden Substanzwerten entscheidend in den Vordergrund tritt[464].

Verwunderlich ist deshalb, wenn die h.M. im Rahmen des § 14 AO 1977 bei der Ausgrenzung der Vermögensverwaltung vom wirtschaftlichen Geschäftsbetrieb die zur Einkommensteuer entwickelten Abgrenzungskriterien heranzieht[465]. Allein *Hüttemann* spricht sich aufgrund der unterschiedlichen Wertungen in den Gesetzen für eine Abgrenzung allein nach den Kriterien der Wettbewerbsgleichheit aus[466].

Im Rahmen der Besteuerung jPdöR in § 4 Abs. 1 KStG ist das Problem ähnlich gelagert. Denn nach dem Sinn und Zweck erfolgt auch hier die Besteuerung der öffentlichen Hand nach Wettbewerbsgesichtspunkten. Die h.M. setzt sich auch hier über diese Problematik hinweg und zieht – ebenso wie bei § 14 AO 1977 – die zur Einkünftequalifikation im Einkommensteuerrecht entwickelten Abgrenzungskriterien heran[467]. Anders *Bader*, der an die von *Hüttemann* zu § 14 AO 1977 entwickelte Abgrenzung anknüpft und versucht, den Bereich der Vermögensverwaltung unter dem Aspekt der Wettbewerbsrelevanz abzugrenzen[468]. Seiner Meinung nach ist auf das Marktverhalten der öffentlichen Hand abzustellen und damit zu untersuchen, ob sich die Steuervergünstigung am Markt auswirke. Sobald dies der Fall sei, müßten Erträge, die durch Vermögensverwaltung realisiert werden, der Steuer unterworfen werden.

---

464 Beschluß des Großen Senats des BFH vom 03.07.1995 - 1/93, BStBl. II 1995, S. 617 ff. (619) m.w.N..

465 *Klein, Franz* in *Klein/Orlopp*, AO 1977, 4. Auflage, München 1989, § 14 Anm. 3 d); *Fischer, Peter* in *Hübschmann/Hepp/Spitaler*, Kommentar zur Abgabenordnung, 10. Auflage (Stand 8/1998), Köln, § 14 Rn. 87; BFH, Urteil vom 08.11.1971 - GrS 2/71, BStBl. II 1972, S. 63 ff. (64); BFH, Urteil vom 21.05.1997 - I R 164/94, BFH/NV 1997, S. 825 f. (826). Zweifelnd *Tipke, Klaus* in *Tipke/Kruse*, AO 1977, 16. Auflage, Stand 6/1997, § 14 Rn. 8; er geht davon aus, daß auch die Vermögensverwaltung an sich ein wirtschaftlicher Geschäftsbetrieb sei; soweit es sich um Vermögensverwaltung handele, enthalte Satz 1 des § 14 AO 1977 aber eine Ausgrenzung der Vermögensverwaltung.

466 *Hüttemann, Rainer*, Wirtschaftliche Betätigung und steuerliche Gemeinnützigkeit, Köln, 1991, S. 148 f..

467 *Bunjes, J. / Geist, R.*, Umsatzsteuergesetz, Kommentar, 4. Auflage, München 1993, § 2 Anm. 46; *Birkenfeld* in *Hartmann/Metzenmacher*, Umsatztsteuergesetz, Kommentar, 7. Auflage, Berlin 1991, Stand 10/94, § 2 Rn. 1161; *Streck*, Kommentar zum Körperschaftsteuergesetz 1993, § 4 Anm.12; *Felder, Bernd* in *Dötsch/ Eversberg/ Jost/ Witt*, Kommentar zum KStG, 29. Ergänzungslieferung (Februar 1997), § 4 Rn. 34; *Stadie* in *Rau/Dürrwächter*, Kommentar zum UStG, 8. Auflage, Stand 7/ 1997, § 2 Rn. 863. Wohl auch BFH, vgl. BFH, Beschluß vom 21.03.1995 - XI R 33/94, UR 1995, S. 397 ff. (398).

468 *Bader, Hermann Georg*, Hoheitsbetrieb und Betrieb gewerblicher Art im Umsatz- und Körperschaftsteuerrecht, Dissertation (Köln 1996), Frankfurt am Main, 1997, S. 110.

Auch wenn der Ansatz *Baders* plausibel erscheint, der Gesetzgeber selbst ist offenbar von einer unschädlichen Wettbewerbsbeeinflussung ausgegangen[469]. Anderenfalls hätte er diesen Bereich nicht von der Besteuerung ausgenommen, was sich aus dem Umkehrschluß zu § Abs. 4 KStG ergibt. Im Rahmen des § 14 AO 1977 wird die „reine" Vermögensverwaltung sogar ausdrücklich vom *wirtschaftlichen Geschäftsbetrieb* ausgegrenzt. Die Ansicht *Baders* ist daher abzulehnen. Steht damit aber fest, daß die Abgrenzung der Vermögensverwaltung nicht nach Wettbewerbsgesichtspunkten vorzunehmen ist, spricht grundsätzlich nichts dagegen, auf die im Einkommensteuerrecht entwickelten Abgrenzungskriterien zurückzugreifen[470].

### 2.5.2 Hoheitsbetriebe

Die Rechtsprechung und der Großteil der Literatur versuchen, den hoheitlichen Bereich der öffentlichen Hand unmittelbar zu erfassen[471]. Entgegen der in dieser Arbeit vertretenen Auffassung, wonach für die Besteuerung allein entscheidend ist, ob es sich um eine *wirtschaftliche* Tätigkeit im Sinne des § 4 Abs. 1 S. 1 KStG handelt, stellen sie auf die Regelung in § 4 Abs. 5 S. 1 KStG ab. Sie tragen damit der Auslegung des Begriffs „Ausübung öffentlicher Gewalt" die mehr oder weniger entscheidende Rolle bei der Abgrenzung des steuerpflichtigen vom nichtsteuerpflichtigen Bereich zu[472].

#### 2.5.2.1 Steuerliche Auslegung des Begriffs „Ausübung öffentlicher Gewalt"

Der Begriff „Ausübung öffentlicher Gewalt" findet sich auch in anderen Vorschriften des öffentlichen Rechts[473]. *Altehoefer* vertritt deshalb die Auffassung, daß es die Einheit der Rechtsordnung gebieten würde, diesen Begriff einheitlich

---

[469] Im Ergebnis wohl ebenso *Tipke* bei § 14 AO 1977, vgl. *Tipke, Klaus* in *Tipke/Kruse,* AO 1977, 16. Auflage, Stand 6/1997, § 14 Rn. 8: „Vermögensverwaltung ist, anders als der wirtschaftliche Geschäftsbetrieb, steuerunschädlich. Grund: Im Bereich der Vermögensverwaltung spielt der Wettbewerb keine Rolle...".

[470] Ebenso *Bunjes, J. / Geist, R.*, Umsatzsteuergesetz, Kommentar, 4. Auflage, München 1993, § 2 Anm. 46; *Birkenfeld* in *Hartmann/Metzenmacher,* Umsatztsteuergesetz, Kommentar, 7. Auflage, Berlin 1991, Stand 10/94, § 2 Rn. 1161; *Streck*, Kommentar zum Körperschaftsteuergesetz 1993, § 4 Anm.12; *Felder, Bernd* in *Dötsch/ Eversberg/ Jost/ Witt*, Kommentar zum KStG, 29. Ergänzungslieferung (Februar 1997), § 4 Rn. 34; *Stadie* in *Rau/Dürrwächter*, Kommentar zum UStG, 8. Auflage, Stand 7/ 1997, § 2 Rn. 863; *Fischer, Peter* in *Hübschmann/Hepp/Spitaler*, Kommentar zur Abgabenordnung, 10. Auflage (Stand 8/1998), Köln, § 14 Rn. 90, der sich für eine Abgrenzung anhand von Risikostrukturen ausspricht.

[471] Vgl. dazu im ganzen nochmals die Ausführungen unter Punkt 2.4.1.2.2.

[472] Vgl. nur *Birkenfeld* in *Hartmann/Metzenmacher,* Umsatztsteuergesetz, Kommentar, 7. Auflage, Berlin 1991, Stand 10/94, § 2 Rn. 1251 ff..

[473] Z.B. Art. 19 Abs. 4 und Art. 93 Abs. 1 Nr. 4 a GG.

auszulegen[474]. Die insoweit klare gesetzliche Formulierung in § 4 Abs. 5 KStG spreche für einen Rückgriff auf das Verwaltungsrecht. Denn wenn der Steuergesetzgeber Begriffe aus anderen Rechtsgebieten bewußt verwende, so wolle er ihnen auch im Bereich des Steuerrechts denselben Bedeutungsgehalt beimessen. Eine verwaltungsrechtlich als hoheitlich einzuordnende Tätigkeit könnte demnach auch in steuerlicher Hinsicht als *Ausübung öffentlicher Gewalt* angesehen werden.

Diese Ansicht überzeugt nicht. Der Gedanke der Einheit der Rechtsordnung ist zwar ein wichtiger Gesichtspunkt, eine einheitliche Definition aller in der Rechtsordnung verwandten Rechtsbegriffe wird damit aber nicht postuliert. Zwar darf das Steuerrecht Grundwertungen anderer Teile der Rechtsordnung nicht ohne wichtigen Grund unterlaufen, doch muß die Einheit der Rechtsordnung in Frage gestellt werden, wenn derselbe Begriff in den verschiedenen Rechtsordnungen unterschiedliche Aufgaben erfüllt[475].

Aus demselben Grund verbietet sich auch ein Rückgriff auf Art. 19 Abs. 4 GG. Denn während im Rahmen des Art. 19 Abs. 4 GG eine weite Auslegung des Begriffs „öffentliche Gewalt" angezeigt ist, um einen ausreichenden Schutz des einzelnen Grundrechtsträgers gegen Akte der öffentlichen Hand zu gewährleisten[476], will § 4 KStG die Privatwirtschaft vor Wettbewerbsnachteilen gegenüber der öffentlichen Hand schützen[477]. Dies spricht eher für eine enge Auslegung des Begriffs „öffentliche Gewalt"[478]. Nicht anders verhält es sich hinsichtlich der Übertragung verwaltungsrechtlich bewährter Standards wie z.B. der Zwei-

---

474 *Altehoefer, Klaus*, Betriebe gewerblicher Art von juristischen Personen des öffentlichen Rechts - Zur Abgrenzung der wirtschaftlichen von der hoheitlichen Tätigkeit, in: Ertragsbesteuerung, Festschrift Ludwig Schmidt, herausgegeben von Raupach, A. / Uelner, A., München 1993, S. 677 ff. (688); vgl. neuerdings auch *Gern*, der die körperschaftsteuerliche Regelung mit den Vorgaben des Verwaltungsrechts und der Gemeindeordnungen in Einklang zu bringen sucht, i.E. aber eine Änderung der Rechtslage de lege ferenda fordert, vgl. *Gern, Alfons,* Zur Körperschafts- und Umsatzsteuerpflicht kommunaler Unternehmen nach der Rechtsprechung des Bundesfinanzhofes, Kommunale Steuer-Zeitschrift 1997, S. 167 ff..

475 *Tipke, Klaus,* Die Steuerrechtsordnung, Köln, 1993, Band I, S. 98 ff. (insbesondere S. 102); *Laule, Gerhard*, Die Körperschaftsteuerfreiheit für Hoheitsbetriebe - wann dient ein Betrieb der Ausübung öffentlicher Gewalt?, DStZ 1988, S. 183 ff. (187 f.).

476 Vgl. *Schmidt-Aßmann, E.* (1985) in *Maunz/Dürig*, Grundgesetz, Band II, § 19 Rn. 45 ff.

477 Vgl. dazu obige Ausführungen unter Punkt 2.4.1.2.2.

478 BFH, Urteil vom 22.09.1976 - I R 102/74, BStBl. II 1976, S. 793 ff. (794); BFH, Urteil vom 15.03.1972 - I R 232/71, BStBl. II 1972, S. 500 f. (501); OFH, Gutachten vom 30.07.1949 - I D 4/49 S, StuW 1950 II, Urteil Nr. 6, Spalte 11 ff. (13).

Stufen-Theorie[479] oder der Lehre vom Verwaltungsprivatrecht. Diese Theorien wurden nicht aus Gründen des Wettbewerbsschutzes Privater entwickelt, vielmehr standen andere Überlegungen, wie z.B. der Rechtsschutz des Bürgers, im Vordergrund. Auch die Rechtsprechung faßt das Merkmal der öffentlichen Gewalt im Verhältnis zum allgemeinen Verwaltungsrecht enger und behandelt nicht jede Ausübung öffentlicher Gewalt im verwaltungsrechtlichen Sinne als Hoheitsbetrieb[480].

#### 2.5.2.2 Historische Entwicklung der Rechtsprechung des RFH bzw. BFH

Da die Rechtsprechung in erster Linie bemüht ist, die Abgrenzung des steuerpflichtigen Bereichs vom (nicht steuerpflichtigen) Hoheitsbetrieb aus vorzunehmen, steht seit jeher die Frage im Vordergrund, ob die jeweilige Tätigkeit als „Ausübung öffentlicher Gewalt" qualifiziert werden kann. Der RFH und auch der BFH haben im Laufe der Jahre verschiedene Kriterien entwickelt, diesen Bereich näher zu umschreiben und damit die Abgrenzung besser in den Griff zu bekommen. Die historische Entwicklung dieser Rechtsprechung soll im folgenden kurz skizziert werden.

##### 2.5.2.2.1 Stufe I: „Eigentümlich und vorbehaltene" Tätigkeit

Vom RFH wurde die Abgrenzung zunächst danach vorgenommen, ob Körperschaften des öffentlichen Rechts privatrechtlich tätig werden oder ob sie sich öffentlich-rechtlicher Normen bedienen[481].

---

479 Vgl. zur Zwei-Stufen-Theorie und zur Lehre vom Verwaltungsprivatrecht *Laule, Gerhard,* Die Körperschaftsteuerfreiheit für Hoheitsbetriebe - wann dient ein Betrieb der Ausübung öffentlicher Gewalt?, DStZ 1988, S. 183 ff. (188 ff.); hinsichtlich der Anwendung der Sonderrechtstheorie wird auf die Ausführungen von *Gern* verwiesen, vgl. *Gern, Alfons,* Zur Körperschafts- und Umsatzsteuerpflicht kommunaler Unternehmen nach der Rechtsprechung des Bundesfinanzhofes, Kommunale Steuer-Zeitschrift 1997, S. 167 ff..

480 BFH, Urteil vom 28.01.1988 - V R 112/86, BStBl. II 1988, S. 473 ff. (476); BFH, Urteil vom 22.09.1976 - I R 102/74, BStBl. II 1976, S. 793 ff. (794); BFH, Urteil vom 15.03.1972 - I R 232/71, BStBl. II 1972, S. 500 f. (501); BFH, Urteil vom 08.07.1971 - V R 1/68, BStBl. II 1972, S. 70 ff. (73); BFH, Urteil vom 17.04.1969 - V B 53/68, BStBl. II 1969, S. 415 f. (416); OFH, Gutachten vom 30.07.1949 - I D 4/49 S, StuW 1950 II, Urteil Nr. 6, Spalte 11 ff. (13); RFH, Gutachten vom 02.07.1938 - Großer Senat D 5/38, RStBl. 1938, S. 743 f. (744).

481 RFH, Urteil vom 16.06.1920 - II A 120/20, RFHE 3, 95 f. (96): *„Welches immer die Ziele eines Unternehmens sein mögen, für seine Umsatzsteuerpflicht kommt es lediglich darauf an, ob es in Verfolgung dieser Ziele in den privatrechtlichen Rechtsverkehr eintritt ... Ist dies der Fall, so begründet es für die Umsatzsteuerpflicht keinen Unterschied, ob und welchen öffentlichen Zwecken etwa das Unternehmen dient. Nur wo das Entgelt Entgelt für einen öffentlichen Verkehrsakt, also Gebühr im Sinne einer Abgabe ist, ist die Steuerpflichtigkeit ausgeschlossen."* Vgl. auch RFH, Urteil vom 24.11.1921 - V A 119/2, BFHE 7, 275 (276).

Diese Unterscheidung erwies sich schon bald als nicht ausreichend und der für das Umsatzsteuerrecht zuständige V. Senat des RFH entwickelte zur Begriffsbestimmung der öffentlichen Gewalt – im Anschluß an *Popitz*[482] – die Formel „eigentümlich und vorbehalten“[483]. Danach sei auf die einzelne öffentlich-rechtliche Tätigkeit selbst abzustellen. Diese müsse in den besonderen Aufgabenkreis fallen, der den Träger der Aufgabe als öffentlich-rechtliche Körperschaft erscheinen lasse. Außerdem müsse die Tätigkeit unmittelbar der Ausübung öffentlicher Gewalt dienen. Tätigkeiten der öffentlichen Hand seien demnach nicht steuerbar, wenn sie der Körperschaft des öffentlichen Rechts in ihrer Eigenschaft als Träger der öffentlichen Gewalt „eigentümlich und vorbehalten“ seien.

Anders der für das Körperschaftsteuerrecht zuständige I. Senat des RFH: Er hielt es zunächst für unerheblich, ob eine bestimmte Tätigkeit der öffentlichen Hand „vorbehalten“ war[484]. Ausschlaggebend sei vielmehr, ob sich die von der Körperschaft des öffentlichen Rechts entfaltete Tätigkeit ihrem Inhalt nach überwiegend als eine „privatgeschäftliche Verkehrshandlung oder als bewußte Erfüllung einer hoheitliche Aufgabe“ darstelle. In einer anderen Entscheidung hat sich derselbe Senat[485] sogar um eine positive Umschreibung des BgA bemüht, indem er aus der von Gesetzes[486] wegen nicht erforderlichen Gewinnerzielungsabsicht den Schluß zog, daß bei der Abgrenzung des steuerpflichtigen vom nicht steuerpflichtigen Bereich nicht auf den Zweck abgestellt werden dürfe, den die Körperschaft mit ihrer Einrichtung verfolge. Für die Annahme eines BgA sei vielmehr entscheidend, daß sich die Körperschaft durch ihre Einrichtung in den allgemeinen wirtschaftlichen Verkehr einschalte und dabei eine Tätigkeit entfalte, die sich ihrem Inhalt nach von der Tätigkeit eines privatgewerblichen Unternehmers nicht wesentlich unterscheide. Dabei komme es nicht darauf an, ob und in welchem Maß gerade diese Tätigkeit von einem Privatunternehmer ausgeübt werden könne[487]. Zwar wurde später ein BgA gelegentlich

[482] *Popitz, Johannes*, Kommentar zum Umsatzsteuergesetz, 3. Auflage, 1928, S. 343 f. und 350.

[483] RFH, Gutachten vom 09.07.1937 - V D 1/37, RStBl. 1937, S. 1306 f. (1307).

[484] RFH, Urteil vom 22.06.1937 - I A 391/36, RStBl. 1937, S. 982 f. (983); diese Entscheidung hat der V. Senat später für den Bereich der Umsatzsteuer abgelehnt, vgl. RFH, Gutachten vom 02.07.1938 - Großer Senat D 5/38, RStBl. 1938, S. 743 f. (744).

[485] RFH, Urteil vom 22.11.1938 - I 305/38, RStBl. 1938, S. 477 f. (478).

[486] Vgl. damals § 1 Abs. 1 S. 2 KStDV 1935; heute § 4 Abs. 1 S. 2 KStG.

[487] RFH, Urteil vom 22.06.1937 - I A 391/36, RStBl. 1937, S. 982 f. (983); RFH, Urteil vom 22.11.1938 - I 305/38, RStBl. 1938, S. 477 f. (478).

noch nach positiven Merkmalen bestimmt[488], nach und nach setzte sich aber auch beim I. Senat die Auffassung des V. Senats durch, wonach ein BgA zu verneinen war, wenn die Tätigkeit überwiegend der „Ausübung öffentlicher Gewalt" diente[489]. Letzteres sei insbesondere dann anzunehmen, wenn die Tätigkeit der öffentlichen Hand „eigentümlich und vorbehalten" sei.

Damit konnte erstmals eine einheitliche Auslegung des Begriffs „öffentliche Gewalt" zwischen den verschiedenen Senaten des BFH festgestellt werden[490]. Das Kriterium der Aufgabenzuweisung rückte entscheidend in den Vordergrund[491]. Nahm die jPdöR Aufgaben wahr, die ihr durch Gesetz oder Verordnung ausdrücklich zugewiesen *oder* ihr eigentümlich und ihr, wenn auch nicht ausschließlich, so doch in ganz erheblichen Umfange oder im Regelfalle vorbehalten waren, so konnte ein nicht steuerbarer Hoheitsbetrieb bejaht werden[492]. Wie schon der Satzaufbau erkennen läßt, mußte der öffentlichen Hand nicht notwendig eine Aufgabe gesetzlich zugewiesen sein, um die Tätigkeit als *hoheitlich* zu qualifizieren. Der BFH hielt es sogar für ausreichend, wenn der Körperschaft des öffentlichen Rechts die Tätigkeit durch Gewohnheitsrecht zugewiesen war[493] bzw. ihr eine bestimmte Aufgabe „herkömmlich oblag"[494]. Zwar wurde vom BFH stets betont, daß der Begriff der öffentlichen Gewalt gegenüber dem Verwaltungsrecht in einem eingeschränkten Verständnis zu sehen

---

488 BFH, Urteil vom 15.01.1952 - I 96/51 U, BStBl. III 1952, S. 61 ff. (62); BFH, Urteil vom 26.02.1957 - I 327/56 U, BStBl. III 1957, S. 146 (147).

489 RFH, Urteil vom 16.11.1937 - I 299/36, RStBl. 1938, S. 15 f. (16); RFH, Urteil vom 24.01.1939 - I 390/38, RStBl. 1939, S. 560 f. (560); RFH, Urteil vom 02.07.1940 - I 298/39, RStBl. II 1940, S. 797 f. (797); BFH, Urteil vom 12.12.1951 - I 95/51 S, BStBl. III 1952, S. 41 ff. (42); BFH, Urteil vom 07.12.1965 - I 319/62 S, BStBl. III 1966, S. 150 ff. (151).

490 Als Ausnahme kann das Urteil des V. Senats des BFH vom 07.04.1960 - V 143/58 U, BStBl. III 1960, S. 261 ff. (262) bezeichnet werden. In dieser Entscheidung knüpfte der V. Senat an die Rechtsprechung des ersten Senats vom 26.02.1957 (s.o.) an und bestimmte die Steuerpflicht der Körperschaft positiv (!) nach dem Inhalt der Tätigkeit, indem er darauf abstellte, ob eine „Teilnahme am allgemeinen wirtschaftlichen Verkehr" vorlag.

491 Vgl. insbesondere BFH, Urteil vom 12.12.1951 - I 95/51 S, BStBl. III 1952, S. 41 ff. (42); BFH, Urteil vom 25.10.1956 - V 79/56 U, BStBl. III 1956, S. 353 f. (353 f.); BFH, Urteil vom 18.08.1966 - V 21/64, BStBl. III 1967, S. 100 f. (101); BFH, Urteil vom 06.07.1967 - V 76/64, BStBl. III 1967, S. 582 ff. (583).

492 BFH, Urteil vom 01.04.1965 - V 131/62 U, BStBl. III 1965, S. 339 ff. (340); BFH, Urteil vom 06.07.1967 - V 76/64, BStBl. III 1967, S. 582 ff. (583); BFH, Urteil vom 08.07.1971 - V R 1/68, BStBl. II 1972, S. 70 ff. (73); BFH, Urteil vom 15.03.1972 - I R 232/71, BStBl. II 1972, S. 500 f. (501).

493 BFH, Urteil vom 13.04.1961 - V 120/59 U, BStBl. III 1961, S. 298 ff. (299); BFH, Urteil vom 25.04.1968 - V 120/64, BStBl. II 1969, S. 94 ff. (97,98).

494 BFH, Urteil vom 18.08.1966 - V 21/64, BStBl. III 1967, S. 100 f. (101).

sei[495], doch kann nicht geleugnet werden, daß sich die Rechtsprechung mit diesen Formulierungen unweigerlich auf das weite Feld der Staatsaufgabenlehre begab[496]. Dies zeigt sich vor allem in den Fällen, in denen die Rechtsprechung der Frage nachging, ob es sich um Aufgaben handelte, „die aus der Staatsgewalt abgeleitet und staatlichen Zwecken" dienten[497] bzw. ob „der Leistende dem Leistungsempfänger als Hoheitsperson gegenübertrat"[498]. Aber nicht nur in einzelnen Formulierungen, sondern auch in der vom BFH geforderten Gesamtabwägung aller Merkmale[499] wird deutlich, daß für die Abgrenzung die Qualifikation der jeweiligen Aufgabe als Staatsaufgabe von entscheidender Bedeutung war. Weder die formale Ausgestaltung der Tätigkeit[500] noch einzelne Tatbestandsmerkmale waren ausschlaggebend. Allein entscheidend war der sachliche Inhalt der Tätigkeit[501], also die Qualität der wahrgenommenen Aufgabe. Aus diesem Grund spielte die Bezeichnung des Entgelts als „Gebühr" oder „Beitrag" bei der Abgrenzung keine Rolle[502]. Der Annahmezwang des Leistungsempfängers wurde als bedeutsames, aber nicht als ausschlaggebendes Merkmal gewer-

---

[495] BFH, Urteil vom 28.01.1988 - V R 112/86, BStBl. II 1988, S. 473 ff. (476); BFH, Urteil vom 22.09.1976 - I R 102/74, BStBl. II 1976, S. 793 ff. (794); BFH, Urteil vom 15.03.1972 - I R 232/71, BStBl. II 1972, S. 500 f. (501); BFH, Urteil vom 08.07.1971 - V R 1/68, BStBl. II 1972, S. 70 ff. (73); BFH, Urteil vom 17.04.1969 - V B 53/68, BStBl. II 1969, S. 415 f. (416); OFH, Gutachten vom 30.07.1949 - I D 4/49 S, StuW 1950 II, Urteil Nr. 6, Spalte 11 ff. (13); RFH, Gutachten vom 02.07.1938 - Großer Senat D 5/38, RStBl. 1938, S. 743 f. (744).

[496] *Selmer, Peter /Schulze-Osterloh, Lerke*, Besteuerung öffentlicher Unternehmen und Wettbewerbsneutralität, DÖV 1978, S. 381 ff. (383).

[497] BFH, Urteil vom 21.11.1967 - I 274/64, BStBl. II 1968, S. 218 ff. (219).

[498] RFH, Urteil vom 12.01.1940 - V 243/37, RFHE 48, S. 301 ff. (304).

[499] BFH, Urteil vom 15.01.1952 - I 96/51 U, BStBl. III 1952, S. 61 ff. (62); BFH, Urteil vom 14.10.1964 - I 80/62 U, BStBl. III 1965, S. 95 ff. (96); BFH, Urteil vom 07.12.1965 - I 319/62 S, BStBl. III 1966, S. 150 ff. (151); BFH, Urteil vom 21.11.1967 - I 274/64, BStBl. II 1968, S. 218 ff. (219); BFH, Urteil vom 18.02.1970 - I 157/67, BStBl. II 1970, S. 519 ff. (520).

[500] BFH, Urteil vom 07.04.1960 - V 143/58 U, BStBl. III 1960, S. 261 ff. (262); BFH, Urteil vom 21.11.1967 - I 274/64, BStBl. II 1968, S. 218 ff. (219); BFH, Urteil vom 25.04.1968 - V 120/64, BStBl. II 1969, S. 94 ff. (98); BFH, Urteil vom 18.02.1970 - I 157/67, BStBl. II 1970, S. 519 ff. (520).

[501] BFH, Urteil vom 15.01.1952 - I 96/51 U, BStBl. III 1952, S. 61 ff. (62); BFH, Urteil vom 26.02.1957 - I 327/56 U, BStBl. III 1957, S. 146 (147); BFH, Urteil vom 07.04.1960 - V 143/58 U, BStBl. III 1960, S. 261 ff. (262).

[502] RFH, Urteil vom 02.07.1940 - I 298/ 39, RStBl. II 1940, S. 797 f. (798); BFH, Urteil vom 07.04.1960 - V 143/58 U, BStBl. III 1960, S. 261 ff. (262); BFH, Urteil vom 18.08.1966 - V 21/64, BStBl. III 1967, S. 100 f. (101); BFH, Urteil vom 26.05.1977 - V R 15/74, BStBl. II 1977, S. 813 ff. (815).

tet[503]. Zum Teil wurde auch ein Vergleich mit Privatpersonen angestellt, dies vor allem dann, wenn die Rechtsprechung die jeweilige Tätigkeit als steuerpflichtig einstufen wollte[504].

Der für das Umsatzsteuerrecht zuständige V. Senat des BFH hat in diesem Zusammenhang stets betont, daß die Vorschrift über die Umsatzsteuerfreiheit der „Ausübung öffentlicher Gewalt" nur mit „gebührender Vorsicht" anzuwenden sei[505], insbesondere wenn die jPdöR außerhalb eines Über- und Unterordnungsverhältnisses tätig werde[506]. Der private Unternehmer dürfe nicht durch den Wettbewerb steuerlich begünstigter Körperschaften des öffentlichen Rechts benachteiligt werden[507]. Einen etwaig bestehenden Wettbewerb zur privaten Wirtschaft hat die Rechtsprechung in der Regel als weiteres Argument zur Verneinung einer hoheitlichen Tätigkeit herangezogen[508]. Ein entscheidende Rolle wurde dem Wettbewerbsgedanken aber nur selten zugemessen[509].

#### 2.5.2.2.2 Stufe II: „Wettbewerbsrelevanz"

Die Formel „eigentümlich und vorbehalten" stellte sich im Laufe der Zeit als unzureichend heraus. Solange sich der Staat darauf beschränkte, Sicherheit und Ordnung aufrechtzuerhalten, war die Abgrenzung unproblematisch. Dies änderte sich aber in dem Zeitpunkt, als der Staat im Gegensatz zu früher auch als

---

[503] BFH, Urteil vom 12.12.1951 - I 95/51 S, BStBl. III 1952, S. 41 ff. (42); BFH, Urteil vom 25.10.1956 - V 79/56 U, BStBl. III 1956, S. 353 f. (354).

[504] RFH, Urteil vom 22.06.1937 - I A 391/36, RStBl. 1937, S. 982 f. (983); RFH, Urteil vom 22.11.1938 - I 305/38, RStBl. 1938, S. 477 f. (478); RFH, Urteil vom 02.07.1940 - I 298/39, RStBl. II 1940, S. 797 f. (797); BFH, Urteil vom 13.04.1961 - V 120/59 U, BStBl. III 1961, S. 298 ff. (299); BFH, Urteil vom 18.08.1966 - V 21/64, BStBl. III 1967, S. 100 f. (101); BFH, Urteil vom 22.09.1976 - I R 102/74, BStBl. II 1976, S. 793 ff. (794); später wurde dieser Vergleich auch herangezogen, um eine Tätigkeit der öffentlichen Hand als hoheitliche Tätigkeit zu bewerten, vgl. BFH, Urteil vom 07.12.1965 - I 319/62 S, BStBl. III 1966, S. 150 ff. (151); BFH, Urteil vom 21.11.1967 - I 274/64, BStBl. II 1968, S. 218 ff. (219); BFH, Urteil vom 18.02.1970 - I 157/67, BStBl. II 1970, S. 519 ff. (520); BFH, Urteil vom 08.07.1971 - V R 1/68, BStBl. II 1972, S. 70 ff. (73).

[505] RFH, Gutachten vom 09.07.1937 - V D 1/37, RStBl. 1937, S. 1306 f. (1307); RFH, Urteil vom 09.02.1940 - V 293/38, RStBl. 1940, S. 575 f. (575); BFH, Urteil vom 13.04.1961 - V 120/59 U, BStBl. III 1961, S. 298 ff. (299); BFH, Urteil vom 18.08.1966 - V 21/64, BStBl. III 1967, S. 100 f. (101).

[506] BFH, Urteil vom 06.07.1967 - V 76/64, BStBl. III 1967, S. 582 ff. (583).

[507] BFH, Urteil vom 12.12.1968 - V 213/65, BStBl. II 1969, S. 280 ff. (281).

[508] RFH, Urteil vom 09.02.1940 - V 293/38, RStBl. 1940, S. 575 f. (576); BFH, Urteil vom 07.04.1960 - V 143/58 U, BStBl. III 1960, S. 261 ff. (262).

[509] BFH, Urteil vom 13.04.1961 - V 120/59 U, BStBl. III 1961, S. 298 ff. (299); zuvor schon im nicht veröffentlichten Urteil des ersten Senats des BFH vom 26.11 1957 - I 344/56, vgl. BFH, Urteil vom 13.04.1961 - V 120/59 U, BStBl. III 1961, S. 298 ff. (299).

Leistungsstaat in anderen Bereichen tätig wurde[510]. Die Rechtsprechung war daher bemüht, bei der Formel „eigentümlich und vorbehalten" einen strengen Maßstab anzulegen[511].

Eine neue Entwicklung bahnte sich Ende der 80-er mit einer Entscheidung des V. Senats des BFH an. Erstmals sollte nicht mehr die ausdrückliche Zuweisung einer bestimmten Aufgabe durch Gesetz die Annahme eines Hoheitsbetriebs rechtfertigen[512]. Erforderlich sei vielmehr die Zuweisung einer „hoheitlichen" Tätigkeit. Letzteres entscheide sich danach, „ob und welche konkreten Aufgaben der Körperschaft des öffentlichen Rechts zugewiesen wurden und ob die Körperschaft des öffentlichen Rechts eine ihr gesetzlich übertragene allgemeine Funktion nach dem Charakter der einzelnen Tätigkeiten durch hoheitliche oder privatwirtschaftliche Mittel verwirkliche". Der V. Senat des BFH verwies zwar auf seine frühere Rechtsprechung[513], in einer solchen Deutlichkeit wurde die gesetzliche Zuweisung einer Aufgabe als Pflichtaufgabe aber in keinem der zitierten Urteile für unbeachtlich erklärt[514].

Neu war auch, daß der Wettbewerbsgedanke ausdrücklich in den Vordergrund gestellt wurde. Nicht ein tatsächlich vorhandener Wettbewerb sei bei der Abgrenzung ausschlaggebend, vielmehr reiche eine potentielle Wettbewerbslage für die Annahme eines steuerpflichtigen Betriebs gewerblicher Art aus[515]. Das

---

[510] Vgl. dazu auch *Laule, Gerhard*, Die Körperschaftsteuerfreiheit für Hoheitsbetriebe - wann dient ein Betrieb der Ausübung öffentlicher Gewalt?, DStZ 1988, S. 183 ff. (184).

[511] BFH, Urteil vom 18.08.1966 - V 21/64, BStBl. III 1967, S. 100 f.; BFH, Urteil vom 13.04.1961 - V 120/59 U, BStBl. III 1961, S. 298 ff..

[512] BFH, Urteil vom 30.06.1988 - V R 79/84, BStBl. II 1988, S. 910 ff. (912); bestätigt in Urteil vom 21.09.1989 - V R 89/85, BStBl. II 1990, S. 95 ff. (97) und BFH, Beschluß vom 26.01.1995 - V R 122/93, BFH NV 1996, S. 86 f. (87).

[513] Es wurde unter Punkt II. 1. b) aa) der Entscheidungsgründe auf folgende Urteile verwiesen: BFH, Urteil vom 13.04.1961 - V 120/59 U, BStBl. III 1961, S. 298 ff.; BFH, Urteil vom 18.08.1966 - V 21/64, BStBl. III 1967, S. 100 f.; BFH, Urteil vom 18.02.1970 - I 157/67, BStBl. II 1970, S. 519 ff..

[514] Im Urteil vom 13.04.1961 - V 120/59 U, BStBl. III 1961, S. 298 ff. und im Urteil vom 18.08.1966 - V 21/64, BStBl. III 1967, S. 100 f. (101) ist der BFH davon ausgegangen, daß der Körperschaft des öffentlichen Rechts keine konkrete Aufgabe zugewiesen war. Im Urteil vom 18.02.1970 - I 157/67, BStBl. II 1970, S. 519 ff. (521) wurde sogar ausdrücklich offengelassen, ob die Zuweisung einer Aufgabe durch Gesetz die Annahme eines Hoheitsbetriebs rechtfertige. Der erste Senat des BFH hat sich wenig später der Auffassung des ersten Senats angeschlossen und die gesetzliche Zuweisung einer Pflichtaufgabe nicht als entscheidend eingestuft, vgl. BFH, Urteil vom 14.03.1990 - I R 156/87, BStBl. II 1990, S. 866 ff. (868).

[515] BFH, Urteil vom 30.06.1988 - V R 79/84, BStBl. II 1988, S. 910 ff. (912); BFH, Urteil vom 21.09.1989 - V R 89/85, BStBl. II 1990, S. 95 ff. (97); BFH, Urteil vom 24.02.1994 -

Argument der Wettbewerbsneutralität hat damit eine erhebliche Aufwertung erfahren. Entscheidend war nunmehr, ob die Körperschaft des öffentlichen Rechts Tätigkeiten ausführe, wie sie auch von einem privaten Unternehmer ausgeführt werden können[516]. Im Ergebnis fand somit eine Bewertung des Inhalts der jeweiligen Tätigkeit statt. Ein Tätigwerden in Formen des Privatrechts wurde als Indiz für eine Tätigkeit außerhalb der öffentlichen Gewalt gewertet[517].

#### 2.5.2.2.3 Stufe III: Rückkehr zur Formel „eigentümlich und vorbehaltene" Tätigkeit

Diese Entwicklungsstufe war zunächst davon geprägt, daß die verschiedenen Senate des BFH dahin tendierten, den Begriff „öffentliche Gewalt" unterschiedlich zu interpretieren. Erstmals ließ der für das Körperschaftsteuerrecht zuständige I. Senat des BFH in einem obiter dictum offen, ob die betreffende Tätigkeit aus umsatzsteuerlicher Sicht anders zu beurteilen sei[518]. Zu diesem Schritt sah sich das Gericht aufgrund der im Hinblick auf Art. 4 Abs. 5 der 6. RL geäußerten Kritik des V. Senats[519] an der Anknüpfung des § 2 Abs. 3 UStG an § 4 KStG veranlaßt.

Das Urteil des I. Senats betraf die körperschaftsteuerliche Einordnung einer Tätigkeit, zu deren Erfüllung sich die jPdöR zwar eines sogenannten Erfüllungsgehilfen bedienen konnte, von dieser Möglichkeit aber im konkreten Fall keinen Gebrauch machte, vielmehr selbst tätig wurde. Der BFH kam in einem vierstufigen Prüfungsaufbau zu dem Ergebnis, daß es sich insoweit um einen nicht steuerpflichtigen Hoheitsbetrieb i.S.v. § 4 Abs. 5 KStG handele. Nachdem zunächst die zwei „altbewährten" Fragen, nämlich ob die Tätigkeit der öffentlichen Hand „eigentümlich" und „vorbehalten" war, bejaht wurden, wurde anschließend in einem dritten Schritt geprüft, ob die Tätigkeit der öffentlichen

---

V R 25/92, UR 1995, S. 391 f. (392); BFH, Urteil vom 23.10.1996 - I R 1-2/94, BStBl. II 1997, S. 139 ff. (142).

516 BFH, Urteil vom 30.06.1988 - V R 79/84, BStBl. II 1988, S. 910 ff. (912); BFH, Urteil vom 21.09.1989 - V R 89/85, BStBl. II 1990, S. 95 ff. (97); BFH, Urteil vom 14.03.1990 - I R 156/87, BStBl. II 1990, S. 866 ff. (868); BFH, Urteil vom 27.06.1990 - I R 166/85, BFH NV 1991, S. 628 ff. (629); BFH, Urteil vom 24.02.1994 - V R 25/92, UR 1995, S. 391 f. (392).

517 BFH, Urteil vom 30.06.1988 - V R 79/84, BStBl. II 1988, S. 910 ff. (912); BFH, Urteil vom 27.06.1990 - I R 166/85, BFH NV 1991, S. 628 ff. (629); ob ein Tätigwerden in Handlungsformen des öffentlichen Rechts für die Annahme eines Hoheitsbetriebs spricht hat der BFH dagegen offengelassen, vgl. Urteil vom 10.12.1992 - V R 3/88, BStBl. II 1993, S. 380 ff. (381).

518 BFH, Urteil vom 23.10.1996 - I R 1-2/94, BStBl. II 1997, S. 139 ff. (142).

519 BFH, Beschluß vom 21.03.1995 - XI R 33/94, UR 1995, S. 397 ff..

Hand auch *überwiegend* der Ausübung der öffentlichen Gewalt diente (§ 4 Abs. 5 S. 1 KStG)[520]. Diese Vorgehensweise verwundert, denn bislang hatte der I. Senat des BFH dieses Tatbestandsmerkmal ausschließlich „quantitativ" ausgelegt. § 4 Abs. 5 S. 1 KStG sollte lediglich die Fälle regeln, in denen zwei Tätigkeiten derart ineinandergreifen, daß eine genaue Abgrenzung nicht möglich oder nicht zumutbar war[521]. Jetzt[522] sollte dieser Regelung offensichtlich auch ein „qualitativer" Charakter zukommen. Entscheidend sei, ob die Tätigkeit überwiegend der Erzielung von Einnahmen diene oder aber die Erzielung von Einnahmen nur Nebenzweck der (hoheitlichen) Tätigkeit sei. Dieser Ansatz läuft letztendlich auf eine Bewertung des Inhalts der Tätigkeit hinaus. Dies ist nicht völlig neu, denn auch schon bisher wurde der sachliche Inhalt der Tätigkeit vom I. Senat des BFH als entscheidender Gesichtspunkt angesehen[523]. Neu war aber der „Aufhänger" dieser Prüfung. In einem vierten Prüfungsschritt setzte sich der BFH schließlich mit der Frage auseinander, ob nicht Gründe der Wettbewerbsneutralität die Annahme eines steuerpflichtigen Betriebs gewerblicher Art rechtfertigten. Dies wurde im Ergebnis verneint, denn eine möglicherweise bestehende Wettbewerbssituation hinsichtlich des Zugangs zum Wettbewerb – die öffentliche Hand konnte in dem zitierten Urteil hoheitlich entscheiden, ob sie selbst die Entsorgungstätigkeit durchführte oder damit ganz oder teilweise ein privatwirtschaftliches Entsorgungsunternehmen betraute – ändere nichts daran, daß die tatsächlich Durchführung der Tätigkeit durch die öffentliche Hand überwiegend der Ausübung öffentlicher Gewalt diene und daher als Hoheitsbetrieb zu beurteilen sei. Aufgrund der in den Entscheidungsgründen enthaltenen „salvatorischen Klausel"[524], die Entscheidung beschränke sich nur auf den Bereich der Körperschaftsteuer, erhofften sich viele vom V. Senat eine Aufgabe der bisher einheitlichen Auslegung des § 4 KStG[525]. Allein *Weiss* wies darauf

---

[520] BFH, Urteil vom 23.10.1996 - I R 1-2/94, BStBl. II 1997, S. 139 ff. (142); ansatzweise schon im Urteil vom 14.03.1990 - I R 156/87, BStBl. II 1990, S. 866 ff. (868).

[521] BFH, Urteil vom 10.07.1962 - I 164/59 S, BStBl. III 1962, S. 448 (449).

[522] BFH, Urteil vom 23.10.1996 - I R 1-2/94, BStBl. II 1997, S. 139 ff. (142); der erste Senat beruft sich zwar auf das Urteil des BFH vom 10.07.1962 - I 164/59 S, BStBl. III 1962, S. 448 (449), doch wurde in dieser Entscheidung § 4 Abs. 5 S. 1 KStG gerade „quantitativ" verstanden.

[523] BFH, Urteil vom 15.01.1952 - I 96/51 U, BStBl. III 1952, S. 61 ff. (62); BFH, Urteil vom 26.02.1957 - I 327/56 U, BStBl. III 1957, S. 146 (147).

[524] Der Begriff stammt von *Weiss*, vgl. *Weiss, Eberhard*, Anmerkung zum Urteil des BFH vom 23.10.1996, UR 1997, S. 344 f. (344).

[525] Vgl. dazu *Wellmann, Susanne*, Abfallentsorgung als Hoheitsbetrieb gemäß § 4 Abs. 5 KStG?, DB 1997, S. 501 ff. (503); *Widmann* und *Forster* haben für den Bereich der Abwasserbeseitigung sogar eine Neuregelung des Gesetzgeber gefordert, vgl. *Widmann, Werner*, Umsatzsteuer auf öffentliche Entsorgungsgebühren: Jetzt ist der Gesetzgeber gefordert!, UR 1997, S. 54 ff. (56 f.); *Forster, Eduard*, Umsatzsteuerliche *Behandlung* der Ab-

hin, daß eine einheitliche Behandlung im Bereich der Körperschaftsteuer und Umsatzsteuer weiterhin gewährleistet sei. Er hat mit seiner Prognose recht behalten, denn der V. Senat des BFH bestätigte wenig später die Rechtsprechung des I. Senats.

Auch im Verfahren des V. Senat des BFH[526] stellte sich die Frage nach der steuerlichen Behandlung einer Tätigkeit, zu deren Erfüllung sich die öffentliche Hand zwar grundsätzlich eines sogenannten Erfüllungsgehilfen bedienen konnte, dies aber im konkreten Fall nicht getan hatte. Der V. Senat kam ebenfalls zu dem Ergebnis, daß der öffentlichen Hand die betreffende Tätigkeit „eigentümlich und vorbehalten" und daher von einem nicht steuerbaren Hoheitsbetriebes auszugehen sei[527]. Selbst Gründe der gebotenen Wettbewerbsneutralität des Steuerrechts könnten an dieser Beurteilung nichts ändern. Interessanterweise wurde letzteres damit begründet, daß es sich um eine der öffentlichen Hand „eigentümlich und vorbehaltene" Tätigkeit handele[528]. Dieser Ansatz ist neu, denn bislang wurde der Wettbewerbsgedanke stets als „Korrektiv" in dem Sinn verstanden, daß eine Tätigkeit dann nicht mehr der öffentlichen Hand „eigentümlich und vorbehalten" sein sollte, wenn die Tätigkeit auch von einem Privatunternehmer ausgeführt werden konnte[529]. Damit wird auch heute wieder ausschließlich auf die Formel „eigentümlich und vorbehalten" zurückgegriffen, um den nichtsteuerpflichtigen vom steuerpflichtigen Bereich abzugrenzen. Begrüßenswert ist, daß sich der V. Senat – anders als zuletzt der I. Senat des BFH[530] – auf einem zweistufigen Prüfungsaufbau beschränkt hat und nicht in einem dritten Schritt der Frage nachgegangen ist, ob die Abwasserbeseitigung *überwiegend* der Ausübung öffentlicher Gewalt diente.

#### 2.5.2.3 Ansichten in der Literatur

Die Literatur hat sich überwiegend der Rechtsprechung des BFH angeschlossen. Nur sehr wenige Stimmen haben sich um die Entwicklung neuer Abgrenzungsmethoden bemüht. Deren Ansätze sollen im folgenden kurz skizziert werden.

---

fallgebühren - „Alle wollen das gleiche, aber alle zusammen trauen sich nicht"-, UR 1997, S. 211 ff. (216).

[526] BFH, Urteil vom 08.01.1998 - V R 32/97, BStBl. II 1998, S. 410 ff..

[527] Vgl. dazu bereits die Ausführungen unter Punkt 2.4.1.2.3 *(1)*.

[528] Vgl. Entscheidungsgründe unter Punkt II. 2. d).

[529] Vgl. BFH, Urteil vom 18.08.1966 - V 21/64, BStBl. III 1967, S. 100 f.; BFH, Urteil vom 25.04.1968 - V 120/64, BStBl. II 1969, S. 94 ff. (98); BFH, Urteil vom 30.06.1988 - V R 79/84, BStBl. II 1988, S. 910 ff. (912); BFH, Urteil vom 21.09.1989 - V R 89/85, BStBl. II 1990, S. 95 ff. (97); BFH, Urteil vom 14.03.1990 - I R 156/87, BStBl. II 1990, S. 866 ff. (868); BFH, Urteil vom 27.06.1990 - I R 166/85, BFH NV 1991, S. 628 ff. (629); BFH, Urteil vom 24.02.1994 - V R 25/92, UR 1995, S. 391 f. (392).

[530] Vgl. BFH, Urteil vom 23.10.1996 - I R 1-2/94, BStBl. II 1997, S. 139 ff. (142).

*Paulick*[531] hat sich als einer der ersten kritisch gegen die Rechtsprechung gewandt: Eine bestimmte Aufgabe erhalte ihren öffentlich-rechtlichen Charakter nicht durch ihren Gegenstand, sondern dadurch, daß sie einer Körperschaft des öffentlichen Rechts mit den ihr als Hoheitsträgerin zustehenden Befugnissen übertragen, öffentlich-rechtlich ausgestaltet und in dieser Ausgestaltung durchgeführt werde[532]. Die Steuerpflicht der öffentlichen Hand müsse daher rein „formal" bestimmt werden. Anderenfalls würde sich die hoheitliche Betätigung von Körperschaften des öffentlichen Rechts auf den kleinen Kreis spezifisch hoheitlicher Aufgaben beschränken, wohingegen Tätigkeiten, die auch von privaten Unternehmern wahrgenommen werden, nicht unter den Begriff „Ausübung öffentlicher Gewalt" fielen. Damit würden aber, da der Daseinszweck der Körperschaften des öffentlichen Rechts vielfach auch solche Gebiete umfasse, die den privaten Unternehmern nicht verschlossen seien, viele Körperschaften ihres Lebenszweckes überhaupt entkleidet werden[533]. Die Ansicht *Paulicks* hat sich zurecht nicht durchgesetzt. Allein formale Gesichtspunkte wie die öffentlich-rechtliche Zuständigkeit werden dem Sinn und Zweck der Regelung, nämlich für eine Besteuerung der öffentlichen Hand zur Sicherung der Wettbewerbsneutralität zu sorgen, nicht gerecht.

Auch *König*[534] hat sich kritisch mit der Rechtsprechung zur körperschaftsteuerrechtlichen Abgrenzung des nicht steuerpflichtigen Hoheitsbetriebs vom steuerpflichtigen BgA auseinander gesetzt. Im Gegensatz zu *Paulick* erkennt er aber die Ursache der Beschränkung der Steuerpflicht auf Betriebe gewerblicher Art im Prinzip der Wettbewerbsgleichheit[535]. Ein umfassendes Gebot wettbewerbsneutraler Besteuerung liege den Regelungen betreffend die Besteuerung der öffentlichen Hand aber nicht zugrunde. Vielmehr sei die Wettbewerbsgleichheit auf gewerbliche Einkünfte in der Terminologie des Einkommensteuergesetzes beschränkt. Anderenfalls hätte es nicht der Regelung in § 4 Abs. 4 KStG bedurft, wonach die Verpachtung eines BgA selbst einen BgA darstelle. Außerdem spreche der Wortlaut des Gesetzes, welches den Begriff „Betrieb *gewerblicher* Art" verwende, für eine Anknüpfung an den Gewerbebetrieb des Einkommensteuerrechts.

---

531 *Paulick, Heinz,* Der Hoheitsbetrieb im Steuerrecht, StuW 1952, Spalte 679 ff. (684 ff.).

532 *Paulick, Heinz,* Der Hoheitsbetrieb im Steuerrecht, StuW 1952, Spalte 679 ff. (687).

533 *Paulick, Heinz,* Der Hoheitsbetrieb im Steuerrecht, StuW 1952, Spalte 679 ff. (683).

534 *König, Johannes,* Die subjektive Steuerpflicht der Betriebe gewerblicher Art von Juristischen Personen des öffentlichen Rechts nach dem deutschen Körperschaftsteuerrecht, Dissertation, Münster, 1958, S. 161.

535 *König, Johannes,* Die subjektive Steuerpflicht der Betriebe gewerblicher Art von Juristischen Personen des öffentlichen Rechts nach dem deutschen Körperschaftsteuerrecht, Dissertation, Münster, 1958, S. 52 f..

*Selmer* und *Schulze-Osterloh*[536] haben sich für einen völlig neuen Ansatz ausgesprochen. Die Abgrenzung der beiden Bereiche müsse sich ausschließlich am Kriterium des Wettbewerbs orientieren, denn die Besteuerung jPdöR beschränke sich generell auf *Betriebe gewerblicher Art*. Es sei daher fragwürdig, wenn die Rechtsprechung bei der Tatbestandsabgrenzung primär den nichtsteuerpflichtigen Bereich „Ausübung öffentlicher Gewalt" zu erfassen versuche. Einfach-gesetzliche Systematik[537] und auch Verfassungsrecht[538] forderten vielmehr eine konsequent wettbewerbsneutrale Besteuerung der gewerblichen Betätigung der öffentlichen Hand nach Maßgabe ihrer realen Marktfunktion. Ein Rückgriff auf den allgemeinen Begriff *Ausübung öffentlicher Gewalt* „unter dem Gesichtspunkt der Unterscheidung Staat/Wirtschaft insbesondere mit Hilfe zweifelhafter Staatsaufgabenlehren" sei daher entbehrlich. Vielmehr müsse von der anderen Seite argumentierend die wirtschaftliche Tätigkeit der öffentlichen Hand unmittelbar erfaßt werden. Diese Auffassung überzeugt. Allerdings haben *Selmer* und *Schulze-Osterloh* nicht die Kriterien aufgezeigt, nach welchen eine „wirtschaftliche" Tätigkeit definiert werden kann. Sie beschränken sich vielmehr auf die Feststellung, daß es sich insoweit um eine *real-wirtschaftliche* Tätigkeit der öffentlichen Hand handeln müsse.

*Friauf*[539] hat sich eingehend mit der Ansicht von *Selmer* und *Schulze-Osterloh* auseinandergesetzt und deren Argumentation abgelehnt. Nach seiner Auffassung läßt sich aus einer historischen Interpretation der einfach-gesetzlichen Vorschriften lediglich feststellen, daß sich im Rahmen der Besteuerung öffentlicher Unternehmen zwei einander ausschließende Prinzipien gegenüberstünden, die jeweils eigene Sachgesetzlichkeiten darstellten: die Steuerpflicht der BgA und die steuerliche Exemtion der Hoheitsbetriebe[540]. Mit der normativen Beschränkung der Steuerpflicht auf BgA und der Entgegensetzung steuerlich eximierter Hoheitsbetriebe im Bereich der Besteuerung öffentlicher Unternehmen sei gerade verschiedenen, einander ausschließenden Zielsetzungen je für

---

536 *Selmer, Peter/Schulze-Osterloh, Lerke*, Besteuerung öffentlicher Unternehmen und Wettbewerbsneutralität, DÖV 1978, S. 381 ff..

537 *Selmer, Peter/Schulze-Osterloh, Lerke*, Besteuerung öffentlicher Unternehmen und Wettbewerbsneutralität, DÖV 1978, S. 381 ff. (385).

538 *Selmer, Peter/Schulze-Osterloh, Lerke*, Besteuerung öffentlicher Unternehmen und Wettbewerbsneutralität, DÖV 1978, S. 381 ff. (388).

539 *Friauf, Karl Heinrich*, Zur Rechtfertigung der Steuerprivilegien öffentlicher Unternehmen, in *Friedrich, Peter/ Kupsch, Peter*, Die Besteuerung öffentlicher Unternehmen, Baden-Baden, 1981, S. 57 ff. (75 ff.).

540 *Friauf, Karl Heinrich*, Zur Rechtfertigung der Steuerprivilegien öffentlicher Unternehmen, in *Friedrich, Peter/ Kupsch, Peter*, Die Besteuerung öffentlicher Unternehmen, Baden-Baden, 1981, S. 57 ff. (86).

einen Teilbereich Geltung verschafft worden. *Friauf* versteht die Steuerbefreiung der Hoheitsbetriebe folglich als Negativtatbestandsmerkmal, welche eine ansonsten bestehende subjektive Steuerpflicht „realwirtschaftender" Hoheitsbetriebe ausschließe[541]. Ein Prinzip wettbewerbsneutraler Besteuerung im Verhältnis öffentlicher und privater Unternehmen könne daher aus der einfachgesetzlichen Ausgestaltung der Steuerpflicht nicht entnommen werden. Ein solches Prinzip könne allenfalls aus der Verfassung abgeleitet werden. Letzteres wird von *Friauf* im Ergebnis auch bejaht, denn Art. 3 GG beinhalte ein an die öffentliche Gewalt gerichtetes Verbot, miteinander konkurrierende öffentliche und private Unternehmen hinsichtlich ihrer Wettbewerbsbedingungen willkürlich ungleich zu behandeln. Dem Staat, namentlich dem Gesetzgeber, sei es mithin untersagt, die *vorgefundenen* Wettbewerbsverhältnisse durch steuerliche Regelungen ungleich zu verändern[542]. Voraussetzung sei daher die Marktteilnahme des öffentlichen Unternehmens. Nur bei Vorliegen eines Wettbewerbsverhältnisses könne ein Vergleich im Hinblick auf Art. 3 GG angestellt werden. Das Problem der Zulässigkeit einer Wirtschaftsteilnahme der öffentlichen Hand als Monopolist liege auf einer anderen rechtlichen Schiene[543]. Aus diesem Grund müsse zunächst der Frage nachgegangen werden, ob das öffentliche Unternehmen in seiner jeweiligen Branche in Konkurrenz zu einem oder mehreren Betrieben der Privatwirtschaft als Anbieter von Waren oder Dienstleistungen auftrete. Sei dies zu bejahen, stelle sich die steuerliche Exemtion als gleichheitswidriges Privilegium dar, das nur noch durch zureichende sachlich vernünftige Gründe verfassungsrechtlich zu rechtfertigen sei. Die Ausführungen *Friaufs* überzeugen, eine konkrete Untersuchung von Sachverhalten unter dem Kriterium der Wettbewerbs bleibt er aber schuldig. Insbesondere zeigt er keinen Weg für die Abgrenzung des Hoheitsbetriebs von Betrieben gewerblicher Art auf. Er beschränkt sich auf die Verweisung auf den Einzelfall und auf die Forderung, die Gleichheitsfrage anhand des maßgeblichen Vergleichsmerkmals der konkreten Wettbewerbsteilnahme zu entscheiden[544]. Die Ansicht *Friaufs* kann als äußerste, von Verfassung wegen geforderte Grenze der Steuerfreiheit der Wirtschaftsteilnahme der öffentlichen Hand verstanden werden. Eine Besteue-

---

[541] *Friauf, Karl Heinrich*, Zur Rechtfertigung der Steuerprivilegien öffentlicher Unternehmen, in *Friedrich, Peter/ Kupsch, Peter*, Die Besteuerung öffentlicher Unternehmen, Baden-Baden, 1981, S. 57 ff. (78).

[542] *Friauf, Karl Heinrich*, Zur Rechtfertigung der Steuerprivilegien öffentlicher Unternehmen, in *Friedrich, Peter/ Kupsch, Peter*, Die Besteuerung öffentlicher Unternehmen, Baden-Baden, 1981, S. 57 ff. (86).

[543] *Friauf* verweist in diesem Zusammenhang auf die Schrift von *Badura, Peter*, Das Verwaltungsmonopol, Berlin, 1963.

[544] *Friauf, Karl Heinrich*, Zur Rechtfertigung der Steuerprivilegien öffentlicher Unternehmen, in *Friedrich, Peter/ Kupsch, Peter*, Die Besteuerung öffentlicher Unternehmen, Baden-Baden, 1981, S. 57 ff. (88).

rung juristischer Personen des öffentlichen Rechts hat jedenfalls dann stattzufinden, falls diese als Konkurrent in einem konkreten Wettbewerbsverhältnis durch eine sachlich nicht gerechtfertigte Nichtbesteuerung gegenüber einem privaten Unternehmer bevorteilt wären.

*Laule*[545] hält die Steuerfreiheit der Ausübung öffentlicher Gewalt für eine fiskalisch notwendige Folge der Einbeziehung öffentlich-rechtlicher Körperschaften und Anstalten in die Körperschaftsteuerpflicht. Denn dem Gedanken des Wettbewerbsschutzes und der Chancengleichheit habe der Gesetzgeber nur insoweit zu entsprechen, als ein echter Leistungswettbewerb zwischen jPdöR und Privatunternehmen stattfinde. Da durch die Besteuerung der öffentlichen Hand das Geld in den Kassen auf keinen Fall vermehrt, vielmehr nur, vermindert um die Steuererhebungskosten, verschoben werde, könne die Inkaufnahme dieses Nachteils nur damit begründet werden, daß zwischen privaten und öffentlichen Unternehmen Wettbewerbsgleichheit hergestellt werde. Hinsichtlich der Definition des Hoheitsbetriebes wählt *Laule* einen neuen Ansatz. Er geht davon aus, daß der Begriff „Hoheitsbetrieb" negativ durch den Einkommensbegriff des Körperschafts- und Einkommensteuerrechts begrenzt sei[546]. Dies ergebe sich letztlich aus der Systematik des Gesetzes, da das Körperschaftsteuergesetz in § 8 KStG hinsichtlich des Einkommensbegriffs auf § 2 des Einkommensteuergesetzes verweise. Da der Einkommensbegriff des § 2 EStG aber den Steuergegenstand beschreibe, der die Belastung des Steuerpflichtigen mit der Einkommens- und Körperschaftsteuer rechtfertige, könne eine hoheitliche Tätigkeit demnach nicht körperschaftsteuerpflichtig sein, wenn sie nicht die einzelnen Kriterien des ertragsteuerlichen Einkommensbegriffes verwirkliche. Das Merkmal des „marktoffenbaren Erzielens von Einnahmen", welches als kleinster gemeinsamer Nenner die Einkommensquellen des Einkommensteuerrechts verbinde, gewinne daher für die negative Begrenzung eines Hoheitsbetriebes die zentrale Bedeutung. Diese Auffassung überzeugt nicht. Eine negative Abgrenzung des Hoheitsbetriebes über die allgemeinen Merkmale des ertragsteuerlichen Einkommensbegriffes verbietet sich. Dieser Ansatz ließe sich nur halten, wenn Steuersubjekt und Steuerobjekt von Gesetzes oder Verfassung wegen den gleichen Umfang haben müßten. Da eine solche Regel im Steuerrecht aber nicht existiert, kann das Steuersubjekt unabhängig vom Besteuerungsobjekt definiert werden.

---

545 *Laule, Gerhard*, Die Körperschaftsteuerfreiheit für Hoheitsbetriebe - wann dient ein Betrieb der Ausübung öffentlicher Gewalt?, DStZ 1988, S. 183 ff. (184).

546 *Laule, Gerhard*, Die Körperschaftsteuerfreiheit für Hoheitsbetriebe - wann dient ein Betrieb der Ausübung öffentlicher Gewalt?, DStZ 1988, S. 183 ff. (190).

Nach *Seer*[547] liegt der Sinn und Zweck der Besteuerung jPdöR allein in der Herstellung der Wettbewerbsneutralität zwischen Unternehmen der öffentlichen Hand und des Privatrechts[548]. Da der Begriff „BgA" eher konturenlos sei, könne für seine Auslegung nur die ratio legis, die Herstellung von Wettbewerbsneutralität bestimmend sein. Ein BgA könne folglich nur angenommen werden, wenn die juristische Person des öffentlichen Rechts mit ihrer Tätigkeit – zumindest potentiell – in einem erheblichen Maße zu privatwirtschaftlichen Unternehmen in Wettbewerb trete; negativ ausgegrenzt falle die Tätigkeit somit dann nach § 4 Abs. 5 KStG in deren Hoheitsbetrieb, wenn sie keinen oder einen geringen, nur untergeordneten Wett-bewerbscharakter besitze[549]. Neu ist an dieser Auffassung, daß § 4 Abs. 5 KStG als „Bagatellgrenze" verstanden wird. Eine wettbewerbsrelevante Tätigkeit fällt demnach noch in den Bereich „Hoheitsbetrieb", wenn sie von untergeordneter Bedeutung ist. Der Ansatz *Seers* überzeugt, auch wenn § 4 Abs. 5 KStG als Negativtatbestand verstanden wird. Als schwierig dürfte sich aber die Festlegung der angesprochenen „Bagatellgrenze" erweisen.

Für *Boetius*[550] ist zunächst entscheidend, daß das KStG von der grundsätzlich unbeschränkten Steuerpflicht der gewerblichen Betriebe von juristischen Personen des öffentlichen Rechts ausgeht, soweit es sich nicht um Hoheitsbetriebe handelt. Nach Entstehungsgeschichte, Systematik des KStG und Zweck der gesetzlichen Vorschriften müsse der Begriff *Hoheitsbetrieb* aber „außergewöhnlich" eng ausgelegt werden. Auf § 4 Abs. 5 KStG übertragen bedeute dies, daß ein Hoheitsbetrieb im Sinne dieser Vorschrift nur angenommen werden könne, wenn das betreffende öffentlich-rechtliche Unternehmen eine deutlich größere *Hoheitsintensität* aufweise als die in § 5 KStG von der Körperschaftsteuerpflicht ausdrücklich befreiten öffentlich-rechtlichen Unternehmen[551]. Maßgebendes Abgrenzungsmerkmal sei daher der Grad der Hoheitsintensität. Aber auch der Gesetzeszweck des KStG, nämlich für eine wettbewerbsneutrale Besteuerung zu sorgen, gebiete eine enge Auslegung des Begriffs „Hoheitsbetrieb". Ausübung öffentlicher Gewalt i.S.v. § 4 Abs. 5 KStG liege folglich nur bei Tätigkeiten vor, die sich als zwingender Teil der unmittelbaren Staatsgewalt

---

[547] Vgl. dazu im ganzen auch *Lang, Joachim / Seer, Roman*, Die Besteuerung der Drittmittelforschung, BB 1993, S. 262 ff..

[548] *Seer, Roman*, Inhalt und Funktion des Begriffes „Betrieb gewerblicher Art" für die Besteuerung der öffentlichen Hand, DStR 1992, S. 1751 ff. (1752).

[549] *Seer, Roman*, Inhalt und Funktion des Begriffes „Betrieb gewerblicher Art" für die Besteuerung der öffentlichen Hand, DStR 1992, S. 1751 ff. (1756).

[550] *Boetius, Jan*, Der Begriff „Ausübung öffentlicher Gewalt (Hoheitsbetrieb)" im Steuerrecht, DB 1996, Beilage 17/96 zu Heft Nr. 48, S. 1 ff. (6).

[551] *Boetius, Jan*, Der Begriff „Ausübung öffentlicher Gewalt (Hoheitsbetrieb)" im Steuerrecht, DB 1996, Beilage 17/96 zu Heft Nr. 48, S. 1 ff (7).

darstellten und ohne deren Erfüllung ein Staatswesen nicht bestehen könnte. Hierfür kämen nur solche Tätigkeitsbereiche in Betracht, bei denen sich Staat und Bürger in einseitigen Leistungsbeziehungen gegenüberstünden[552]. Träten sich Staat und Bürger dagegen in gegenseitigen Leistungsbeziehungen gegenüber, so müsse von einem BgA ausgegangen werden. Neu ist an dieser Auffassung, daß die Abgrenzung des Hoheitsbetriebs vom BgA vor dem Hintergrund der Befreiungsvorschrift des § 5 KStG erfolgt. So plausibel der Ansatz auch wirkt, in der Praxis wird sich dieser Vorschlag allenfalls in den Fällen durchsetzen können, in denen ein bestimmter Befreiungstatbestand im Einzelfall „paßt“[553].

*Bader*[554] geht davon aus, daß sich das Prinzip der Wettbewerbsgleichheit aus dem Gleichheitssatz des Art. 3 GG ergibt. Im Anschluß an *Selmer* und *Schulze-Osterloh* vertritt auch er die Auffassung, daß es methodisch verfehlt sei, die Steuerpflicht der öffentlichen Hand über den Begriff „Ausübung öffentlicher Gewalt“ zu bestimmen. Vielmehr sei entsprechend der Anordnung in § 4 Abs. 1 S.1 KStG die öffentliche Wirtschaftstätigkeit unmittelbar zu erfassen[555]. Unter einer *wirtschaftlichen* Tätigkeit sei daher eine wettbewerbsrelevante Tätigkeit zu verstehen, wobei aber ein rechtliches oder tatsächliches Monopol einen Wettbewerb ausschließe[556].

*Stadie*[557] argumentiert ebenfalls mit Art. 3 GG. Seiner Ansicht nach verbietet der Gleichheitssatz, daß durch die Nichtbesteuerung der öffentlichen Hand Wettbewerbsnachteile für konkurrierende Private eintreten oder eintreten können. § 2 Abs. 3 UStG i.V.m. § 4 KStG sei daher verfassungskonform dahingehend auszulegen, daß *Ausübung öffentlicher Gewalt* nicht vorliege, wenn private Unternehmer auf demselben Gebiet tätig seien oder tätig sein könnten. Art. 3 GG gebiete jedoch keine Besteuerung, wenn die öffentlichen Hand ein Monopol habe und daher ein Wettbewerb ausgeschlossen sei. Auch *Stadie* befürwor-

---

552 *Boetius, Jan*, Der Begriff „Ausübung öffentlicher Gewalt (Hoheitsbetrieb)“ im Steuerrecht, DB 1996, Beilage 17/96 zu Heft Nr. 48, S. 1 ff (7).

553 Vgl. z.B. die Argumentation des BFH bei Tätigkeiten der öffentlichen Hand, die in Zusammenhang mit § 4 Abs. 1 Nr. 10 KStG 1968 (heute § 5 Abs. 1 Nr. 8 KStG) stehen, vgl.: BFH, Urteil vom 04.02.1976- I R 200/73, BStBl. II 1976, S. 355 ff. (357); BFH, Urteil vom 27.06.1990 - I R 166/85, BFH NV 1991, S. 628 ff. (629).

554 *Bader, Hermann Georg*, Hoheitsbetrieb und Betrieb gewerblicher Art im Umsatz- und Körperschaftsteuerrecht, Dissertation (Köln 1996), Frankfurt am Main, 1997, S. 39 ff..

555 *Bader, Hermann Georg*, Hoheitsbetrieb und Betrieb gewerblicher Art im Umsatz- und Körperschaftsteuerrecht, Dissertation (Köln 1996), Frankfurt am Main, 1997, S. 95.

556 *Bader, Hermann Georg*, Hoheitsbetrieb und Betrieb gewerblicher Art im Umsatz- und Körperschaftsteuerrecht, Dissertation (Köln 1996), Frankfurt am Main, 1997, S. 101.

557 *Stadie* in *Rau/Dürrwächter*, Kommentar zum UStG, 8. Auflage, Stand 7/ 1997, § 2 Rn. 893 ff..

tet grundsätzlich die Auffassung von *Selmer* und *Schulze-Osterloh*: „Ob eine BgA vorliegt, bestimmt sich ausschließlich positiv an Hand der Merkmale 'wirtschaftliche Tätigkeit zur Erzielung von Einnahmen'"[558]. Seiner Ansicht nach kann letzteres aber durch eine Bewertung der Tätigkeit festgestellt werden[559]. Eine Tätigkeit sei nicht *gewerblicher* Art, wenn diese im Kern der Verfolgung eines übergeordneten öffentlichen Interesses diene und sich nicht primär als Leistungserbringung gegenüber den Betroffenen darstelle. Dagegen stelle eine Tätigkeit, die im Kern Dienstleistungscharakter habe und deshalb auch von Privaten erbracht werden könne, einen Betrieb gewerblicher Art dar. Dies ergebe sich klarstellend aus der Regelung in § 4 Abs. 5 S.1 KStG, welche in einem qualitativen Sinn verstanden werden müsse. Auch wenn sich aus Art. 3 GG im Falle einer Monopolstellung keine Steuerpflicht ergebe, so könne dennoch in diesen Fällen gemäß § 4 Abs. 5 S. 2 KStG ein steuerpflichtiger BgA angenommen werden, soweit sich die betreffende Tätigkeit der öffentlichen Hand im Kern als Leistungserbringung und nicht als Hoheitsakt erweise[560]. Durch die Einführung des § 4 Abs. 5 S. 2 KStG habe sich nämlich der Sinn und Zweck der Besteuerung jPdöR im Ganzen geändert[561]. Der Zweck der Besteuerung der öffentlichen Hand könne heute ausschließlich darin gesehen werden, jede Tätigkeit *gewerblicher Art* zu besteuern. Eine Besteuerung der öffentlichen Hand könne folglich auch dann stattfinden, wenn ein Wettbewerb zu privaten Unternehmern aufgrund der Monopolstellung ausgeschlossen sei[562].

### 2.5.2.4 Abgrenzung nach Wettbewerbsgesichtspunkten

Die Rechtsprechung und der überwiegende Teil der Literatur versuchen, den nicht steuerpflichtigen Bereich der Ausübung öffentlicher Gewalt unmittelbar zu erfassen. Bei dieser Vorgehensweise steht zwangsläufig die Auslegung des Begriffs „öffentliche Gewalt" im Vordergrund. Dabei wird ein gefährliches „Pflaster" betreten. Bis heute zeichnet sich kein sicheres Bild bei der Abgrenzung dieser beiden Bereiche ab. Es ist nicht gelungen, diesen Begriff zu definieren. Dies liegt größtenteils auch daran, daß man sich, je nach dem, zu welchem Ergebnis man gelangen mag, unterschiedlicher Merkmale und Indizien bedient[563]. Die Formel „eigentümlich und vorbehalten" hat jedenfalls versagt, den

---

558 *Stadie* in *Rau/Dürrwächter*, Kommentar zum UStG, 8. Auflage, Stand 7/ 1997, § 2 Rn. 918.

559 *Stadie* in *Rau/Dürrwächter*, Kommentar zum UStG, 8. Auflage, Stand 7/ 1997, § 2 Rn. 926 ff..

560 *Stadie* in *Rau/Dürrwächter*, Kommentar zum UStG, 8. Auflage, Stand 7/ 1997, § 2 Rn. 927.

561 *Stadie* in *Rau/Dürrwächter*, Kommentar zum UStG, 8. Auflage, Stand 7/ 1997, § 2 Rn. 790.

562 Vgl. dazu insbesondere die Ausführungen unter Punkt 2.3.2.2.

563 Vgl. dazu unten Punkt 2.5.2.2.

hoheitlichen Bereich der öffentlichen Hand konkret zu bestimmen. Sie wurde durch die Rechtsprechung im Laufe der Jahre mehr und mehr „aufgeweicht“[564]. Mittlerweile läßt sich mit dieser Formel (fast) jedes Ergebnis begründen[565]. Die Formel „eigentümlich und vorbehalten“ kann aus heutiger Sicht nur noch als „Leerformel“ bezeichnet werden.

Aber auch ohne Heranziehung dieser Formel wird der Versuch der unmittelbaren Bestimmung des Hoheitsbereichs auf praktische Schwierigkeiten stoßen. Der Grundgedanke der Wettbewerbsneutralität läßt sich nur schwer mit dem Begriff „Ausübung öffentlicher Gewalt“ in Beziehung setzen. *Ausübung öffentlicher Gewalt* findet ausschließlich im Verhältnis zwischen Staat und Bürger statt. Anders ist dies beim Wettbewerb, der sich im Verhältnis zu Wettbewerbern abspielt. Letztere stehen aber außerhalb der Beziehung zwischen Staat und Bürger.

Die Abgrenzung der beiden Bereiche über den „Hoheitsbetrieb“ dient auch nicht gerade der Rechtssicherheit. Denn mit der Frage der Ausübung öffentlicher Gewalt verbindet sich stets eine Auseinandersetzung mit dem Umfang der Staatsaufgaben. Zum Teil entsteht der Eindruck, daß eine Orientierung an gesetzlichen Vorschriften nicht stattfindet, vielmehr eigene politische Einschätzungen zum Tragen kommen. So verwundert es auch nicht, wenn sich der BFH selbst eingesteht, daß die „Grenzen zwischen einem Hoheitsbetrieb und einem Betrieb gewerblicher Art fließend sind“[566]. Bezeichnend ist auch die Auffassung des BFH, der Gesetzgeber habe die Auslegung des Begriffs „Ausübung öffentlicher Gewalt“ wegen der Vielgestaltigkeit der Verhältnisse der Rechtsprechung überlassen[567].

Eine Abgrenzung nach Wettbewerbsgesichtspunkten würde der Rechtssicherheit erheblich dienen. Dafür müßte lediglich geklärt werden, ob private Unternehmer die jeweilige Tätigkeit am Markt selbständig, d.h. nicht nur als Erfüllungsgehilfe oder „beliehener“ Unternehmer der juristischen Person des öffentlichen Rechts, anbieten können[568]. Dies könnte ohne größere Umstände anhand einfach-gesetzlicher Vorschriften festgestellt werden. Ist privaten Unternehmern danach ein selbständiges Tätigwerden nicht gestattet, so besteht zur öffentlichen

---

[564] Vgl. dazu die verschiedenen Entwicklungsstufen der Rechtsprechung (Punkt 2.5.2.2).

[565] Vgl. z.B. die Rechtsprechung des BFH zur Abwasserbeseitigung (Punkt 2.5.2.2.3).

[566] BFH, Urteil vom 12.12.1951 - I 95/51 S, BStBl. III 1952, S. 41 ff. (42); RFH, Urteil vom 02.07.1940 - I 298/ 39, RStBl. II 1940, S. 797 f. (797); vgl. auch *Streck*, Kommentar zum Körperschaftsteuergesetz 1993, § 4 Anm. 21.

[567] BFH, Urteil vom 13.04.1961 - V 120/59 U, BStBl. III 1961, S. 298 ff. (299); BFH, Urteil vom 18.08.1966 - V 21/64, BStBl. III 1967, S. 100 f. (101).

[568] Vgl. dazu die Ausführungen unter Punkt 2.4.1.2.3.

Hand kein Wettbewerbsverhältnis. Eine Besteuerung der öffentlichen Hand würde an dem bestehenden Wettbewerbsnachteil für Private nichts ändern. Stellt man hingegen im Anschluß an die Rechtsprechung des BFH[569] darauf ab, ob die betreffende Tätigkeit ihrem Inhalt nach grundsätzlich auch von privaten Rechtsträgern ausgeübt werden kann, so ist eine exakte Grenzziehung nicht möglich. Denn im Grunde kann jedwede Tätigkeit des Staates auch von Privaten ausgeübt werden[570]. Es spricht daher einiges dafür, den steuerpflichtigen Bereich der öffentlichen Hand – im Anschluß an *Selmer* und *Schulze-Osterloh* – unmittelbar über das Merkmal „wirtschaftliche Tätigkeit“ zu bestimmen. Mit der entwickelten Definition, daß als „wirtschaftliche“ Tätigkeiten im Sinne des § 4 Abs. 1 S. 1 KStG nur solche Tätigkeiten bezeichnet werden können, die wettbewerbsrelevant sind[571], könnte ein gewisses Maß an Rechtssicherheit zurückgewonnen werden. Ausschlaggebend wäre einzig und allein, ob private Unternehmer die jeweilige Tätigkeit selbständig – also nicht nur als Erfüllungsgehilfe oder „beliehener“ Unternehmer der jPdöR – aufnehmen und damit zur öffentlichen Hand in Wettbewerb treten können[572].

### 2.5.3 Sonstige Tätigkeiten außerhalb des Tatbestands von § 2 Abs. 3 S. 1 UStG

Der Vollständigkeit halber sei hinzugefügt, daß Tätigkeiten der öffentlichen Hand außerhalb der durch § 2 Abs. 3 UStG gezogenen Grenzen nicht steuerbar sind. Dies gilt selbst dann, wenn die Tätigkeit für einen privaten Unternehmer steuerbar wäre.

In der Literatur werden an dieser Stelle Fälle aufgeführt, in denen die Voraussetzungen der „Einrichtung“ bzw. der „wirtschaftlichen Herausgehobenheit“ nicht gegeben sind[573]. Da aber nach der hier vertreten Ansicht an das Vorliegen dieser beiden Voraussetzungen keine größeren Anforderungen zu stellen sind, werden keine Fälle auszumachen sein, in denen juristische Personen des öffentlichen Rechts außerhalb des § 2 Abs. 3 S. 1 UStG tätig werden und folglich nicht steuerbare Umsätze ausführen.

---

569 BFH, Urteil vom 30.06.1988 - V R 79/84, BStBl. II 1988, S. 910 ff. (912); BFH, Urteil vom 21.09.1989 - V R 89/85, BStBl. II 1990, S. 95 ff. (97); BFH, Urteil vom 14.03.1990 - I R 156/87, BStBl. II 1990, S. 866 ff. (868); BFH, Urteil vom 27.06.1990 - I R 166/85, BFH NV 1991, S. 628 ff. (629); BFH, Urteil vom 24.02.1994 - V R 25/92, UR 1995, S. 391 f. (392).

570 Früher war dies zum Teil noch anders, vgl. z.B. den Bereich des Bereich des Rundfunk- und Fernsehwesens vor dem großen Werbeboom in diesem Bereich in den 80`er Jahren.

571 Vgl. Punkt 2.4.

572 Vgl. oben die Ausführungen unter Punkt 2.4.1.2.3.

573 Vgl. z.B. *Birkenfeld, Wolfram*, Das große USt-Handbuch, Stand: September 1996, § 40 Rn. 308.

### 2.5.4 Zwischenergebnis

Juristische Personen des öffentlichen Rechts werden nichtunternehmerisch tätig, wenn sie keine *wirtschaftliche* Tätigkeiten im Sinne des § 2 Abs. 3 S. 1 i.V.m. § 4 Abs. 1 KStG ausüben. Rechtsprechung und herrschende Literatur gehen einen anderen Weg. Sie versuchen, den „hoheitlichen" Bereich juristischer Personen des öffentlichen Rechts unmittelbar zu erfassen.

Die Rechtsprechung versuchte zunächst, die Abgrenzung der beiden Tätigkeitsbereiche über das weite Feld der Staatsaufgabenlehre vorzunehmen. Entscheidend war, ob eine Tätigkeit der öffentlichen Hand „eigentümlich und vorbehalten" war. Diese Formel wurde zwar später immer noch als „Aufhänger" herangezogen, doch sollte ab 1988 die gesetzliche Zuweisung einer Tätigkeit als Pflichtaufgabe nicht mehr zur Begründung eines nicht steuerpflichtigen Hoheitsbetriebs ausreichen. Vielmehr könne bereits eine „potentielle" Wettbewerbslage die Steuerpflicht begründen. Der Wettbewerbsgedanke hat damit eine erhebliche Aufwertung erfahren. Neuerdings tendiert die Rechtsprechung dahin, die Regelung in § 2 Abs. 3 UStG im Lichte der 6. EG-RL zu sehen und zu hinterfragen. Auch zeigt sich, daß die Formel „eigentümlich und vorbehalten" wieder an Bedeutung gewinnt. Denn kommt der BFH heute zu dem Ergebnis, es handele sich um eine „eigentümlich und vorbehaltene" Tätigkeit, so könne sich selbst aus Wettbewerbsgesichtspunkten nichts anderes ergeben.

Die Literatur hat sich bis auf wenige Ausnahmen der Vorgehensweise des BFH angeschlossen. Erwähnenswert sind insbesondere die Ausführungen von *Selmer* und *Schulze-Osterloh,* die die Abgrenzung allein nach dem Gedanken der Wettbewerbsneutralität entschieden wissen wollen. Ein Rückgriff auf den allgemeinen Begriff *Ausübung öffentlicher Gewalt* „unter dem Gesichtspunkt der Unterscheidung Staat/Wirtschaft insbesondere mit Hilfe zweifelhafter Staatsaufgabenlehren" sei entbehrlich. Vielmehr müsse von der anderen Seite argumentierend die wirtschaftliche Tätigkeit der öffentlichen Hand unmittelbar erfaßt werden.

Diese Auffassung überzeugt aus mehreren Gründen. Im Rahmen des § 4 KStG ist es bisher nicht gelungen, den Terminus „Ausübung öffentlicher Gewalt" zu definieren. Die Formel „eigentümlich und vorbehalten" hat offensichtlich versagt; der hoheitliche Bereich der öffentlichen Hand kann so nicht bestimmt werden. Die Formel wurde zudem durch die Rechtsprechung im Laufe der Jahre mehr und mehr „aufgeweicht". Dies zeigt sich u.a. in der Tatsache, daß sich damit jedes Ergebnis begründen läßt. Aber auch ohne Heranziehung dieser Formel wird der Versuch, den Hoheitsbereich unmittelbar zu bestimmen, auf praktische Schwierigkeiten stoßen. Der Grundgedanke der Wettbewerbsneutralität läßt sich nur schwer mit dem Begriff „Ausübung öffentlicher Gewalt" in

Beziehung setzen. *Ausübung öffentlicher Gewalt* findet ausschließlich im Verhältnis zwischen Staat und Bürger statt. Anders ist dies beim Wettbewerb, der sich im Verhältnis zu privaten Wettbewerbern abspielt. Letztere stehen aber außerhalb der Beziehung zwischen Staat und Bürger.

Juristische Personen des öffentlichen Rechts sind nicht unternehmerisch tätig, wenn sie „rein" vermögensverwaltend tätig werden. Dies ist immer dann der Fall, wenn sich die Nutzung des Vermögens auf die Fruchtziehung beschränkt. Ein *Betrieb gewerblicher Art* i.S.v. § 4 Abs.1 KStG wird damit nicht begründet. Aus dem Sinn und Zweck des § 4 Abs.1 KStG, wonach eine Besteuerung der öffentlichen Hand insoweit zu erfolgen hat, als Gründe der Wettbewerbsneutralität dies erfordern, ergibt sich nichts anderes. Zwar kann die Steuerfreiheit der „reinen" Vermögensverwaltung durchaus zu Wettbewerbsnachteilen für private Unternehmer führen, doch ist der Gesetzgeber offensichtlich selbst davon ausgegangen, daß diese Wettbewerbseinschränkung unschädlich ist. Dies ergibt sich u.a. aus einem Umkehrschluß zu § 4 Abs. 4 KStG. Denn dieser Vorschrift hätte es nicht bedurft, würde bereits jedwede Vermögensverwaltung einen BgA i.S.v. § 4 Abs. 1 KStG darstellen. Aus diesem Grund verbietet es sich auch, die Abgrenzung der „reinen" Vermögensverwaltung zum BgA nach Wettbewerbsgesichtspunkten vorzunehmen. Vielmehr kann mit der h.M. auf die im Einkommensteuerrecht zur Einkünftezuordnung entwickelten Abgrenzungskriterien zurückgegriffen werden.

# 3 Umsatzbesteuerung juristischer Personen des öffentlichen Rechts im Lichte der Sechsten Richtlinie (EWG) Nr. 77/388 zur Harmonisierung der Rechtsvorschriften der Mitgliedstaaten über die Umsatzsteuern

Die bisherigen Ausführungen haben sich darauf beschränkt, die umsatzsteuerrechtliche Behandlung juristischer Personen des öffentlichen Rechts nach deutschem Recht darzulegen. Im folgenden soll geklärt werden, ob § 2 Abs. 3 UStG den Vorgaben der Sechsten Richtlinie (EWG) Nr. 77/388 zur Harmonisierung der Rechtsvorschriften der Mitgliedstaaten über die Umsatzsteuern (im folgenden 6. EG-RL) entspricht. Bevor Art. 4 Abs. 5 der 6. EG-RL, der die Umsatzbesteuerung von Einrichtungen des öffentlichen Rechts im einzelnen regelt, näher untersucht und mit der deutschen Regelung verglichen wird, soll zunächst die rechtliche Bedeutung von Europäischen Richtlinien für nationales Recht skizziert werden.

## 3.1 Einwirkung von Richtlinien auf nationales Recht

### 3.1.1 Rechtsnatur von Richtlinien

Bei Richtlinien handelt es sich um sogenanntes sekundäres Gemeinschaftsrecht der Europäischen Union. Als sekundäres Gemeinschaftsrecht wird das von den Organen der Gemeinschaft auf der Grundlage der Verträge erlassene Recht verstanden. Es steht als abgeleitetes Recht im Rang unter dem Primärrecht[574] und bedarf einer ausdrücklichen oder mindestens auslegungsmäßig nachweisbaren Rechtsgrundlage innerhalb der Verträge.

Art. 249 des Vertrages zur Gründung der Europäischen Gemeinschaft[575] (im folgenden EGV) sieht für den Erlaß von sekundärem Gemeinschaftsrecht die Handlungsformen der Verordnung, der Richtlinie, der Entscheidung, der Empfehlung und der Stellungnahme vor, stellt aber selbst keine Ermächtigungsgrundlage für den Erlaß von Richtlinien dar. Die Ermächtigungsgrundlage ergibt sich vielmehr aus dem Primärrecht, im Falle der 6.EG-RL aus Art. 93 EGV.

Nach der Rechtsprechung des EuGH hat das primäre und sekundäre Gemeinschaftsrecht Vorrang vor jeder innerstaatlichen Rechtsvorschrift[576]. Anwen-

---

[574] Wichtigster Bestandteil des primären Gemeinschaftsrechts sind die drei Gründerverträge (EGV, EAGV und EGKSV) sowie Abkommen, die die Gründerverträge geändert oder ergänzt haben (Einheitlich Europäische Akte oder Vertrag über die europäische Union vom 2.2.1992, „Vertrag von Maastricht").

[575] In der Fassung des Amsterdamer Vertrags.

[576] EuGH, Urteil vom 15.07.1964 - Rs. 6/64, Slg. 1964, 1251 (1270); anerkannt vom BVerfG in Urteil vom 09.06.1971, BVerfGE 31, S. 145 ff. (173 ff.); BVerfG, Urteil vom 22.10.1986, BVerfGE 73, S. 339 ff. (375).

dungsvorrang bedeutet, daß nationales Recht, welches zum Gemeinschaftsrecht im Widerspruch steht, auf die durch das Gemeinschaftsrecht geregelten Rechtsbeziehungen nicht anzuwenden ist. Das heißt aber nicht, daß gemeinschaftswidriges innerstaatliches Recht unwirksam ist. Vielmehr bezieht sich der „Anwendungsvorrang" darauf, daß die jeweilige nationale Vorschrift entweder richtlinienkonform auszulegen ist oder aber – falls dies nicht möglich ist – nicht angewendet werden darf. Der Anwendungsvorrang von Gemeinschaftsrecht beruht auf einer ungeschriebenen Norm des primären Gemeinschaftsrechts. Durch die Zustimmungsgesetze zu den Gemeinschaftsverträgen i.V.m. Art. 24 Abs. 1 GG ist letzteren der innerstaatliche Rechtsanwendungsbefehl erteilt worden[577].

### 3.1.2 Erfordernis der Umsetzung in nationales Recht

Gemeinschaftsrechtliche Richtlinien sind als zweistufiger Rechtsakt konzipiert. Gemäß Art. 249 Abs. 3 EGV sind sie für jeden Mitgliedstaat hinsichtlich des zu erreichenden Ziels verbindlich, überlassen jedoch den innerstaatlichen Stellen die Wahl der Form und der Mittel. Richtlinien bedürfen also der Umsetzung in nationales Recht.

Die Umsetzung einer Richtlinie in innerstaatliches Recht verlangt nicht notwendigerweise, daß ihre Bestimmungen förmlich und wörtlich in einer ausdrücklichen besonderen Gesetzesvorschrift wiedergegeben werden[578]. Vielmehr reicht auch ein allgemeiner rechtlicher Zusammenhang aus, wenn dieser die vollständige Anwendung der Richtlinie mit hinreichender Klarheit und Genauigkeit gewährleistet[579]. Der Begünstigte muß in der Lage sein, von seinen Rechten Kenntnis zu erlangen, um sie gegebenenfalls vor den nationalen Gerichten geltend zu machen[580]. Keine ordnungsgemäße Umsetzung kann dagegen bei einer bloß beliebig änderbaren[581], nicht hinreichend bekannten[582] Verwaltungspraxis angenommen werden.

EG-Richtlinien wirken grundsätzlich nur gegenüber den Mitgliedstaaten. Werden Richtlinien nicht bzw. nicht rechtzeitig umgesetzt, sieht der EG-Vertrag das Vertragsverletzungsverfahren nach Art. 226 ff. EGV vor. Weitere Sanktionsinstrumente waren im EG-Vertrag zunächst nicht enthalten[583]. Die Gemeinschaft

---

[577] BVerfG, Beschluß vom 08.04.1987 - 2 BvR 687/85, UR 1987, S. 355 ff. (357 f.); BVerfG, Beschluß vom 04.11.1987 - 2 BvR 763/85, UR 1988, S. 25.

[578] EuGH, Urteil vom 28.02.1991 - C-131/88, Slg. 1991 I, S. 825 ff. (867).

[579] EuGH, Urteil vom 15.03.1990 - C-339/87, Slg. 1990 I, S. 851 ff. (880).

[580] EuGH, Urteil vom 30.05.1991 - C-361/88, Slg. 1991 I, S. 2567 ff. (2601).

[581] EuGH, Urteil vom 16.05.1991 - C-168/90, Slg. 1991 I, S. 2539 ff. (2559).

[582] EuGH, Urteil vom 13.10.1987 - C-236/85, Slg. 1987 I, S. 3989 ff. (4011).

[583] Seit dem Vertrag von Maastricht vom 2.2.1992 besteht nach Art. 171 Abs. 2 Uabs. 3 EGV die Möglichkeit der Verhängung eines Zwangsgeldes.

hatte keine Möglichkeit, Maßnahmen der Zwangsvollstreckung zu ergreifen. Aus dieser „Not" hat der Europäische Gerichtshof verschiedene Instrumentarien entwickelt, um dem Gemeinschaftsrecht zur größtmöglichen Durchsetzung zu verhelfen. Eines davon ist das Rechtsinstitut der „unmittelbaren Wirkung von Richtlinien". Danach kann sich der Gemeinschaftsbürger – und damit der einzelne Steuerpflichtige – unter bestimmten Voraussetzungen unmittelbar auf eine Richtlinienbestimmung berufen, wenn diese für ihn zu einem günstigeren steuerlichen Ergebnis führt[584].

Die Bundesrepublik Deutschland hat das deutsche Umsatzsteuerrecht erst 1980 – zwei Jahre verspätet – mit Inkrafttreten des UStG 1980 vom 26.11.1979[585] an die 6.EG-RL angepaßt[586]. § 2 Abs. 3 UStG wurde bei der Neufassung des UStG nicht geändert. Aus diesem Grund kann – und muß wohl – davon ausgegangen werden, daß der deutsche Gesetzgeber der Auffassung war, die Umsatzbesteuerung juristischer Personen des öffentlichen Rechts sei richtlinienkonform geregelt.

## 3.2 Systematik des Art. 4 der 6. EG-RL

### 3.2.1 Aufbau des Art. 4 Abs. 5 der 6.EG-RL

Nach Art. 4 Abs. 1 der 6.EG-RL gilt als Steuerpflichtiger, wer eine der in Absatz 2 genannten wirtschaftlichen Tätigkeiten selbständig und unabhängig von ihrem Ort ausübt, gleichgültig zu welchem Zweck und mit welchen Ergebnis. Absatz 2 enthält eine umfassende Aufzählung von wirtschaftlichen Tätigkeiten. Materiell-rechtlich wird durch diese Definition der Begriff des Unternehmers im Sinne des deutschen Rechts umschlossen[587]. Der gemeinschaftsrechtliche Begriff „Steuerpflichtiger" entspricht daher dem deutschen Unternehmerbegriff [588].

Soweit Einrichtungen des öffentlichen Rechts Tätigkeiten oder Leistungen erbringen, die ihnen im Rahmen der öffentlichen Gewalt obliegen, gelten sie nach Art. 4 Abs. 5 Uabs. 1 der 6. EG-RL als Nicht-Steuerpflichtige. Dieser Grundsatz wird durch zwei Ausnahmen eingeschränkt:

---

[584] Vgl. dazu im einzelnen unten Punkt 3.5.1.4.

[585] BGBl. I 1979, 1953 ff..

[586] Vgl. dazu *Birkenfeld, Wolfram*, Deutsches Umsatzsteuerrecht und Umsatzsteuerrecht der EG, UR 1989, S. 329 ff. (330).

[587] *Wachweger, Dieter*, 6. EG-Richtlinie zur Harmonisierung der Umsatzsteuer in den Europäischen Gemeinschaften, Bonn, 1977, S. (27); *Schlienkamp* in *Wachweger, Dieter / Schlienkamp / Schütz*, Die 6. EG-Richtlinie zur Harmonisierung der Umsatzsteuer, UR 1977, S. 121 ff. (124).

[588] *Lohse* in *Rau/Dürrwächter*, Kommentar zum UStG, 8. Auflage, Stand 7/ 1997.

Einerseits bestimmt Unterabsatz 2, daß diese Einrichtungen ausnahmsweise dann als Steuerpflichtige gelten, sofern eine Behandlung als Nicht-Steuerpflichtige zu größeren Wettbewerbsverzerrungen führen würde. Andererseits ordnet Unterabsatz 3 unabhängig von Unterabsatz 1 oder Unterabsatz 2 für bestimmte Tätigkeiten die Steuerpflicht an, sofern der Umfang dieser Tätigkeiten nicht unbedeutend ist. Unterabsatz 4 berechtigt schließlich die Mitgliedstaaten, Tätigkeiten, die nach Art. 13 oder 28 der 6. EG-RL von der Steuer befreit sind, als Tätigkeiten zu behandeln, die ihnen im Rahmen der öffentlichen Gewalt obliegen.

Fraglich ist, wie sich die verschiedenen Unterabsätze des Art. 4 Abs. 5 der 6. EG-RL zueinander verhalten. Feststeht, daß Unterabsatz 1 den Grundsatz darstellt und Unterabsätze 2 und 3 die Ausnahmen sind. Schwieriger ist die Einordnung von Unterabsatz 4. Der EuGH geht davon aus, daß Unterabsatz 2 eine Ausnahme zu Unterabsatz 4 bildet[589]:

> *„Soweit eine Einrichtung des öffentlichen Rechts gemäß Artikel 4 Absatz 5 Unterabsatz 4 der Sechsten Richtlinie so behandelt wird, als habe sie eine Tätigkeit im Rahmen der öffentlichen Gewalt ausgeübt, ist es Sache des nationalen Gerichts, gegebenenfalls zu beurteilen, ob die Voraussetzungen des Artikels 4 Absatz 5 Unterabsatz 2 vorliegen".*

Der Ansicht des EuGH ist zuzustimmen, denn aus dem Wortlaut und Kontext des Art. 4 Abs. 5 der 6.EG-RL ergibt sich, daß mit der Formulierung „solche Tätigkeiten oder Leistungen" in Unterabsatz 2 auf die in Unterabsatz 1 genannten Tätigkeiten Bezug genommen wird. Indem aber Unterabsatz 4 den Mitgliedstaaten freistellt, bestimmte Tätigkeiten als Tätigkeiten zu behandeln, die den Einrichtungen des öffentlichen Rechts im Rahmen der öffentlichen Gewalt obliegen, wird in Unterabsatz 4 auf Unterabsatz 1 Bezug genommen. Da Unterabsatz 2 an Unterabsatz 1 anknüpft, ist Unterabsatz 2 auch auf die Tätigkeiten anzuwenden, die auf Grund Unterabsatz 4 der Behandlung nach Unterabsatz 1 zugeordnet werden.

Ob Unterabsatz 4 den Unterabsatz 3 einschränkt[590], kann offenbleiben, da sich die Anwendungsbereiche beider Unterabsätze nicht überschneiden. Denn für die in Anhang D aufgeführten Tätigkeiten sind keine Steuerbefreiungen in Art 13 oder 28 ersichtlich. Insbesondere kommen die Steuerbefreiungen nach Art.

---

[589] EuGH, Urteil vom 06.02.1997 - Rs. C-247/95, UR 1997, S. 261 ff. (262, Ziffer 21); vgl. aber *Birkenfeld, Wolfram*, Das große USt-Handbuch, Stand: September 1996, § 39 Rn. 251.

[590] So *Birkenfeld, Wolfram*, Das große USt-Handbuch, Stand: September 1996, § 39 Rn. 251.

13 Teil A Abs. 1 Buchstaben a, b, g, h, i, n und q nicht zur Anwendung. Der Aufbau des Art. 4 Abs. 5 der 6. EG-RL läßt sich daher wie folgt darstellen:

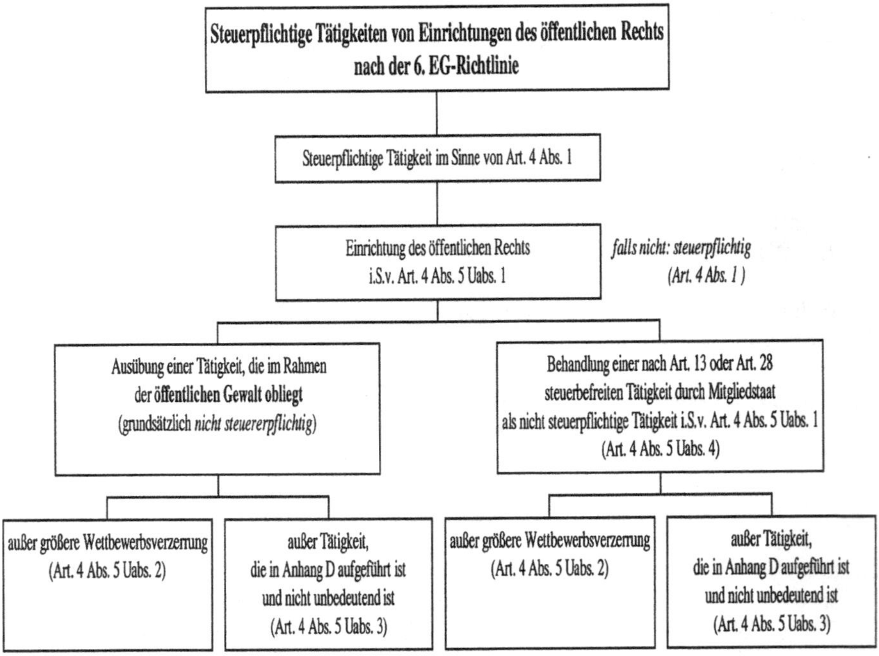


*Abbildung 5: Aufbau des Art. 4 Abs. 5 der 6. EG-RL*

### 3.2.2 Unterschiede im Aufbau der Vorschriften

Wie bereits ausgeführt, verlangt die Umsetzung einer Richtlinie in innerstaatliches Recht nicht notwendigerweise, daß ihre Bestimmungen förmlich und wörtlich in den nationalen Vorschriften wiedergegeben werden . Gemäß Art. 249 Abs. 3 EGV sind Richtlinien für jeden Mitgliedstaat nur hinsichtlich des zu erreichenden Ziels verbindlich, die Wahl der Form und der Mittel wird jedem Mitgliedstaat selbst überlassen. Dem deutschen Gesetzgeber bleibt es demnach unbenommen, auf welche Art und Weise die Umsatzbesteuerung von Einrichtungen des öffentlichen Rechts erfolgt. Er muß lediglich sicherstellen, daß die gemeinschaftsrechtlichen Vorgaben erreicht werden. Welcher Rechtsetzungstechnik er sich dabei bedient, steht in seinem Ermessen.

Auffallend ist, daß juristische Personen des öffentlichen Rechts im deutschen Recht generell eine Sonderbehandlung erfahren, sofern sie eine gewerbliche oder berufliche Tätigkeit selbständig i.S.v. § 2 Abs. 1 S. 1 UStG ausüben[591]. Sie gelten als Unternehmer im Sinne des UStG, wenn sie im Rahmen eines BgA oder eines land- und forstwirtschaftlichen Betriebs tätig werden oder aber eine Tätigkeit im Sinne des § 2 Abs. 3 S. 2 UStG ausüben. Im Gegensatz dazu sieht die 6.EG-RL keine generelle Sonderbehandlung für Einrichtungen des öffentlichen Rechts vor. Gegenüber Personen des Privatrechts werden diese nur dann anders behandelt, wenn sie Tätigkeiten ausüben, die ihnen im Rahmen der öffentlichen Gewalt obliegen. Wann dies der Fall ist, ergibt sich aus Art. 4 Abs. 5 Uabs. 1 der 6. EG-RL, wobei diese Ausnahme durch die Unterabsätze 2 und 3 eingeschränkt und durch das Wahlrecht nach Unterabsatz 4 (jedoch innerhalb der Grenzen des Unterabsatzes 2) ausgedehnt wird. Anders als im deutschen Recht gibt es im Gemeinschaftsrecht demnach keinen „unantastbaren" Bereich der Nichtbesteuerung der öffentlichen Hand. Im Falle „größerer Wettbewerbsverzerrungen" kann jede Tätigkeit steuerpflichtig werden.

## 3.3 Auslegungsmaßstab bei der Besteuerung von Einrichtungen des öffentlichen Rechts

### 3.3.1 Ziele des Rates bei der Einführung des Art. 4 Abs. 5 der 6. EG-RL

Eine amtliche Begründung zu Art. 4 Abs. 5 der 6. EG-RL existiert nicht. Die Ziele des Rates der EU können daher nur aus der Vorschrift selbst erschlossen werden[592].

Aus den Unterabsätzen 1 und 4 des Art. 4 Abs. 5 der 6. EG-RL läßt sich erkennen, daß Einrichtungen des öffentlichen Rechts nicht generell der Umsatzsteuer unterworfen werden sollten. Gemäß Unterabsatz 2 sollte eine Besteuerung dieser Einrichtungen aber auf jeden Fall erfolgen, wenn die Nichtbesteuerung der jeweiligen Tätigkeit zu „größeren Wettbewerbsverzerrungen" führen würde. Dadurch wird das vom Richtliniengeber insgesamt mit Art. 4 Abs. 5 der 6.EG-RL verfolgte Ziel – nämlich die weitgehende Gewährleistung von Steuerneutralität[593] – deutlich. Unterabsatz 2 legt eine äußerste Grenze für den einzelnen Mitgliedstaat fest, innerhalb derer er einen Gestaltungsspielraum genießt. Entstehen durch die Behandlung von Einrichtungen des öffentlichen Rechts als Nicht-Steuerpflichtige „größere Wettbewerbsverzerrungen", so muß auf jeden Fall – unabhängig davon, ob es sich um eine Tätigkeit handelt, die den öffentlichen Einrichtungen im Rahmen der öffentlichen Gewalt obliegt – eine Besteuerung erfolgen. Der Sinn und Zweck der Regelung kann daher nur in der Her-

---

[591] Vgl. dazu noch einmal die Ausführungen unter Punkt 2.2.

[592] Vgl. dazu auch die Ausführungen oben unter Punkt 1.3.5.

[593] EuGH, Urteil vom 17.10.1989 - Rs. 231/87, 129/88, UR 1991, S. 77 ff.(79); vgl. dazu auch *Lange, Hans-Friedrich,* Neutralitätsprinzip bei der Umsatzbesteuerung der öffentlichen Hand, UR 1999, S. 385 ff. (386).

stellung von Wettbewerbsneutralität gesehen werden – dies aber nicht um jeden Preis, wie das Adjektiv „größeren" klarstellt.

### 3.3.2 Autonom europäische Auslegung des Art. 4 Abs. 5 der 6. EG-RL

Der EuGH geht bei der Auslegung von Gemeinschaftsrecht nach dem Prinzip der autonomen Auslegung vor[594]. Das heißt zum einen, daß die Auslegung unabhängig vom Verständnis rechtlicher Begriffe und Institute in den einzelnen Mitgliedstaaten zu erfolgen hat, zum anderen aber auch, daß Auslegungsgrundsätze des Völkerrechts nicht zur Anwendung kommen.

Dieser Ansatz beruht darauf, daß das Gemeinschaftsrecht als eine dynamische, auf fortschreitende Integration ausgerichtete Rechtsordnung gesehen wird[595]. Die Vorschriften des Gemeinschaftsrechts sind deshalb unabhängig vom nationalen Verständnis rechtlicher Begriffe bzw. Institute auszulegen. Dies gilt selbst dann, wenn eine nationale Regelung als Vorbild einer Gemeinschaftsnorm gedient hat. Etwas anderes ließe sich nur dann vertreten, falls in der europäischen Norm explizit oder implizit auf nationales Recht verwiesen wird[596]. Davon kann im Falle des Art. 4 Abs. 5 der 6.EG-RL mangels etwaiger Anhaltspunkte nicht ausgegangen werden. Der Begriff „öffentliche Gewalt" in Art. 4 Abs. 5 Uabs. 1 der 6. EG-RL ist demnach eigenständig im Lichte der 6.EG-RL auszulegen[597]. Das nationale Verständnis zum Begriff „öffentliche Gewalt" darf nicht zum Maßstab europarechtlicher Auslegung gemacht werden.

Hinsichtlich der Auslegung des Begriffs „Einrichtung des öffentlichen Rechts" haben *Rat* und *Kommission* in einer Protokollerklärung ausgeführt, daß dieser Begriff dort, wo er unbekannt ist, diejenigen Einrichtungen bezeichnet, die den von diesem Ausdruck in den anderen Mitgliedstaaten erfaßten Einrichtungen entsprechen[598].

---

[594] EuGH, Urteil vom 19.03.1964 - 75/63, Slg. 1964 I, S. 379 (397); EuGH, Urteil vom 13.12.1979 - 44/79, Slg. 1979 I, S. 3727 (3743 f.); EuGH, Urteil vom 03.10.1985 - 249/48, Slg. 1985, 3237 (3256 ff.); EuGH, Urteil vom 15.06.1989 - 348/87, Slg. 1989 I, S. 1737 (1753).

[595] *Schön, Wolfgang,* Die Auslegung europäischen Steuerrechts, Band 20 der Schriftenreihe „Rechtsordnung und Steuerwesen", Köln 1993, S. 46.

[596] *Schön, Wolfgang,* Die Auslegung europäischen Steuerrechts, Band 20 der Schriftenreihe „Rechtsordnung und Steuerwesen", Köln 1993, S. 49; *Lutter, Marcus,* Die Auslegung angeglichenen Rechts, JZ 1992, S. 593 ff. (599).

[597] Vgl. dazu aber im einzelnen die Ausführungen unter Punkt 3.5.2.1.

[598] Protokollerklärung in der Ratstagung am 17.5.1977 zur 6. EG-RL, abgedruckt bei *Lohse* in *Rau/Dürrwächter*, Kommentar zum UStG, 8. Auflage, Köln, Stand 7/ 1994, Art. 4 6. USt-RL (S. 3).

### 3.3.3 Gestaltungsspielraum der Mitgliedstaaten bei der Umsetzung des Art. 4 Abs. 5 der 6. EG-RL

Ungeklärt ist, ob und – falls dies zu bejahen ist – inwieweit den Mitgliedstaaten bei der Umsetzung des Art. 4 Abs. 5 der 6. EG-RL ein „Gestaltungsspielraum" eingeräumt wird. Insbesondere stellt sich die Frage, ob der Gemeinschaftsrichtliniengeber es den Mitgliedstaaten überlassen wollte, die Tätigkeiten, die den Einrichtungen des öffentlichen Rechts *im Rahmen der öffentlichen Gewalt obliegen*, selbst zu bestimmen.

Die Ansichten in der Literatur sind geteilt. *Wachweger*, der bei den Verhandlungen zur 6. EG-RL auf deutscher Seite mitgewirkt hat, hat darauf hingewiesen, daß Art. 4 Abs. 5 der 6.EG-RL es den Mitgliedstaaten erlaube, den Begriff der öffentlichen Gewalt selbst auszufüllen[599]. Ebenso sieht es *Wagner*, der aus dem systematischen Aufbau der Unterabsätze 1 und 2 des Art. 4 Abs. 5 der 6. EG-RL folgert, daß jeder Mitgliedstaat öffentliche Einrichtungen mit bestimmten Tätigkeiten als Nicht-Steuerpflichtige behandeln könne[600]. Eine Grenze ergebe sich nur dann, wenn die Behandlung als Nicht-Steuerpflichtige zu größeren Wettbewerbsverzerrungen führen würde.

Anderer Ansicht ist *Forster*[601]: Die Interpretation des Begriffs „öffentliche Gewalt" habe unter systematisch-teleologischen Gesichtspunkten zu erfolgen. Eine eindeutige Entscheidung des Rates für die Zuweisung der Ausnahmebestimmung in die Gruppe der *Rezeptionsnormen* oder *Verweisungsbestimmungen* lasse sich aus Art. 4 Abs. 5 Uabs. 1 der 6.EG-RL nicht entnehmen. Der Terminus „öffentliche Gewalt" sei daher ausschließlich von dem europarechtlichen Kontext her, in dem er gemeinsam mit Art. 4 Abs. 5 der 6.EG-RL stehe, zu erschließen und zu bestimmen. *Forster* meint wohl, der Gemeinschaftsrichtliniengeber hätte explizit in Art. 4 Abs. 5 Uabs. 1 der 6.EG-RL regeln müssen, wenn er den Bereich der Ausübung öffentlicher Gewalt von den Mitgliedstaaten hätte selbst bestimmen lassen wollen. Dem ist jedenfalls nicht zuzustimmen. Denn bei der Frage, ob der Rat den Mitgliedstaaten bei der Umsetzung der Richtlinie einen Gestaltungsspielraum eingeräumt hat, wird nationales Vorverständnis nicht zum Maßstab europarechtlicher Auslegung gemacht. Ein ausdrücklicher Verweis des

---

599 *Wachweger, Dieter,* Die Auswirkungen der 6. USt-Richtlinie des Rates der EG auf das deutsche Recht, DStZ 1978, S. 11 ff. (15); ähnlich auch *Schlienkamp* u.a., Die 6. EG-Richtlinie zur Harmonisierung der Umsatzsteuer, UR 1977, S. 121 ff. (124).

600 *Wagner, Wilfried,* Umsatzsteuer und öffentliche Hand, in: Deutsche Steuerjuristische Gesellschaft, Band 13, Umsatzsteuer in nationaler und europäischer Sicht, herausgegeben von Woerner, L., Köln 1990, S. 59 ff. (63).

601 *Forster, Eduard,* Einfluß des europäischen Gemeinschaftsrechts auf die deutsche Umsatzbesteuerung der Tätigkeiten von juristischen Personen des öffentlichen Rechts, UR 1996, S. 73 ff. (77).

Rates dahingehend, daß den Mitgliedstaaten in einem bestimmten Punkt ein „Gestaltungsspielraum" eröffnet wird, ist deshalb nicht erforderlich.

Mehrere Gesichtspunkte sprechen vielmehr dafür, daß der Gemeinschaftsrichtliniengeber den Mitgliedstaaten bei der Bestimmung des Bereichs der Tätigkeiten oder Leistungen, die den Einrichtungen des öffentlichen Rechts *im Rahmen der öffentlichen Gewalt obliegen* (Art. 4 Abs. 5 Uabs. 1 der 6. EG-RL), einen Gestaltungsspielraum eingeräumt hat.

Zum einen rechtfertigt bereits der systematische Aufbau des Art. 4 Abs. 5 der 6. EG-RL diesen Ansatz. Nur wenn der Bereich „im Rahmen der öffentlichen Gewalt" von den Mitgliedstaaten selbst festgelegt werden kann, ergeben die Unterabsätze 2 und 3 des Art. 4 Abs. 5 der 6. EG-RL einen Sinn. Diese Unterabsätze stellen die äußerte Grenze für die Mitgliedstaaten bei der Einordnung bestimmter Tätigkeiten als nichtsteuerpflichtige Tätigkeiten dar. Besonders deutlich kommt dies im Wortlaut des Unterabsatzes 2 zur Geltung, wonach Einrichtungen des öffentlichen Rechts bei Ausübung *solcher* Tätigkeiten als Steuerpflichtige gelten, sofern eine *Behandlung als Nicht-Steuerpflichtige* zu größeren Wettbewerbsverzerrungen führen würde. Durch die Verwendung des Begriffs „Behandlung" und der Bezugnahme auf Unterabsatz 1 („solche") wird deutlich, daß den Mitgliedstaaten bei Umsetzung des Art. 4 Abs. 5 Uabs. 1 der 6. EG-RL ein Gestaltungsspielraum zusteht. Anderenfalls hätte der Richtliniengeber in Unterabsatz 1 den Begriff „öffentliche Gewalt" selbst näher definieren und dabei insbesondere den Wettbewerbsgedanken mit berücksichtigen können. Dies hat der Gemeinschaftsrichtliniengeber aber gerade nicht getan – vielmehr dem Gestaltungsspielraum in Unterabsatz 2 eine äußerste Grenze gesetzt. Ähnlich verhält es sich im Falle des Unterabsatzes 3, wonach Einrichtungen des öffentlichen Rechts in jedem Fall als Steuerpflichtige „in bezug auf die in Anhang D aufgeführten Tätigkeiten" gelten, sofern der Umfang dieser Tätigkeiten nicht unbedeutend ist. Auch durch diese Regelung hat der Rat den Mitgliedstaaten eine äußerste Grenze bei der Einordnung bestimmter Tätigkeiten als „nichtsteuerpflichtig" aufgezeigt. Unterabsatz 3 soll sicherstellen, daß bestimmte Arten von wirtschaftlichen Tätigkeiten, deren Bedeutung sich aus ihrem Gegenstand ergibt, nicht deshalb von der Umsatzsteuer ausgenommen werden, weil sie von Einrichtungen des öffentlichen Rechts ausgeübt werden. Auch dies spricht für die Überlegung, daß Mitgliedstaaten innerhalb bestimmter Grenzen – nämlich innerhalb der Unterabsätze 2 und 3 – befugt sind, Tätigkeiten zu bestimmen, die den Einrichtungen des öffentlichen Rechts *im Rahmen der öffentlichen Gewalt* obliegen.

Aber nicht nur der systematische Aufbau des Art. 4 Abs. 5 der 6. EG-RL, sondern auch historische Gesichtspunkte untermauern die Überlegung, daß der Rat die Definition des Bereichs der Tätigkeiten oder Leistungen, die den Einrichtungen des öffentlichen Rechts *im Rahmen der öffentlichen Gewalt obliegen*, den Mitgliedstaaten überlassen hat. Denn der Grund für die fehlende Definition des Begriffs „öffentliche Gewalt" in Art. 4 Abs. 5 der 6. EG-RL lag allein darin, daß es dem Ministerrat nicht gelungen ist, angesichts der historisch gewachsenen Unterschiede in den Mitgliedstaaten gemeinschaftliche Abgrenzungskriterien zu finden[602]. Es spricht daher einiges für die Vermutung, daß der Rat die Abgrenzung des steuerpflichtigen vom nichtsteuerpflichtigen Bereich den Mitgliedstaaten selbst überlassen wollte[603].

## 3.4 Steuersubjekt „Einrichtung des öffentlichen Rechts"

### 3.4.1 Einrichtungen des öffentlichen Rechts im Sinne des Art. 4 Abs. 5 der 6.EG-RL

Der Begriff „juristische Person des öffentlichen Rechts" existiert in der 6. EG-RL nicht. In Art. 4 Abs. 5 der 6. EG- RL ist von „Einrichtungen des öffentlichen Rechts" die Rede. Dazu erklären *Rat* und *Kommission*, daß dort, wo der Begriff „Einrichtung des öffentlichen Rechts" unbekannt ist, dieser Begriff diejenigen Einrichtungen bezeichnet, die den von diesem Ausdruck in den anderen Mitgliedstaaten erfaßten Einrichtungen entsprechen[604]. Die rechtliche Tragweite von Protokollerklärungen kann unterschiedlich sein[605]. Da die zitierte Protokollerklärung allgemein zugänglich ist, spricht nichts dagegen, sie als Auslegungshilfe heranzuziehen[606].

---

602 *Schlienkamp* in *Wachweger, Dieter / Schlienkamp / Schütz*, Die 6. EG-Richtlinie zur Harmonisierung der Umsatzsteuer, UR 1977, S. 121 ff (124); *Wachweger, Dieter*, 6. EG-Richtlinie zur Harmonisierung der Umsatzsteuer in den Europäischen Gemeinschaften, Bonn, 1977, S. 29.

603 Daß diese Konzeption nicht gerade dem allgemeinen Harmonisierungsgedanken entspricht, ist offensichtlich, muß aber vom Rechtsanwender so hingenommen werden. Von der Literatur wird dies zurecht angeprangert, vgl. *Forster, Eduard*, Einfluß des europäischen Gemeinschaftsrechts auf die deutsche Umsatzbesteuerung der Tätigkeiten von juristischen Personen des öffentlichen Rechts, UR 1996, S. 73 ff. (77); *Stadie* in *Rau/Dürrwächter*, Kommentar zum UStG, 8. Auflage, Stand 7/ 1997, § 2 Rn. 802; für das niederländische Recht vgl. *Reugebrink, J.*, Der Stand der Harmonisierung der Mehrwertsteuer in den Niederlanden, UR 1991, S. 305 ff. (308 f.).

604 Protokollerklärung in der Ratstagung am 17.5.1977 zur 6. EG-RL, abgedruckt bei *Lohse* in *Rau/Dürrwächter*, Kommentar zum UStG, 8. Auflage, Köln, Stand 7/ 1994, Art. 4 6. USt-RL (S. 3).

605 *Wachweger, Dieter*, 6. EG-Richtlinie zur Harmonisierung der Umsatzsteuer in den Europäischen Gemeinschaften, Bonn, 1977, S. 7 f..

606 Vgl. dazu *Lutter, Marcus*, Die Auslegung angeglichenen Rechts, JZ 1992, S. 593 ff. (600 f.)

Der EuGH vertritt in ständiger Rechtsprechung, daß natürliche Personen bzw. Personenvereinigungen des Privatrechts keine Einrichtungen des öffentlichen Rechts sein können, selbst wenn diese als „beliehener Unternehmer" öffentliche Gewalt ausüben sollten[607]. Voraussetzung für die Annahme einer Einrichtung des öffentlichen Rechts ist eine Eingliederung in die öffentliche Verwaltung[608].

### 3.4.2 Richtlinienkonformität der deutschen Regelung

Die deutsche Regelung ist insoweit richtlinienkonform. Die Begriffe „jPdöR" und „Einrichtung des öffentlichen Rechts" können synonym verwendet werden. Für juristische Personen des Privatrechts und Einzelunternehmer, die öffentlich-rechtliche Aufgaben wahrnehmen, sei es, daß sie als „beliehene Unternehmer" oder als „Erfüllungsgehilfen" für die öffentliche Hand tätig werden, kommen sowohl nach deutschem Recht als auch nach der 6.EG-RL keine gesonderten Vorschriften zur Anwendung. Vielmehr bestimmt sich die Umsatzsteuerpflicht in beiden Fällen nach den allgemeinen Regeln, also nach § 2 Abs. 1 UStG bzw. Art. 4 Abs. 1 der 6.EG-RL.

---

[607] EuGH, Urteil vom 26.03.1987 - Rs. 235/85, UR 1988, S. 164 ff. (166).

[608] EuGH, Urteil vom 26.03.1987 - Rs. 235/85, UR 1988, S. 164 ff. (166).

## 3.5 Nichtsteuerpflichtige Tätigkeiten nach 6. EG-RL und Richtlinienkonformität der deutschen Regelung

Der deutsche Gesetzgeber geht – ebenso wie der europäische Richtliniengeber – grundsätzlich von der Umsatzsteuerpflicht der öffentlichen Hand aus. Auch wenn der Wortlaut des § 2 Abs. 3 UStG i.V.m. § 4 KStG, insbesondere § 4 Abs. 5 KStG, etwas anderes vermuten lassen, kann nach der historischen Entwicklung und nach dem Sinn und Zweck dieser Vorschriften davon ausgegangen werden, daß die Umsatzsteuerpflicht juristischer Personen des öffentlichen Rechts anhand positiver Merkmale zu bestimmen ist. Für die Abgrenzung des steuerpflichtigen Bereichs vom nichtsteuerpflichtigen ist entscheidend, ob es sich bei der jeweiligen Tätigkeit um eine *wirtschaftliche* im Sinne des § 2 Abs. 3 UStG i.V.m. § 4 Abs. 1 S. 1 KStG handelt.

### 3.5.1 Richtlinienwidrige Umsetzung des Art. 4 Abs. 5 Uabs.1 der 6. EG-RL

#### 3.5.1.1 Art. 4 Abs. 5 Uabs.1 der 6. EG-RL (im Rahmen der öffentlichen Gewalt obliegen)

Innerhalb der Grenzen der Unterabsätze 2 und 3 steht es den Mitgliedstaaten grundsätzlich frei, den Bereich der Tätigkeiten festzulegen, die den Einrichtungen des öffentlichen Rechts *im Rahmen der öffentlichen Gewalt* obliegen[609]. Im folgenden soll nun untersucht werden, auf welche Art und Weise der einzelne Mitgliedstaat diese Art von Tätigkeiten bestimmen kann.

Sicher ist, und dies hat der EuGH bereits ausdrücklich festgestellt[610], daß der Gegenstand bzw. die Zielsetzung der Tätigkeit bei der Bestimmung der Tätigkeiten, die den Einrichtungen des öffentlichen Rechts im Rahmen der öffentlichen Gewalt obliegen, keine Rolle spielt, denn diese Kriterien sind vom Richtliniengeber bereits in den anderen Unterabsätzen des Art. 4 Abs. 5 der 6. EG-RL zu anderen Zwecken berücksichtigt worden. Sowohl der Gegenstand als auch die Zielsetzung sind nämlich unter anderem maßgebend dafür, den Umfang der Behandlung der Einrichtungen des öffentlichen Rechts als Nicht-Steuerpflichtige zu beschränken (vgl. Art. 4 Abs. 5 Unterabsatz 3 der 6. EG-RL). Daneben sind diese Faktoren auch ausschlaggebend für die Bestimmung der in Abschnitt X der Richtlinie behandelten Steuerbefreiungen (vgl. Art. 13 Buchstabe A Absatz 1 der 6. EG-RL).

Offen ist damit, ob jedwede Tätigkeit von den Mitgliedstaaten als Tätigkeit behandelt werden kann, die den Einrichtungen des öffentlichen Rechts im Rahmen der öffentlichen Gewalt obliegt. Bei Beantwortung dieser Frage könnte möglicherweise die Überlegung hilfreich sein, daß Einrichtungen des öffentlichen

---

[609] Vgl. dazu die Ausführungen oben unter Punkt 3.3.3.

[610] EuGH, Urteil vom 17.10.1989 - Rs. 231/87, 129/88, UR 1991, S. 77 ff. (78 ff.).

Rechts sowohl als Rechtssubjekte des öffentlichen Rechts als auch als Rechtssubjekte des Privatrechts im Rechtsverkehr auftreten können. Als Rechtssubjekte des öffentlichen Rechts können sie dabei ihre Tätigkeit bzw. Leistung in den Formen des Privatrechts oder des öffentlichen Rechts gegenüber dem einzelnen ausüben bzw. erbringen. Als Rechtssubjekt des Privatrechts steht ihnen diese Möglichkeit nicht offen. Einrichtungen des öffentlichen Rechts sind in diesem Fall auf ein Tätigwerden in den Formen des Zivilrechts beschränkt.

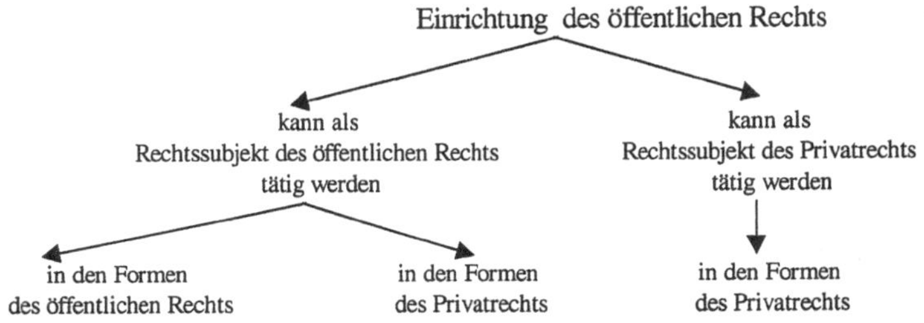


*Abbildung 6: Verschiedene Formen des Tätigwerden von Einrichtungen des öffentlichen Rechts*

Soll der Terminus „im Rahmen der öffentlichen Gewalt obliegen" einen eigenen Sinngehalt erfahren, so kann dieser nur darin liegen, daß die Art der Ausübung der Tätigkeit bei der Auslegung miteinzubeziehen ist. Eine Tätigkeit kann einer Einrichtung des öffentlichen Rechts folglich nur dann *im Rahmen der öffentlichen Gewalt obliegen* (Art. 4 Abs. 5 Uabs. 1 der 6.EG-RL), wenn diese in den Formen des öffentlichen Rechts tätig wird. Soweit die öffentliche Hand dagegen als Rechtssubjekt des öffentlichen Rechts das Leistungsverhältnis zu ihren Abnehmern zivilrechtlich ausgestaltet, also in den Formen des Privatrechts tätig wird, handelt es sich zwar um eine Einrichtung des öffentlichen Rechts, ein Tätigwerden *im Rahmen der öffentlichen Gewalt* muß aber verneint werden. Die öffentliche Einrichtung wird in diesem Fall unter den gleichen rechtlichen Bedingungen tätig wie ein privater Wirtschaftsteilnehmer. So sieht es auch der Europäische Gerichtshof in seinem Urteil vom 17.10.1989[611]:

> *„Untersucht man Art. 4 Absatz 5 Unterabsatz 1 im Gesamtzusammenhang der Richtlinie, so ergibt sich, daß sich aufgrund der Ausübungsmodalitäten der Tätigkeiten bestimmen läßt, inwieweit die öffentlichen Einrichtungen als Nicht-Steuerpflichtige behandelt werden können. Soweit diese Vorschrift nämlich die*

[611] EuGH, Urteil vom 17.10.1989 - Rs. 231/87, 129/88, UR 1991, S. 77 ff. (79); später bestätigt in EuGH, Urteil vom 15.05.1990 - Rs. C-4/89, UR 1991, S. 225 ff. (226) und EuGH, Urteil vom 06.02.1997 - Rs. C-247/95, UR 1997, S. 261 ff. (262).

*Behandlung der Einrichtungen des öffentlichen Rechts als Nicht-Steuerpflichtige davon abhängig macht, daß diese ‚im Rahmen der öffentlichen Gewalt' tätig werden, schließt sie eine solche Behandlung für die Tätigkeiten aus, die diese Einrichtungen nicht als Rechtssubjekte des öffentlichen Rechts, sondern als Rechtssubjekte des Privatrechts ausüben. Das einzige Kriterium, das eine sichere Unterscheidung dieser beiden Arten von Tätigkeiten ermöglicht, ist folglich die nach nationalem Recht anwendbare rechtliche Regelung".*

Aus Sicht des nationalen Rechts muß daher gefragt werden, ob Einrichtungen des öffentlichen Rechts unter den gleichen Rechtsvorschriften wie private Wirtschaftsteilnehmer tätig werden[612]. Entscheidend ist die Leistungsbeziehung zum jeweiligen Leistungsempfänger[613]. Betätigt sich die Einrichtung des öffentlichen Rechts in den Formen des Privatrechts, kann davon ausgegangen werden, daß ihr die fragliche Tätigkeit nicht *im Rahmen der öffentlichen Gewalt* obliegt[614]. Unerheblich ist dabei, ob die Einrichtung des öffentlichen Rechts bei Ausübung der Tätigkeit besonderen öffentlich-rechtlichen Bindungen unterliegt[615]. Steht hingegen fest, daß die Tätigkeit im Rahmen der eigens für Einrichtungen des öffentlichen Rechts geltenden Regelung ausgeübt wird, so steht den Mitgliedstaaten die steuerliche Einordnung offen[616]. Etwas anderes hat nur dann zu gelten, wenn es sich um eine in Anhang D aufgeführte Tätigkeit handelt oder aber die Nichtbesteuerung zu „größeren" Wettbewerbsverzerrungen führen würde.

In den Grenzen der Unterabsätze 2 und 3 hat es der deutsche Gesetzgeber also in der Hand, bestimmte Tätigkeiten als „nichtsteuerpflichtig" zu behandeln[617]. Er muß dafür lediglich sicherstellen, daß die jPdöR die jeweilige Tätigkeit in den Formen des öffentlichen Rechts ausüben kann. Im deutschen Recht geschieht dies durch Schaffung einer öffentlich-rechtlichen Norm, aufgrund derer die Einrichtung des öffentlichen Rechts im Rahmen der eigens für sie geltenden rechtlichen Regelung tätig werden kann. Werden jPdöR dagegen aufgrund der

---

[612] EuGH, Urteil vom 17.10.1989 - Rs. 231/87, 129/88, UR 1991, S. 77 ff. (79); so auch FG München, Urteil vom 17.02.1994 - 14 K 2942/92, UR 1994, S. 315 ff.

[613] Ebenso *Lange, Hans-Friedrich,* Juristische Personen des öffentlichen Rechts als Unternehmer im Umsatzsteuerrecht, UR 2000, S. 1 ff. (9).

[614] So auch *Klenk, Friedrich,* Umsatzbesteuerung bei Unternehmen von Körperschaften des öffentlichen Rechts nach dem deutschen UStG, UVR 1999, S. 236 ff. (237).

[615] *Lange, Hans-Friedrich,* Juristische Personen des öffentlichen Rechts als Unternehmer im Umsatzsteuerrecht, UR 2000, S. 1 ff. (11).

[616] EuGH, Urteil vom 17.10.1989 - Rs. 231/87, 129/88, UR 1991, S. 77 ff. (79).

[617] Von einem Gestaltungsspielraum des Gesetzgebers geht offensichtlich auch *Lange* aus, vgl. *Lange, Hans-Friedrich,* Juristische Personen des öffentlichen Rechts als Unternehmer im Umsatzsteuerrecht, UR 2000, S. 1 ff. (9).

gleichen Rechtsvorschriften wie private Wirtschaftsteilnehmer tätig, so hat die Tätigkeit der Umsatzsteuer zu unterliegen[618].

Die Literatur steht diesem Auslegungsverständnis zum Teil kritisch gegenüber. Hauptangriffspunkt ist die Überlegung, daß jPdöR über die rechtliche Ausgestaltung des Leistungsverhältnisses zu den Abnehmern selbst bestimmen könnten, ob die jeweilige Tätigkeit unter Art. 4 Abs. 5 Uabs. 1 der 6. EG-RL falle und damit nicht der Umsatzsteuer unterliege[619]. Diese Befürchtungen sind nur zum Teil gerechtfertigt. Richtig ist zwar, daß jPdöR nach deutschem Recht jederzeit in den Formen des Privatrechts tätig werden können und damit aus Sicht der 6. EG-RL als Steuerpflichtige gelten. Zu bedenken ist aber, daß ein Tätigwerden in den Formen des öffentlichen Rechts nicht zwingend eine Nichtbesteuerung zur Folge hat. Denn führt die Nichtsteuerpflicht zu „größeren" Wettbewerbsverzerrungen im Sinne des Unterabsatzes 2, ist aus europäischer Sicht eine Besteuerung zwingend angezeigt. Bei Entstehen „größerer Wettbewerbsverzerrungen" sind jPdöR demnach nicht in der Lage, über ihre Nichtsteuerpflicht zu befinden. Eine wesentliche Beeinflussung des Wettbewerbs durch die öffentliche Hand ist damit ausgeschlossen. Darüber hinaus relativiert auch Unterabsatz 3 die teilweise geäußerten Befürchtungen.

#### 3.5.1.2 Richtlinienwidrigkeit der deutschen Regelung

Der deutsche Gesetzgeber hat die Umsatzsteuerpflicht der öffentlichen Hand in § 2 Abs. 3 UStG (i.V.m. § 4 KStG) geregelt. Danach gelten jPdöR grundsätzlich als Unternehmer im Sinne des UStG, wenn sie innerhalb eines *Betriebs gewerblicher Art* tätig werden. Sollte dies nicht der Fall sein, unterliegen sie nicht der Steuerpflicht[620].

Fraglich ist, ob der deutsche Gesetzgeber mit der Vorschrift des § 2 Abs. 3 UStG den aufgezeigten Anforderungen des Art. 4 Abs. 5 Uabs. 1 der 6. EG-RL

---

[618] Etwas anderes kann sich aber unter Umständen im Falle des Art. 4 Abs. 5 Uabs. 4 der 6. EG-RL ergeben, vgl. unten Punkt 3.5.2.2.

[619] *Stadie* in *Rau/Dürrwächter*, Kommentar zum UStG, 8. Auflage, Stand 7/ 1997, § 2 Rn. 802; *Reugebrink, J.*, Der Stand der Harmonisierung der Mehrwertsteuer in den Niederlanden, UR 1991, S. 305 ff. (309); *Forster, Eduard*, Einfluß des europäischen Gemeinschaftsrechts auf die deutsche Umsatzbesteuerung der Tätigkeiten von juristischen Personen des öffentlichen Rechts, UR 1996, S. 73 ff. (77); *Forster, Eduard*, Juristische Personen des öffentlichen Rechts und Harmonisierung eines europäischen Mehrwertsteuersystems, Dissertation, Aachen 1997, S. 118.

[620] Vgl. dazu Punkt 2.4.1.2.2.

in vollem Umfang gerecht geworden ist. Dies könnte bejaht werden, wenn das deutsche Recht folgende Vorgaben erfüllt[621]:

*(1)* Hinsichtlich der Tätigkeiten[622], die Einrichtungen des öffentlichen Rechts im Rahmen der eigens für sie geltenden rechtlichen Regelung ausüben und deren Nichtbesteuerung nicht zu „größeren Wettbewerbsverzerrungen" führt, steht es den Mitgliedstaaten frei, diese als Tätigkeiten zu behandeln, die den Einrichtungen des öffentlichen Rechts *im Rahmen der öffentlichen Gewalt obliegen.*

*(2)* Umsatzsteuerpflicht von Einrichtungen des öffentlichen Rechts, sofern diese in den Formen des Privatrechts tätig werden.

*(1) Richtlinienkonformität hinsichtlich der Vorgabe (1)*

Die Bundesrepublik Deutschland stellt bei der Umsatzbesteuerung von juristischen Personen des öffentlichen Rechts auf den „Betrieb gewerblicher Art" ab (vgl. § 2 Abs. 3 S. 1 UStG). Sie nimmt dabei auf die körperschaftsteuerrechtliche Regelung in § 4 KStG Bezug. Diese gesetzgeberische Konzeption ist unter gemeinschaftsrechtlichen Gesichtspunkten nicht zu beanstanden[623]. Auf welche Weise die Umsetzung von Richtlinien in nationales Umsatzsteuerrecht erfolgt, bleibt den einzelnen Mitgliedstaaten selbst überlassen. Gemäß Art. 249 Absatz 3 EGV ist es Sache des einzelnen Mitgliedstaates, die Form und die Mittel zu wählen, die zur Erreichung des Ergebnisses geeignet sind[624]. Entscheidend ist das Ergebnis[625]. Der Europäische Gerichtshof hat dies auch im Hinblick auf Art. 4 Abs. 5 Uabs. 1 der 6. EG-RL ausdrücklich festgestellt[626]:

> *„So können sie (*Anm. des Verfassers: die Mitgliedstaaten*) sich z.B. darauf beschränken, die in der Sechsten Richtlinie enthaltene Formulierung oder einen gleichwertigen Ausdruck in das nationale Recht zu übernehmen, oder sie können ein Verzeichnis der Tätigkeiten aufstellen, für die die Rechtssubjekte des öffentlichen Rechts nicht als Steuerpflichtige anzusehen sind".*

---

621 Hinsichtlich der richtlinienkonformen Umsetzung der Unterabsätze 2 und 3 des Art. 4 Abs. 5 der 6. EG-RL wird auf die Ausführungen unter Punkt 3.6 verwiesen.

622 Bei diesen Tätigkeiten darf es sich selbstverständlich nicht um Tätigkeiten handeln, die in Anhang D aufgeführt sind (Art. 4 Abs. 5 Unterabsatz 3).

623 *Lange, Hans-Friedrich,* Juristische Personen des öffentlichen Rechts als Unternehmer im Umsatzsteuerrecht, UR 2000, S. 1 ff. (7); *Lange, Hans-Friedrich,* Neutralitätsprinzip bei der Umsatzbesteuerung der öffentlichen Hand, UR 1999, S. 385 ff. (387 f.).

624 Vgl. oben Punkt 3.1.2.

625 *Lange, Hans-Friedrich,* Juristische Personen des öffentlichen Rechts als Unternehmer im Umsatzsteuerrecht, UR 2000, S. 1 ff. (7).

626 EuGH, Urteil vom 17.10.1989 - Rs. 231/87, 129/88, UR 1991, S. 77 ff. (79).

Die Bundesrepublik Deutschland war daher nicht gehindert, die Steuerpflicht jPdöR unter Bezugnahme auf die körperschaftsteuerliche Regelung in § 4 KStG an dem Terminus „Betrieb gewerblicher Art" festzumachen.

*(2) Richtlinienwidrigkeit hinsichtlich der Vorgabe (2)*

Aus der deutschen Regelung läßt sich nicht ableiten, daß jPdöR umsatzsteuerpflichtig sind, sofern sie in den Formen des Privatrechts tätig werden[627]. § 2 Abs. 3 S. 1 UStG i.V.m. § 4 Abs. 1 KStG besagt lediglich, daß von einem steuerbaren BgA immer dann auszugehen ist, wenn es sich um eine Einrichtung handelt, die einer nachhaltigen *wirtschaftlichen* Tätigkeit dient. Ob diese Tätigkeit mit den Mitteln des Privatrechts oder mit den Mitteln des öffentlichen Rechts erbracht wird, ist – zumindest nach dem Wortlaut der Vorschriften – unerheblich. Das Vorliegen eines *Betriebs gewerblicher Art* entscheidet sich ausschließlich danach, ob juristische Personen des öffentlichen Rechts wettbewerbsrelevant am Markt tätig werden oder nicht. Die Art und Weise des Tätigwerdens spielt dabei keine Rolle[628]. Folgt man dieser Ansicht, so gelangt man zu dem Ergebnis, daß die deutsche Regelung in diesem Punkt richtlinienwidrig ist. Es stellt sich daher die Frage, wie dieser Widerspruch zur 6.EG-RL zu handhaben ist.

### 3.5.1.3 Richtlinienkonforme Auslegung des § 2 Abs. 3 S. 1 UStG i.V.m. § 4 KStG

Nach der Rechtsprechung des EuGH sind innerstaatliche Stellen bei der Anwendung nationaler Rechtsvorschriften grundsätzlich verpflichtet, diese im Lichte des Wortlauts und Zwecks der jeweiligen EG-Richtlinie auszulegen[629].

#### 3.5.1.3.1 Stellenwert gegenüber nationalen Auslegungsmethoden

Das Rechtsinstitut der „richtlinienkonformen Auslegung nationalen Rechts" ist heute allgemein anerkannt[630]. Der BFH greift in ständiger Rechtsprechung auf

---

627 Vgl. oben Punkt 2.4.1.2.3 unter *(7)*.

628 Zu der anderen Auffassung vgl. oben die Ausführungen unter Punkt 2.4.1.2.3. (8).

629 EuGH, Urteil vom 10.04.1984 - 14/83, Slg. 1984 I, S. 1891 (1909); EuGH, Urteil vom 08.10.1987 - 80/86, Slg. 1987 I, S. 3969 (3987); EuGH, Urteil vom 13.11.1990 - C-106/89, Slg. 1990 I, S. 4135 (4160).

630 Allgemein zur richtlinienkonformen Auslegung von förmlichen Gesetzen, vgl. *Jarass, Hans,* Konflikte zwischen EG-Recht und nationalem Recht vor den Gerichten der Mitgliedstaaten, DVBl. 1995, S. 954 ff. (957); zum Steuerrecht vgl. insbesondere: *Schön, Wolfgang,* Gemeinschaftskonforme Auslegung und Fortbildung des nationalen Steuerrechts - unter Einschluß des Vorlageverfahrens nach Art. 177 EGV - , in: Deutsche Steuerjuristische Gesellschaft, Band 19, Steuerrecht im Europäischen Binnenmarkt, herausgegeben von

diesen Auslegungsgrundsatz zurück[631]. Auch vom Bundesverfassungsgericht wird diese Auslegungsmethode respektiert[632]. Die Pflicht zur richtlinienkonformen Auslegung wird überwiegend aus dem in Art. 10 EGV niedergelegten Gebot der Gemeinschaftstreue abgeleitet[633].

Ungeklärt ist der Stellenwert der richtlinienkonformen Auslegung. Die Meinungen reichen von der Einordnung als bloßer „Hilfsmethode", die nur zur An-

---

*Lehner, Moris* , Köln 1996, S. 167 ff. (180); *Schön, Wolfgang,* Die Auslegung europäischen Steuerrechts, Band 20 der Schriftenreihe „Rechtsordnung und Steuerwesen", Köln 1993, S. 35 ff.; *Probst, Ulrich,* Übereinstimmung zwischen Umsatzsteuergesetz und 6. EG-Richtlinie sowie richtlinienkonforme Auslegung des Umsatzsteuergesetzes, in: Deutsche Steuerjuristische Gesellschaft, Band 13, Umsatzsteuer in nationaler und europäischer Sicht, herausgegeben von Woerner, L., Köln 1990, S. 137 ff. (138 f.); *Birkenfeld, Wolfram,* Das große USt-Handbuch, Stand: September 1996, § 23 Rn. 383; *Stadie* in *Rau/Dürrwächter,* Kommentar zum UStG, 8. Auflage, Köln, Stand 8/ 1996, Einf. Rn. 240.

631 Erstmals im Urteil vom 12.11.1980 - II R 1/76, BStBl. II 1981, S. 279 f. (280); zur 6.EG-RL erstmals in BFH, Urteil vom 21.12.1988 - V R 24/87, BStBl. II 1989, S. 430 ff. (431).

632 BVerfG, Beschluß vom, 08.04.1987 - 2 BvR 687/85, UR 1987, S. 355 ff. (357).

633 Sogenannte „objektive Theorie": Der EuGH leitet die richtlinienkonforme Auslegung aus Art. 5 i.V.m. Art. 189 Abs. 3 EGV ab, vgl. EuGH, Urteil vom 16.12.1993 - C-334/92, Slg. 1993 I, S. 6911 ff. (6932) und EuGH, Urteil vom 14.07.1994 - C-91/92, Slg. 1994 I, S. 3325 ff. (3357); das BVerfG leitet sie allein aus Art. 5 EGV ab, vgl. BVerfG, Beschluß vom, 08.04.1987 - 2 BvR 687/85, UR 1987, S. 355 ff. (357); ebenso FG München, Urteil vom 30.09.1989 - 3 K 3030/86, UR 1990, S. 209 ff. (210); zurückhaltend BFH, Urteil vom 20.01.1988 - X R 48/81, BStBl. II 1988, S. 557 ff. (559); zur Rechtsprechung der nationalen Gerichte insgesamt, vgl. *Herlinghaus, Andreas,* Bedeutung und Reichweite der richtlinienkonformen Auslegung nationalen Rechts, IFSt-Schrift Nr. 357, Bonn 1997, S. 35. Als Vertreter der „objektiven" Theorie in der Literatur sind zu nennen: *Probst, Ulrich,* Übereinstimmung zwischen Umsatzsteuergesetz und 6. EG-Richtlinie sowie richtlinienkonforme Auslegung des Umsatzsteuergesetzes, in: Deutsche Steuerjuristische Gesellschaft, Band 13, Umsatzsteuer in nationaler und europäischer Sicht, herausgegeben von Woerner, L., Köln 1990, S. 137 ff. (138 f.); *Everling, Ulrich,* Zur Auslegung des durch EG-Richtlinien angeglichenen nationalen Rechts, ZGR 1992, S. 376 ff. (381); *Schön, Wolfgang,* Gemeinschaftskonforme Auslegung und Fortbildung des nationalen Steuerrechts - unter Einschluß des Vorlageverfahrens nach Art. 177 EGV - , in: Deutsche Steuerjuristische Gesellschaft, Band 19, Steuerrecht im Europäischen Binnenmarkt, herausgegeben von *Lehner, Moris* , Köln 1996, S. 167 ff. (183) m.w.N.. Anders die „subjektive Theorie": Sie führt das Institut der richtlinienkonformen Auslegung darauf zurück, daß es der regelmäßige Wille des nationalen Gesetzgebers sein dürfte, die jeweilige Richtlinie ordnungsgemäß umzusetzen. Das nationale Recht wird dementsprechend vor diesem Hintergrund ausgelegt, vgl. *Dänzer-Vanotti, Wolfgang,* Die richtlinienkonforme Auslegung deutschen Rechts hat keinen rechtlichen Vorrang, RIW 1991, S. 754 f.; *Jarass, Hans,* Richtlinienkonforme Auslegung bzw. EG-rechtskonforme Auslegung nationalem Rechts, EuR 1991, S. 211 ff. (216).

wendung gelange, wenn nach Anwendung der traditionellen Auslegungskriterien überhaupt noch ein Spielraum bleibe[634], bis dahin, die richtlinienkonforme Auslegung verdränge andere Auslegungsmethoden vollends[635]. Am überzeugendsten erscheint eine gemäßigte Auffassung, welche der richtlinienkonformen Auslegung zwar grundsätzlich den Vorrang vor den traditionellen Auslegungsmethoden[636] einräumt, diesen Vorrang aber nicht für gegeben ansieht, wenn durch richtlinienkonforme Auslegung der mögliche Wortsinn der nationalen Wortschrift verlassen wird[637]. Denn jede Sinndeutung, die über den möglichen Wortsinn des Gesetzes hinausgehe, sei keine Auslegung mehr. Diese Einschränkung sei durch die nationale Verfassung vorgegeben, denn andernfalls wäre der Grundsatz der Gewaltenteilung verletzt. Diese letztlich vom Bundesverfassungsgericht[638] vorgegebenen Auslegungsgrenzen werden vom Europäischen Gerichtshof ohne Einschränkung hingenommen[639].

Da sich der Wortsinn der nationalen Vorschriften aber nur mittels traditioneller Auslegungsmethoden bestimmen läßt, relativiert sich der sogenannte „Vorrang richtlinienkonformer Auslegung". Im konkreten Fall wird sich das mittels richtlinienkonformer Auslegung ermittelte Ergebnis stets mit *einer* der traditionellen Auslegungsmethoden erreichen lassen[640]. „Vorrang richtlinienkonformer Aus-

---

[634] *Dänzer-Vanotti, Wolfgang*, Die richtlinienkonforme Auslegung deutschen Rechts hat keinen rechtlichen Vorrang, RIW 1991, S. 754 f.

[635] *Voß, Reimer*, Europäisches und nationales Steuerrecht, StuW 1993, S. 155 (157); *Lutter, Marcus*, Die Auslegung angeglichenen Rechts, JZ 1992, S. 593 ff. (Fn. 135).

[636] Zur Auslegung steuerrechtlicher Vorschriften, vgl. *Tipke, Klaus*, Die Steuerrechtsordnung, Köln, 1993, Teil III, S. 1237 ff..

[637] *Probst, Ulrich*, Übereinstimmung zwischen Umsatzsteuergesetz und 6. EG-Richtlinie sowie richtlinienkonforme Auslegung des Umsatzsteuergesetzes, in: Deutsche Steuerjuristische Gesellschaft, Band 13, Umsatzsteuer in nationaler und europäischer Sicht, herausgegeben von Woerner, L., Köln 1990, S. 137 ff. (141); *Schön, Wolfgang*, Gemeinschaftskonforme Auslegung und Fortbildung des nationalen Steuerrechts - unter Einschluß des Vorlageverfahrens nach Art. 177 EGV - , in: Deutsche Steuerjuristische Gesellschaft, Band 19, Steuerrecht im Europäischen Binnenmarkt, herausgegeben von *Lehner, Moris* , Köln 1996, S. 167 ff. (186 f.); *Everling, Ulrich*, Zur Auslegung des durch EG-Richtlinien angeglichenen nationalen Rechts, ZGR 1992, S. 376 (388); *Jarass, Hans*, Konflikte zwischen EG-Recht und nationalem Recht vor den Gerichten der Mitgliedstaaten, DVBl. 1995, S. 954 ff. (958); vgl. auch BFH, Urteil vom 18.04.1991 - V R 122/89, UR 1991, S. 253 ff. (254).

[638] Das BVerfG hat diese Grenzen bei der verfassungskonformen Auslegung entwickelt, vgl. BVerfG, Urteil vom 12.03.1985 1 BvR 571/81, BVerfGE 69, S. 188 ff. (204); BVerfG, Beschluß vom 22.10.1985, BVerfGE 71, S. 81 ff. (105); BVerfG, Beschluß vom 30.06.1964, BVerfGE 18, S. 97 ff. (111).

[639] EuGH, Urteil vom 10.04.1984 - 14/83, Slg. 1984, S. 1891 ff. (1909).

[640] Ähnlich *Herlinghaus, Andreas*, Bedeutung und Reichweite der richtlinienkonformen Auslegung nationalen Rechts, IFSt-Schrift Nr. 357, Bonn 1997, S. 37.

legung" bedeutet daher lediglich, daß unter den traditionellen (nationalen) Auslegungsvarianten – falls das nationale Recht mehrere zuläßt – derjenigen der Vorzug zu geben ist, welche sich mit der Richtlinie inhaltlich vereinbaren läßt.

#### 3.5.1.3.2 Adressatenkreis der richtlinienkonformen Auslegung

Es wurde bereits erwähnt, daß Art. 10 EGV als europarechtliche Grundlage der gemeinschaftskonformen Auslegung gilt. Wenn in dieser Vorschrift den Mitgliedstaaten aufgegeben wird, alle geeigneten Maßnahmen zur Erfüllung ihrer Verpflichtungen zu treffen, die sich aus dem EG-Vertrag oder aus Handlungen der Organe der Gemeinschaft ergeben, so sind neben den nationalen Parlamenten auch die Gerichte und Behörden zur Umsetzung des Gemeinschaftsrechts verpflichtet[641]. Daß auch Behörden EG-Richtlinien zu beachten haben, hat der Europäische Gerichtshof mittlerweile ausdrücklich festgestellt[642]. Es wäre widersinnig, von Gerichten eine richtlinienkonforme Auslegung zu verlangen, andererseits aber die Verwaltung selbst nicht zur gemeinschaftskonformen Auslegung anzuhalten. Von der Literatur wird die Verpflichtung der Behörden zur richtlinienkonformen Auslegung ebenfalls anerkannt[643], auch wenn die Rechtsgrundlage dieser Verpflichtung zum Teil aus Art. 20 Abs. 3 GG abgeleitet wird[644].

#### 3.5.1.3.3 Richtlinienkonforme Auslegung des § 2 Abs. 3 S. 1 UStG i.V.m. § 4 KStG

§ 2 Abs. 3 UStG entspricht nicht den Vorgaben der 6. EG-RL Denn anders als Art. 4 Abs. 5 Uabs. 1 der 6. EG-RL stellt die deutsche Regelung bei der Besteuerung jPdöR nicht auf die Art und Weise des Tätigwerdens ab.

---

[641] EuGH, Urteil vom 10.04.1984 - Rs. 14/83,Slg. 1984, S. 1891 (1909). EuGH, Urteil vom 08.10.1987 - Rs. 80/86, Slg. 1987, S. 3969 (3986); EuGH, Urteil vom 22.06.1989 - Rs. 103/88, Slg. 1989, S. 1839 ff.. Daß die Richtlinien von den nationalen Gerichten entsprechend der aus Art. 5 EGV folgenden Verpflichtung zur Gemeinschaftstreue zu beachten sind, hat das BVerfG ausdrücklich festgestellt, vgl. BVerfG, Beschluß vom, 08.04.1987 - 2 BvR 687/85, UR 1987, S. 355 ff. (357).

[642] EuGH, Urteil vom 22.06.1989 - Rs. 103/88, Slg. 1989, S. 1839 ff..

[643] *Reiß* in *Tipke, Klaus / Lang, Joachim*, Steuerrecht, 16. Auflage, Köln 1998, § 14 Rn. 8; *Probst, Ulrich*, Zur unmittelbaren Wirkung von EG-Richtlinien, UR 1990, S. 302 ff. (404); Jarass, EuR 1991, S. 211 ff.; Lenz, DVBl. 1990, S. 903 ff. (908). **A.A.** *Völkel, Dieter*, Die Unverträglichkeit des gemeinen Werts und des Teilwerts als Bemessungsgrundlage nach § 10 Abs. 4 Nr. 1 UStG mit EG-Recht, UR 1988, S. 111 (114); *Spetzler, Eugen*, Die unmittelbare Wirkung von Richtlinien-Bestimmungen als neue Sanktionskategorie nach Art. 189 EWG-Vertrag, RIW 1989, S. 362 ff. (363).

[644] So insbesondere *Stadie* in *Rau/Dürrwächter*, Kommentar zum UStG, 8. Auflage, Stand 7/ 1997, Einf. Rn. 240.

Fraglich ist daher, ob § 2 Abs. 3 S. 1 UStG i.V.m. § 4 KStG dahingehend ausgelegt werden kann, daß Leistungen, die jPdöR unter den gleichen rechtlichen Bedingungen – also auf Grundlage eines zivilrechtlichen Austauschverhältnisses – erbringen, als im Rahmen eines der Besteuerung unterliegenden *Betriebs gewerblicher Art* ausgeführt gelten.

Nach Ansicht des Bundesfinanzhofes ist eine solche Auslegung des § 4 KStG (i.V.m. § 2 Abs. 3 UStG) offenbar möglich. Dies war nicht immer so. Früher hatte der für das Umsatzsteuerrecht zuständige V. Senat des BFH ein Handeln in den Formen des Zivilrechts lediglich als Indiz für eine „Tätigkeit außerhalb der öffentlichen Gewalt" gewertet[645]. Neuerdings vertritt derselbe Senat aber die Auffassung, daß derartige Leistungen „nach der neueren Rechtsprechung" grundsätzlich der Umsatzsteuer unterlägen[646]. Da der BFH in diesem Zusammenhang auf die Rechtsprechung des EuGH Bezug nimmt, muß wohl davon ausgegangen werden, daß dies das Ergebnis einer richtlinienkonformen Auslegung der deutschen Regelung ist.

Die überwiegende Literatur geht ebenfalls davon aus, daß es sich nicht um *Ausübung öffentlicher Gewalt* handele, wenn jPdöR in den Formen des Privatrechts tätig werden[647]. Denn damit habe sich die öffentliche Hand auf die Ebene der Gleichordnung begeben, was die Annahme von „Ausübung öffentlicher Gewalt" ausschließe[648]. Unklar bleibt, ob dies das Ergebnis einer richtlinienkonformen Auslegung der deutschen Vorschriften ist. Zum Teil wird auf die Rechtsprechung des EuGH hingewiesen[649], was eine richtlinienkonforme Auslegung nahelegt. Zum Teil wird diese Rechtsfolge aus der deutschen Regelung selbst abgeleitet. In diesem Fall könnte die deutsche Regelung insoweit als richtlinienkonform bezeichnet werden.

---

645 BFH, Urteil vom 27.06.1990 - I R 166/85, BFH NV 1991, S. 628 ff. (629); vgl. auch BFH, Beschluß vom 16.12.1992 - V B 74/92, BFH NV 1993, S. 696.

646 BFH, Beschluß vom 26.01.1995 - V R 122/93, BFH NV 1996, S. 86 f. (86); ob im Gegensatz dazu ein Tätigwerden in den Handlungsformen des öffentlichen Rechts für die Annahme eines Hoheitsbetriebs spricht, hat der V. Senat bislang aber offengelassen, vgl. BFH, Urteil vom 10.12.1992 - V R 3/88, BStBl. II 1993, S. 380 ff. (381).

647 *Stadie* in *Rau/Dürrwächter*, Kommentar zum UStG, 8. Auflage, Stand 7/ 1997, § 2 Rn. 900; *Reiß* in *Schwarze/Reiß/Kraeusel*, Umsatzsteuergesetz, Bonn 1994, § 2 Rn. 158; *Birkenfeld, Wolfram*, Das große USt-Handbuch, Stand: September 1996, § 40 Rn. 298; **a.A.** *Laule, Gerhard*, Die Körperschaftsteuerfreiheit für Hoheitsbetriebe - wann dient ein Betrieb der Ausübung öffentlicher Gewalt?, DStZ 1988, S. 183 ff. (189).

648 So insbesondere *Stadie* in *Rau/Dürrwächter*, Kommentar zum UStG, 8. Auflage, Stand 7/ 1997, § 2 Rn. 900.

649 So z.B. *Stadie* in *Rau/Dürrwächter*, Kommentar zum UStG, 8. Auflage, Stand 7/ 1997, § 2 Rn. 900.

Anderer Ansicht ist wohl der für das Körperschaftsteuerrecht zuständige I. Senat des BFH. In seinem Urteil vom 23.10.1996 vertritt er folgende Auffassung[650]:

> *„Daß sich der Kläger beim Vertrieb der Säcke der Formen des Zivilrechts bediente, macht aus den Verkäufen noch keinen Betrieb gewerblicher Art".*

Diese Feststellung wurde zwar erst getroffen, nachdem zuvor der Verkauf der (Müll-)Säcke als Hilfsgeschäft eines Hoheitsbetriebs qualifiziert worden war[651]. Dennoch spricht einiges dafür, daß der I. Senat des BFH einen *Betrieb gewerblicher Art* nicht schon wegen eines Tätigwerdens in den Formen des Privatrechts bejaht. Dem I. Senat des BFH ist im Ergebnis zuzustimmen. Eine Auslegung dahingehend, daß Leistungen, die jPdöR unter den gleichen rechtlichen Bedingungen – also auf Grundlage eines zivilrechtlichen Austauschverhältnisses – erbringen, als im Rahmen eines der Besteuerung unterliegenden *Betriebs gewerblicher Art* ausgeführt gelten, würde den möglichen Wortsinn des § 4 KStG i.V.m. § 2 Abs. 3 S. 1 UStG überschreiten. Diese Regelung stellt ausschließlich auf den Wettbewerbsgedanken ab. Eine richtlinienkonforme Auslegung scheidet damit aus.

#### 3.5.1.4 Unmittelbare Wirkung des Art. 4 Abs. 5 Uabs. 1 der 6. EG-RL

##### 3.5.1.4.1 Grundlagen zum Rechtsinstitut der unmittelbaren Wirkung von Richtlinien

Da es für den Gemeinschaftsbürger im Falle der Nichtumsetzung von EG-Richtlinien zu dem unbefriedigenden Zustand kommt, daß eine Richtlinie ihm zwar Rechte eingeräumt, er aber wegen der Nichtumsetzung derselben nicht in der Lage ist, diese auf nationaler Ebene in Anspruch zu nehmen, hat der EuGH das Rechtsinstitut der „unmittelbaren Wirkung von Richtlinien" entwickelt[652].

---

[650] BFH, Urteil vom 23.10.1996 - I R 1-2/94, BStBl. II 1997, S. 139 ff. (142).

[651] Vgl. dazu im einzelnen die Ausführungen oben unter Punkt 2.4.1.2.3 *(8)*.

[652] Ausgehend von seiner Rechtsprechung zur unmittelbaren Wirkung von primären Gemeinschaftsrecht (EuGH, Urteil vom 06.10.1963 - 26/62, Slg. 1963, S. 1 (25)), hat der Europäische Gerichtshof Anfang der siebziger Jahre unter rechtsfortbildender Auslegung (vgl. dazu *Nessler, Volker*, Richterrecht wandelt EG-Richtlinien, RIW 1993, S. 206 ff.) entschieden, daß auch staatengerichtete Rechtsakte, also sekundäres Gemeinschaftsrecht, ausnahmsweise unmittelbare Wirkung zugunsten des Einzelnen erzielen können. Zur historischen Entwicklung der Rechtsprechung des EuGH, vgl. auch den Beschluß des BVerfG vom 08.04.1987 - 2 BvR 687/85, UR 1987, S. 355 ff. (356) und die Darstellung von *Degenhard, Dorothea*, Voraussetzungen und Folgen der unmittelbaren Wirkung von EG-Richtlinien, Teil I, IFSt-Schrift 348, S. 18 ff.. Die ersten Urteile betrafen nicht Richtlinien nach Art. 249 Abs. 3 EGV, sondern Entscheidungen nach Art. 249 Abs. 4 EGV (EuGH, Urteil vom 06.10.1970 - 9/70, Slg. 1970, 825 (838); EuGH, Urteil vom 21.10.1970 - 20/70, Slg. 1970, S. 861 (874); EuGH, Urteil vom 21.10.1970 - 23/70, Slg. 1970, S. 881 (894)).

Das Rechtsinstitut der unmittelbaren Wirkung von Richtlinien ist ein „Kind der Not". Anlaß dieser Rechtsprechung war die Tatsache, daß der EG-Vertrag im Falle der Nichtumsetzung von Richtlinien lediglich das Vertragsverletzungsverfahren nach §§ 226 ff. EGV vorsah. Weitere Sanktionsinstrumente waren im EG-Vertrag nicht enthalten. Insbesondere gab es für die Gemeinschaft keine Möglichkeit, Maßnahmen der Zwangsvollstreckung zu ergreifen. Der Europäische Gerichtshof war daher gezwungen, Instrumentarien zu entwickeln, um den Marktbürger gegen säumige Mitgliedstaaten ausreichend zu schützen. Eines dieser Instrumentarien ist das Rechtsinstitut der unmittelbaren Wirkung von Richtlinien[653]. Es ist letztendlich eine Ausprägung des Grundsatzes von Treu

---

Sie waren die Grundlage für die spätere Rechtsprechung des EuGH, auch Richtlinien unmittelbare Wirkung gegenüber den Marktbürgern zukommen zu lassen, vgl. EuGH, Urteil vom 04.12.1974 - 41/74, Slg. 1974, S. 1337 (1348); EuGH, Urteil vom 01.02.1977 - 51/76, Slg. 1977, S. 113 (126). Zur unmittelbaren Geltung der 6.EG-RL vgl. auch EuGH, Urteil vom 19.01.1982 - 8/81, Slg. 1982, S. 53 (70 f.); EuGH, Urteil vom 06.10.1982 - 283/81, Slg. 1982, S. 3415 (3430). Im übrigen wird hinsichtlich der Rechtsprechung des EuGH zur 6.EG-RL auf die Zusammenstellung von *Lohse* verwiesen, vgl. *Lohse* in *Rau/Dürrwächter*, Kommentar zum UStG, 8. Auflage, Band I, EG-Richtlinien, Köln, Stand 3/1999.

[653] Daneben hat der EuGH eine Staatshaftung für säumige Mitgliedstaaten „eingeführt", welche mit allgemeinen Grundsätzen des Gemeinschaftsrechts begründet wird (EuGH, Urteil vom 19.11.1991 - C -6/90 und C-9/90, Slg. 1991 I, S. 5357 ff. (5414); bestätigt in EuGH, Urteil vom 05.03.1996 - Rs. C-46/93 und C-48/93, Slg. 1996 I S. 1029 ff. (1146)). Denn die Wirksamkeit der EG-Bestimmungen wäre in Frage gestellt, könnte der Einzelne für den Fall, daß seine Rechte durch Verstoß gegen Gemeinschaftsrecht verletzt worden sind, keine Entschädigung von seinem Mitgliedstaat verlangen. Um einen ausreichenden Schutz des Einzelnen zu gewährleisten, hat es der EuGH im Falle einer nicht ordnungsgemäßen Umsetzung von EG-Richtlinien des weiteren für notwendig erachtet, verstrichene Rechtsmittelfristen für unbeachtlich zu erklären. Denn solange keine Umsetzung der Richtlinie erfolgt ist, sei der einzelne Marktbürger nicht in der Lage, in vollem Umfang von seinen Rechten Kenntnis zu erlangen (EuGH, Urteil vom 25.07.1991 - C -208/90, Slg. 1991 I, S. 4269 ff. (4299)). Dieser Zustand der Rechtsunsicherheit könne nur durch eine ordnungsgemäße Umsetzung der Richtlinie beendet werden. Bis zu diesem Zeitpunkt könne sich daher ein säumiger Mitgliedstaat grundsätzlich nicht auf die Verspätung einer Klage berufen, die ein einzelner zum Schutz der ihm durch diese Richtlinienbestimmungen verliehenen Rechte erhoben hat. Die Klagefrist beginne daher erst ab diesem Zeitpunkt. Mittlerweile hat der EuGH seine Aussagen zur Unbeachtlichkeit von nationalen Klagefristen in mehreren Urteilen erheblich relativiert (EuGH, Urteil vom 27.10.1993 - C-338/91, Slg. 1993 I, S. 5475 ff. (5497ff.); EuGH, Urteil vom 06.12.1994 - C-410/92,Slg. 1994 I, S. 5483 ff. (5510); EuGH, Urteil vom 14.12.1995 - C-312/93, Slg. 1995 I, S. 4599 ff. (4622); vgl. auch EuGH, Urteil vom 15.09.1998 - C – 231/96, NJW 1999, S. 129 ff. (132)).

und Glauben[654]. Die praktische Wirksamkeit des Gemeinschaftsrechts („effet utile"[655]) wäre beeinträchtigt, hätte es ein Mitgliedstaat in der Hand, den Eintritt der mit der Richtlinie beabsichtigten Rechtswirkung zu vereiteln oder zu verzögern.

Der Vertrag über die Europäische Union vom 2. Februar 1992 („Vertrag von Maastricht") hat an diesem Zustand nichts geändert. Zwar können seitdem im Rahmen von Vertragsverletzungsverfahren Sanktionen, wie z.B. die Zahlung eines Zwangsgeldes[656], gegen Mitgliedstaaten festgesetzt werden. Für den einzelnen Bürger sind diese Sanktionsinstrumente aber wegen der langen Dauer der Verfahren und der Unsicherheit, ob von der Kommission oder einem anderen Mitgliedssaat überhaupt Klage erhoben wird, kein ausreichender Schutz. Es spricht daher nichts für eine Aufgabe der Rechtsprechung des EuGH. Auch ist zu bedenken, daß die Verhängung eines Zwangsgeldes unter politischen Gesichtspunkten ein wohl eher unpopuläres Mittel ist[657].

Nach der Rechtsprechung des EuGH kann sich der einzelne Marktbürger – nichts anderes kann im Rahmen des Art. 4 Abs. 5 der 6.EG-RL für Einrichtungen des öffentlichen Rechts gelten[658] – gegenüber dem Staat unmittelbar auf einzelnen Bestimmungen einer Richtlinie berufen, wenn die Richtlinie innerhalb der Umsetzungsfrist nicht oder nur unzulänglich in innerstaatliches Recht umgesetzt worden ist und die einzelnen Bestimmungen „inhaltlich unbedingt" und „hinreichend bestimmt" sind.

Entsprechend dem Schutzzweck können Richtlinien nur im Verhältnis zwischen Staat und Gemeinschaftsbürger unmittelbar wirken (sog. vertikale Wirkung). Eine horizontale Wirkung im Verhältnis der einzelnen Marktbürger untereinander ist ausgeschlossen[659]. Auch können Bestimmungen einer nicht oder einer nicht vollständig umgesetzten Richtlinie nur zugunsten des Einzelnen, nicht je-

---

654 EuGH, Urteil vom 05.04.1979 - 148/78, Slg. 1979, S. 1629 (1642); EuGH, Urteil vom 19.01.1982 - 8/81, Slg. 1982, S. 53 (70). Als Rechtsgrundlage wird auch Art. 189 Abs.3 i.V.m. Art. 5 EWGV genannt, vgl. EuGH, Urteil vom 20.09.1988 - 190/87, Slg. 1988, S. 4689 (4722).

655 EuGH, Urteil vom 04.12.1974 - 41/74, Slg. 1974, S. 1337 (1348); EuGH, Urteil vom 01.02.1977 - 51/76, Slg. 1977, S. 113 (126); EuGH, Urteil vom 19.01.1982 - 8/81, Slg. 1982, S. 53 (71).

656 Vgl. Art. 171 Abs. 2 Uabs. 3 EGV.

657 Vgl. dazu *Appel, Ivo*, Sanktionen als Mittel zur Durchsetzung von Gemeinschaftsrechts, DVBl. 1995, S. 280 ff.

658 Vgl. EuGH, Urteil vom 06.02.1997 - C-247/95, Slg. 1997 I, S. 779 ff. (786).

659 EuGH, Urteil vom 26.02.1986 - 152/84, Slg. 1986, S. 723 (749); EuGH, Urteil vom 13.11.1990 - C-106/89, Slg. 1990 I, S. 4135 (4158); EuGH, Urteil vom 14.07.1994 - C-91/92, Slg. 1994 I, S. 3325 ff. (3355).

doch zu seinen Lasten angewandt werden. Dies ergibt sich aus dem Umstand, daß eine Richtlinie gemäß Art. 249 Abs. 3 EGV nur den Mitgliedstaat, aber nie den einzelnen Marktbürger binden kann[660].

Eine ausdrückliche Geltendmachung des Anwendungsvorrangs des Gemeinschaftsrechts durch den Begünstigten ist nicht erforderlich. Die formelhafte Wendung des EuGH in seinem grundlegenden Urteil vom 19.01.1982[661], wonach sich der Begünstigte vor Gericht auf Bestimmungen einer Richtlinie „berufen" könne, legt dies zwar nahe. Zu bedenken ist aber, daß Gerichte von Amts wegen verpflichtet sind, Rechte zugunsten des Gemeinschaftsbürgers auch ohne besondere Geltendmachung anzuwenden[662]. Auch würde der Sanktionscharakter der unmittelbaren Wirkung von Richtlinien[663] vereitelt werden, müßte sich der einzelne vor Gericht auf die Richtlinie berufen. Gerichte sind demnach auch ohne ausdrückliche Berufung verpflichtet, Gemeinschaftsrecht zugunsten des steuerpflichtigen Marktbürgers anzuwenden[664].

Des weiteren ist nicht Voraussetzung, daß der Anwendungsvorrang durch den EuGH vorab festgestellt wird. Die Feststellung der Voraussetzungen der unmittelbaren Wirkung von Richtlinien, nämlich daß die einzelne Richtlinienbestimmung *unbedingt* und *hinreichend genau* ist, fällt – entgegen anders lautender Stimmen[665] – gerade nicht in die Entscheidungskompetenz des EuGH. Zwar

---

[660] EuGH, Urteil vom 22.02.1990 - C-221/88, Slg. 1990 I, S. 495 (525); EuGH, Urteil vom 08.10.1987 - 80/86, Slg. 1987, S. 3969 (3985); EuGH, Urteil vom 05.04.1979 - 148/78, Slg. 1979, S. 1629 (1642).

[661] EuGH, Urteil vom 19.01.1982 - 8/81, Slg. 1982, S. 53 (70).

[662] *Birkenfeld, Wolfram*, Der Einfluß des Gemeinschaftsrechts auf die Rechtsverwirklichung im Steuerrecht, StuW 1998, S. 55 ff. (65).

[663] Das Rechtsinstitut der unmittelbaren Wirkung von Richtlinien wird unter anderem auch als Instrument des EuGH verstanden, dem Gemeinschaftsrecht zur größtmöglichen Durchsetzung zu verhelfen.

[664] So auch *Degenhard, Dorothea*, Voraussetzungen und Folgen der unmittelbaren Wirkung von EG-Richtlinien, Teil II, IFSt-Schrift 349, S. 35 ff. m.w.N.; *Probst, Ulrich*, Zur unmittelbaren Wirkung von EG-Richtlinien, UR 1990, S. 302 ff. (303); *Birkenfeld, Wolfram*, Der Einfluß des Gemeinschaftsrechts auf die Rechtsverwirklichung im Steuerrecht, StuW 1998, S. 55 ff. (65); vgl. auch EuGH, Urteil vom 11.07.1991 - C –87,88,89/90, Slg. 1991 I, S. 3757 ff. (3789); **a.A.** FG München, Urteil vom 21.06.1990 - 14 K 14166/83, UR 1991, S. 26 f. (27).

[665] *Forst, Christian*, Die 6. EG-Richtlinie zur Harmonisierung der Umsatzsteuer und Probleme ihrer Umsetzung, UR 1989, S. 264 ff. (265); *Widmann, Werner*, Zu den praktischen Folgen von Urteilen des Europäischen Gerichtshofs, aus denen sich der Anwendungsvorrang einer EG-Richtlinienbestimmung ergibt, UR 1990, S. 7 ff. (9); *Reiss, Wolfram*, Die nicht ordnungsgemäße Umsetzung von EG-Steuerrichtlinien und ihre Folgen, StuW 1994, S. 323 ff. (326); *Weber-Grellet, Heinrich*, Europäisiertes Steuerrecht? Stand und Entwicklung, StuW

hat der Europäische Gerichtshof diese Rechtsfrage noch nicht entschieden[666], doch spricht einiges dafür, daß eine rechtsbegründende Anerkenntnis der unmittelbaren Wirkung durch den EuGH nicht erforderlich ist[667]. Die Kompetenz des Europäischen Gerichtshofs beschränkt sich gemäß Art. 234 EGV ausschließlich auf die Auslegung von Gemeinschaftsrecht. Die Vereinbarkeit nationaler Rechtsvorschriften mit dem Gemeinschaftsrecht umfaßt sie nicht. Nach nationalem Recht sind ausschließlich nationale Gerichte und Behörden dafür zuständig, von nationalen Gesetzesbestimmungen abzuweichen.

**3.5.1.4.2 Voraussetzungen der unmittelbaren Wirkung von Richtlinien**

Nicht jede Richtlinie kann unmittelbare Wirkung entfalten. Richtlinien richten sich grundsätzlich an den einzelnen Mitgliedstaat und nicht an dessen Bürger. Diese Konzeption würde verkannt, ließe man jeder beliebigen Richtlinie eine unmittelbare Wirkung zukommen. Von einer zulässigen Rechtsfortbildung könnte dann nicht mehr die Rede sein. Bei der Frage nach der unmittelbaren Wirkung von Richtlinien müssen daher das allgemeine System[668], die Zielsetzung und der Inhalt der Richtlinie[669] berücksichtigt werden. Der EuGH hat dazu verschiedene Voraussetzungen entwickelt[670]:

*(1) Nicht ordnungsgemäße Umsetzung*

An einer ordnungsgemäßen Umsetzung der Richtlinie fehlt es, wenn der Mitgliedstaat nicht fristgemäß tätig geworden ist, eine Umsetzung völlig unterblieben ist oder diese nur unzureichend erfolgt ist. Auch muß von einer mangelhaf-

---

1995, S. 336 ff. (346 f.); FG München, Urteil vom 21.06.1990 - 14 K 14166/83, UR 1991, S. 26 f. (27); **a.A.** FG München, Urteil vom 17.02.1994 - 14 K 2942/92 - nicht rechtskräftig, UR 1994, S. 315 ff. (317).

[666] So zutreffend *Weber-Grellet*, vgl. *Weber-Grellet, Heinrich*, Europäisiertes Steuerrecht? Stand und Entwicklung, StuW 1995, S. 336 ff. (346); **a.A.** wohl *Probst, Ulrich*, Zur unmittelbaren Wirkung von EG-Richtlinien, UR 1990, S. 302 ff. (304 f.) unter Berufung auf das Urteil des EuGH vom 11.07.1989 - 170/88, Slg. 1989, S. 2305 ff..

[667] *Jarass, Hans*, Folgen der innerstaatlichen Wirkung von EG-Richtlinien, NJW 1991, S. 2665 ff. (2669); *Birkenfeld, Wolfram*, Verwaltungsvorschriften im Umsatzsteuerrecht und Gemeinschaftsrecht, UR 1993, 271 ff. (271); *Probst, Ulrich*, Zur unmittelbaren Wirkung von EG-Richtlinien, UR 1990, S. 302 ff. (304 f.); *Probst, Ulrich*, Übereinstimmung zwischen Umsatzsteuergesetz und 6. EG-Richtlinie sowie richtlinienkonforme Auslegung des Umsatzsteuergesetzes, in: Deutsche Steuerjuristische Gesellschaft, Band 13, Umsatzsteuer in nationaler und europäischer Sicht, herausgegeben von Woerner, L., Köln 1990, S. 137 ff. (140); BFH, Urteil vom 29.08.1991 - V B 113/91, BStBl. II 1992, S. 267 ff. (269).

[668] EuGH, Urteil vom 19.01.1982 - 8/81, Slg. 1982, S. 53 (71 f.).

[669] EuGH, Urteil vom 04.12.1986 - 71/85, Slg. 1986, S. 3855 (3875).

[670] Der Katalog der zu erfüllenden Voraussetzungen ist in der Wortwahl des EuGH zum Teil uneinheitlich, vgl. die Nachweise bei *Degenhard, Dorothea*, Voraussetzungen und Folgen der unmittelbaren Wirkung von EG-Richtlinien, Teil I, IFSt-Schrift 348, S. 33 f..

ten Umsetzung ausgegangen werden, wenn sich der Mitgliedstaat der falschen Mittel (wie z.B. einer Verwaltungsvorschrift ohne Außenwirkung[671]) bedient hat. Die fehlende oder mangelhafte Umsetzung kann auch auf Teile einer Richtlinie beschränkt sein.

*(2) Inhaltliche Unbedingtheit*

Hinsichtlich der inhaltlichen Ausgestaltung unmittelbar wirkender Richtlinienbestimmungen fordert der EuGH, daß die in der auszulegenden Richtlinienbestimmung vorgesehenen Verpflichtungen durch keinerlei Bedingungen eingeschränkt sein dürfen[672]. Denn eine Richtlinienbestimmung, die von einer Bedingung abhängig ist, könne – so der EuGH – überhaupt keine rechtliche Wirkung entfalten. *Inhaltliche Unbedingtheit* kann nach der Rechtsprechung des EuGH[673] daher nur angenommen werden, wenn der Inhalt der Richtlinienbestimmung keiner weiteren Konkretisierung bedarf, insbesondere dem Mitgliedstaat kein Ermessensspielraum oder Wahlrecht eröffnet ist. Die Erfüllung oder Wirkung einer Richtlinienbestimmung darf insbesondere nicht vom Erlaß einer Maßnahme der Gemeinschaft oder der Mitgliedstaaten abhängen. Die unmittelbare Wirkung ist ausgeschlossen, sofern den Mitgliedstaaten hinsichtlich der materiellen Rechtsgestaltung ein Gestaltungsspielraum eröffnet ist[674]. Entscheidend ist, ob das von der Richtlinie vorgegeben Ziel eindeutig ist[675]. Ein gewisser Gestaltungsspielraum kann jedoch unschädlich sein, sofern aus der EG-Richtlinie eine eindeutige Mindestverpflichtung abgeleitet werden kann, was vor allem dann anzunehmen ist, wenn die Richtlinie Rechte einzelner begründet[676]. Inhaltliche Unbedingtheit ist daher zu bejahen, wenn die Richtlinienbestimmung ohne weiteren Ausführungsakt anwendbar ist – quasi sich selbst vollzieht („selfexecuting“).

---

[671] Vgl. dazu EuGH, Urteil vom 30.05.1991 - C-361/88, Slg. 1991 I, S. 2596 ff. (2601); vgl. auch *Everling, Ulrich*, Umsetzung von Umweltrichtlinien durch normkonkretisierende Verwaltungsanweisungen, RIW 1992, S. 379 ff. (384).

[672] EuGH, Urteil vom 19.01.1982 - 8/81, Slg. 1982, S. 53 (71 ff.).

[673] EuGH, Urteil vom 23.02.1994 - C-236/92, Slg. 1994 I, S. 483 ff. (502); andeutungsweise auch schon in EuGH, Urteil vom 19.01.1982 - 8/81, Slg. 1982, S. 53 (71) und Urteil vom 04.12.1986 - 71/85, Slg. 1986, S. 3855 (3875 f.).

[674] EuGH, Urteil vom 02.08.1993 - C-271/91, EuZW 1993, S. 706 ff. (708).

[675] EuGH, Urteil vom 24.06.1987 - 61/85, Slg. 1987, S. 2861 (2880); EuGH, Urteil vom 04.12.1986 - 71/85, Slg. 1986, S. 3855 (3876).

[676] EuGH, Urteil vom 14.07.1994 - C-91/92, Slg. 1994 I, S. 3325 ff. (3354); EuGH, Urteil vom 19.11.1991 - C -6/90 und C-9/90, Slg. 1991 I, S. 5357 ff. (5410); EuGH, Urteil vom 19.01.1982 - 8/81, Slg. 1982, S. 53 (72).

*(3) Hinreichende Genauigkeit*
Die Richtlinienbestimmung muß des weiteren hinreichend genau[677] sein, d.h. die in der Richtlinienbestimmung zum Ausdruck kommende Verpflichtung der Mitgliedstaaten muß allgemein und unzweideutig sein[678]. Nach der Rechtsprechung des EuGH kann dies bejaht werden, wenn drei Voraussetzungen erfüllt sind: Erstens muß der Personenkreis, dem das Recht zugute kommen soll, anhand der Richtlinie bestimmbar sein[679]. Des weiteren muß feststehen, wer durch die Richtlinie verpflichtet ist[680]. Schließlich muß auch der Inhalt des Rechts bestimmbar sein[681].

### 3.5.1.4.3 Adressatenkreis der unmittelbaren Wirkung von Richtlinien

Umstritten war, ob der Anwendungsvorrang von unmittelbar wirkenden Richtlinienbestimmungen auch von der Exekutive eines Mitgliedstaates zu beachten ist. Während der Europäische Gerichtshof den Anwendungsvorrang zunächst nur für nationale Gerichte festgestellt hatte, hat er nunmehr ausdrücklich auch Verwaltungsbehörden in die Pflicht genommen[682]. Denn gemäß Art. 10 EGV sind alle innerstaatlichen Organe – und dazu gehören auch nationale Finanzbehörden – zur Erfüllung des Gemeinschaftsvertrages verpflichtet[683].

Die Praxis entspricht dem in aller Regel nicht. Ohne „Rückendeckung" durch das BMF wird das einzelne Finanzamt schon vor dem Hintergrund der einheitlichen Anwendung bestehenden Rechts nicht an der Klärung des Widerspruchs

---

[677] Der EuGH prüft die *inhaltliche Unbedingtheit* und die *hinreichende Genauigkeit* auch oft zusammen. Die Übergänge zwischen diesen beiden Voraussetzungen sind fließend, vgl. z.B. EuGH, Urteil vom 19.11.1991 - C -6/90 und C-9/90, Slg. 1991 I, S. 5357 ff. (5410).

[678] EuGH, Urteil vom 23.02.1994 - C-236/92, Slg. 1994 I, S. 497 ff. (502); EuGH, Urteil vom 04.12.1986 - 71/85, Slg. 1986, 3855 ff. (3875).

[679] EuGH, Urteil vom 19.11.1991 - C -6/90 und C-9/90, Slg. 1991 I, S. 5357 ff. (5408); EuGH, Urteil vom 19.01.1982 - Rs. 8/81, Slg. 1982, S. 53 ff. (71).

[680] EuGH, Urteil vom 19.11.1991 - C -6/90 und C-9/90, Slg. 1991 I, S. 5357 ff. (5408).

[681] EuGH, Urteil vom 19.11.1991 - C -6/90 und C-9/90, Slg. 1991 I, S. 5357 ff. (5408).

[682] EuGH, Urteil vom 22.06.1989 - Rs. 103/88, Slg. 1989, S. 1839 ff. (1872).

[683] *Birkenfeld, Wolfram*, Deutsches Umsatzsteuerrecht und Umsatzsteuerrecht der EG, UR 1989, S. 329 ff. (335); *Birkenfeld, Wolfram*, Verwaltungsvorschriften im Umsatzsteuerrecht und Gemeinschaftsrecht, UR 1993, 271 ff. (273); *Widmann, Werner*, Anmerkung zum Urteil des FG München vom 17.2.1994, UR 1994, S. 317 f. (317); *Schlienkamp, August*, Anwendungsvorrang des EG-Rechts bei der Besteuerung des Entnahmeeigenverbrauchs ?, UR 1991, S. 337 ff. (340); *Probst, Ulrich*, Zur unmittelbaren Wirkung von EG-Richtlinien, UR 1990, S. 302 ff. (304); vgl. dazu im ganzen *Degenhard, Dorothea*, Voraussetzungen und Folgen der unmittelbaren Wirkung von EG-Richtlinien, Teil II, IFSt-Schrift 349, S. 53 ff. m.w.N..; **a.A.** *Reiss, Wolfram*, Die nicht ordnungsgemäße Umsetzung von EG-Steuerrichtlinien und ihre Folgen, StuW 1994, S. 323 ff. (325 f.).

bemüht sein[684]. Nichts anderes gilt für das BMF, welches im Interesse der Rechtssicherheit grundsätzlich die letztverbindliche Klärung durch den BFH bzw. EuGH abwarten wird[685]. Im Ergebnis liegt es also an dem Steuerpflichtigen selbst, den Widerspruch zwischen Gemeinschaftsrecht und nationalen Recht aufzudecken.

#### 3.5.1.4.4 Konkurrenz zur richtlinienkonformen Auslegung

Zwischen den Rechtsinstituten „richtlinienkonforme Auslegung“ und „unmittelbarer Wirkung von Richtlinien“ ist streng zu trennen. Denn während die richtlinienkonforme Auslegung auch zu einem für den Marktbürger ungünstigen Ergebnis führen kann[686], kann das Rechtsinstitut der „unmittelbaren Wirkung“ ausschließlich zugunsten des Marktbürgers wirken. Will man diese beiden Rechtsinstitute hinsichtlich der 6. EG-RL zueinander in Beziehung setzten, so muß zwischen der Perspektive des Steuerpflichtigen und der des Fiskus unterschieden werden.

Will ein Steuerpflichtiger eine für ihn günstige Rechtsfolge aus einer nicht fristgemäß oder nur teilweise in nationales Recht umgesetzten Richtlinie ableiten, so muß zunächst versucht werden, die nationale Vorschrift im Rahmen des Wortlauts und der objektiven Zielsetzung richtlinienkonform auszulegen. Läßt sich die vom Steuerpflichtigen begehrte Rechtsfolge dadurch nicht erreichen, so ist zu prüfen, ob die Richtlinie unmittelbare Wirkung entfalten kann[687]. Soweit die Richtlinienbestimmung „inhaltlich unbedingt“ und „hinreichend bestimmt“ ist, macht es daher im Ergebnis keinen Unterschied, ob sich der Steuerpflichtige auf die richtlinienkonforme Auslegung des nationalen Rechts oder auf die unmittelbare Wirkung der Richtlinie selbst beruft[688]. Im Ergebnis gewinnt die

---

[684] Hinsichtlich der auftretenden Probleme vgl. *Degenhard, Dorothea*, Voraussetzungen und Folgen der unmittelbaren Wirkung von EG-Richtlinien, Teil II, IFSt-Schrift 349, S. 55 ff.

[685] Z.B. Schreiben des BMF vom 07.08.1992, UR 1992, S. 280 und Schreiben des BMF vom 29.12.1989, UR 1990, S. 62.

[686] EuGH, Urteil vom 08.10.1987 - 80/86, Slg. 1987, S. 3969 (3986); *Jarass, Hans*, Konflikte zwischen EG-Recht und nationalem Recht vor den Gerichten der Mitgliedstaaten, DVBl. 1995, S. 954 ff. (958).

[687] Vgl. dazu den Schlußantrag des Generalanwalts *Darmon* in seinem Schlußantrag zum Verfahren „Dekker“ hin, vgl. C-177/88, Slg. 1990 I , 3956 (3958); *Probst, Ulrich*, Übereinstimmung zwischen Umsatzsteuergesetz und 6. EG-Richtlinie sowie richtlinienkonforme Auslegung des Umsatzsteuergesetzes, in: Deutsche Steuerjuristische Gesellschaft, Band 13, Umsatzsteuer in nationaler und europäischer Sicht, herausgegeben von Woerner, L., Köln 1990, S. 137 ff. (139).

[688] *Schön, Wolfgang*, Gemeinschaftskonforme Auslegung und Fortbildung des nationalen Steuerrechts - unter Einschluß des Vorlageverfahrens nach Art. 177 EGV - , in: Deutsche Steuerjuristische Gesellschaft, Band 19, Steuerrecht im Europäischen Binnenmarkt, he-

richtlinienkonforme Auslegung also gerade in den Fällen an Bedeutung, in denen eine Berufung auf die Richtlinie nicht möglich ist.

Anders verhält es sich aus Sicht der Finanzverwaltung. Sie kann sich nicht auf eine unmittelbare Anwendung der Richtlinie berufen. Denn das Rechtsinstitut der unmittelbaren Wirkung von Richtlinien kommt nur *zugunsten* der Steuerpflichtigen in Betracht[689]. Die Finanzverwaltung ist folglich auf die richtlinienkonforme Auslegung des nationalen Rechts beschränkt. Bei der Durchsetzung ihres Steueranspruchs ist sie somit an die Grenzen des Wortsinns der nationalen Vorschrift gebunden. Innerhalb dieser könnten nationale Vorschriften aber zu Lasten des Steuerpflichtigen ausgelegt werden.

#### 3.5.1.4.5 Unmittelbare Wirkung des Art. 4 Abs. 5 Uabs. 1 der 6. EG-RL

Da eine richtlinienkonforme Auslegung des § 2 Abs. 3 S. 1 UStG i.V.m. § 4 KStG nicht in Betracht kommt[690], stellt sich die Frage, ob sich jPdöR bei einem Tätigwerden unter gleichen rechtlichen Bedingungen auf die unmittelbare Anwendung des Gemeinschaftsrechts und damit auf eine Besteuerung berufen können.

Der Europäische Gerichtshof hat dies bislang lediglich für den umgekehrten Fall bejaht. Da Art. 4 Abs. 5 Uabs. 1 der 6. EG-RL sowohl „inhaltlich unbedingt" als auch „hinreichend genau" sei, könnten sich Einrichtungen des öffentlichen Rechts – so der EuGH in seinem Urteil vom 17.10.1989[691] – auf die Regel der Behandlung als Nicht-Steuerpflichtige berufen[692]. Ob sich Einrichtungen des öffentlichen Rechts auch auf die Behandlung als Steuerpflichtige – also auf Art. 4 Abs. 1[693] i.V.m. Art. 4 Abs. 5 Uabs. 1 der 6. EG-RL – berufen können, wurde in dem Verfahren nicht erörtert.

Problematisch könnte sein, daß das Rechtsinstitut der unmittelbaren Wirkung grundsätzlich nur zugunsten des Marktbürgers wirken kann[694]. Im Falle der

---

rausgegeben von *Lehner, Moris* , Köln 1996, S. 167 ff. (190); **a.A.** *Lutter, Marcus,* Die Auslegung angeglichenen Rechts, JZ 1992, S. 593 ff. (598).

[689] Vgl. dazu oben Punkt 3.5.1.4.1.

[690] Vgl. Punkt 3.5.1.3.3.

[691] EuGH, Urteil vom 17.10.1989 - Rs. 231/87, 129/88, UR 1991, S. 77 ff.(80).

[692] Dies unter der Voraussetzung, daß es sich um keine in Anhang D der 6. EG-RL aufgeführten Tätigkeiten handelt und daß deren Nichtbesteuerung nicht zu größeren Wettbewerbsverzerrungen führt.

[693] Juristische Personen des öffentlichen Rechts müssen sich hier auch auf Absatz 1 berufen, denn diese Vorschrift regelt die Steuerpflicht. Absatz 5 befaßt sich nur mit der Nichtsteuerpflicht von Einrichtungen des öffentlichen Rechts; vgl. Abbildung 5.

[694] Vgl. dazu Punkt 3.5.1.4.1.

Umsatzsteuer ist aber zu bedenken, daß eine Behandlung als Steuerpflichtiger neben dem Nachteil der Besteuerung der Ausgangsumsätze den Vorteil des Vorsteuerabzugs hinsichtlich der Eingangsumsätze mit sich bringt. Es stellt sich daher die Frage, ob auch solche mittelbaren Folgen vom Rechtsinstitut der unmittelbaren Wirkung erfaßt werden. Dagegen könnte sprechen, daß die Frage der Berechtigung zum Vorsteuerabzug nicht Gegenstand der Regelung des Art. 4 Abs. 5 der 6. EG-RL ist. Andererseits ist aber auch zu bedenken, daß die Berechtigung zum Vorsteuerabzug immanent mit der Frage der Steuerbarkeit der betreffenden Tätigkeiten einher geht (vgl. Art. 17 Abs. 2 der 6. EG-RL). Der EuGH sieht dies wohl ebenso, denn für den Fall, daß „größere Wettbewerbsverzerrung" im Sinne des Art. 4 Abs. 5 Uabs. 2 der 6. EG-RL drohen, hat er eine Berufung von Einrichtungen des öffentlichen Rechts auf die Behandlung als Steuerpflichtige bejaht[695]. Nichts anders kann für Art. 4 Abs. 5 Uabs. 1 i.V.m. Abs. 1 der 6. EG-RL gelten.

### 3.5.1.5 Zwischenergebnis

Aus der Systematik der Unterabsätze des Art. 4 Abs. 5 der 6. EG-RL läßt sich schließen, daß die Bestimmung der Tätigkeiten, die den Einrichtungen des öffentlichen Rechts *im Rahmen der öffentlichen Gewalt obliegen,* den Mitgliedstaaten im Rahmen der Unterabsätze 2 und 3 überlassen wurde. Der Begriff „öffentliche Gewalt" kann nicht unter gemeinschaftsrechtlichen Gesichtspunkten ausgelegt werden. Da der „Gegenstand" bzw. die „Zielsetzung" bestimmter Tätigkeiten bereits in den Unterabsätzen 3 und 4 zu anderen Zwecken berücksichtigt werden, spielen diese Faktoren bei der Bestimmung der Tätigkeiten, die den Einrichtungen des öffentlichen Rechts *im Rahmen der öffentlichen Gewalt obliegen,* keine Rolle. Dieser Terminus erfährt einen eigenen Sinngehalt, wenn die Art und Weise der Ausübung der Tätigkeit bei der Auslegung miteinbezogen wird. Tätigkeiten können folglich nur dann Einrichtungen des öffentlichen Rechts *im Rahmen der öffentlichen Gewalt obliegen*, wenn diese im Rahmen der nur für sie geltenden rechtlichen Regelungen tätig werden. Entscheidend ist die Leistungsbeziehung zum jeweiligen Leistungsempfänger. Betätigt sich die Einrichtung des öffentlichen Rechts in den Formen des Privatrechts, kann davon ausgegangen werden, daß ihr die fragliche Tätigkeit nicht *im Rahmen der öffentlichen Gewalt* obliegt.

Die deutsche Regelung in § 2 Abs. 3 UStG entspricht dieser Vorgabe nicht. Das Vorliegen eines steuerpflichtigen *Betriebs gewerblicher Art* entscheidet sich ausschließlich danach, ob juristische Personen des öffentlichen Rechts wettbewerbsrelevant am Markt tätig werden oder nicht. Die Art und Weise des Tätigwerdens spielt im deutschen Recht keine Rolle. § 2 Abs. 3 UStG ist insoweit richtlinienwidrig.

---

[695] EuGH, Urteil vom 06.02.1997 - Rs. C-247/95, UR 1997, S. 261 ff. (263).

Eine richtlinienkonforme Auslegung dahingehend, daß Leistungen, die jPdöR unter den gleichen rechtlichen Bedingungen – also auf Grundlage eines zivilrechtlichen Austauschverhältnisses – erbringen, als im Rahmen eines der Besteuerung unterliegenden *Betriebs gewerblicher Art* ausgeführt gelten, würde den möglichen Wortsinn des § 4 KStG i.V.m. § 2 Abs. 3 S. 1 UStG überschreiten. Die nationale Regelung stellt ausschließlich auf den Wettbewerbsgedanken ab. Eine richtlinienkonforme Auslegung scheidet damit aus. Als Ausweg bietet sich aber das Rechtsinstitut der unmittelbaren Wirkung von Richtlinien an. Art. 4 Abs. 5 Uabs.1 der 6. EG-RL ist sowohl „inhaltlich unbedingt" als auch „hinreichend genau" . Die Voraussetzungen für eine unmittelbare Berufung auf Gemeinschaftsrecht sind damit gegeben. Juristische Personen des öffentlichen Rechts können sich daher auf eine Besteuerung und damit auf den Vorsteuerabzug berufen, wenn sie in Formen des Zivilrechts tätig werden.

### 3.5.2 Richtlinienkonforme Umsetzung des Art. 4 Abs. 5 Uabs. 4 der 6. EG-RL

#### 3.5.2.1 Art. 4 Abs. 5 Uabs. 4 (Ausnahmeregelung für Mitgliedstaaten)

Gemäß Art. 4 Abs. 5 Uabs. 4 der 6.EG-RL steht es den Mitgliedstaaten frei, die nach den Art. 13 oder 28 der 6.EG-RL von der Steuer befreiten Tätigkeiten als Tätigkeiten zu behandeln, die öffentlichen Einrichtungen *im Rahmen der öffentlichen Gewalt obliegen.* Die Mitgliedstaaten genießen insoweit einen Gestaltungsspielraum. Die Kommission sieht den Grund dieser Gestaltungsfreiheit darin, daß es im Ergebnis gleichbleibt, ob Einrichtungen des öffentlichen Rechts als Nicht-Steuerpflichtige oder aber als Steuerpflichtige behandelt werden, die von der Steuer befreit sind[696].

Umstritten war, ob alle in Art. 13 der 6.EG-RL aufgeführten Tätigkeiten von den Mitgliedstaaten als Tätigkeiten behandelt werden dürfen, die Einrichtungen des öffentlichen Rechts im Rahmen der öffentlichen Gewalt obliegen. Die Kommission hat dazu die Ansicht vertreten, daß Unterabsatz 4 als Ausnahmebestimmung von der grundsätzlichen Systematik der 6. EG-RL eng auszulegen sei und daher auf die nach Art. 13 befreiten Tätigkeiten nur insoweit Anwendung finden könne, als Art. 13 sie ausdrücklich Einrichtungen des öffentlichen Rechts zuordne[697].

Dieser Auffassung ist der Europäische Gerichtshof entgegengetreten[698]. Seiner Ansicht nach können alle nach Art. 13 von der Steuer befreiten Tätigkeiten von

---

[696] So die Ansicht der Kommission im Verfahren Rs. C-247/95, vgl. EuGH, Urteil vom 06.02.1997 - Rs. C-247/95, UR 1997, S. 261 ff. (262).

[697] EuGH, Urteil vom 06.02.1997 - Rs. C-247/95, UR 1997, S. 261 ff. (262).

[698] EuGH, Urteil vom 06.02.1997 - Rs. C-247/95, UR 1997, S. 261 ff. (262).

den Mitgliedstaaten als Tätigkeiten behandelt werden, die Einrichtungen des öffentlichen Rechts im Rahmen der öffentlichen Gewalt obliegen, denn Unterabsatz 4 unterscheidet gerade nicht zwischen verschiedenen Tätigkeiten des Art. 13 der 6.EG-RL. Dies gelte selbst dann, wenn öffentliche Einrichtungen die fraglichen Tätigkeiten in gleicher Weise ausübten wie private Wirtschaftsteilnehmer[699].

Der BFH stellte dem EuGH in seinem Vorlagebeschluß des weiteren die Frage, ob Unterabsatz 4 im Lichte des Unterabsatzes 2 zu interpretieren sei[700]. Grund seiner Überlegungen war die Befürchtung, daß es wegen Art. 13 C der 6. EG-RL möglicherweise zu einer Ungleichbehandlung zwischen öffentlichen Einrichtungen und privaten Wirtschaftsteilnehmern kommen könnte. In Art. 13 C der 6.EG-RL wird den Mitgliedstaaten nämlich die Möglichkeit gegeben, Steuerpflichtigen für bestimmte Tätigkeiten, wie z.B. die Vermietung und Verpachtung von Grundstücken, das Recht einzuräumen, für eine Besteuerung zu optieren. Wenn nun aber ein Mitgliedstaat gemäß Art. 4 Abs. 5 Uabs. 4 eine nach Art. 13 steuerbefreite Tätigkeit bei Einrichtungen des öffentlichen Rechts als Tätigkeit behandele, die diesen Einrichtungen *im Rahmen der öffentlichen Gewalt* obliegen, gleichzeitig aber sonstigen Steuerpflichtigen des Privatrechts über Art. 13 C ein Optionsrecht einräume, so könne sich im Falle des Verzichts auf die Steuerbefreiung eine Besserstellung für private Wirtschaftsteilnehmer ergeben. Denn diesen stehe dann – bei Vorliegen der weiteren Voraussetzungen – der Vorsteuerabzug zu, während Einrichtungen des öffentlichen Rechts die Vorsteuer nicht geltend machen könnten. Diese Besserstellung privater Wirtschaftsteilnehmer sei aber mit Unterabsatz 2 unvereinbar, denn danach dürfe eine Behandlung als Nicht-Steuerpflichtige zu keinen „größeren Wettbewerbsverzerrungen“ führen.

Der EuGH hat diesen Gedanken in seiner Vorabentscheidung vom 6.2.1997 nicht aufgegriffen[701]. Nach *Stadie* zu Recht, denn die Frage, ob größere Wettbewerbsverzerrungen mit der Behandlung als Nicht-Steuerpflichtige verbunden seien, könne erst nach Kenntnis der nationalen Optionsregelungen beantwortet werden[702]. Eine von vornherein restriktive Interpretation des Art. 4 Abs. 5 Uabs. 4 der 6.EG-RL verbiete sich daher. Des weiteren sei mit der Zulassung der Option durch den nationalen Gesetzgeber nicht zwingend eine Ungleichbehandlung verbunden. Es stehe nämlich nicht von vornherein fest, daß jeder private Wirtschaftsteilnehmer zur Besteuerung optiere.

699 EuGH, Urteil vom 06.02.1997 - Rs. C-247/95, UR 1997, S. 261 ff. (262).

700 BFH, Urteil vom 21.03.1995 – XI R 36/95, UR 1995, S. 397 ff. (399).

701 EuGH, Urteil vom 06.02.1997 - Rs. C-247/95, UR 1997, S. 261 ff..

702 *Stadie, Holger*, Anmerkung zum Urteil des EuGH vom 6.2.1997, UR 1997, S. 262 f. (263).

Zusammenfassend kann daher festgestellt werden, daß es den Mitgliedstaaten freisteht, alle nach den Art. 13 oder 28 der 6. EG-RL steuerbefreiten Tätigkeiten als Tätigkeiten zu behandeln, die Einrichtungen des öffentlichen Rechts im Rahmen der öffentlichen Gewalt obliegen. Unerheblich ist, ob Art. 13 der 6.EG-RL die jeweilige Steuerbefreiung ausdrücklich den öffentlichen Einrichtungen zuordnet. Die Mitgliedstaaten können die nach Art. 13 der 6. EG-RL steuerbefreiten Tätigkeiten gemäß Art. 4 Abs. 5 Uabs. 4 der 6.EG-RL auch dann als „im Rahmen der öffentlichen Gewalt obliegende" Tätigkeiten behandeln, wenn öffentliche Einrichtungen diese Tätigkeiten in gleicher Weise ausüben wie private Wirtschaftsteilnehmer. Ob mit der Behandlung als Nicht-Steuerpflichtige „größere Wettbewerbsverzerrungen" verbunden sind, kann erst nach Kenntnis der nationalen Optionsregelungen abschließend beantwortet werden. Eine von vornherein restriktive Interpretation des Unterabsatzes 4 im Lichte des Unterabsatzes 2 verbietet sich.

### 3.5.2.2 Richtlinienkonformität der deutschen Regelung

Am wohl heftigsten umstritten war in den letzten Jahren die Frage, ob § 2 Abs. 3 UStG i.V.m. § 4 KStG hinsichtlich der Vermietung und Verpachtung von Grundstücken gemeinschaftskonform ist[703]. Dieser Streit hat auch in der Rechtsprechung seinen Niederschlag gefunden. Auslöser war das Finanzgericht München in seinem Urteil „Marktgemeinde Welden"[704]:

Das FG München mußte sich mit folgenden Fall befassen, dessen Sachverhalt hier verkürzt wiedergegeben wird:

> *Eine Gemeinde verpachtete durch einen zivilrechtlichen Vertrag Gaststättenräume ohne Inventar an eine Brauerei. Sie verzichtete auf die Steuerbefreiung für die Grundstücksverpachtung gemäß § 9 Abs. 1, 2 i.V.m. § 4 Nr. 12 a UStG und begehrte daher den Abzug von gesondert ausgewiesenen Steuerbeträgen aus Rechnungen über die Renovierung und den Ausbau der Gaststättenräume entsprechend § 15 Abs. 1 Nr. 1 UStG als Vorsteuern. Das Finanzamt verweigerte der Gemeinde*

---

[703] Die Diskussion wurde von *Wagner* ausgelöst, vgl. *Wagner, Wilfried*, Umsatzsteuer und öffentliche Hand, in: Deutsche Steuerjuristische Gesellschaft, Band 13, Umsatzsteuer in nationaler und europäischer Sicht, herausgegeben von Woerner, L., Köln 1990, S. 59 ff. (71); vgl. im übrigen *Wagner, Wilfried*, Der leise Abschied des „Betriebs gewerblicher Art" aus dem Umsatzsteuerrecht, UR 1993, S. 301 ff. (302 f. ); *Reiss, Wolfram*, Der vorschnelle Abschied vom Betrieb gewerblicher Art, UR 1994, S. 388 ff. (389 f.); *Raudszus, Holger / Weimann, Rüdiger*, Unternehmereigenschaft der juristischen Personen des öffentlichen Rechts im Rahmen der Vermögensverwaltung, DStR 1995, S. 1373 ff.; *Klenk, Friedrich*, Anmerkung zum Beschluß des BFH vom 16.12.1992, UVR 1993, S. 116; *Wagner, Wilfried*, Anmerkung zum Urteil des EuGH vom 6.02.1997 - C-247/95, UVR 1997, S. 132.

[704] FG München, Urteil vom 17.02.1994 - 14 K 2942/92, UR 1994, S. 315 ff., vgl. dazu die Anmerkung von *Widmann, Werner*, UR 1994, S. 317 f..

*jedoch den Vorsteuerabzug, da die Verpachtung der Gaststätte kein BgA sei und sie daher nicht als Unternehmerin gehandelt habe, was aber Voraussetzung für den Abzug der Vorsteuern sei. Die Gemeinde erhob dagegen Klage.*

*Sie vertrat die Ansicht, daß die Verpachtung der Gaststätte im Rahmen eines BgA erfolge. Die Tatsache der fehlenden Verpachtung des Inventars werde vom Finanzamt überbewertet. Im übrigen berufe sie sich auf Art. 4 Abs. 5 der 6. EG-RL. Das Finanzamt hielt sich dagegen an die Auffassung des BMF, wonach die Verpachtung eines Betriebs, dessen Führung größeres Inventar erfordere, nur steuerpflichtig sei, wenn Inventarstücke vom Verpächter beschafft und dem Pächter zur Nutzung überlassen werden (Abschnitt 23 Abs. 4 S.2 UStR 1996 i.V.m. Abschnitt 5 Abs. 6 S. 1 KStR 1995).*

Das FG München gab der Klage statt, da die Gemeinde wegen des Anwendungsvorrangs des Art. 4 Abs. 1, 2 und 5 der 6. EG-RL vor § 2 Abs. 3 UStG mit der Verpachtung der Gaststätte auch dann unternehmerisch tätig werde, wenn sie kein Inventar mitverpachte. Zwar folge nach der bisherigen Rechtsprechung des BFH aus § 2 Abs. 3 UStG i.V.m. § 4 Abs. 4 KStG, daß die Verpachtung nur dann einen steuerbaren BgA darstelle, wenn größeres Inventar mitverpachtet werde. Nach Ansicht des FG München wird aber § 2 Abs. 3 UStG von Art. 4 Abs. 1, 2, 5 der 6. EG-RL verdrängt. Denn da die Gemeinde im Rahmen eines privatrechtlichen Vertrages tätig geworden sei, könne nicht davon ausgegangen werden, daß die Gemeinde eine Tätigkeit ausübe, die ihr gemäß Art. 4 Abs. 5 Uabs. 1 der 6. EG-RL im Rahmen der öffentlichen Gewalt obliege[705]. Die Gemeinde könne sich daher auf Art. 4 Abs. 1 und 2 der 6. EG-RL berufen. Sie habe damit bei der Verpachtung als Unternehmerin gehandelt und könne aus diesem Grund den Vorsteuerabzug geltend machen.

Das Finanzamt legte gegen dieses Urteil Revision ein. Der BFH stellte in seinem daraufhin ergangenen Vorlagebeschluß zum ersten Mal ausdrücklich fest, daß die deutsche Regelung gemeinschaftswidrig sei[706]. Dennoch konnte er sich nicht zu einer unmittelbaren Anwendung der 6. EG-RL durchringen, da für ihn mehrere Fragen, die die Auslegung des Gemeinschaftsrechts betrafen, offen waren. So war für ihn u.a. ungeklärt, ob Mitgliedstaaten von der Möglichkeit des Art. 4 Abs. 5 Uabs. 4 der 6. EG-RL Gebrauch machen könnten, wenn die jeweilige Tätigkeit von juristischen Personen des öffentlichen Rechts unter den gleichen Bedingungen ausgeübt werde wie von privaten Wirtschaftsteilnehmern. Nach Uabs. 4 seien Mitgliedstaaten nämlich berechtigt, die nach Art. 13 der 6. EG-RL von der Steuer befreiten Tätigkeiten als Tätigkeiten zu behandeln,

---

[705] Das FG München hat insoweit auf folgende Rechtsprechung des EuGH verwiesen: EuGH, Urteil vom 17.10.1989 - Rs. 231/87, 129/88, UR 1991, S. 77 ff. (79); EuGH, Urteil vom 15.05.1990 - Rs. C-4/89, UR 1991, S. 225 ff. (226).

[706] BFH, Urteil vom 21.03.1995 – XI R 36/95, UR 1995, S. 397 ff. (399).

die Einrichtungen des öffentlichen Rechts im Rahmen der öffentlichen Gewalt oblägen. Eine entsprechende gesetzliche Regelung sei zwar im UStG nicht enthalten, doch „könnte sie sich ... mittelbar daraus ergeben, daß § 2 Abs. 3 S. 1 UStG nur jene Einrichtung des öffentlichen Rechts zum Unternehmer bestimmt, die einen Betrieb gewerblicher Art“ unterhalte. Dies könnte wiederum zur Konsequenz haben, daß die Tätigkeit der Einrichtung des öffentlichen Rechts, die diese Voraussetzung nicht erfülle, im Rahmen der öffentlichen Gewalt ausgeübt werde[707]. Da der XI. Senat des BFH eine Kollision mit Unterabsatz 2 befürchtete, legte er dem EuGH folgende Frage[708] zur Vorabentscheidung vor:

> *„Erlaubt Art. 4 Abs. 5 Uabs. 4 der Richtlinie 77/388/EWG den Mitgliedstaaten, steuerbefreite Tätigkeiten, für deren Besteuerung aber optiert werden kann, bei Einrichtungen des öffentlichen Rechts als Tätigkeiten zu behandeln, die ihnen im Rahmen der öffentlichen Gewalt obliegen, obgleich sie sie unter den gleichen rechtlichen Bedingungen und in gleicher Weise ausüben wie private Wirtschaftsteilnehmer?“*

Der EuGH[709] hat diese Frage im Ergebnis bejaht. Nach Ansicht des EuGH ist Art. 4 Abs. 5 Uabs. 4 der 6.EG-RL so auszulegen, daß er es den Mitgliedstaaten erlaubt, die in Art. 13 dieser Richtlinie aufgezählten Tätigkeiten bei Einrichtungen des öffentlichen Rechts als Tätigkeiten zu behandeln, die diesen im Rahmen der öffentlichen Gewalt obliegen, obwohl sie sie in gleicher Weise ausüben wie private Wirtschaftsteilnehmer. In den Entscheidungsgründen wurde aber darauf hingewiesen, daß es Sache des nationalen Gerichts sei, gegebenenfalls zu beurteilen, ob mit der Behandlung der öffentlichen Einrichtung als Nicht-Steuerpflichtige größere Wettbewerbsverzerrungen i.S.v. Art. 4 Abs. 5 Uabs. 2 der 6. EG-RL verbunden seien.

Der BFH hat daraufhin seine Feststellung, daß die deutsche Regelung gemeinschaftswidrig sei, relativiert[710]. Die Vorschrift des § 2 Abs. 3 S. 1 UStG, nach der die Verpachtung der für den Betrieb einer Gaststätte erforderlichen Räume

---

707 BFH, Urteil vom 21.03.1995 – XI R 36/95, UR 1995, S. 397 ff. (399).

708 Hinsichtlich der anderen Fragen wird auf die Entscheidung selbst verwiesen, BFH, Urteil vom 21.03.1995 – XI R 36/95, UR 1995, S. 397 ff. (399 f.); zur zweiten und dritten Frage vgl. insbesondere *Reiß*, dessen Ansicht der BFH weitgehend gefolgt ist, vgl. *Reiss, Wolfram*, Der vorschnelle Abschied vom Betrieb gewerblicher Art, UR 1994, S. 388 ff. bzw. auch *Reiss, Wolfram*, Die nicht ordnungsgemäße Umsetzung von EG-Steuerrichtlinien und ihre Folgen, StuW 1994, S. 323 ff. (324 f.).

709 EuGH, Urteil vom 06.02.1997 - Rs. C-247/95, UR 1997, S. 261 ff., vgl. dazu die Anmerkung von *Stadie, Holger*, UR 1997, S. 262 f.

710 BFH, Urteil vom 11.06.1997 - XI R 33/94, UR 1997, S. 346 ff., vgl. dazu die Anmerkung von *Weiss, Eberhard*, UR 1997, S. 347 f.; vgl. auch BFH, Urteil vom 11.06.1997 – XI R 65/95, BFHE 183, S. 283 ff. (286).

ohne Inventar durch eine Gemeinde als nichtunternehmerische Tätigkeit einzustufen sei, verstoße nur dann gegen Gemeinschaftsrecht, wenn die Behandlung der Pachtentgelte als nichtsteuerbar zu größeren Wettbewerbsverzerrungen führen würde[711]. Um dies zu klären, verwies der BFH an das Tatsachengericht zurück[712].

[711] BFH, Urteil vom 11.06.1997 - XI R 33/94, UR 1997, S. 346 ff. (347); vgl. auch BFH, Urteil vom 11.06.1997 – XI R 65/95, BFHE 183, S. 283 ff. (286).

[712] Vgl. dazu auch unten Punkt 3.6.2.

## 3.6 Steuerpflichtige Tätigkeiten nach der 6. EG-RL und Richtlinienkonformität der deutschen Regelung

Die bisherigen Überlegungen haben gezeigt, daß die Richtlinienkonformität der deutschen Regelung entscheidend von der Umsetzung der Unterabsätze 2 und 3 abhängt. Denn innerhalb der Grenzen der Unterabsätze 2 und 3 steht es den Mitgliedstaaten frei, Einrichtungen des öffentlichen Rechts hinsichtlich bestimmter Tätigkeiten als Nicht-Steuerpflichtige zu behandeln[713].

### 3.6.1 Richtlinienkonforme Umsetzung von Art. 4 Abs. 5 Uabs. 3 der 6.EG-RL

Gemäß Art. 4 Abs. 5 Uabs. 3 der 6. EG-RL gelten Einrichtungen des öffentlichen Rechts in jedem Fall als Steuerpflichtige in bezug auf die in Anhang D aufgeführten Tätigkeiten, sofern der Umfang dieser Tätigkeiten nicht unbedeutend ist. Aus dem Kontext des Art. 4 Abs. 5 der 6. EG-RL ergibt sich, daß Unterabsatz 3 den Mitgliedstaaten lediglich die Möglichkeit einräumt, die in Anhang D aufgeführten Tätigkeiten von der Steuerpflicht zu befreien, sofern ihr Umfang unbedeutend ist[714]. Ist der Umfang dieser Tätigkeiten jedoch von Bedeutung, steht den Mitgliedstaaten dieser Gestaltungsspielraum nicht zu.

Die deutsche Regelung könnte als richtlinienkonform bezeichnet werden, wenn jPdöR bei Ausübung der in Anhang D der 6. EG-RL aufgeführten Tätigkeiten nach § 2 Abs. 3 UStG (i.V.m. § 4 KStG) als Unternehmer im Sinne des UStG gelten.

Der deutsche Gesetzgeber sah sich wegen Unterabsatz 3 zu keiner grundsätzlichen Änderung des Umsatzsteuergesetzes veranlaßt. Nur hinsichtlich der in Anhang D Nr. 7 bezeichneten Umsätze von landwirtschaftlichen Interventionsstellen wurde der Katalog des § 2 Abs. 3 S. 2 UStG um die Nr. 5 erweitert, um die Besteuerung dieser Umsätze sicherzustellen. Bezüglich der übrigen in Anhang D aufgezählten Umsätze ging der deutsche Gesetzgeber davon aus, daß sie nach § 2 Abs. 3 UStG der Umsatzsteuer unterliegen.

Für die in den Nr. 2, 3, 4 und 5 des Anhangs D aufgeführten Tätigkeiten trifft dies jedenfalls zu, denn § 2 Abs. 3 S. 1 UStG i.V.m. § 4 Abs. 3 KStG ordnet für diese Art von Tätigkeiten ausdrücklich die Steuerpflicht an. Die deutsche Regelung entspricht zwar nicht exakt dem Wortlaut der 6. EG-RL, doch werden die bezeichneten Umsätze vom Tatbestand des § 4 Abs. 3 KStG erfaßt: So werden die Umsätze aus der *Beförderung von Gütern* und aus der *Beförderung von Personen* (Anhang D Nr. 3 und 5) von Betrieben erbracht, die dem öffentlichen

[713] Siehe dazu oben Punkt 3.3.3 und Punkt 3.5.1.1.

[714] EuGH, Urteil vom 17.10.1989 - Rs. 231/87, 129/88, UR 1991, S. 77 ff.(80); EuGH, Urteil vom 15.05.1990 - Rs. C-4/89, UR 1991, S. 225 ff. (226).

Verkehr dienen. Sie fallen damit unter die Regelung des § 4 Abs. 3 KStG. Denn nach der Rechtsprechung des BFH deckt der Begriff „öffentlicher Verkehr" in einem umfassenderen dynamischen Sinn alle Bestrebungen der öffentlichen Hand zur Anpassung des Gesamtverkehrs an die sich entwickelnden Verhältnisse ab[715]. *Dienstleistungen auf Flughäfen* (Anhang D Nr. 4) werden im Rahmen eines Hafenbetriebs i.S.v. § 4 Abs. 3 KStG ausgeübt und unterliegen damit ebenfalls der Umsatzsteuer, da der Begriff des Hafenbetriebs weit zu fassen ist, folglich alle Tätigkeiten beinhaltet, die mit dem Betrieb eines Hafens zusammenhängen[716].

Auch hinsichtlich der in Nr. 6 und Nr. 8 bis 12 (Anhang D) angesprochenen Tätigkeiten sah sich der deutsche Gesetzgeber zu keiner Änderung der nationalen Vorschriften veranlaßt. Zu Recht, denn bei diesen Tätigkeiten handelt es sich um wettbewerbsrelevante und damit um *wirtschaftliche* Tätigkeiten im Sinne des § 4 Abs. 1 S. 1 KStG. Sie werden daher im Rahmen eines der Besteuerung unterliegenden *Betriebs gewerblicher Art* ausgeführt.

Problematisch ist dagegen die Regelung in Nr. 13 des Anhangs D. Danach werden die nicht in Art. 13 Teil A Absatz 1 Buchstabe q) genannten Tätigkeiten der öffentlichen Rundfunk- und Fernsehanstalten als steuerpflichtige Tätigkeiten qualifiziert. In Art. 13 Teil A Absatz 1 q) ist wiederum geregelt, daß die Tätigkeiten der öffentlichen Rundfunk- und Fernsehanstalten, ausgenommen der Tätigkeiten mit *gewerblichen* Charakter, von der Umsatzsteuer befreit sind. Die negative Fassung der europäischen Regelung bereitet Schwierigkeiten.

Setzt man nämlich Art. 13 A Abs. 1 q) in die Regelung des Art. 4 Abs. 5 Uabs. 3 der 6. EG-RL ein, so würde diese wörtlich folgendermaßen lauten: „Die vorstehend genannten Einrichtungen gelten in jedem Fall *nicht* als Steuerpflichtige in Bezug auf die Tätigkeiten von öffentlichen Rundfunk- und Fernsehanstalten, ausgenommen Tätigkeiten mit gewerblichen Charakter". Fraglich ist, was darunter zu verstehen ist. Entweder wollte der Richtliniengeber damit zum Ausdruck bringen, daß öffentliche Rundfunk- und Fernsehanstalten als Nicht-Steuerpflichtige gelten, sofern sie nicht gewerblich tätig werden, oder aber, daß wegen der Aufnahme der Nr. 13 in Anhang D sie nur hinsichtlich der gewerblichen Tätigkeiten steuerpflichtig sind und die Behandlung des übrigen (nicht gewerblichen) Tätigkeitsbereichs den Mitgliedstaaten frei überlassen ist.

---

[715] BFH, Urteil vom 08.11.1989 - I R 197/85, BStBl. II 1990, S. 242 ff..

[716] Vgl. *Stadie* in *Rau/Dürrwächter*, Kommentar zum UStG, 8. Auflage, Stand 7/ 1997, § 2 Rn. 948.

Literatur und Rechtsprechung haben sich zu diesem Auslegungsproblem bislang nicht näher geäußert. *Stadie*[717] meint im Zusammenhang mit Art. 13 A Abs. 1 q) der 6. EG-RL, daß diese Steuerbefreiungsvorschrift leer laufe. Dies ergebe sich aus einer (autonomen) europarechtlichen Auslegung des Begriffs „gewerblicher Charakter", bei der die Herstellung der Wettbewerbsneutralität, eines der wichtigsten Ziele der 6.EG-RL, zu berücksichtigen sei. Dieses verlange aber eine umfassende Besteuerung der öffentlichen Rundfunk- und Fernsehanstalten, da sie im Wettbewerb mit privaten Anbietern stünden. Einen nicht gewerblichen Tätigkeitsbereich öffentlicher Rundfunk- und Fernsehanstalten gäbe es daher nicht. So plausibel das Auslegungsverständnis von *Stadie* klingt, die Bedeutung der Nr. 13 in Anhang D der 6. EG-RL ist damit aber nicht geklärt[718].

Eine Klärung ist nur vor dem Hintergrund der Steuerbefreiungsvorschrift des Art. 13 A Abs. 1 q) der 6.EG-RL möglich. Die Steuerbefreiungsvorschrift macht nur Sinn, wenn Art. 4 Abs. 5 Uabs. 3 der 6. EG-RL i.V.m. Anhang D Nr. 13 dahingehend verstanden wird, daß die Mitgliedstaaten nur dazu verpflichtet sind, die öffentlichen Rundfunk- und Fernsehanstalten hinsichtlich ihrer gewerblichen Tätigkeiten als Steuerpflichtige zu behandeln. Art. 13 A Abs. 1 q) der 6.EG-RL liefe leer, müßten öffentliche Rundfunk und Fernsehanstalten hinsichtlich der übrigen (nicht gewerblichen) Tätigkeiten als Nicht-Steuerpflichtige behandelt werden. Für diese Tätigkeiten steht den Mitgliedstaaten ein Gestaltungsspielraum zu. Zulässig ist es daher, wenn Mitgliedstaaten öffentliche Rundfunk- und Fernsehanstalten hinsichtlich der nicht gewerblichen Tätigkeiten als Nicht-Steuerpflichtige behandeln. Nach deutschem Recht (h.M.[719]) gelten Rundfunk- und Fernsehanstalten in Anschluß an die Entscheidung des BVerfG von 1971[720] als nicht steuerbare Hoheitsbetriebe, soweit in redaktioneller Eigenverantwortung gesendet wird. Die deutsche Regelung ist daher gemeinschaftskonform. Denn für die nicht gewerblichen Tätigkeiten der öffentlichen Rundfunk- und Fernsehanstalten (wie z.B. Sendungen in redaktioneller Eigenverantwortung) steht nach nationalen Verständnis fest, daß sie insoweit im

---

[717] Vgl. *Stadie* in *Rau/Dürrwächter*, Kommentar zum UStG, 8. Auflage, Stand 7/ 1997, § 2 Rn. 1009.

[718] Vgl. aber den Ansatz bei *Stadie* in *Rau/Dürrwächter*, Kommentar zum UStG, 8. Auflage, Stand 7/ 1997, § 2 Rn. 1006 a.E..

[719] Vgl. z.B. *Birkenfeld* in *Hartmann A. / Metzenmacher, W.*, Umsatztsteuergesetz, Kommentar, 7. Auflage, Berlin 1991, Stand 10/94, § 2 Rn. 1369; neuerdings aber zweifelnd *Birkenfeld, Wolfram*, Das große USt-Handbuch, Stand: September 1996; § 39 Rn. 304; **a.A.** *Stadie* in *Rau, G. / Dürrwächter, E.*, Kommentar zum Umsatztsteuergesetz, 8. Auflage, Köln, Stand 7/ 1997, § 2 Rn. 1007 ff..

[720] Entscheidung des BVerfG vom 27.07.1971, BStBl. II 1971, S. 567 ff.; vgl. dazu *Söhn, Hartmut*, Umsatzbesteuerung der Rundfunkanstalten – BVerfGE 31, 314, JuS 1976, S. 161 ff.

Rahmen eines Hoheitsbetriebs tätig werden, während die restlichen Tätigkeiten im Rahmen eines BgA ausgeübt werden.

### 3.6.2 Richtlinienkonforme Umsetzung von Art. 4 Abs. 5 Uabs. 2 der 6. EG-RL

#### 3.6.2.1 Art. 4 Abs. 5 Uabs. 2 (größere Wettbewerbsverzerrungen)

##### 3.6.2.1.1 Bedeutung des Unterabsatzes 2 im Rahmen des Art. 4 Abs. 5 der 6. EG-RL

Wie man aus den bisherigen Ausführungen unschwer erkennt, stellt sich Unterabsatz 2 als die „Gretchenfrage" im Rahmen der Überprüfung der Richtlinienkonformität der deutschen Regelung dar. Denn gemäß Art. 4 Abs. 5 Uabs. 2 der 6. EG-RL gelten Einrichtungen des öffentlichen Rechts bei der Ausübung von Tätigkeiten, die ihnen *im Rahmen der öffentlichen Gewalt* obliegen, als Steuerpflichtige, sofern ihre Behandlung als Nicht-Steuerpflichtige zu „größeren Wettbewerbsverzerrungen" führen würde. Die deutsche Regelung wäre demnach richtlinienkonform, wenn nach § 2 Abs. 3 UStG eine Besteuerung in all jenen Fällen gewährleistet ist, in denen eine Behandlung juristischer Personen des öffentlichen Rechts als Nicht-Steuerpflichtige zu größeren Wettbewerbsverzerrungen führen würde.

Gemäß Art. 249 Abs. 3 EGV sind Richtlinien für jeden Mitgliedstaat nur hinsichtlich des zu erreichenden Ziels verbindlich. Auf welche Weise die Umsetzung von Unterabsatz 2 in nationales Recht erfolgt, bleibt den Mitgliedstaaten selbst überlassen. Es ist nicht erforderlich, daß das Kriterium „größere Wettbewerbsverzerrungen" wörtlich in das nationale Recht übernommen wird[721].

Es wurde bereits darauf hingewiesen, daß Unterabsatz 2 auch im Hinblick auf Unterabsatz 4 von Bedeutung ist[722]. Entschließt sich daher ein Mitgliedstaat, gemäß Unterabsatz 4 eine bestimmte nach Art. 13 oder 28 steuerbefreite Tätigkeit als Tätigkeit zu behandeln, die Einrichtungen des öffentlichen Rechts im Rahmen der öffentlichen Gewalt obliegt, so muß nach nationalem Recht sichergestellt sein, daß bei Drohen „größerer Wettbewerbsverzerrungen" eine Besteuerung erfolgt.

Fraglich ist, ob eine nach Unterabsatz 4 vorgenommene Behandlung steuerbefreiter Tätigkeiten als „im Rahmen der öffentlichen Gewalt obliegender" Tätigkeiten auch dann zu „größeren Wettbewerbsverzerrungen" führen kann, wenn

---

[721] Kritisch dagegen *Forster*. Er fordert aus Gründen der Rechtssicherheit und des Rechtsschutzes eine wörtliche Übernahme des Wettbewerbskriteriums, vgl. *Forster, Eduard*, Juristische Personen des öffentlichen Rechts und Harmonisierung eines europäischen Mehrwertsteuersystems, Dissertation, Aachen 1997, S. 134.

[722] Vgl. dazu die Ausführungen oben 3.2.1.

es sich bei dieser Tätigkeit um eine Tätigkeit handelt, für welche der Richtliniengeber in Art. 13 Teil C der 6. EG-RL den Mitgliedstaaten eine Optionsmöglichkeit eingeräumt hat. *Stadie* verneint dies[723]. Aus Sicht des Gemeinschaftsrichtliniengebers seien diese Fälle unbedeutend bzw. nicht regelungsbedürftig; „größere Wettbewerbsverzerrungen" könnten daher nicht entstehen. Diese Schlußfolgerung geht zu weit. Zu bedenken ist insbesondere, daß gerade die Optionsmöglichkeit dazu dient, Wettbewerbsverzerrungen zu vermeiden. Im übrigen geht auch der BFH davon aus, daß Unterabsatz 2 im Rahmen des Unterabsatzes 4 i.V.m. Art. 13 Teil C der 6. EG-RL zu prüfen ist. Anderenfalls hätte er sich eine Zurückverweisung der Sache an das Finanzgericht zum Zwecke weiterer tatsächlicher Feststellungen hinsichtlich des Vorliegens „größerer Wettbewerbsverzerrungen" ersparen können. Entgegen *Stadie* hat Unterabsatz 2 daher sehr wohl Bedeutung im Rahmen des Unterabsatzes 4.

### 3.6.2.1.2 Berufungsrecht von Einrichtungen des öffentlichen Rechts auf Art. 4 Abs. 5 Uabs. 2 der 6. EG-RL

Unklar ist, ob Art. 4 Abs. 5 Uabs. 2 der 6. EG-RL auch zugunsten von Einrichtungen des öffentlichen Rechts wirken kann. *Stadie* vertritt dazu die Ansicht, daß Unterabsatz 2 lediglich den Schutz privater Wirtschaftsteilnehmer vor Wettbewerbsnachteilen gegenüber Einrichtungen des öffentlichen Rechts im Auge habe[724]. *Klenk* geht ebenfalls davon aus, daß der Sinn der Vorschrift darin liege, „der Privatwirtschaft die Schmutzkonkurrenz einer unbesteuerten öffentlichen Hand vom Halse zu halten"[725]. Eine Berufung von Einrichtungen des öffentlichen Rechts auf Art. 4 Abs. 5 Uabs. 2 der 6. EG-RL sei daher nicht möglich. Der BFH ist geteilter Auffassung: Während der XI. Senat in dem Verfahren „Marktgemeinde Welden"[726] die Ansicht vertritt, daß die jPdöR der Besteuerung unterliege, wenn die Behandlung der Entgelte als nicht steuerbar zu „größeren Wettbewerbsverzerrungen" führen würde, stellt der V. Senat in seinem Urteil zur Abwasserbeseitigung ein Berufungsrecht der öffentlichen Hand auf Art. 4 Abs. 5 Uabs. 2 der 6. EG-RL in Frage[727].

---

[723] So *Stadie, Holger*, Anmerkung zum Urteil des EuGH vom 6.2.1997, UR 1997, S. 262 f. (263).

[724] *Stadie, Holger*, Anmerkung zum Urteil des EuGH vom 6.2.1997, UR 1997, S. 262 f. (263); *Stadie* in *Rau/Dürrwächter*, Kommentar zum UStG, 8. Auflage, Stand 7/ 1997, § 2 Rn. 819; zweifelnd auch *Widmann, Werner*, Umsatzsteuerfragen bei der Abfallentsorgung und Wertstoffverwertung durch die öffentliche Hand, UR 1992, S. 9 ff. (11).

[725] *Klenk, Friedrich*, Umsatzbesteuerung bei Unternehmen von Körperschaften des öffentlichen Rechts nach dem deutschen UStG, UVR 1999, S. 236 ff. (239).

[726] Vgl. dazu Punkt 3.5.2.2.

[727] BFH, Urteil vom 08.01.1998 - V R 32/97, BStBl. II 1998, S. 410 ff. (413).

Dem Wortlaut des Art. 4 Abs. 5 Uabs. 2 der 6. EG-RL kann eine derartige Einschränkung nicht entnommen werden. Hätte der Richtliniengeber eine solche Einschränkung gewollt, so wäre es ihm ein Leichtes gewesen, den Tatbestand des Art. 4 Abs. 5 Uabs. 2 der 6. EG-RL dahingehend einzuschränken, daß es sich um Wettbewerbsverzerrungen zum Nachteil der Privatwirtschaft handeln müsse. Im übrigen geht auch der Europäische Gerichtshof in seinem Urteil vom 6. Februar 1997 von einem derartigen Berufungsrecht für Einrichtungen des öffentlichen Rechts aus[728]. Anderenfalls hätte er nicht die Feststellung getroffen, daß es Sache des nationalen Gerichts sei, gegebenenfalls zu beurteilen, ob die Voraussetzungen des Art. 4 Abs. 5 Uabs. 2 der 6. EG-RL vorliegen.

#### 3.6.2.1.3 Wirkungsbereich der Wettbewerbsverzerrung

Bevor im einzelnen erörtert wird, was unter „größeren Wettbewerbsverzerrungen“ zu verstehen ist, stellt sich die Frage, welcher Wirkungsbereich der Beurteilung zugrunde zu legen ist.

Der Wortlaut des Art. 4 Abs. 5 der 6. EG-RL läßt diese Frage offen. Auch der EuGH hat sich mit dieser Problematik noch nicht beschäftigt. In dem bereits erwähnten Verfahren der Verpachtung einer Gaststätte durch eine Gemeinde hat er lediglich darauf hingewiesen, daß es Sache des nationalen Gerichts sei, gegebenenfalls zu beurteilen, ob mit der Behandlung der öffentlichen Einrichtung als Nicht-Steuerpflichtige größere Wettbewerbsverzerrungen i.S.v. Art. 4 Abs. 5 Uabs. 2 der 6. EG-RL verbunden seien[729]. *Stadie* will deshalb Art. 4 Abs. 5 Uabs. 2 der 6. EG-RL im Lichte des Art. 93 EGV interpretieren[730]: „Größere Wettbewerbsverzerrungen können nur dann gegeben sein, wenn dadurch das Funktionieren des Binnenmarkts gefährdet werden könnte“. Anderer Auffassung ist *Lange,* der den Zweck des Art. 4 Abs. 5 Uabs. 2 der 6. EG-RL in der Sicherung der Steuerneutralität sieht[731]. „Größere Wettbewerbsverzerrungen“ könnten demnach auch im Falle einer konkreten und spürbaren Beeinträchtigung privater Wirtschaftsteilnehmer im Bereich des Sitzes oder des Wirtschaftsbereichs des Trägers öffentlicher Gewalt vorliegen.

Für die Ansicht *Stadies* spricht das im Gemeinschaftsrecht geltende Prinzip der begrenzten Ermächtigung („compétence d‘ attribution“). Gemäß Art. 5 Abs. 1 EGV darf die Gemeinschaft nur innerhalb der Grenzen der ihr in diesem Vertrag zugewiesenen Befugnisse tätig werden. Art. 93 EGV erlaubt zwar der Ge-

---

[728] EuGH, Urteil vom 06.02.1997 - Rs. C-247/95, UR 1997, S. 261 ff. (262).

[729] EuGH, Urteil vom 06.02.1997 - Rs. C-247/95, UR 1997, S. 261 ff. (262); zum Sachverhalt vgl. oben Punkt 3.5.2.2.

[730] *Stadie, Holger,* Anmerkung zum Urteil des EuGH vom 6.2.1997, UR 1997, S. 262 f. (263).

[731] So auch *Lange, Hans-Friedrich,* Neutralitätsprinzip bei der Umsatzbesteuerung der öffentlichen Hand, UR 1999, S. 385 (387).

meinschaft den Erlaß von Bestimmungen zur Harmonisierung der Rechtsvorschriften über die Umsatzsteuern. Diese Ermächtigung ist aber dadurch eingeschränkt, daß die Harmonisierung der Mehrwertsteuern für die Errichtung und das Funktionieren des Binnenmarkts notwendig sein muß. Dies könnte dafür sprechen, den Begriff „größere Wettbewerbsverzerrungen" im Lichte der Beschränkung zu sehen. Andererseits ist aber auch zu bedenken, daß Unterabsatz 2 dem Gestaltungsspielraum der Mitgliedstaaten bei der Bestimmung des Bereichs der Tätigkeiten oder Leistungen, die den Einrichtungen des öffentlichen Rechts *im Rahmen der öffentlichen Gewalt obliegen* (Unterabsatz 1), eine äußerste Grenze setzt[732] und es deshalb nicht nur auf das Funktionieren des Binnenmarkts ankommen kann. Der Gestaltungsspielraum der Mitgliedstaaten wäre zu groß. Dem mit Unterabsatz 2 verfolgten Ziel[733], Steuerneutralität zu gewährleisten, wäre nicht in ausreichendem Maß entsprochen.

So sieht es wohl auch der BFH, wenn er in dem Verfahren der Verpachtung einer Gaststätte durch eine Gemeinde[734] dem Finanzgericht folgende „Hilfestellung" gibt[735]:

> „*Dabei* (Anm. des Verfassers: gemeint sind die vom Finanzgericht zu treffenden Feststellungen) *wird entscheidend sein, ob im Tätigkeitsbereich der Klägerin private Wirtschaftsteilnehmer in gleicher Weise wie die Klägerin Gebäude ohne Inventar zum Betrieb von Gaststätten verpachten und ob eine unterschiedliche (umsatz-)steuerliche Belastung intensive und nachhaltige Auswirkungen in dieser Branche zur Folge haben könnte.*"

Der BFH hat mit dieser Aussage – bewußt oder unbewußt – eine bestimmte Richtung bei der Festlegung der Kriterien des Begriffs „größere Wettbewerbsverzerrungen" eingeschlagen. Er stellt auf den *Tätigkeitsbereich der Gemeinde* ab. Damit wird deutlich, daß nach Ansicht des BFH die gemeinschaftsrechtliche Regelung in Art. 4 Abs. 5 Uabs. 2 der 6. EG-RL auf rein nationaler Ebene anzuwenden ist. Entscheidend ist nicht, ob das Funktionieren des Binnenmarktes durch „größeren Wettbewerbsverzerrungen" gefährdet ist, sondern ob innerhalb eines Mitgliedstaates die Nichtbesteuerung der öffentlichen Hand zu „größeren Wettbewerbsverzerrungen" führen kann. Der Hinweis des BFH auf den *Tätigkeitsbereich der Gemeinde* war für das Finanzgericht München Anlaß, allein auf das Gebiet abzustellen, in dem die Gemeinde ihre Aufgaben erfüllt. Entschei-

---

[732] Vgl. dazu oben Punkt 3.3.3.

[733] EuGH, Urteil vom 17.10.1989 - Rs. 231/87, 129/88, UR 1991, S. 77 ff.(80).

[734] Zum Sachverhalt vgl. oben 3.5.2.2.

[735] BFH, Urteil vom 11.06.1997 - XI R 33/94, UR 1997, S. 346 f. (347); im übrigen wird auf die Ausführungen oben unter Punkt 3.5.2.2 verwiesen; vgl. auch BFH, Urteil vom 11.06.1997 – XI R 65/95, BFHE 183, S. 283 ff. (286).

dend seien die politischen Grenzen, also das Gemeindegebiet, zu welchem neben dem Ortszentrum auch der Ortsteil gehöre (Hoheitskreis). Gleichwohl läßt das Finanzgericht anklingen, daß es wohl auch vertretbar gewesen wäre, auf den von Gemeindegrenzen unabhängigen Wirtschaftsraum abzustellen, also auf den Bereich, innerhalb dessen die Gaststätte verpachtet und betrieben wird (Wirkungskreis).

Dem kann nur teilweise zugestimmt werden. Der Tätigkeitsbereich einer Gemeinde ist aufgrund Gesetz grundsätzlich auf das Gemeindegebiet beschränkt. Nur in Ausnahmefällen steht es der Gemeinde frei, Tätigkeiten außerhalb ihres Hoheitsgebiets aufzunehmen – vgl. z.B. Art. 89 Abs. 4 bayGO. Dementsprechend bestimmt sich der für die Beurteilung der Wettbewerbsverzerrung relevante Bereich danach, wo die Gemeinde die jeweilige Tätigkeit nach öffentlichem Recht ausüben kann. Im Falle der Vermietung und Verpachtung spricht folglich nichts gegen eine Ausweitung des Bereichs über die Gemeindegrenzen hinaus, denn Gemeinden sind nach dem Gesetz nicht gehindert, außerhalb ihres Gemeindegebiets zu vermieten bzw. zu verpachten[736].

Das Finanzgericht München hätte es bei diesen Ausführungen belassen können, gleichwohl ließ es es sich nicht nehmen, das vom BFH festgelegte Erfordernis *„der nachhaltigen negativen Auswirkungen in dieser Branche“* näher zu beleuchten. Bei der Definition der zu untersuchenden *Branche* stellte es fest, daß es sich bei der Branche um den „Marktbereich“ der Verpachtung von Gebäuden zum Betrieb von Gaststätten handele. Unter Bezugnahme auf das Urteil des BFH[737] führte das FG München des weiteren aus, daß nur solche Wettbewerbsverzerrungen entscheidend seien, die nicht über die Grenzen einer *Region* hinausgingen. Eine ähnliche Feststellung hat der BFH zwar getroffen, der Sachverhalt des Urteils, auf welches das Finanzgericht Bezug nimmt, war aber anders gelagert. Dort ging es um die Frage der Abwasserbeseitigung im Land Brandenburg. Der BFH verneinte in dem besagten Urteil „größere Wettbewerbsverzerrungen“, da „nach der für das Land Brandenburg im Streitjahr geltenden Rechtslage (...) die Abwasserbeseitigung als hoheitliche Maßnahme im Bereich des Gesundheits- und Umweltschutzes nur durch die öffentliche Hand

---

[736] Vgl. dazu auch *Lange, Hans-Friedrich,* Neutralitätsprinzip bei der Umsatzbesteuerung der öffentlichen Hand, UR 1999, S. 385 ff. (388). *Klenk* weist in diesem Zusammenhang darauf hin, daß die französische Finanzverwaltung bei der Beurteilung des Vorliegens von Wettbewerbsverzerrungen je nach Fall auf einen Rahmen abstellt, der größer ist als das Gebiet, in dem die Einrichtung des öffentlichen Rechts tätig ist, vgl. *Klenk, Friedrich*, Umsatzbesteuerung bei Unternehmen von Körperschaften des öffentlichen Rechts nach dem deutschen UStG, UVR 1999, S. 236 ff. (239).

[737] BFH, Urteil vom 08.01.1998 - V R 32/97, BStBl. II 1998, S. 410 ff. (413).

und nicht durch private Unternehmer ausgeübt werden" konnte[738]. Auf das Land Brandenburg als „Region" wurde allein deshalb Bezug genommen, da die in Frage stehende Gesetzeslage nur für das Land Brandenburg Geltung hatte[739].

Richtigerweise ist grundsätzlich wie folgt zu trennen[740]: Handelt es sich um eine Tätigkeit, die von privaten Unternehmern aufgrund gesetzlicher Regelung nicht aufgenommen werden kann, so bestimmt sich die „Region" nach der Reichweite dieser gesetzlichen Regelung. In der Regel wird dies der jeweilige Hoheitsbereich der jPdöR sein. Handelt es sich dagegen um eine Tätigkeit, die von privaten Unternehmern jederzeit und selbständig aufgenommen werden kann, wie z.B. die Verpachtung von Gaststättenräumen, so ist der Hoheitsbereich der jPdöR unbeachtlich. Vielmehr ist ein Vergleich mit potentiellen privaten Anbietern anzustellen. Nur auf diese Weise läßt sich sicher stellen, daß private Unternehmer nicht von der Aufnahme der betreffenden Tätigkeit abgehalten werden.

#### 3.6.2.1.4 Art der Beeinträchtigung des Wettbewerbs

*Forster* geht davon aus, daß es sich bei dem Begriff „Wettbewerbsverzerrung" um einen unbestimmten Terminus handele, der konkretisierungsbedürftig sei. Aus diesem Grund komme eine autonom europarechtliche Auslegung unter Berücksichtigung der allgemeinen Grundsätze und Ziele des Vertrages in Betracht. Dabei könne aber nicht auf die naheliegende Vorschrift des Art. 96 EGV abgestellt werden, da die praktische Relevanz dieser Vorschrift sehr gering sei. Vielmehr müsse Rückgriff auf die vom Kartellrecht im Rahmen des Art. 81 EGV entwickelten Kriterien genommen werden, da das geschützte Rechtsgut vergleichbar sei[741]. Dem ist nicht zuzustimmen. Zu bedenken ist insbesondere, daß es sich im Falle des Art. 4 Abs. 5 Uabs. 2 der 6. EG-RL nicht nur um eine „bloße", sondern um eine „größere" Wettbewerbsverzerrung handeln muß. Anders dagegen bei Art. 81 EGV, der lediglich auf Verhaltensweisen abstellt, die eine Verhinderung, Einschränkung oder Verfälschung des Wettbewerbs bezwecken.

---

[738] BFH, Urteil vom 08.01.1998 - V R 32/97, BStBl. II 1998, S. 410 ff. (413); vgl. dazu auch *Küffner Thomas*, Abwasserentsorgung als Hoheitsbetrieb – back to the roots?, DB 1999, S. 406 ff..

[739] Vgl. dazu auch die Ausführungen unter Punkt 2.4.1.2.3 (6).

[740] Vgl. dazu insgesamt auch *Stadie, Holger*, Anmerkung zum Urteil des EuGH vom 6.2.1997, UR 1997, S. 262 f..

[741] *Forster, Eduard*, Juristische Personen des öffentlichen Rechts und Harmonisierung eines europäischen Mehrwertsteuersystems, Dissertation, Aachen 1997, S. 122 ff.; *Forster, Eduard*, Einfluß des europäischen Gemeinschaftsrechts auf die deutsche Umsatzbesteuerung der Tätigkeiten von juristischen Personen des öffentlichen Rechts, UR 1996, S. 73 ff. (78 ff.).

Der EuGH hat sich zu der Frage, wann „größere Wettbewerbsverzerrungen" vorliegen, noch nicht geäußert[742]. In dem Verfahren der Marktgemeinde Welden mußte bzw. durfte er sich nicht mit dieser Frage auseinandersetzen, da diese nicht Gegenstand des Vorabentscheidungsverfahrens war. Der BFH hat die Sache an das Finanzgericht zurückverwiesen und dabei angemerkt, daß das Tatsachengericht bei der erneuten Verhandlung zu entscheiden habe, ob „private Wirtschaftsteilnehmer in gleicher Weise wie die Klägerin Gebäude ohne Inventar zum Betrieb von Gaststätten verpachten und ob eine unterschiedliche (umsatz-) steuerliche Belastung intensive und nachhaltige negative Auswirkungen in dieser Branche zur Folge haben könnte"[743]. Das Finanzgericht München war demnach vom BFH angehalten, dahingehend Feststellungen zu treffen, ob im Tätigkeitsbereich der Gemeinde Gaststättenräume ohne Inventar *in gleicher Weise* wie durch die Gemeinde verpachtet werden und zum anderen – falls dies zu bejahen ist – , ob die unterschiedliche steuerliche Belastung *intensive und nachhaltige negative Auswirkungen in dieser Branche* zur Folge haben könnte.

Das FG München[744] stellte dazu fest, daß in der Gaststättenverpachtungsbranche für die Höhe des Mietzinses so viele Faktoren ineinandergriffen, „daß der Frage nach der (umsatz-) steuerlichen Belastung der Tätigkeit keine tragende Rolle" zukomme. Als weitere Faktoren werden in der finanzgerichtlichen Entscheidung u.a. die „Prägung durch den Tourismus", die „jeweilige Lage", die „Tradition" und die „Verkehrsanbindung" genannt. Ferner sei auch zu berücksichtigen, daß einzelvertragliche Vereinbarungen wie die Umsatzpacht oder die Bindung an Getränkebezugsverpflichtungen den Pachtzins beeinflussen könnten. Im Falle höherer Investitionen könne die Steuerpflicht und die damit verbundene Vorsteuerabzugsberechtigung für einen Gaststättenverpächter zwar von Bedeutung sein, eine intensive und nachhaltige negative Auswirkung in der Gesamtbranche sei damit aber nicht verbunden.

Diesem Ansatz muß widersprochen werden. Art. 4 Abs. 5 Uabs. 2 der 6. EG-RL liefe leer, bliebe der Faktor der umsatzsteuerlichen Belastung unberücksichtigt. Die umsatzsteuerliche Belastung wird bei der Kalkulation des Preises zwar stets nur einer unter mehreren „Faktoren" sein. Daß es aber ausschließlich auf diesen Faktor ankommt, stellt die 6. EG-RL ausdrücklich klar. Gemäß Art. 4 Abs. 5 Uabs. 2 der 6.EG-RL ist entscheidend, ob die *Behandlung als Nicht-Steuerpflichtige* zu „größeren Wettbewerbsverzerrungen" führt. Das erhebliche Gewicht dieses Faktors spiegelt sich auch in der Höhe des Umsatzsteuersatzes wider. Schließlich geht es – zumindest in Deutschland – um 16 Prozent! Die

[742] EuGH, Urteil vom 06.02.1997 - Rs. C-247/95, UR 1997, S. 261 ff..

[743] BFH, Urteil vom 11.06.1997 - XI R 33/94, UR 1997, S. 346 ff..

[744] Vgl. FG München, Urteil vom 16.7.1998 - 14 K 3310/97, UVR 1998, S. 358 ff.

Lösung des Problems kann daher nicht in der Abwägung von verschiedenen, in die Preiskalkulation einfließenden Faktoren liegen[745]. Entsprechend Art. 4 Abs. 5 Uabs. 2 der 6. EG-RL ist vielmehr zu untersuchen, welche Auswirkungen die Nicht-Steuerpflichtigkeit der öffentlichen Hand in dem jeweiligen Bereich hat[746]. Dies kann nur durch eine vergleichende Abwägung der verschiedenen Situationen geschehen.

Dabei ist auch zu berücksichtigen, daß im Falle der Nicht-Steuerpflichtigkeit neben dem Vorteil des geringeren Preises der Nachteil der „Nichtvorsteuerabzugsberechtigung" tritt. Beide Faktoren sind in die Abwägung gleichermaßen miteinzubeziehen. Zwar ist richtig – und darauf weist insbesondere *Lange*[747] hin –, daß die Frage der Berechtigung zum Vorsteuerabzug nicht Gegenstand der Regelung des Art. 4 Abs. 5 der 6. EG-RL ist, doch ist auch zu bedenken, daß die Berechtigung zum Vorsteuerabzug immanent mit der Frage der Steuerbarkeit der betreffenden Tätigkeiten einher geht (vgl. Art. 17 Abs. 2 der 6. EG-RL). Aus diesem Grund können Wettbewerbsverzerrungen sowohl für Einrichtungen des öffentlichen Rechts als auch für privatrechtliche Wirtschaftsteilnehmer entstehen. Entscheidend ist der Einzelfall. Im Falle hoher Investitionen kann sich die Vorsteuer als wichtiges Finanzierungskriterium darstellen. Würde das gesamte Vorhaben aufgrund der Nichtgewährung der Vorsteuer z.B. in Frage gestellt, ist dies ein gewichtiges Indiz dafür, daß größere Wettbewerbsverzerrungen drohen. Eine Steuerpflicht der öffentlichen Hand ist daher unverzichtbar.

#### 3.6.2.2 Richtlinienkonformität der deutschen Regelung

Nach deutschem Recht gelten jPdöR insbesondere dann als Steuerpflichtige, wenn sie innerhalb eines BgA im Sinne des § 2 Abs. 3 S. 1 UStG i.V.m. § 4 Abs. 1 KStG tätig werden. Als BgA gelten danach alle Einrichtungen, die einer nachhaltigen wirtschaftlichen Tätigkeit zur Erzielung von Einnahmen dienen. Nach der hier vertretenen Auffassung liegt eine *wirtschaftliche* Tätigkeit i.S.v. § 4 Abs. 1 KStG vor, wenn die öffentliche Hand wettbewerbsrelevant am Markt tätig wird[748]. Die Frage nach der Wettbewerbsrelevanz beurteilt sich aus Sicht der privaten Konkurrenz: Können private Wirtschaftsteilnehmer dieselbe bzw.

---

[745] Ebenfalls *Lange, Hans-Friedrich,* Neutralitätsprinzip bei der Umsatzbesteuerung der öffentlichen Hand, UR 1999, S. 385 ff. (389).

[746] So auch *Lange, Hans-Friedrich,* Neutralitätsprinzip bei der Umsatzbesteuerung der öffentlichen Hand, UR 1999, S. 385 ff. (388), der ergänzend darauf hinweist, daß offenbar auch der BFH in seinem zurückweisenden Urteil davon ausging, größere Wettbewerbsverzerrungen könnten nicht schon aufgrund – später vom Finanzgericht angestellter – allgemeiner Überlegungen zur Wettbewerbslage in der Gaststättenbranche verneint werden.

[747] Vgl. *Lange, Hans-Friedrich,* Neutralitätsprinzip bei der Umsatzbesteuerung der öffentlichen Hand, UR 1999, S. 385 ff. (388).

[748] Vgl. dazu oben Punkt 2.4.1.2.3.

eine „austauschbare“ Leistung selbständig am Markt anbieten und damit in Wettbewerb zur öffentlichen Hand treten, so handelt es sich um eine *wirtschaftliche* Tätigkeit im Sinne des § 4 Abs. 1 KStG und damit um einen der Besteuerung unterliegenden *Betrieb gewerblicher Art.* Ausschlaggebend ist die jeweilige öffentlich-rechtliche Rechtsvorschrift. Können private Unternehmer diese Tätigkeit nicht bzw. nur als „Erfüllungsgehilfe“ oder „Beliehener“ der öffentliche Hand erbringen, so werden sie auf einer anderen Ebene tätig. Sie treten damit nicht in Wettbewerb zur öffentlichen Hand. Eine Besteuerung der jPdöR ist damit nicht angezeigt.

Im Gegensatz zur deutschen Regelung erfolgt nach dem Gemeinschaftsrecht eine Besteuerung von Einrichtungen des öffentlichen Rechts jedenfalls dann, wenn eine Behandlung dieser Einrichtungen als Nicht-Steuerpflichtige zu größeren Wettbewerbsverzerrungen führen würde. Ohne auf den Begriff „Wettbewerbsverzerrung“ im einzelnen einzugehen, läßt sich bereits anhand des Wortlauts erkennen, daß die Besteuerung nach der 6. EG-RL erst „später“ einsetzt[749]. Denn nach deutschem Recht muß von einer wettbewerbsrelevanten Tätigkeit bereits dann ausgegangen werden, wenn private Unternehmer die jeweilige Leistung auch anbieten und damit zur öffentlichen Hand in Wettbewerb treten können. Dagegen kann nach der europäischen Regelung in demselben Fall wohl noch nicht von einer *Wettbewerbsverzerrung* die Rede sein, schon gar nicht von einer „größeren“. Was unter den Begriff „größeren“ zu verstehen ist, ist bislang ungeklärt. In der mehrfach zitierten Entscheidung des BFH zur Verpachtung einer Gaststätte durch eine Gemeinde, wurden „größere“ Wettbewerbsverzerrungen dahingehend umschrieben, daß es darauf ankomme, ob eine unterschiedliche (umsatz-) steuerliche Belastung „intensive und nachhaltige Auswirkungen“ nach sich ziehe. Damit steht jedenfalls fest, daß die deutsche Regelung den Wettbewerb zu einem sehr viel früheren Zeitpunkt schützt, als dies der europäische Richtliniengeber tut. Dies wird in der Literatur zum Teil verkannt, was wohl daran liegt, daß die europäische Regelung mit der deutschen Rechtslage, wie sie vom BFH mit dessen „eigentümlich und vorbehalten“-Formel geprägt wurde, verglichen wird. Es darf daher nicht verwundern, wenn dieselben Stimmen eine Anpassung des § 2 Abs. 3 UStG an das europäische Recht, insbesondere unter Wettbewerbsgesichtspunkten, fordern.

Die Gemeinsamkeiten und Unterschiede zwischen der deutschen und der europäischen Regelung lassen sich in der Theorie wie folgt darstellen:

---

[749] Vgl. dazu auch *Lange, Hans-Friedrich,* Neutralitätsprinzip bei der Umsatzbesteuerung der öffentlichen Hand, UR 1999, S. 385 ff. (389 f.).

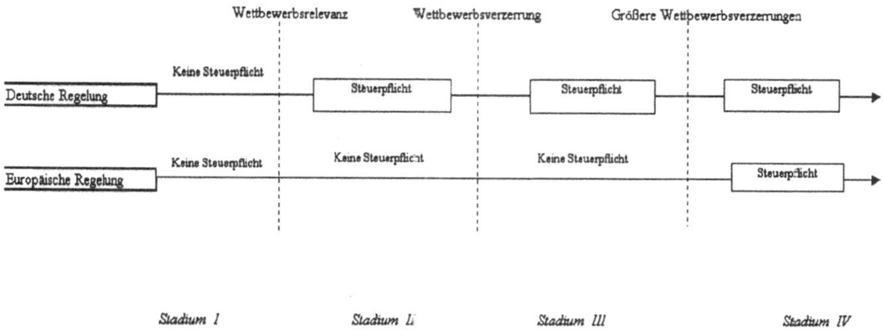


*Abbildung 7: Unterschiede der beiden Regelungen hinsichtlich des Wettbewerbskriteriums*

Das Schaubild läßt erkennen, in welchen verschiedenen Wettbewerbsstadien beide Rechtsordnungen die Steuerpflicht der öffentlichen Hand für notwendig erachten. Dabei fällt auf, daß in den Stadien I und IV zwischen der deutschen und der europäischen Regelung Übereinstimmung besteht. Anders verhält es sich in den Stadien II und III. Hier setzt die Steuerpflicht im deutschen Recht früher ein. Dies ist aber unschädlich, da Mitgliedstaaten bei der Bestimmung der Tätigkeiten, die den Einrichtungen des öffentlichen Rechts im Rahmen der öffentlichen Gewalt obliegen, einen Gestaltungsspielraum besitzen[750]. Innerhalb der Unterabsätze 2 und 3 hat es der nationale Gesetzgeber in der Hand, Tätigkeiten als „nichtsteuerpflichtig" zu behandeln. Inwieweit er Tätigkeiten der öffentlichen Hand hingegen der Steuerpflicht unterwirft, steht ihm grundsätzlich offen. Es ist daher unschädlich, wenn das deutsche Recht bereits bei Ausübung wettbewerbsrelevanter[751] Tätigkeiten Umsatzsteuerpflicht anordnet. Im Falle „größerer Wettbewerbsverzerrungen" (Art. 4 Abs. 5 Uabs. 2 der 6.EG-RL) ist eine Besteuerung damit auf jeden Fall gewährleistet.

Die deutsche Regelung kann daher als richtlinienkonform bezeichnet werden, wenn man der in dieser Arbeit vertretenen Auffassung folgt, daß ein steuerpflichtiger Betrieb gewerblicher Art bei Ausübung wettbewerbsrelevanter Tätigkeiten anzunehmen ist[752].

---

[750] Vgl. dazu die Ausführungen unter Punkt 3.3.3.

[751] Vgl. dazu die Ausführungen unter Punkt 2.4.1.2.3.

[752] Folgt man diesen Ansatz nicht, ist die Richtlinienwidrigkeit der deutschen Regelung über eine richtlinienkonforme Auslegung des § 2 Abs. 3 UStG zu lösen. Die Grenzen des Wortsinns der deutschen Regelung werden nicht überschritten, wenn § 2 Abs. 3 S. 1 UStG i.V.m. § 4 Abs. 1 KStG dahingehend ausgelegt wird, daß ein *Betrieb gewerblicher Art* immer dann anzunehmen ist, wenn durch die Nichtbesteuerung der jeweiligen Tätigkeit „größere Wettbewerbsverzerrungen" eintreten würden. Nach dem Sinn und Zweck der deutschen Regelung hat eine Besteuerung der öffentlichen Hand nämlich insoweit zu erfolgen,

## 3.7 Zwischenergebnis

Die deutsche Regelung entspricht nur zum Teil den Vorgaben der 6. EG-RL. Das folgende Schaubild faßt noch einmal das Ergebnis der Untersuchung zusammen:

| Vorgaben der 6. EG-RL | Richtlinienkonformität der deutschen Regelung | Lösung des Widerspruchs |
|---|---|---|
| (1) **Umsatzsteuerpflicht**, sofern Einrichtungen des öffentlichen Rechts unter den gleichen rechtlichen Bedingungen tätig werden wie private Wirtschaftsteilnehmer | **Nein**, da die Art und Weise des Tätigwerdens von jPdöR für die Einordnung BgA oder Hoheitsbetrieb unbeachtlich ist | **Rechtsinstitut der unmittelbaren Anwendung von Richtlinien:** Juristische Personen des öffentlichen Rechts können sich auf eine Besteuerung und damit auf den Vorsteuerabzug berufen, soweit sie in Formen des Zivilrechts tätig werden. |
| (2) **Mitgliedstaaten steht es frei,** Tätigkeiten, die öffentliche Einrichtungen im Rahmen der eigens für sie geltenden rechtlichen Regelung ausüben und deren Nichtbesteuerung nicht zu „größeren Wettbewerbsverzerrungen" führt, als (nichtsteuerpflichtige) Tätigkeiten behandeln, die den Einrichtungen des öffentlichen Rechts *im Rahmen der öffentlichen Gewalt obliegen.* | **Ja**, Mitgliedstaaten haben insoweit Gestaltungsspielraum | **Kein Widerspruch** |
| (3) **Umsatzsteuerpflicht**, sofern die Behandlung von öffentlichen Einrichtungen als Nicht-Steuerpflichtige zu größeren Wettbewerbsverzerrungen führen würde. | **Ja,** da Steuerpflicht im deutschen Recht bereits bei Ausübung einer wettbewerbsrelevanten Tätigkeit angezeigt ist. Der nationale Gesetzgeber hat insoweit einen Gestaltungsspielraum. Im Falle „größerer Wettbewerbsverzerrungen" (Art. 4 Abs. 5 Uabs. 2 der 6.EG-RL) ist eine Besteuerung nach nationalem Recht auf jeden Fall gewährleistet. | **Kein Widerspruch** |

als Gründe der Wettbewerbsneutralität dies erfordern (Punkt 2.4.1.2.3). Die Grenzen des Wortsinns des § 4 Abs.1 KStG werden bei einer solchen Auslegung jedenfalls nicht überschritten.

Zusammenfassend kann daher festgestellt werden, daß die deutsche Regelung betreffend die Besteuerung von juristischen Personen des öffentlichen Rechts zum Teil nicht richtlinienkonform geregelt ist. Dieser Zustand läßt sich zwar durch das Rechtsinstitut der richtlinienkonformen Auslegung des § 2 Abs. 3 UStG i.V.m. § 4 Abs. 1 KStG bzw. das der unmittelbaren Berufung auf die 6. EG-RL lösen, doch ist dies auf Dauer gesehen – insbesondere unter dem Gesichtspunkt der Rechtssicherheit – keine befriedigende Lösung.

# 4 Zusammenfassung der Ergebnisse

Die wesentlichen Ergebnisse fasse ich wie folgt zusammen:

1. Ziel der Arbeit ist es, zu klären, ob die Besteuerung juristischer Personen des öffentlichen Rechts im deutschen Umsatzsteuerrecht richtlinienkonform geregelt ist.

2. Die Umsatzsteuerpflicht von juristischen Personen des öffentlichen Rechts bestimmt sich seit dem UStG 1967 danach, ob ein „Betrieb gewerblicher Art" im Sinne des Körperschaftsteuerrechts vorliegt (Punkt 1.2.4, S. 7).

3. Der Begriff „Betrieb gewerblicher Art" ist aus Sicht der Körperschaftsteuer zu interpretieren. Die ausdrückliche Anknüpfung an § 4 KStG und historische Gesichtspunkte legen dies nahe (Punkt 2.3.1, S. 32).

4. Der Grundsatz der Wettbewerbsneutralität ist tragender Auslegungsmaßstab im Rahmen des § 4 Abs. 1 KStG. Bereits aus der Begründung zum KStG 1925 ergibt sich, daß der Gesetzgeber mit der teilweisen Besteuerung der öffentlichen Hand Wettbewerbsnachteile für die Privatwirtschaft vermeiden wollte. Im übrigen erweist sich die Wettbewerbsneutralität als Ausfluß des allgemeinen Gleichheitssatzes in Art. 3 GG (Punkt 2.3.2, S. 34).

5. Der Grundsatz der Wettbewerbsneutralität gilt auch für die Umsatzsteuer. Es ist daher systemtragend, den Begriff „Betrieb gewerblicher Art" aus Sicht der Körperschaftsteuer auszulegen und dieses Ergebnis anschließend auf § 2 Abs. 3 S. 1 UStG zu übertragen. Offen bleiben muß allerdings, ob das gefundene Auslegungsergebnis wegen dem in der Umsatzsteuer geltenden Verbrauchsteuerprinzip gegebenenfalls zu relativieren ist (Punkt 2.3.3, S. 42).

6. Als „Betriebe gewerblicher Art" werden in § 4 Abs.1 KStG alle Einrichtungen bezeichnet, die einer nachhaltigen wirtschaftlichen Tätigkeit zur Erzielung von Einnahmen dienen. Entsprechend dem Sinn und Zweck der Regelung werden daher als *wirtschaftliche* Tätigkeiten im Sinne des § 4 Abs. 1 KStG alle Tätigkeiten juristischer Personen des öffentlichen Rechts bezeichnet, die wettbewerbsrelevant sind (Punkt 2.4.1.2.3, S. 50).

7. Eine wettbewerbsrelevante Tätigkeit der jPdöR liegt vor, wenn private Rechtsträger dieselbe Tätigkeit auch ausüben und damit zur öffentlichen Hand im Wettbewerb stehen. Dies ist nicht der Fall, wenn aufgrund öffentlichen Rechts ausschließlich juristische Personen des öffentlichen Rechts befugt sind, bestimmte Tätigkeiten auszuüben. Der Wettbewerbsnachteil für private Unternehmen resultiert in diesen Fällen nicht aus dem Steuerrecht,

sondern aus der jeweiligen öffentlich-rechtlichen Vorschrift, welche eine Ausübung dieser Tätigkeit nicht zuläßt (Punkt 2.4.1.2.3 *(3)*, S. 53). Ebenso verhält es sich in den Fällen, in denen jPdöR aufgrund öffentlich-rechtlicher Regelung entscheiden können, ob sie mit der Tätigkeit private Rechtsträger als unselbständige Erfüllungsgehilfen oder „beliehene" Unternehmer betrauen. Ein möglicherweise bestehender Wettbewerb zwischen jPdöR und privatrechtlichen Dritten hinsichtlich des Zugangs zum Markt ist für die steuerliche Beurteilung der Tätigkeit unbeachtlich (Punkt 2.4.1.2.3 *(4)*, S. 59).

8. Die Rechtsprechung geht bei der Abgrenzung des steuerpflichtigen vom nichtsteuerpflichtigen Bereich einen anderen Weg. Sie versucht, den hoheitlich Bereich „Ausübung öffentlicher Gewalt" unmittelbar über die Formel „eigentümlich und vorbehalten" zu erfassen. Diese Formel stellt kein taugliches Abgrenzungskriterium dar. Der Versuch der unmittelbaren Bestimmung des Hoheitsbereichs stößt auf praktische Schwierigkeiten. Der Grundgedanke der Wettbewerbsneutralität läßt sich nur schwer mit dem Begriff „Ausübung öffentlicher Gewalt" in Beziehung setzen. Ausübung öffentlicher Gewalt spielt sich im Verhältnis zwischen Staat und Bürger ab. Anders ist dies beim Wettbewerb, der sich im Verhältnis zu privaten Anbietern abspielt (Punkt 2.5.2.4, S. 96).

9. Nach der 6. EG-RL gelten Einrichtungen des öffentlichen Rechts bei der Ausübung von Tätigkeiten, die ihnen im Rahmen der öffentlichen Gewalt obliegen, als Nicht-Steuerpflichtige. Drohen mit der Behandlung als Nicht-Steuerpflichtige jedoch „größere Wettbewerbsverzerrungen", werden sie zu Steuerpflichtigen. Anders als im deutschen Recht gibt es daher nach der 6. EG-RL steuerlich keinen „unantastbaren" Bereich der öffentlichen Hand. Im Falle „größerer Wettbewerbsverzerrungen" ist folglich nach der 6.EG-RL jede Tätigkeit steuerpflichtig (Punkt 3.2.2, S. 103).

10. Aus der Systematik der Unterabsätze des Art. 4 Abs. 5 der 6. EG-RL läßt sich schließen, daß die Bestimmung nichtsteuerpflichtiger Tätigkeiten den Mitgliedstaaten im Rahmen der Unterabsätze 2 und 3 überlassen wurde. Die Mitgliedstaaten haben insoweit einen Gestaltungsspielraum (Punkt 3.3.3, S. 106).

11. Der gemeinschaftsrechtliche Terminus *„im Rahmen der öffentlichen Gewalt obliegen"* erfährt einen eigenen Sinngehalt, wenn die Art und Weise der Ausübung der Tätigkeit bei der Auslegung des Art. 5 Abs. 5 Uabs. 1 der 6. EG-RL miteinbezogen wird. Betätigt sich die Einrichtung des öffentlichen Rechts in den Formen des Privatrechts, ist davon auszugehen, daß ihr die fragliche Tätigkeit nicht *im Rahmen der öffentlichen Gewalt* obliegt (Punkt 3.5.1.1, S. 109). Das deutsche Recht entspricht dieser Vorgabe nicht, da die

Art und Weise des Tätigwerdens für die Beurteilung des Vorliegens eines Betriebs gewerblicher Art keine Rolle spielen. § 2 Abs. 3 UStG ist insoweit richtlinienwidrig. Eine richtlinienkonforme Auslegung der nationalen Vorschrift scheidet aus, da die Grenzen des Wortsinns überschritten werden würden (Punkt 3.5.1.3.3, S. 115). Juristische Personen des öffentlichen Rechts können sich aber auf eine unmittelbare Anwendung des Gemeinschaftsrechts berufen, sofern sie in den Formen des Zivilrechts tätig werden (Punkt 3.5.1.4.5, S. 121).

12. Gemäß Art. 4 Abs. 5 Uabs. 2 der 6. EG-RL muß nach nationalem Recht des weiteren gewährleistet sein, daß Einrichtungen des öffentlichen Rechts hinsichtlich der Tätigkeiten, die ihnen *im Rahmen der öffentlichen Gewalt obliegen*, steuerpflichtig sind, sofern die Behandlung der öffentlichen Einrichtung als Nicht-Steuerpflichtige zu größeren Wettbewerbsverzerrungen führen würde (Punkt 3.6.2.1, S. 131). § 2 Abs. 3 UStG ist insoweit richtlinienkonform. Nach deutschem Recht setzt eine Besteuerung der öffentlichen Hand bereits früher ein. Einer *„größeren Wettbewerbsverzerrung"* bedarf es nicht. Vielmehr reicht bereits eine wettbewerbsrelevante Tätigkeit zur Begründung der Steuerpflicht aus. Im Falle „größerer Wettbewerbsverzerrungen" ist eine Besteuerung auf jeden Fall gewährleistet (Punkt 3.6.2.2, S. 136).

13. Abschließend ist festzustellen, daß die 6. EG-RL hinsichtlich der Besteuerung von Einrichtungen des öffentlichen Rechts nur unzureichend umgesetzt worden ist. Diese Rechtslage läßt sich zwar durch das Rechtsinstitut der richtlinienkonformen Auslegung des § 2 Abs. 3 UStG i.V.m. § 4 Abs. 1 KStG bzw. das der unmittelbaren Berufung auf die 6. EG-RL lösen, doch ist dies auf Dauer gesehen – insbesondere unter dem Gesichtspunkt der Rechtssicherheit – keine befriedigende Lösung (Punkt 3.7, S. 139).

# Literaturverzeichnis

# Literaturverzeichnis

## 1 Monographien, Aufsätze, Anmerkungen zu Urteilen


*Appel, Ivo*, Sanktionen als Mittel zur Durchsetzung von Gemeinschaftsrechts, DVBl. 1995, S. 280 ff.

*Altehoefer, Klaus*, Betriebe gewerblicher Art von juristischen Personen des öffentlichen Rechts - Zur Abgrenzung der wirtschaftlichen von der hoheitlichen Tätigkeit, in: Ertragsbesteuerung, Festschrift Ludwig Schmidt, herausgegeben von Raupach, A. / Uelner, A., München 1993, S. 677 ff.

*Bader, Hermann Georg*, Hoheitsbetrieb und Betrieb gewerblicher Art im Umsatz- und Körperschaftsteuerrecht, Dissertation (Köln 1996), Frankfurt am Main, 1997

*Baum, Heinz-Georg / Canter, Jochen / Günther, Edelgard / Wittmann, Robert*, Auswirkungen einer Umsatzsteuerpflicht für die öffentliche Abfallentsorgung auf die Gebührenschuldner, KStZ 1996, S. 221 ff.

*Beckmann, Martin / Kersting, Andreas*, Von der öffentlichen Daseinsvorsorge zur privaten Kreislaufwirtschaft, BB 1997, S. 161 ff.

*Bellefontaine, Klemens*, Abwasserbeseitigung nach dem Niedersächsischen Betreibermodell, Der Gemeindehaushalt, 1988, S. 265 ff.

*Bethge, Herbert*, Zur verfassungsrechtlichen Zulässigkeit der Mehrwertbesteuerung des Gebührenaufkommens der öffentlich-rechtlichen Rundfunkanstalten, JR 1971, S. 492 ff.

*Birkenfeld, Wolfram*, Juristische Personen des öffentlichen Rechts als Unternehmer (§ 2 Abs. 3 UStG), UR 1989, S. 1 ff.

*Birkenfeld, Wolfram*, Deutsches Umsatzsteuerrecht und Umsatzsteuerrecht der EG, UR 1989, S. 329 ff.

*Birkenfeld, Wolfram*, Verwaltungsvorschriften im Umsatzsteuerrecht und Gemeinschaftsrecht, UR 1993, S. 271 ff.

*Birkenfeld, Wolfram*, Umsatzsteuer in der Zeit, UR 1993, S. 321 ff.

*Birkenfeld, Wolfram*, Rechtsprechung des Europäischen Gerichtshofs zu Umsatzsteuerfragen, UR 1997, S. 241 ff.

*Birkenfeld, Wolfram*, Der Einfluß des Gemeinschaftsrechts auf die Rechtsverwirklichung im Steuerrecht, StuW 1998, S. 55 ff.

*Boetius, Jan*, Der Begriff „Ausübung öffentlicher Gewalt (Hoheitsbetrieb)" im Steuerrecht, DB 1996, Beilage 17/96 zu Heft Nr. 48, S. 1 ff .

*Brezing, Klaus*, Wandlungen des Unternehmerbegriffs, in: Umsatzsteuerkongreß-Bericht 1982/83, S. 25 ff..

*Crounauge, Ulrich / Dedy, Helmut*, Die Stadt, der Müll und das Steuerrecht, Der Gemeindehaushalt 1994, S. 96 ff.

*Czempiel, Benedict*, Abwasserbeseitigung als Hoheitsbetrieb, UR 1992, S. 285 ff.

*Dänzer-Vanotti, Wolfgang*, Richtlinienkonforme Auslegung und Rechtsfortbildung, StVj 1991, S. 1 ff.

*Dänzer-Vanotti, Wolfgang*, Die richtlinienkonforme Auslegung deutschen Rechts hat keinen rechtlichen Vorrang, RIW 1991, S. 754 ff.

*Degenhard, Dorothea*, Voraussetzungen und Folgen der unmittelbaren Wirkung von EG-Richtlinien, Teil I, IFSt-Schrift 348

*Erichsen, Hans-Uwe* in *Erichsen/Martens*, Allgemeines Verwaltungsrecht, 9. Aufl., 1991

*Everling, Ulrich*, Zur Auslegung des durch EG-Richtlinien angeglichenen nationalen Rechts, ZGR 1992, S. 376 ff.

*Everling, Ulrich*, Umsetzung von Umweltrichtlinien durch normkonkretisierende Verwaltungsanweisungen, RIW 1992, S. 379 ff.

*Flockermann, Paul Gerhard*, Besteuerung der öffentlichen Hand, Ausfuhr, Steuerbefreiung mit Option und Ausnahmeregelung des § 19, DStZ (A), S. 184 ff.

*Forchhammer, Josef*, Umsatzsteuerliche Probleme bei Einschaltung einer privatrechtlichen Gesellschaft in die Erfüllung hoheitlicher Aufgaben, UR 1991, S. 157

*Forst, Christian*, Die 6. EG-Richtlinie zur Harmonisierung der Umsatzsteuer und Probleme ihrer Umsetzung, UR 1989, S. 264 ff.

*Forster, Eduard*, Umsatzsteuerliche Einordnung der Leistungen von juristischen Personen des öffentlichen Rechts im Abfallsektor, DStR 1996, S. 651 ff.

*Forster, Eduard*, Juristische Personen des öffentlichen Rechts und Harmonisierung eines europäischen Mehrwertsteuersystems, Dissertation, Aachen 1997

*Forster, Eduard*, Einfluß des europäischen Gemeinschaftsrechts auf die deutsche Umsatzbesteuerung der Tätigkeiten von juristischen Personen des öffentlichen Rechts, UR 1996, S. 73 ff.

*Forster, Eduard*, Umsatzsteuerliche *Behandlung* der Abfallgebühren - „Alle wollen das gleiche, aber alle zusammen trauen sich nicht"-, UR 1997, S. 211 ff.

*Friauf, Karl Heinrich*, Zur Rechtfertigung der Steuerprivilegien öffentlicher Unternehmen, in *Friedrich, Peter/ Kupsch, Peter* (Herausgeber), Die Besteuerung öffentlicher Unternehmen, Baden-Baden, 1981, S. 57 ff.

*Gern, Alfons*, Zur Körperschafts- und Umsatzsteuerpflicht kommunaler Unternehmen nach der Rechtsprechung des Bundesfinanzhofes, Kommunale Steuer-Zeitschrift 1997, S. 167 ff.

*Gröpl, Christoph*, Verdeckte Gewinnausschüttungen bei der Erfüllung öffentlicher Aufgaben?, StuW 1997, S. 131 ff.

*Haidtbauer, Franz*, Besteuerung der Körperschaften des öffentlichen Rechts im Umsatzsteuergesetz 1994 und im Kraftfahrzeugsteuergesetz 1992, ÖStZ, 1997, S. 228 ff.

*Heidemann, Otto*, Künftige Besteuerung der kommunalen Abwasserbeseitigung und Abfallentsorgung, ZKF 1995, S. 122 ff.

*Heidemann, Otto*, Steuerliche Aspekte zur Wahl der Organisationsform kommunaler Einrichtungen, ZKF 1989, S. 57 ff.

*Heilmaier, E.*, Keine Umsatzgrenze bei Betrieben gewerblicher Art von Gemeinden, Stellungnahme zu dem BFH- Urteil vom 11.1.1979 - V R 26/74, UStR 1979, S. 120 ff.

*Herlinghaus, Andreas*, Bedeutung und Reichweite der richtlinienkonformen Auslegung nationalen Rechts, IFSt-Schrift Nr. 357, Bonn 1997

*Hofmeister, Ferdinand*, Zur Ertragsbesteuerung inländischer juristischer Personen des öffentlichen Rechts mit mehreren Betrieben gewerblicher Art, in: Ertragsbesteuerung, Festschrift Ludwig Schmidt, herausgegeben von Raupach, A. / Uelner, A., München 1993, S. 690 ff.

*Hüttemann, Rainer*, Wirtschaftliche Betätigung und steuerliche Gemeinnützigkeit, Dissertation (Bonn 1990), Köln, 1991

*Huschens, Ferdinand*, Neue Verfahren vor dem Europäischen Gerichtshof und ihre Bedeutung für das deutsche Umsatzsteuerrecht, RIW 1996, S. 225 ff.

*Jarass, Hans,* Richtlinienkonforme Auslegung bzw. EG-rechtskonforme Auslegung nationalem Rechts, EuR 1991, S. 211 ff. (216).
*Jarass, Hans,* Folgen der innerstaatlichen Wirkung von EG-Richtlinien, NJW 1991, S. 2665 ff. (2669);
*Jarass, Hans,* Konflikte zwischen EG-Recht und nationalem Recht vor den Gerichten der Mitgliedstaaten, DVBl. 1995, S. 954 ff.
*Jungblut, Ernst,* Umsatzsteuer (Mehrwertsteuer) für kommunale Eigenbetriebe eine finanziellvorteilhafte Entlastung?, KStZ 1996, S. 104 ff.
*Kirchhof, Paul,* Steuergleichheit, StuW 1984, S. 297 ff.
*Klein, Hans,* Die Besteuerung wirtschaftlicher Unternehmungen der öffentlichen Hand, StuW 1967, S. 658 ff.
*Klenk, Friedrich,* Anmerkung zum Beschluß des BFH vom 16.12.1992, UVR 1993, S. 116.
*Klenk, Friedrich,* Anmerkung zum Urteil des BFH vom 23.10.1996, UVR 1997, S. 53.
*Klenk, Friedrich,* Umsatzbesteuerung bei Unternehmen von Körperschaften des öffentlichen Rechts nach dem deutschen UStG, UVR 1999, S. 236 ff.
*Klezath, Peter,* Die Entwicklung der Umsatzsteuer bei Verwirklichung des einheitlichen Binnenmarktes, in: Deutsche Steuerjuristische Gesellschaft, Band 13, Umsatzsteuer in nationaler und europäischer Sicht, herausgegeben von Woerner, L., Köln 1990, S. 167 ff.
*Knop, Klaus,* Die Umsatzbesteuerung der Körperschaften des öffentlichen Rechts im neuen Umsatzsteuerrecht, UStR 1970, S. 348 ff..
*Krause-Ablass,* Anmerkung zum Urteil des BFH vom 28.01.1971 - V R 36/66, UStR 1971, S. 376 f.
*Küffner Thomas,* Abwasserentsorgung als Hoheitsbetrieb – back to the roots?, Der Betrieb 1999, S. 406 ff.
*Larenz, Karl,* Methodenlehre der Rechtswissenschaft, Berlin 1991
*Lang, Joachim,* Die Bemessungsgrundlage der Einkommensteuer, Köln 1988, S. 219 ff.
*Lang, Joachim / Seer, Roman,* Die Besteuerung der Drittmittelforschung, BB 1993, S. 262 ff.
*Lange, Hans-Friedrich,* Neutralitätsprinzip bei der Umsatzbesteuerung der öffentlichen Hand, UR 1999, S. 385 ff.
*Lange, Hans-Friedrich,* Juristische Personen des öffentlichen Rechts als Unternehmer im Umsatzsteuerrecht, UR 2000, S. 1 ff.
*Lange, Hans-Friedrich,* Körperschaftsteuerpflicht juristischer Personen des öffentlichen Rechts, DStZ 2000, S. 200 ff.
*Laule, Gerhard,* Die Körperschaftsteuerfreiheit für Hoheitsbetriebe - wann dient ein Betrieb der Ausübung öffentlicher Gewalt?, DStZ 1988, S. 183 ff.
*Leisner, Walter,* Die Unzulässigkeit steuerlicher Fiskalprivilegien, BB 1970, S. 405 ff.
*Lohse, Christian,* Europäische Lücken in der Bestandskraft von Umsatzsteuer-Bescheiden?, UR 1993, S. 288 ff.
*Lohse, Christian,* Anmerkung zum Urteil des EuGH vom 06.07.1995, UR 1995, S. 408.
*Louis, Hans Walter,* Die Besteuerung der öffentlichen Unternehmen und Einrichtungen der Daseinsvorsorge, Diss., Göttingen, 1981.
*Lutter, Marcus,* Die Auslegung angeglichenen Rechts, JZ 1992, S. 593 ff.

*Meßmer, Kurt,* Der Betrieb gewerblicher Art im Körperschaftsteuerrecht - ein Stiefkind des Gesetzgebers - , in Klein, Franz / Vogel, Klaus (Herausgeber), Der Bundesfinanzhof und seine Rechtsprechung, Festschrift für Hugo von Wallis, Bonn, 1985, S. 341 ff.

*Mösslang, Gerhard,* Der Unternehmerbegriff des deutschen Umsatzsteuergesetzes und die Harmonisierung des Umsatzsteuerrechts, UR 1994, S. 10 ff.

*Müller, Joachim / Reimann, Ralf,* Auswirkungen des EuGH-Urteils vom 4.10.1995 auf die kommunale Praxis, ZKF 1996, S. 79 ff.

*Nessler, Volker,* Richterrecht wandelt EG-Richtlinien, RIW 1993, S. 206 ff.

*Noch, Rainer,* Anmerkung zum Urteil des BGH vom 23.10.1996 I R 1-2/94, DStZ 1997, S. 197.

*Paulick, Heinz,* Der Hoheitsbetrieb im Steuerrecht, StuW 1952, Spalte 679 ff.

*Pflaumer, Gerd,* Der Begriff „Ausübung öffentlicher Gewalt" im Steuerrecht, Dissertation Heidelberg, 1964

*Probst, Ulrich,* Übereinstimmung zwischen Umsatzsteuergesetz und 6. EG-Richtlinie sowie richtlinienkonforme Auslegung des Umsatzsteuergesetzes, in: Deutsche Steuerjuristische Gesellschaft, Band 13, Umsatzsteuer in nationaler und europäischer Sicht, herausgegeben von Woerner, L., Köln 1990, S. 137 ff.

*Probst, Ulrich,* Zur unmittelbaren Wirkung von EG-Richtlinien, UR 1990, S. 302 ff.

*Prugger, Karl,* Anmerkung zum Urteil des BFH vom 14.04.1983 -V R 3/79, UR 1983, S. 147 ff..

*Püttner,* Die öffentlichen Unternehmen, 2. Auflage, 1985

*Ramme, Christoph,* Anmerkung zum Urteil des EuGH vom 17.10.1989, UR 1991, S. 80 f.

*Ramme, Christoph,* Betriebe gewerblicher Art von Körperschaften des öffentlichen Rechts und die Ausübung öffentlicher Gewalt im Umsatzsteuerrecht, Dissertation, Köln, 1970

*Rau, Günter,* Die Umsatzsteuer bei Unternehmensverbindungen, Verbänden oder Kooperationen, UR 1987, S. 121 ff.

*Raudszus, Holger / Weimann, Rüdiger,* Unternehmereigenschaft der juristischen Personen des öffentlichen Rechts im Rahmen der Vermögensverwaltung, DStR 1995, S. 1373 ff.

*Rainer, Anno,* Anmerkung zum Urteil des EuGH vom 06.07.1995, IStR 1995, S. 388 f.

*Reimann, Ralf,* Auswirkungen der Einführung der Steuerpflicht der Entsorgung auf kommunale Großprojekte in umsatzsteuerlicher Hinsicht, ZKF 1995, S. 242 ff.

*Reiss, Wolfram,* Gesellschafter und Gesellschafterbeitrag im Umsatzsteuerrecht, UR 1988, S. 298 ff.

*Reiss, Wolfram,* Der vorschnelle Abschied vom Betrieb gewerblicher Art, UR 1994, S. 388 ff.

*Reiss, Wolfram,* Die nicht ordnungsgemäße Umsetzung von EG-Steuerrichtlinien und ihre Folgen, StuW 1994, S. 323 ff.

*Reugebrink, J.,* Der Stand der Harmonisierung der Mehrwertsteuer in den Niederlanden, UR 1991, S. 305 ff.

*Riegler, Bernhard,* Entwicklung der Besteuerung der Betriebe der Gemeinden, ZKF 1993, S. 266 ff.

*Sarrazin, Viktor,* Stand der Beratungen des Vorschlags einer 6. Umsatzsteuer-Richtlinie der EG-Kommission, UR 1974, S. 281 ff.

*Schärich, Herbert,* Wettbewerbsverzerrung durch Steuerfreiheit der Hoheitsbetriebe?, KStZ 1995, S. 97.

*Schlienkamp, August*, Anwendungsvorrang des EG-Rechts bei der Besteuerung des Entnahmeeigenverbrauchs ?, UR 1991, S. 337 ff.

*Schmidt-Aßmann*, Der Grundrechtsschutz gemischt-wirtschaftlicher Unternehmen nach Art. 19 Abs. 3 GG, BB 1990, Beilage Nr. 34 zu Heft Nr. 27, S. 1 ff.

*Schmidt-Liebig, Axel*, Die „neuere Rechtsprechung“ des Bundesfinanzhofs zum umsatzsteuerlichen Unternehmer, BB 1994, Beilage Nr. 20 zu Heft Nr. 29, S. 1 ff..

*Schön, Wolfgang*, Die Auslegung europäischen Steuerrechts, Band 20 der Schriftenreihe „Rechtsordnung und Steuerwesen“, Köln 1993

*Schön, Wolfgang*, Gemeinschaftskonforme Auslegung und Fortbildung des nationalen Steuerrechts - unter Einschluß des Vorlageverfahrens nach Art. 177 EGV - , in: Deutsche Steuerjuristische Gesellschaft, Band 19, Steuerrecht im Europäischen Binnenmarkt, herausgegeben von *Lehner, Moris* , Köln 1996, S. 167 ff.

*Seer, Roman*, Inhalt und Funktion des Begriffes „Betrieb gewerblicher Art“ für die Besteuerung der öffentlichen Hand, DStR 1992, S. 1751 ff. (Teil I), S. 1790 ff. (Teil II).

*Seifert, Klaus / Metschkoll, Michael*, Anmerkung zur Organisation der Abwasserbeseitigung nach dem Niedersächsischen Betreibermodell, Der Gemeindehaushalt, 1991, S. 180 ff.

*Selmer, Peter*; Finanzordnung und Grundgesetz, die Rechtsprechung des Bundesverfassungsgerichtes in Finanz- und Steuersachen, in: Archiv des öffentlichen Rechts, Band 101, 1976, S. 238 ff. (Teil I) und S. 399 ff. (Teil II).

*Selmer, Peter / Schulze-Osterloh, Lerke*, Besteuerung öffentlicher Unternehmen und Wettbewerbsneutralität, DÖV 1978, S. 381 ff.

*Sinz, Klaus*, Auswirkungen der Reformüberlegungen zur Besteuerung kommunaler Entsorgungsbetriebe auf die einzelnen Steuerarten, Der Gemeindehaushalt, 1994, S. 217 ff.

*Söhn, Hartmut*, Die Harmonisierung der Umsatzsteuern in der Europäischen Gemeinschaft, StuW 1976, S. 1 ff.

*Söhn, Hartmut*, Umsatzbesteuerung der Rundfunkanstalten – BVerfGE 31, 314, JuS 1976, S. 161 ff.

*Söhn, Hartmut*, Die Umsatzsteuer als indirekte, allgemeine Verbrauchsteuer, StuW 1996, S. 165 ff.

*Söhn, Hartmut*, Die Umsatzsteuer als Verkehrsteuer und/oder Verbrauchsteuer, StuW 1975, S. 1 ff.

*Söhn, Hartmut*, Zur Umsatzsteuer, StuW 1975, S. 164 ff.

*Spetzler, Eugen*, Die unmittelbare Wirkung von Richtlinien-Bestimmungen als neue Sanktionskategorie nach Art. 189 EWG-Vertrag, RIW 1989, S. 362 ff.

*Stadie, Holger*, Anmerkung zum Urteil des EuGH vom 6.2.1997, UR 1997, S. 262 f.

*Stadie, Holger*, Der Mitunternehmer im Umsatzsteuerrecht, UR 1986, S. 137 ff.

*Stern*, Das Staatsrecht der Bundesrepublik Deutschland, Band II, 1980

*Tipke, Klaus*, Die dualistische Einkünfteermittlung nach dem Einkommensteuergesetz - Entstehung, Motivation und Berechtigung, Festschrift für *Paulick*, 1973, S. 391 ff.

*Tipke, Klaus*, Die Steuerrechtsordnung, Köln, 1993

*Tipke, Klaus / Lang, Joachim*, Steuerrecht, 16. Auflage, Köln 1998

*Theler, Herrmann-Josef*, Die juristischen Personen des öffentlichen Rechts in der Umsatzsteuer - Eine steuersystematische und verfassungsrechtliche Untersuchung, DVR 1986, S. 162 ff. und 178 ff.

*Völkel, Dieter*, Die Unverträglichkeit des gemeinen Werts und des Teilwerts als Bemessungsgrundlage nach § 10 Abs. 4 Nr. 1 UStG mit EG-Recht, UR 1988, S. 111 ff.

*Voß, Reimer*, Europäisches und nationales Steuerrecht, StuW 1993, S. 155

*Wachweger, Dieter / Schlienkamp / Schütz*, Die 6. EG-Richtlinie zur Harmonisierung der Umsatzsteuer, UR 1977, S. 121 ff.

*Wachweger, Dieter*, 6. EG-Richtlinie zur Harmonisierung der Umsatzsteuer in den Europäischen Gemeinschaften, Bonn, 1977

*Wachweger, Dieter*, Die Auswirkungen der 6. USt-Richtlinie des Rates der EG auf das deutsche Recht, DStZ 1978, S. 11 ff. und 43 ff.

*Wagner, Wilfried*, Anmerkung zum Urteil des EuGH vom 6.02.1997 - Rs. C-247/95, UVR 1997, S. 132.

*Wagner, Wilfried*, Der leise Abschied des „Betriebs gewerblicher Art" aus dem Umsatzsteuerrecht, UR 1993, S. 301 ff.

*Wagner, Wilfried*, Umsatzsteuer und öffentliche Hand, in: Deutsche Steuerjuristische Gesellschaft, Band 13, Umsatzsteuer in nationaler und europäischer Sicht, herausgegeben von Woerner, L., Köln 1990, S. 59 ff.

*Weber-Grellet, Heinrich*, Europäisiertes Steuerrecht? Stand und Entwicklung, StuW 1995, S. 336 ff.

*Weich, Bernhard*, Öffentliche Hand im System der Umsatzsteuer, Dissertation, Köln, 1996

*Weimann, Rüdiger / Raudszus, Holger*, Die umsatzsteuerliche Abfallentsorgung unter Berücksichtigung des neuen Kreislaufwirtschaftsgesetzes, DStR 1996, S. 815 ff.

*Weiss, Eberhard*, Anmerkung zum Urteil des BFH vom 10.02.1994, UR 1994, S. 313 ff.

*Weiss, Eberhard*, Anmerkung zum Urteil des BFH vom 11.06.1997, UR 1997, S. 347 f.

*Weiss, Eberhard*, Anmerkung zum Urteil des BFH vom 23.10.1996, UR 1997, S. 344 f.

*Weiss, Eberhard*, Anmerkung zum Urteil des BFH vom 24.2.1994, UR 1995, S. 392 f.

*Weiss, Eberhard*, Anmerkung zum Urteil des EuGH vom 20.06.1991, UR 1993, S. 121 f.

*Weiss, Eberhard*, Anmerkung zum Urteil des BFH vom 11.1.1979, UR 1979, S. 85 f.

*Wellmann, Susanne*, Abfallentsorgung als Hoheitsbetrieb gemäß § 4 Abs. 5 KStG?, DB 1997, S. 501 ff.

*Widmann, Werner*, „Teilweise unentgeltliche" Umsätze als Eigenverbrauch ?, UR 1987, S. 221 ff.

*Widmann, Werner*, Zu den praktischen Folgen von Urteilen des Europäischen Gerichtshofs, aus denen sich der Anwendungsvorrang einer EG-Richtlinienbestimmung ergibt, UR 1990, S. 7 ff.

*Widmann, Werner*, Umsatzsteuerfragen bei der Abfallentsorgung und Wertstoffverwertung durch die öffentliche Hand, UR 1992, S. 9 ff.

*Widmann, Werner*, Anmerkung zum Urteil des FG München vom 17.2.1994, UR 1994, S. 317 f.

*Widmann, Werner*, Umsatzsteuer auf öffentliche Entsorgungsgebühren: Jetzt ist der Gesetzgeber gefordert!, UR 1997, S. 54 ff.

*Wolff / Bachhof / Stober* , Verwaltungsrecht, Band I, 9. Auflage

*Wolff / Bachhof*, Verwaltungsrecht, Band II, 5. Auflage, 1986

## 2 Kommentare, Handbücher

*Birkenfeld, Wolfram,* Das große USt-Handbuch, 3. Auflage, Köln, Stand 10/99

*Blümich,* EStG, KStG, GewStG, Kommentar, München, Stand 7/99

*Bunjes/Geist,* Umsatzsteuergesetz, Kommentar, 4. Auflage, München 1997

*Czychowski, Manfred,* Wasserhaushaltsgesetz, Kommentar, 7. Auflage, München 1998

*Evers, Robert,* Kommentar zum KStG 1925, 2. Auflage, Berlin 1927

*Hartmann /Metzenmacher,* Das Umsatzsteuergesetz vom 16. Oktober 1934, Kommentar, Berlin/Leipzig 1935

*Hartmann /Metzenmacher,* Umsatztsteuergesetz, Kommentar, 7. Auflage, Berlin , Stand 10/99

*Hermann/Heuer/Raupach,* Einkommens- und Körperschaftsteuergesetz, 21. Auflage, Köln, Stand 4/99

*Hübschmann /Grabower/Beck /v. Wallis/Schwarz,* Umsatzsteuergesetz, Kommentar, 2. Auflage, Köln 1966

*Hübschmann/Hepp/Spitaler,* Kommentar zur Abgabenordnung, 10. Auflage, Köln, Stand 6/99

*Immenga/Mestmäcker,* GWB, Kommentar, 2. Auflage, München 1992

*Kirchhof/Söhn,* EStG, Kommentar, Heidelberg, Stand 10/99

*Klein,* AO 1977, 6. Auflage, München 1998

*Löblein,* Die Mehrwertsteuer der Gemeinden und ihrer Betriebe, Stuttgart, Stand 8/99

*Palandt,* Bürgerliches Gesetzbuch, 58. Auflage, München 1999.

*Popitz, Johannes,* Kommentar zum Umsatzsteuergesetz, 3. Auflage, 1928

*Rau/Dürrwächter,* Kommentar zum Umsatztsteuergesetz, 8. Auflage, Köln, Stand 8/99

*Rosendorff/Hermann,* Körperschaftsteuergesetz, 7. Auflage, Berlin/Wien 1932

*Schmidt,* EStG, 18. Auflage, München 1999

*Reiß/Kraeusel/Langer,* Umsatzsteuergesetz, Bonn, Stand 12/99

*Sölch/Ringleb/List,* Umsatzsteuer, München, Stand 5/99

*Stern,* Das Staatsrecht der Bundesrepublik Deutschland, Band II, München, 1980

*Streck,* Körperschaftsteuergesetz, Kommentar, 5. Auflage 1997

*Tipke/Kruse,* AO 1977, 16. Auflage, Köln, Stand 10/99

## 3 Urteile, Beschlüsse, Gutachten und Pressemitteilungen

### 3.1 Europäischer Gerichtshof

EuGH, Urteil vom 06.10.1963 - 26/62, Slg. 1963, S. 1 ff.

EuGH, Urteil vom 19.03.1964 - 75/63, Slg. 1964, S. 379 ff.

EuGH, Urteil vom 12.05.1964 - 101/63, Slg. 1964, S. 417 ff.

EuGH, Urteil vom 15.07.1964 - 6/64, Slg. 1964, S. 1253 ff.

EuGH, Urteil vom 17.02.1970 - 11/70, Slg. 1970, S. 1125 ff.

EuGH, Urteil vom 06.10.1970 - 9/70, Slg. 1970, S. 825 ff.

EuGH, Urteil vom 21.10.1970 - 20/70, Slg. 1970, S. 861 ff.

EuGH, Urteil vom 21.10.1970 - 23/70, Slg. 1970, S. 881 ff.

EuGH, Urteil vom 28.05.1974 - 3/74, Slg. 1974, S. 589 ff.

EuGH, Urteil vom 04.12.1974 - 41/74, Slg. 1974, S. 1337 ff.

EuGH, Urteil vom 26.02.1975 - 67/74, Slg. 1975, S. 297 ff.

EuGH, Urteil vom 30.10.1975 - 23/75, Slg. 1975, 1279 ff.

EuGH, Urteil vom 01.02.1977 - 51/76, Slg. 1977, S. 113 ff.

EuGH, Urteil vom 08.11.1977 - 36/77, Slg. 1977, S. 2059 ff.
EuGH, Urteil vom 05.04.1979 - 148/78, Slg. 1979, S. 1629 ff.
EuGH, Urteil vom 12.09.1979 - 260/78, Slg. 1979, S. 2693 ff.
EuGH, Urteil vom 13.12.1979 - 44/79, Slg. 1979, S. 3727 ff.
EuGH, Urteil vom 19.01.1982 - 8/81, Slg. 1982, S. 53 ff.
EuGH, Urteil vom 06.10.1982 - 283/81, Slg. 1982, 3415 ff.
EuGH, Urteil vom 10.04.1984 - 14/83, Slg. 1984, S. 1891 ff.
EuGH, Urteil vom 23.05.1985 - 29/84, Slg. 1985, S. 1661 ff.
EuGH, Urteil vom 03.10.1985 - 249/48, Slg. 1985, S. 3237 ff.
EuGH, Urteil vom 10.12.1985 - 290/84, Slg. 1985, S. 3909 ff.
EuGH, Urteil vom 26.02.1986 - 152/84, Slg. 1986, S. 723 ff.
EuGH, Urteil vom 15.10.1986 - C 168/85, Slg. 1986, S. 2945 ff.
EuGH, Urteil vom 04.12.1986 - 71/85, Slg. 1986, 3855 ff.
EuGH, Urteil vom 24.06.1987 - 61/85, Slg. 1987, S. 2861 ff.
EuGH, Urteil vom 08.10.1987 - 80/86, Slg. 1987, S. 3969 ff.
EuGH, Urteil vom 13.10.1987 - C-236/85, Slg. 1987, S. 3989 ff.
EuGH, Urteil vom 03.03.1988 - 116/86, Slg. 1988, S. 1323 ff.
EuGH, Urteil vom 14.07.1988 - 38/87, Slg. 1988, S. 4414 ff.
EuGH, Urteil vom 20.09.1988 - 190/87, Slg. 1988, S. 4689 ff.
EuGH, Urteil vom 15.06.1989 - 348/87, Slg. 1989, S. 1737 ff.
EuGH, Urteil vom 11.07.1989 - 170/88, Slg. 1989, S. 2305 ff.
EuGH, Urteil vom 13.12.1989 - C-1/89, Slg. 1989, S. 4423 ff.
EuGH, Urteil vom 22.02.1990 - C-221/88, Slg. 1990 I, S. 495 ff.
EuGH, Urteil vom 15.03.1990 - C-339/87, Slg. 1990 I, S. 851 ff.
EuGH, Urteil vom 13.11.1990 - C-106/89, Slg. 1990 I, S. 4135 ff.
EuGH, Urteil vom 28.02.1991 - C-131/88, Slg. I 1991, S. 825 ff.
EuGH, Urteil vom 16.05.1991 - C-168/90, Slg. 1991 I, S. 2539 ff.
EuGH, Urteil vom 30.05.1991 - C-361/88, Slg. 1991 I, S. 2567 ff.
EuGH, Urteil vom 11.07.1991 - C –87,88,89/90, Slg. 1991 I, S. 3757 ff.
EuGH, Urteil vom 25.07.1991 - C -208/90, Slg. 1991 I, S. 4269 ff.
EuGH, Urteil vom 19.11.1991 - C -6/90 und C-9/90, Slg. 1991 I, S. 5357 ff.
EuGH, Urteil vom 02.08.1993 - C-271/91, EuZW 1993, S. 706 ff.
EuGH, Urteil vom 27.10.1993 - C-338/91, Slg. 1993 I, S. 5475 ff.
EuGH, Urteil vom 16.12.1993 - C-334/92, Slg. 1993 I, S. 6911 ff.
EuGH, Urteil vom 23.02.1994 - C-236/92, Slg. 1994 I, S. 483 ff.
EuGH, Urteil vom 03.03.1994 - C-332, 333, 335/ 92, Slg. 1994 I, S. 711 ff.
EuGH, Urteil vom 14.07.1994 - C-91/92, Slg. 1994 I, S. 3325 ff.
EuGH, Urteil vom 06.12.1994 - C-410/92,Slg. 1994 I, S. 5483 ff.
EuGH, Urteil vom 06.07.1995 - Rs. C-62/93, UR 1995, S. 404 ff.
EuGH, Urteil vom 14.12.1995 - C-312/93, Slg. 1995 I, S. 4599 ff.
EuGH, Urteil vom 05.03.1996 - C-46/93 und C-48/93, Slg. 1996 I S. 1029 ff.
EuGH, Urteil vom 06.02.1997 - C-247/95, Slg. 1997 I, S. 779 ff.
EuGH, Urteil vom 13.03.1997 - C-197/97, Slg. 1997 I, S. 1489 ff.
EuGH, Urteil vom 15.09.1998 - C – 231/96, NJW 1999, S. 129 ff.

**3.2 Bundesfinanzhof**

BFH, Urteil vom 12.12.1951 - I 95/51 S, BStBl. III 1952, S. 41 ff.
BFH, Urteil vom 15.01.1952 - I 96/51 U, BStBl. III 1952, S. 61 ff.
BFH, Urteil vom 09.02.1953 - V 84/52 U, BStBl. III 1953, S. 86 f.
BFH, Urteil vom 20.02.1953 - V 57/51 U, BStBl. III 1953, S. 123 f.
BFH, Urteil vom 10.05.1955 - I 131/53 U, BStBl. III 1955, S. 210
BFH, Urteil vom 29.11.1955/ 04.07.1956 - V 56/55 U, BStBl. III 1956, S. 275 ff.
BFH, Urteil vom 20.03.1956 - I 317/55 U, BStBl. III 1956, S. 166 ff.
BFH, Urteil vom 25.10.1956 - V 79/56 U, BStBl. III 1956, S. 353 f.
BFH, Urteil vom 26.02.1957 - I 327/56 U, BStBl. III 1957, S. 146 ff.
BFH, Urteil vom 26.11.1959 - V 277/56 U, BStBl. III 1960, S. 39 ff.
BFH, Urteil vom 07.04.1960 - V 143/58 U, BStBl. III 1960, S. 261 ff.
BFH, Urteil vom 13.04.1961 - V 120/59 U, BStBl. III 1961, S. 298 ff.
BFH, Urteil vom 24.10.1961 - I 105/60, BStBl. III 1961, S. 552 ff.
BFH, Urteil vom 10.07.1962 - I 164/59 S, BStBl. III 1962, S. 448 ff.
BFH, Urteil vom 04.08.1962 - I 65/60 U, BStBl. III 1962, S. 450 ff.
BFH, Urteil vom 09.10.1963 - I 189/61 U, BStBl. III 1964, S. 79 ff.
BFH, Urteil vom 22.07.1964 - I 136/62 U, BStBl. III 1964, S. 559 ff.
BFH, Urteil vom 14.10.1964 - I 80/62 U, BStBl. III 1965, S. 95 ff.
BFH, Urteil vom 01.04.1965 - V 131/62 U, BStBl. III 1965, S. 339 ff.
BFH, Urteil vom 02.11.1965 - I 221/62 S, BStBl. III 1966, S. 255 ff.
BFH, Urteil vom 07.12.1965 - I 319/62 S, BStBl. III 1966, S. 150 ff.
BFH, Urteil vom 08.02.1966 - I 212/63, BStBl. III 1966, S. 287 ff.
BFH, Urteil vom 18.08.1966 - V 21/64, BStBl. III 1967, S. 100 f.
BFH, Beschluß des Großen Senats vom 16.01.1967 - S. 4/ 66, BStBl. 1967 S. 240 ff.
BFH, Urteil vom 06.07.1967 - V 76/64, BStBl. III 1967, S. 582 ff.
BFH, Urteil vom 12.07.1967 - I 267/63, BStBl. III 1967, S. 679 ff.
BFH, Urteil vom 21.11.1967 - I 274/64, BStBl. II 1968, S. 218 ff.
BFH, Urteil vom 25.04.1968 - V 120/64, BStBl. II 1969, S. 94 ff.
BFH, Urteil vom 14.11.1968 - V 217/64, BStBl. II 1969, S. 274 ff.
BFH, Urteil vom 12.12.1968 - V 213/65, BStBl. II 1969, S. 280 ff.
BFH, Urteil vom 17.04.1969 - V B 53/68, BStBl. II 1969, S. 415 f.
BFH, Urteil vom 07.05.1969 - R 106/66, BStBl. II 1969, S. 443 ff.
BFH, Urteil vom 20.11.1969 - I 1969 I R 204/67, BStBl. II 1970, S. 151 f.
BFH, Urteil vom 18.02.1970 - I 157/67, BStBl. II 1970, S. 519 ff.
BFH, Urteil vom 04.03.1970 - I R 123/68, BStBl. II 1970, S. 470 ff.
BFH, Urteil vom 28.01.1971 - V R 38/66, BStBl. II 1971, S. 281 ff.
BFH, Urteil vom 30.06.1971 - I R 57/70, BStBl. II 1971, S. 753 f.
BFH, Urteil vom 08.07.1971 - V R 1/68, BStBl. II 1972, S. 70 ff.
BFH, Urteil vom 08.11.1971 - GrS 2/71, BStBl. II 1972, S. 63 ff.
BFH, Urteil vom 15.03.1972 - I R 232/71, BStBl. II 1972, S. 500 f.
BFH, Urteil vom 20.04.1972 - V R 110/72, BStBl. II 1972, S. 656 ff.

BFH, Beschluß des Großen Senats vom 08.11.1972 - Gr.S. 2/71, BStBl. II 1972, S. 63 ff.
BFH, Urteil vom 06.04.1973 - III R 78/72, BStBl. II 1973, S. 616 ff.
BFH, Urteil vom 13.03.1974 - I R 7/71, BStBl. II 1974, S. 391 ff.
BFH, Urteil vom 09.05.1974 - R 160/71, BStBl. II 1974, S. 631 ff.
BFH, Urteil vom 31.01.1975 - VI R 171/74, BStBl. II 1975, S. 563 ff.
BFH, Urteil vom 12.03.1975 - I R 255/72, BStBl. II 1975, S. 549 ff.
BFH, Urteil vom 04.02.1976- I R 200/73, BStBl. II 1976, S. 355 ff.
BFH, Urteil vom 22.09.1976 - I R 102/74, BStBl. II 1976, S. 793 ff.
BFH, Urteil vom 06.10.1976 - I, R 115/75, BStBl. II 1977, S. 94 ff.
BFH, Urteil vom 26.05.1977 - V R 15/74, BStBl. II 1977, S. 813 ff.
BFH, Urteil vom 10.11.1977 - V R 115/74, BStBl. II 1978, S. 80 ff.
BFH, Urteil vom 16.08.1978 - I R 73/76, BStBl. II 1979, S. 120 ff.
BFH, Urteil vom 11.01.1979 - V R 26/74, BStBl. II 1979, S. 746 ff.
BFH, Urteil vom 01.08.1979 - I R 106/76, BStBl. II 1979, S. 716 ff.
BFH, Urteil vom 21.02.1980 - V R 113/73, BStBl. II 1980, S. 613 ff.
BFH, Urteil vom 04.03.1980 - VIII R 150/76, BStBl. II 1980, S. 389 ff.
BFH, Urteil vom 12.11.1980 - II R 1/76, BStBl. II 1981, S. 279 f.
BFH, Urteil vom 06.10.1982 - I R 7/79, BStBl. II 1983, S. 80 ff.
BFH, Urteil vom 02.03.1983 - I R 100/79, BStBl. II 1983, S. 386 ff.
BFH, Urteil vom 14.04.1983 - V R 3/79, BStBl. II 1983, S. 491 ff.
BFH, Urteil vom 03.11.1983 - V R 4/73, BStBl. II 1984, S. 169 ff.
BFH, Urteil vom 09.05.1984 - I R 25/81, BStBl. II 1984, S. 726 ff.
BFH, Urteil vom 25.06.1984 - GrS 4/82, BStBl. II 1984, S. 751 ff..
BFH, Urteil vom 20.12.1984 - V R 25/76, BStBl. II 1985, S. 176 ff.
BFH, Urteil vom 04.07.1985 - V R 35/78, BStBl. II 1985, S. 559 ff.
BFH, Urteil vom 12.12.1985 - V R 25/78, BStBl. II 1986, S. 216 f.
BFH, Urteil vom 02.04.1986 - I R 38/80, BFH NV 1987, S. 810 ff.
BFH, Urteil vom 09.07.1986 - I R 85/ 83, BStBl. II 1986, S. 851 ff.
BFH, Urteil vom 13.08.1986 - II R 246/81, BStBl. II 1986, S. 831 ff.
BFH, Urteil vom 15.01.1987 - V R 3/77, BStBl. II 1987, S. 512 ff.
BFH, Urteil vom 30.04.1987 - V R 154/78, BStBl. II 1987, S. 688 ff.
BFH, Urteil vom 03.12.1987 - IV R 41/85, BStBl. II 1988, S. 266 ff.
BFH, Urteil vom 20.01.1988 - X R 48/81, BStBl. II 1988, S. 557 ff.
BFH, Urteil vom 28.01.1988 - V R 112/86, BStBl. II 1988, S. 473 ff.
BFH, Urteil vom 18.03.1988 - V R 178/83, BStBl. II 1988, S. 647 ff.
BFH, Urteil vom 11.05.1988 - V R 76/83, BStBl. II 1988, S. 908 ff.
BFH, Urteil vom 29.06.1988 - X R 33/82, BStBl. 1988, S. 922 ff.
BFH, Urteil vom 30.06.1988 - V R 79/84, BStBl. II 1988, S. 910 ff.
BFH, Urteil vom 18.08.1988 - V R 18/83, BStBl. II 1988, S. 971 ff.
BFH, Urteil vom 25.10.1988 - VIII R 262/80, BStBl. II 1989, S. 291 ff.
BFH, Urteil vom 23.11.1988 - I R 11/88, BStBl. II 1989, S. 391 ff.
BFH, Urteil vom 21.12.1988 - V R 24/87, BStBl. II 1989, S. 430 ff.
BFH, Urteil vom 08.03.1989 - X R 108/ 87, BStBl. II 1989, S. 572 ff.
BFH, Urteil vom 22.06.1989 - V R 37/84, BStBl. II 1989, S. 913 ff.

BFH, Urteil vom 21.09.1989 - V R 89/85, BStBl. II 1990, S. 95 ff.
BFH, Urteil vom 25.10.1989 - V R 111/85, BStBl. II 1990, S. 868 ff.
BFH, Urteil vom 08.11.1989 - I R 197/85, BStBl. II 1990, S. 242 ff.
BFH, Urteil vom 30.11.1989 - I R 19/87, BStBl. II 1990, S. 246 ff.
BFH, Urteil vom 30.11.1989 - I R 79-80/86, BStBl. II 1990, S. 452 ff.
BFH, Urteil vom 19.01.1990 - VI R 42/86, BStBl. II 1990, S. 679 ff.
BFH, Urteil vom 14.03.1990 - I R 156/87, BStBl. II 1990, S. 866 ff.
BFH, Urteil vom 27.06.1990 - I R 166/85, BFH NV 1991, S. 628 ff.
BFH, Urteil vom 11.07.1990 - II R 33/86, BStBl. 1990, S. 1100 ff.
BFH, Urteil vom 18.04.1991 - V R 122/89, UR 1991, S. 253 ff.
BFH, Urteil vom 29.08.1991 - V B 113/91, BStBl. II 1992, S. 267 ff.
BFH, Urteil vom 29.08.1991 - V B 113/91, BStBl. II 1992, S. 267 ff.
BFH, Urteil vom 07.11.1991 - V R 116/86, BStBl. 1992, S. 269 ff.
BFH, Urteil vom 28.11.1991 - V R 95/86, BStBl. II 1992, S. 569 ff.
BFH, Urteil vom 04.12.1991 - I R 74/89, BStBl. II 1992, S. 432 ff.
BFH, Urteil vom 04.06.1992 - V R 31/88, BFH/NV 1993, S. 276 ff .
BFH, Urteil vom 10.12.1992 - V R 3/88, BStBl. II 1993, S. 380 ff.
BFH, Beschluß vom 16.12.1992 - V B 74/92, BFH NV 1993, S. 696 f.
BFH, Urteil vom 16.03.1993 - XI R 52/90, BStBl. 1993, S. 562 ff.
BFH, Urteil vom 11.05.1993 - VII R 86/92, UR 1993, S. 391 f.
BFH, Urteil vom 09.09.1993 - V R 88/88, BStBl. II 1994, 56 f.
BFH, Urteil vom 09.09.1993 - V R 24/89, BStBl. II 1994, 57 ff.
BFH, Urteil vom 27.10.1993 - I R 60/91, BStBl. II 1994, S. 573 ff.
BFH, Urteil vom 15.12.1993 - X R 115/91, BStBl. II 1994, S. 314 ff.
BFH, Urteil vom 10.02.1994 - V R 33/92, UR 1994, S. 311 ff.
BFH, Urteil vom 24.02.1994 - V R 25/92, UR 1995, S. 391 f.
BFH, Urteil vom 31.05.1994 - V B 136/93, UR 1995, S. 393 ff.
BFH, Urteil vom 09.06.1994 - V R 108/93, UR 1995, S. 333 f.
BFH, Urteil vom 18.01.1995 - XI R 71/93, BStBl. II 1995, S. 559 ff.
BFH, Beschluß vom 26.01.1995 - V R 122/93, BFH NV 1996, S. 86 f.
BFH, Beschluß vom 21.03.1995 - XI R 33/94, UR 1995, S. 397 ff.
BFH, Beschluß des Großen Senats vom 03.07.1995 - 1/93, BStBl. II 1995, S. 617 ff.
BFH-Vorbescheid vom 16.11.1995 - V R 122/93, VKU Nachrichtendienst Nr. 572 6/1996, 5.
BFH, Urteil vom 21.03.1995 – XI R 36/95, UR 1995, S. 397 ff.
BFH, Pressemitteilung vom 23.05.1996, UR 1996, S. 185
BFH, Urteil vom 23.10.1996 - I R 1-2/94, BStBl. II 1997, S. 139 ff.
BFH, Pressemitteilung vom 24.10.1996, BB 1996, S. 2336.
BFH, Urteil vom 04.12.1996 - I R 54/95, DStR 1997, S. 492 ff.
BFH, Urteil vom 11.06.1997 - XI R 33/94, UR 1997, S. 346 ff.
BFH, Urteil vom 11.06.1997 - XI R 65/95, BFHE 183, S. 283 ff.
BFH, Urteil vom 21.05.1997 - I R 164/94, BFH/NV 1997, S. 825 f.
BFH, Urteil vom 08.01.1998 - V R 32/97, BStBl. II 1998, S. 410 ff.
BFH, Urteil vom 15.10.1998 - I R 10/92, BStBl. II 1998, S. 63 ff.

**3.3 Reichsfinanzhof**

RFH, Urteil vom 16.06.1920 - II A 120/20, RFHE 3, S. 95 f.
RFH, Gutachten vom 17.12. 1920 - II D 9/20, BFHE 4, S. 92.
RFH, Urteil vom 24.11.1921 - V A 119/2, BFHE 7, S. 275
RFH, Urteil vom 28.09.1929 - I Aa 555/29, RStBl. 1929, S. 599 f.
RFH, Urteil vom 22.10.1929 - I Aa 644/29, RStBl. 1929, S. 666.
RFH, Urteil vom 06.05.1930 - I A 24/30 S, RStBl. 1930, S. 637 f.
RFH, Urteil vom 11.02.1932 - V A 493/31, BFHE 30, S. 209
RFH, Urteil vom 21.04.1932 - V A 399/31, RStBl. 1932, S. 809
RFH, Urteil vom 09.12.1932 - I A 294/32, RStBl. 1933, S. 53.
RFH, Urteil vom 04.06.1937 - V A 493/36, BFHE 41, S. 315 ff.
RFH, Urteil vom 22.06.1937 - I A 391/36, RStBl. 1937, S. 982 f.
RFH, Gutachten vom 09.07.1937 - V D 1/37, RStBl. 1937, S. 1306 f.
RFH, Urteil vom 16.11.1937 - I 299/36, RStBl. 1938, S. 15 f.
RFH, Gutachten vom 02.07.1938 - Großer Senat D 5/38, RStBl. 1938, S. 743 f.
RFH, Urteil vom 22.11.1938 - I 305/38, RStBl. 1938, S. 477 f.
RFH, Urteil vom 24.01.1939 - I 390/38, RStBl. 1939, S. 560 f.
RFH, Urteil vom 10.02.1939 - V 170/38, RFHE 46, S. 122 f.
RFH, Urteil vom 23.08.1939 - I 143/36, RStBl. 1939, S. 1039 ff.
RFH, Urteil vom 28.10.1939 - I 414/38, RStBl. 1940, S. 60 f.
RFH, Urteil vom 12.01.1940 - V 243/37, RFHE 48, S. 301 ff.
RFH, Urteil vom 09.02.1940 - V 293/38, RFHE 48, S. 135 ff.
RFH, Urteil vom 30.04.1940 - I 185/ 39, RStBl. 1940, S. 625 f.
RFH, Urteil vom 02.07.1940 - I 298/ 39, RStBl. 1940, S. 797 f.
RFH, Urteil vom 11.02.1941 – I 366/40, RStBl. 1941, S. 682 ff.
RFH, Urteil vom 30.08.1941 - VI a 41/41, RStBl. 1941, S. 744.
RFH, Urteil vom 14.10.1941 - I 21/41, RStBl. 1942, S. 609 ff.
RFH, Urteil vom 20.01.1942 - I 77/41, RStBl. 1942, S. 405
RFH, Urteil vom 25.01.1944 - I 191/43, RStBl. 1945, S. 42 f.

**3.4 Oberste Finanzhof**

OFH, Gutachten vom 30.07.1949 - I D 4/49 S, StuW 1950 II, Urteil Nr. 6, Spalte 11 ff. (13).

**3.5 Finanzgerichte der Länder**

FG Nürnberg, Urteil vom 02.04.1974 - II 153/7, EFG 1974, S. 499 ff.
FG des Saarlandes, Urteil vom 30.07.1986 - I 246/84, UR 1987, S. 240 ff.
FG Münster, Urteil vom 10.02.1988 - V 303/85 U, EFG 1988, S. 442
FG München, Urteil vom 30.09.1989 - 3 K 3030/86, UR 1990, S. 209 ff.
FG München, Urteil vom 21.06.1990 - 14 K 14166/83, UR 1991, S. 26 f.
FG Schleswig-Holstein, Urteil vom 16.02.1994 - IV 984/93, EFG 1994, S. 985 ff.
FG München, Urteil vom 17.02.1994 - 14 K 2942/92, UR 1994, S. 315 ff.
FG Mecklenburg-Vorpommern, Urteil vom 10.12.1996 - 1 K 108/95, EFG 1997, S. 438 ff.
FG des Landes Brandenburg, Urteil vom 19.03.1997 - 1 K 1491/95 U, EFG 1997, S. 835 ff.
FG München, Urteil vom 16.7.1998 - 14 K 3310/97, UVR 1998, S. 358 ff.

**3.6 Bundesverfassungsgericht**

BVerfG, Beschluß vom 23.10.1951 – 2 BvG 1/51, BVerfGE 1, S. 17 ff.
BVerfG, Beschluß vom 17.12.1953 – 1 BvR 147, BVerfGE 3, S. 58 ff.
BVerfG, Beschluß vom 30.06.1964 – 1 BvL 16-25/62, BVerfGE 18, S. 97 ff.
BVerfG, Beschluß vom 20.12.1966 – 1 BvR 320/57, 70/63, BVerfGE 21, S. 12 ff.
BVerfG, Beschluß vom 28.01.1970 – 1 BvL 4/67, BVerfGE 27, S. 375 ff.
BVerfG, Beschluß vom 09.06.1971 – 2 BvR 225/69, BVerfGE 31, S. 145 ff.
BVerfG, Beschluß vom 27.07.1971 – 2 BvF 1/68, 2 BvR 702/68, BVerfGE 31, 314 ff., BStBl. II 1971, S. 567 ff.
BVerfG, Beschluß vom 05.03.1974 – 1 BvR 712/68, BVerfGE 36, S. 321 ff.
BVerfG, Beschluß vom 19.03.1974 – 1 BvR 416, 767, 779/68, BVerfGE 37, S. 38 ff.
BVerfG, Beschluß vom 26.03.1980 – 1 BvR 121,122/76, BVerfGE 54, S. 11 ff.
BVerfG, Beschluß vom 11.06.1980 1 BvU 1/79, BVerfGE 54, S. 277 ff.
BVerfG, Beschluß vom 07.10.1980 – 1 BvL 50, 89/79, 1 BvR 240/79, BVerfGE 55, S. 72 ff.
BVerfG, Beschluß vom 20.10.1981 – 1 BvR 640/80, BVerfGE 58, S. 257 ff.
BVerfG, Beschluß vom 12.03.1985 1 BvR 571/81, BVerfGE 69, S. 188 ff.
BVerfG, Beschluß vom 22.10.1985 – 1 BvL 44/83, BVerfGE 71, S. 81 ff.
BVerfG, Beschluß vom 22.10.1986 – 2 BvR 197/83, BVerfGE 73, 339 ff.
BVerfG, Beschluß vom 14.01.1987 – 1 BvR 1052/79, BVerfGE 74, S. 129 ff.
BVerfG, Beschluß vom 08.04.1987 – 2 BvR 687/85, BVerfGE 75, 223 ff.
BVerfG, Beschluß vom 04.11.1987 - 2 BvR 763/85, UR 1988, S. 25.
BVerfG, Beschluß vom 26.04.1988 –1 BvL 84/86, BVerfGE 78, S. 104 ff.
BVerfG, Beschluß vom 31.05.1990 – 2 BvL 12,13/88, 2 BvR 1436/87, BVerfGE 82, 159 ff.

## 4. Erlasse, Schreiben oder Stellungnahmen der Finanzverwaltung

**4.1 Bundesfinanzministerium (BMF)**

Erlaß des BMF vom 03.01.1968, BStBl. I 1968, S. 182 ff.
Schreiben des BMF vom 02.01.1974 - IV A 2 - S 7106 - 29/73, BStBl. I 1974, S. 911 f.
Schreiben des BMF vom 05.08.1975, BStBl. I 1975, S. 934 f.
Schreiben des BMF vom 29.12.1989, UR 1990, S. 62.
Schreiben des BMF vom 27.12.1990 - IV A 2 - S 7300 - 66/90, BStBl. I 1991, S. 81 ff.
Schreiben des BMF vom 26.11.1991, UR 1991, S. 26
Schreiben des BMF vom 07.08.1992, UR 1992, S. 280
Schreiben des BMF vom 05.07.1994, BStBl. I 1994, S. 465
Stellungnahme des BMF vom 21.08.1995 -IV B 7- S 2706 - 131/95, VKU Nachrichtendienst Nr. 567 3/1996, 3
Schreiben des BMF vom 27.06.1996, UR 1996, S. 274.
BMF, BMF-Finanznachrichten 25/96 vom 29.10.1996, UR 1996, S. 418

**4.2 Finanzministerien der Länder**

OFD Nürnberg, Verfügung vom 19.10.1978, UStR 1978, S. 233 f..
Finanzministerium Baden-Württemberg, Erlaß vom 25.02.1987, DB 1987
OFD Frankfurt, Verfügung vom 19.04.1993, FR 1993, S. 448 f. .

Finanzministerium Hessen, Erlaß vom 17.04 1997, DB 1997, S. 1847 f.
OFD Frankfurt am Main, Verfügung vom 2.6.1997 - S 7300 - 127 - St IV 21, DB 1997, S. 1756.
OFD Saarbrücken, Verfügung vom 17.09.1997, DStR 1997, S. 1769

FSC
www.fsc.org
MIX
Papier | Fördert gute Waldnutzung
FSC® C083411

Kolibri 360 GmbH
Ferdinand-Jühlke-Straße 7
99095 Erfurt, Deutschland
produktsicherheit@kolibri360.de